在朝日本人社会の形成

植民地空間の変容と意識構造

李 東勲
YEE Donghoon

明石書店

目　次

序　章
- 第 1 節　「在朝日本人」の歴史 …………………………………………… 11
- 第 2 節　研究史の整理 ……………………………………………………… 17
- 第 3 節　問題意識と研究視角 ……………………………………………… 27
- 第 4 節　本書の構成 ………………………………………………………… 32

第Ⅰ部　在朝日本人社会の形成と社会様態

第 1 章　諸統計よりみる植民者社会の形成
- 第 1 節　居留地の設定と居留状況 ………………………………………… 40
  - 第 1 項　居留地の設定　40
  - 第 2 項　居留地の外及び内陸部への拡散　42
  - 第 3 項　内陸部における居留状況　45
  - 第 4 項　植民地都市の形成　47
- 第 2 節　在朝日本人の人口推移 …………………………………………… 49
  - 第 1 項　居留民人口（1876～1905 年）の再集計　49
  - 第 2 項　開港期〜形成期の居留民人口　52
  - 第 3 項　形成期①──「自由渡韓」への陳情　54
  - 第 4 項　形成期②──日露戦争期における居留民の急増　57
  - 第 5 項　定住期①──統監府期の人口　60
  - 第 6 項　定住期②──「韓国併合」後の 1910 年代　62
  - 第 7 項　成長期①──府部・郡部の人口　64
  - 第 8 項　成長期②──人口ピラミッドと人口構成　74
  - 第 9 項　移住人口と自然増加人口　76
- 第 3 節　在朝日本人の出自 ………………………………………………… 78
  - 第 1 項　初期渡航者の出身地　78
  - 第 2 項　渡航者の出身階層と移動経路　81
  - 第 3 項　「県閥」の形成　84

     第 4 項　「韓国併合」前後における本籍地別人口　87
     第 5 項　1925 年の本籍地別統計　90
     第 6 項　在朝日本人の学歴　90
  第 4 節　在朝日本人社会の職業構成 ……………………………………… 94
     第 1 項　開港期・形成期における職業構成　94
     第 2 項　日露戦争期における職業構成　99
     第 3 項　統監府期の職業別人口　101
     第 4 項　「韓国併合」前後と 1910 年代における職業構成　103
     第 5 項　大項目による職業統計　106
     第 6 項　移住農村・漁村　106
  第 5 節　社会的指数を示す統計 …………………………………………… 110
     第 1 項　学校数の推移　110
     第 2 項　民族間における格差　112
  小結 …………………………………………………………………………… 115

第 2 章　居留民団体の変容と在朝日本人社会の「自治」

  はじめに ……………………………………………………………………… 118
  第 1 節　初期の居留地行政 ………………………………………………… 120
     第 1 項　初期の居留地規則　120
     第 2 項　居留地規則と居留民規則の並存　124
  第 2 節　居留民団体の法人化過程 ………………………………………… 128
     第 1 項　居留民による請願活動　128
     第 2 項　「居留民団法」の制定過程　133
  第 3 節　居留民団の設立と居留民政策の変化 …………………………… 137
     第 1 項　居留民団の設立と運営　137
     第 2 項　居留民政策の変化と居留民社会の対応　143
  第 4 節　「韓国併合」後の居留民団解散への道 ………………………… 150
     第 1 項　居留民社会の陳情活動　150
     第 2 項　新しい地方制度　155
     第 3 項　「一視同仁」と「民度ノ差」のあいだ　159
  第 5 節　府協議会と学校組合への承継 …………………………………… 165

小結 ……………………………………………………………………… 168

第3章　在朝日本人児童教育の展開
　　　——居留民教育から「内地人」教育へ

はじめに …………………………………………………………………… 172
第1節　居留地の教育事業の展開 ………………………………………… 174
　　第1項　初期の居留民学校の状況　174
　　第2項　居留民教育の懸案と領事館の対応　177
第2節　居留民教育の整備と児童教育をめぐる認識 …………………… 182
　　第1項　中等教育機関の設立　182
　　第2項　居留民学校に対する支援策と教育制度の整備　184
　　第3項　「内地」を知らない児童という言説　187
第3節　学校組合制度の導入と承継問題 ………………………………… 189
　　第1項　学校組合制度の導入　189
　　第2項　居留民団から学校組合へ　192
　　第3項　学校組合への承継をめぐる議論　193
第4節　学校組合の運営状況 ……………………………………………… 196
小結 ………………………………………………………………………… 200

第Ⅱ部　在朝日本人社会と植民地空間

第4章　「始政五年記念朝鮮物産共進会」と植民地空間
はじめに …………………………………………………………………… 206
第1節　「始政五年記念朝鮮物産共進会」について …………………… 209
　　第1項　朝鮮物産共進会の計画　209
　　第2項　景福宮という空間　212
第2節　「文明化」の可視化 ……………………………………………… 214
　　第1項　視覚化された展示　214
　　第2項　日本人のまなざし　216
第3節　京城協賛会の構成 ………………………………………………… 219

第4節　京城協賛会の活動 ································ 221
　　第5節　全国新聞記者団が見た「武断政治」下の朝鮮 ············ 224
　　　　第1項　全国新聞記者大会の京城開催　224
　　　　第2項　記者団の目に映った「半島の真相」　226
　　第6節　共進会の活用策をめぐる議論 ························ 229
　　　　第1項　日本人社会の「継子根性」　229
　　　　第2項　「内地」資本の流入と「会社令」　231
　　小結 ·· 233

第5章　植民都市仁川の港湾「開発」と植民者社会
　　はじめに ·· 236
　　第1節　築港工事以前の仁川港 ··························· 239
　　　　第1項　居留民社会の港湾「開発」論　239
　　　　第2項　対外貿易港の仁川　244
　　第2節　築港問題の浮上 ······························· 246
　　　　第1項　居留民社会の形成と築港問題の浮上　246
　　　　第2項　「国家事業」としての築港　249
　　第3節　築港工事と植民地空間、そして意識 ················· 253
　　　　第1項　築港工事の概要　253
　　　　第2項　起工式と永住意識の拡散　255
　　　　第3項　「東洋唯一」の二重閘門式船渠の竣工　256
　　第4節　築港工事と仁川港の変容 ························ 258
　　　　第1項　仁川商業会議所の議員構成と活動　258
　　　　第2項　朝鮮人労働者の流入　262
　　小結 ·· 264

第6章　居留民創建神社の変容と地域社会
　　はじめに ·· 268
　　第1節　海を渡った神社 ······························· 271
　　　　第1項　初期の居留民神社　271
　　　　第2項　祀られた神々　275

第2節　「韓国併合」後における神社制度の整備 …………………… 284
　　　第1項　「韓国併合」期の状況　284
　　　第2項　神社制度の整備と創建状況　287
　第3節　神社の創建過程——水原神社の事例 …………………………… 298
　　　第1項　水原神社の創建　298
　　　第2項　出願者の構成　301
　第4節　既存神社の再編——仁川神社の事例 …………………………… 304
　小結 ……………………………………………………………………………… 307

第7章【補論】　在朝日本人の「発展史」刊行と「植民者意識」

　はじめに ………………………………………………………………………… 310
　第1節　郷土史研究と朝鮮地誌 ………………………………………………… 312
　　　第1項　郷土史研究の歴史　312
　　　第2項　朝鮮地誌の性格　313
　第2節　発展史刊行の背景と記述内容 ………………………………………… 320
　　　第1項　発展史刊行の背景　320
　　　第2項　発展史の構成・内容　322
　第3節　発展史にみられる特徴 ………………………………………………… 326
　　　第1項　朝鮮・朝鮮人の不在　326
　　　第2項　「苦難」・「奮闘」の移住史　329
　　　第3項　創造された「郷土」　330
　小結 ……………………………………………………………………………… 333

終　章 ……………………………………………………………………………… 335

　別添資料　343
　参考資料及び文献　353

　あとがき　385

　　主要人名索引　390
　　事項索引　393

【表一覧】

表1-1　朝鮮半島における日本人居留地の設定　41頁
表1-2　朝鮮半島における植民地都市の類型　48頁
表1-3　在朝日本人人口統計の再集計（1877～1905年）　51頁
表1-4　1888年～1890年における在留目的別の居留民人口　53頁
表1-5　1901年末における居留民人口　55頁
表1-6　1904年6月末の京城領事館管内における居留民人口　59頁
表1-7　1905年末における京城領事館管内の居留民人口　59頁
表1-8　1907年・1908年における各理事庁管内の居留民人口　61頁
表1-9　1907年・1908年における大邱理事庁管内の居留民人口　61頁
表1-10　1915年末における日本人人口1000人以上の地域　63頁
表1-11　1925年末における朝鮮全体の人口（朝鮮人・日本人人口比率）　65頁
表1-12　1925年末における日本人人口500人以上の市街地　72頁
表1-13　年齢別の男女比率（1925年）　75頁
表1-14　男性人口の比率が高い地域　76頁
表1-15　在朝日本人の自然増加人口と移住人口（1906～1938年）　77頁
表1-16　1888年末における釜山居留民の出身地・在留目的別の人口　80頁
表1-17　1895年の仁川居留民の出身地・族籍別人口　82頁
表1-18　1898年末における木浦居留民の出身地・族籍別人口　83頁
表1-19　1893年における釜山の流出入人口　85頁
表1-20　1894年における元山への来港者　85頁
表1-21　1897年・1898年における木浦への来航者　85頁
表1-22　「韓国併合」前後における居留民の本籍地別人口（朝鮮全体・京城）　88頁
表1-23　1925年における本籍地別の日本人人口　91頁
表1-24　民間の有力人物の学歴　93頁
表1-25　仁川開港時の渡航者の履歴（開港から1908年まで）　95頁
表1-26　1894年・1895年における京城居留民の営業種別人口　97頁
表1-27　1896年における仁川居留民の職業構成　98頁
表1-28　1904年6月末における京城居留民の職業　100頁
表1-29　1904年8月における大邱居留民の職業　100頁
表1-30　1908年末における各理事庁管区内の職業別人口（本業者数）　102頁
表1-31　1907年・1910年における日本人の職業構成（朝鮮全体・京城）　104頁
表1-32　朝鮮総督府の大項目による職業構成（1917年・1921年・1925年）　107頁
表1-33　東拓移民の推移（1910～1924年）　108頁
表1-34　1922年末における移住漁村（戸数50以上の漁村）　109頁
表1-35　在朝日本人学校の状況（1903～1925年）　111頁
表1-36　1925年の日本人・朝鮮人の職業構成　113頁
表1-37　民族別の労働賃金（1907年・1912年・1919年）　113頁
表1-38　1912年～1925年における電話加入率　114頁
表1-39　1910年～1925年における郵便貯金の状況　114頁
表2-1　居留地規則と町村制の比較　125頁
表2-2　1903年10月頃の居留地規則　127頁
表2-3　京城居留民役所の決算表（1902年・1903年）　130頁
表2-4　1906年末における居留民団体の状況　138頁
表2-5　居留民団成立以降の韓国各地における日本人居留民団の状況（設立順）　139頁
表2-6　1904年～1906年の京城居留民会議員当選者　142頁
表2-7　1908年10月の京城居留民団議員当選者（得点順）　146頁
表2-8　1913年1月の京城居留民団議員当選者　158頁
表2-9　1914年の京城府協議会委員　167頁

表2-10　1914年6月の京城学校組合会議員当選者　　169頁
表3-1　1903年における居留民学校の状況　　176頁
表3-2　「韓国併合」前後における京畿道内の居留民団体の状況　　190頁
表3-3　1920年の京城学校組合議員　　197頁
表5-1　1916年の仁川商業会議所役員　　259頁
表6-1　「韓国併合」以前における居留民創建神社　　277頁
表6-2　『朝鮮総督府統計年報』の1910年版における神社統計　　285頁
表6-3　「神社規則」発布後の神社創建の状況（1915～1919年）　　289頁
表6-4　水原神社の日本人出願者の経歴　　302頁
表7-1　在朝日本人による朝鮮地誌の刊行状況（明治期～大正期）　　314頁
表7-2　『金泉発展誌』の構成　　323頁

【図一覧】
図0-1　1915年頃、朝鮮半島における日本人の集団居住地　　10頁
図0-2　朝鮮半島における日本人植民者人口の推移(1877～1944年)　　13頁
図1-1　1925年の人口ピラミッド　　75頁
図1-2　朝鮮生まれの出生者数、自然増加人口、移住人口の推移（1906～1938年）　　79頁
図5-1　1908年頃の仁川港　　243頁
図5-2　仁川築港の平面図　　254頁
図6-1　水原神社の神殿図　　299頁

【写真一覧】
写真1-1　京城本町の釘本藤次郎本店（1910年頃）　　39頁
写真2-1　大邱居留民団役所（1910年代）　　117頁
写真2-2　1914年の京城居留民団解散当時の議員　　162頁
写真3-1　1910年頃の京城の日本人小学校　　171頁
写真4-1　朝鮮物産共進会場内に設置された養殖池を眺める観覧客　　205頁
写真4-2　朝鮮物産共進会開場当日の光化門広場の様子　　213頁
写真4-3　審勢館の内部　　215頁
写真4-4　京城協賛会運営の演芸館（絵はがきより）　　222頁
写真5-1　仁川港の閘門と閘門扉　　235頁
写真6-1　仁川港東公園の大神宮（絵はがきより）　　267頁
写真7-1　平壌の初期居留民　　309頁

《凡例》
1　年号は引用資料を除き、概ね西暦で統一したが、元号を併記した場合もある。
2　漢字の表記は、史料の引用を除いては概ね常用漢字に統一した。読みやすさを考慮し、ルビ・読点・句読点を付け加えた場合がある。
3　国号・地名に関しては、朝鮮王朝時代は「朝鮮」、大韓帝国期（1897年～1910年）は「韓国」、1910年8月29日勅令第318号による朝鮮への改称以来は「朝鮮」と記す。また、地理的呼称は「朝鮮」で統一した。なお、「韓国人」「朝鮮人」の使用も同様の基準に従った。ただし、序章などの「韓国学界」における韓国は現在の大韓民国を指す。
4　現在の韓国ソウル地域を指す地名として、「韓国併合」以前は「漢城」と表記し、1910年の改称以降は「京城」と記す。また、開港期から終戦以前の地理的呼称としては「京城」に統一した。
5　「在朝日本人」という用語は、繁雑を避けるため、初回の使用を除き、括弧は省略した。
6　引用文における「鮮人」「ヨボ」「渡鮮」などの不適切な用語も、歴史資料の意味に鑑み、そのままにした。
7　資料において読解不能な字は□をもって、中略は「…」で表した。引用文中の〔　〕は、引用者注を示す。
8　原資料の数値に誤謬がある場合でも、原文のまま表記した。統計表の数値は、原則として四捨五入した。

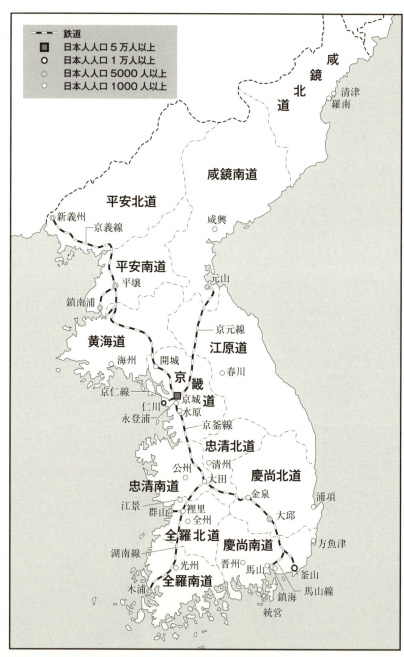

図0-1 1915年頃、朝鮮半島における日本人の集団居住地
出典　人口は、『朝鮮総督府統計年報』1915年度版による（【表1-10】）。

序章

第1節 「在朝日本人」の歴史

　本書は、植民地期を前後して朝鮮半島に形成されていた日本人植民者社会を歴史学的な観点から考察したものである。

　いわゆる「在朝日本人」(以下、括弧を省略す)の歴史は「日朝修好条規」(1876年)の締結による釜山の開港に遡る。続いて元山・仁川に専管居留地が設置され、朝鮮半島への渡航者は増えた。そのほとんどは、地理的に近い九州・中国地方の出身者であった。日清・日露戦争の両役をきっかけに朝鮮の事情が紹介されると、渡航者はさらに増え、居留地域も専管居留地に留まらず、居留地の外部や内陸部へと拡散していった。そして、日露戦争後における大韓帝国の保護国化と統監府の設置は、居留民のさらなる増加を促す要因となった。加えて、「韓国併合」は居留民の意識に影響をもたらし、定住・定着意識が広まった。

　三・一運動(1919年)の影響を受け、日本からの移住者が一時的に減少する時期はあったものの、人口は着実に増え続けた。1920年代半ばに至ると、朝鮮生まれの二世が社会に登場しはじめ、日本人社会の構成や社会様態にも変化が生じていた。この時期になると、日本からの流入人口のみならず、朝鮮出生者の二世・三世によって人口が増加する様態をみせていた。その後も日本人人口は増え続けたが、太平洋戦争の勃発後に人口が減少する時期もあった。1944年の朝鮮総督府統計によると、日本人人口は約71万人であった。終戦後における米ソ当局の占領方針に従い、日本人は1945年から1946年にかけて日本本土へ送還された。かくして、終戦後の引揚げとともに在朝日本人の歴史はその

幕を閉じたのであるが、このような在朝日本人の歴史を概観すると、朝鮮半島における日本の影響力とともに形成・成長し、戦後の強制送還によって消滅した植民者集団の歴史であった。

なお、約70年に及ぶ在朝日本人の歴史を、歴史的観点から時期区分するのは容易ではない。彼らは日韓の両国に跨る存在として、両方の政治変動から影響を受けていたからである。例えば、在朝日本人の第一世代は、幕末・明治維新期に生まれ、明治という変革の時代、帝国日本の勃興、日清・日露戦争を経験した人々でありながらも、朝鮮へ渡航してからは朝鮮王朝末期の混乱、大韓帝国期における政治変動、大韓帝国の保護国化と統監府の設置、「韓国併合」後の植民地支配を経験した存在である。

本書では、このような在朝日本人の特性に鑑み、政治変動による一般的な時期区分の方法をとらず、植民者集団の形成と変容という観点から時期区分を行っている。植民者社会の人口推移、定住・定着意識の発現、二世人口の社会進出、社会様態の変化を時期区分の基準と捉えている。

　　第一期（開港期）：　釜山の開港から日清戦争期まで
　　第二期（形成期）：　日清戦争期から日露戦争期まで
　　第三期（定住期）：　日露戦争期から1920年代半ばまで
　　第四期（成長期）：　1920年代半ばから日中戦争期まで
　　第五期（戦時期）：　日中戦争期から1945年の終戦まで
　　第六期（引揚期）：　1945年の終戦から引揚事業がほぼ終了する1946年末
　　　　　　　　　　　まで

時期区分の根拠になる社会様態に関しては、第1章で後述することにし、【図0-2】の人口推移を参照しながら、在朝日本人の歴史を概括しよう。

第一期の開港期は、釜山の開港から日清戦争期までの時期である。この時期には釜山・仁川の居留地を中心に居留民人口が徐々に増えていた。朝鮮との対外貿易を担っていた対馬出身者をはじめ海外渡航の経験がある長崎県人が多数を占めていた。

第二期の形成期は、日清戦争期から日露戦争期までである。日清戦争期に1

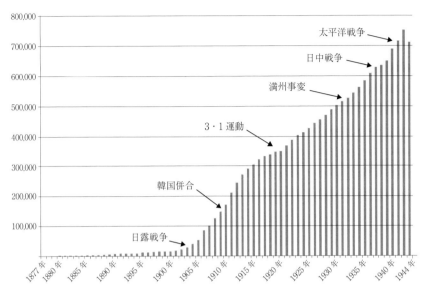

図0-2　朝鮮半島における日本人植民者人口の推移(1877〜1944年)

万人を超えた居留民人口は、日露戦争期に5万人に達する。戦場となった朝鮮への関心が高まり、朝鮮事情・移住案内関連の書籍が数多く出版され、朝鮮への渡航を促していた。この時期の人口増加は、戦争特需を狙った商人・労働者の移動という特徴があり、明治維新後の社会変動の潮流に乗れず、新天地朝鮮での成功をめざした人々のなかでは一攫千金を夢見る人も少なくなかった。

　第三期の定住期は、日露戦争における日本の勝利と韓国の保護国化から、1920年代半ばに至る時期である。「韓国併合」時に17万人であった人口は、1920年代半ばに至ると40万人へ増加していた。なかんずく、大韓帝国の保護国化と統監府の設置は、朝鮮半島における日本の影響力を確固たるものとし、日本人は開港場の居留地と内陸の雑居地を問わず、実質どこにでも居住できるようになった。このような状況と連動し、居留民の居住様態や意識にも変化がみられ、出稼ぎを目的とした一時的な居住から定住・定着へと変容していた。このような定住・定着意識の芽生えは植民者社会の形成史において重要なメルクマールと位置づけられる。

　第四期の成長期は、1920年代半ばから日中戦争期までである。人口増加に

おいて移住人口が占める割合は減り、朝鮮生まれの人口が占める割合は増えつつあった。1930年代に至ると、日本人人口は50万〜60万人に達していた。朝鮮生まれの二世が社会に台頭することによって、社会様態にも変化が生じており、ハイブリッド的な集団の登場によって在朝日本人社会もダイナミックに変容していた。帝国議会への参政権要求論に象徴されるように、在朝日本人は帝国日本の一地域である朝鮮に居住する「内地人」として、その権利享有を強く意識するようになっていた。

　第五期の戦時期は、日中戦争期から終戦までの時期である。日中戦争期には依然として人口は増加傾向を見せていたが、太平洋戦争期に至っては徴兵や日本への引揚げなどの影響によって、人口は減少した。1944年の総督府統計によると、人口は約71万人であった。これに軍人を含めると終戦頃に少なくとも約94万人が朝鮮半島に滞在していたとみられる[*1]。社会様態からみると、「内鮮融和」「内鮮一体」というスローガンの下で、戦争協力が強いられた時期であった。

　第六期の引揚げ期は、終戦から引揚事業がほぼ終了する1946年末までの時期である。終戦後の在朝日本人人口は、軍人の復員や満洲からの避難民という要素が加わり、正確に把握することは難しい。引揚者援護支援を行った厚生省援護局の統計によると、約92万人の朝鮮半島からの引揚者が確認できる[*2]。ただし、この統計には終戦直後における密航者は含まれておらず、実際の人口はその数値を上回るとみられる。終戦後に朝鮮半島は政治的に南北に分断されており、38度線を境界にアメリカ軍とソ連軍が駐屯していた。アメリカ軍は日本人の送還に積極的だったが、ソ連軍は日本人の移動は禁止し、抑留する方針

＊1　1944年5月の朝鮮総督府の統計によると、日本人人口は71万2583人である。ただし、軍人は含まれていないとみられる。終戦時の朝鮮軍の兵力は約23万人と推定されるが、これは上月良夫（終戦時に朝鮮軍管区司令官兼第17方面軍司令官）の数値を根拠としている。李淵植「朝鮮半島における日本人送還政策と実態——南北朝鮮の地域差を中心に」（蘭信三編『帝国以後の人の移動——ポストコロニアリズムとグローバリズムの交錯点』勉誠出版、2013年）、166頁。森田芳夫・長田かな子編『朝鮮終戦の記録』資料編第1巻、巌南堂書店、1979年。

＊2　引揚者援護支援を行った厚生省援護局の統計によると、朝鮮半島からの引揚者数は、南朝鮮から59万6454人、北朝鮮から32万2585人、計91万9039人である。この数値には軍人と「満洲」からの避難民が含まれている。厚生省援護局庶務課記録係『引揚援護の記録』続々編、1963年、417頁。

をとっていた。南朝鮮において軍人・軍属と民間人の引揚げは1946年の2月までにほぼ終了するが、北朝鮮では食料不足による栄養失調や伝染病により多くの犠牲者を出した。

以上の六つの時期は、植民者二世の台頭を区切りとすると、大きく前期（第一期から第三期）と、後期（第四期から第六期）に分類できる。本書は、開港期から定住期までの前期を研究対象としている。この時期に着目する理由は、先行研究の状況や問題意識と関連している。先行研究については後述することにし、問題意識について概略的に述べておくと、この時期に植民者集団が形成され、「植民者意識」といえる意識構造が構築されたと考えるからである。

それでは、日韓の学界において使用されている在朝日本人という用語について触れておこう。在朝日本人という用語は、両国の学界においてある程度定着しており、概ね適切であると考えられる。しかしながら、在朝日本人という用語はいくつか問題をはらんでいる。在朝日本人の使用は、1970年代の日本の歴史学界に遡るが[*3]、その発想自体は在朝日本人と表裏的な関係をなす在日朝鮮人と類似していた。文字通りに解釈すると朝鮮に居住する日本人を意味するが、終戦後の引揚げとともに消滅した植民者集団であるにもかかわらず、戦後にその歴史が続いている在日朝鮮人と同様に称されるのはいささか不思議である。

また在朝日本人という用語には重要な要素が欠けている。まず、宗主国から植民地へ移住した植民者集団を指しながらも、植民という移住形態が明確に表れていないという点が挙げられる。これと関連しては、在朝日本人二世の村松武司は、「わたしたちは、歴史的に「植民者」以外の何者でもなかった」と述べたことがある[*4]。村松は祖父の植民地での経験は植民者の人生にほかならなかったと捉え直し、祖父を含む元植民者に批判を加えたのであるが、これは戦後日本において植民者としての無自覚に対する初期の問題提起であった。

こうした戦後日本における在朝日本人の使用は、元在朝日本人の意識と彼ら

[*3] 「在朝日本人」の使用は1970年代半ばの文献で確認される。姜在彦「在日朝鮮人の六千年」（『季刊三千里』通巻8号、三千里社、1976年）、23頁。美藤遼「日本仏教の朝鮮布教」（『季刊三千里』通巻15号、三千里社、1978年）、117〜124頁。「在朝日本人にとっての一五年戦争」（『季刊三千里』通巻31号、三千里社、1982年）、110〜124頁。
[*4] 村松武司『朝鮮植民者―ある明治人の生涯』三省堂、1972年、244頁。

に対する日本社会の認識とも関連している。戦後、元在朝日本人が引揚者と呼ばれたことに対し、村松が「それは被害者と同義語であった」と的確に指摘しているように、植民地からの引揚げ者は社会的に被害者とみなされていた*5。戦後の日本社会において、このような被害者への立場の転換は無批判に容認されたのである。これと類似するメカニズムが在朝日本人という用語にも働いていると考えられる。このような意味において、植民者としての無自覚に加え、戦後日本における植民地支配に対する認識の希薄の産物として、在朝日本人という用語をみることもできよう。

　在朝日本人という用語をめぐる問題は、以前から認識されており、「在朝日本人植民者」と表記する試みもあった*6。また、「植民地朝鮮の日本人」「朝鮮在住日本人」などと表記され、その意図は明示されていないものの、在朝日本人という用語が回避される場合もみられた*7。

　本書では、在朝日本人という用語がはらんでいる問題を意識しながらも、これを歴史用語として使用する。その理由としてまず挙げられるのは、歴史用語として定着している現状への尊重である。在朝日本人は、現在日韓両国の歴史学界において共有されている用語であり、適切な代案がないのも現状である。本書では植民者としての性格をより明確に表す箇所では「植民者」又は「植民者社会」を使用することにしたい。

　なお、在朝日本人の定義を出来る限り明確に提示することに努めたい。

　在朝日本人の定義をめぐっては、研究者の間に共通認識は存在しない。一般的に政治学の分野では植民地統治権力と対峙する民衆側を指す場合が多いが、広義の概念では、植民地官僚・警察・軍人の統治権力側と民衆側の日本人社会も含む。広義と狭義の定義が恣意的に使用されたり、研究対象や概念が明示されておらず、議論にズレが生じる場合も見かけられる。

---

*5　村松武司、同上、108頁。尹健次『孤絶の歴史意識──日本国家と日本人』岩波書店、1990年、45頁。

*6　「在朝日本人植民者」との表記は、尹健次、同上。木村健二「在朝鮮日本人植民者の「サクセス・ストーリー」」(『歴史評論』第625号、校倉書房、2002年5月) にみられる。

*7　高崎宗司『植民地朝鮮の日本人』岩波新書、2002年。李昇燁「植民地の「政治空間」と朝鮮在住日本人社会」京都大学大学院博士論文、2007年。松本武祝「解説：植民地朝鮮農村に生きた日本人」(『東洋文化研究』第10号、学習院大学東洋文化研究所、2008年) など。

本書では、在朝日本人の定義について植民地統治権力側と民衆側を含む広義の用語として捉えている。その概念は、「釜山の開港から、戦後の引揚げまで、ある程度長期的に朝鮮半島に居住していた日本人」と定義する。釜山の開港以降を対象としているため、それ以前に釜山の倭館に居留していた対馬藩人は含まない。また、定住意思の有無は問わない。初期開港場に移住した日本人には一時滞在又は出稼ぎの意識が強かったが、朝鮮半島で日本の影響力が拡大していくにつれ、その居留意識は徐々に定住へと傾斜していったからである。滞在期間を「ある程度長期」と規定しており、一定期間の勤務を経て日本に戻った官僚・教員は含むが、観光・視察などの目的による比較的短期間の滞在は含まない[*8]。

　本書では、植民地統治権力と民衆側を含む広義の定義を採用しているものの、議論の多くは民衆側の動向にその焦点を当てている。後述するように、本書は在朝日本人の民衆社会としての独自性、その意識構造の形成に着目しており、その解明に紙面を割いている。そのため、本文における居留民社会・日本人社会は、断りのない限り、民衆側の日本人社会を指すことを、予め断っておきたい。ただ、確認しておきたいことは、植民地統治権力と民衆側の境界は必ずしも明確ではない点である。在朝日本人は朝鮮人との関係では支配民族でありながらも、民衆側の日本人は朝鮮人と同様に支配される側でもあった。このようなアンビバレントな性質は、在朝日本人社会を理解する上で重要である。

第2節　研究史の整理

　本書の問題意識と課題設定は、これまでの研究成果に対する検討を通して導かれている。以下では、主に日韓両国における在朝日本人研究を1990年代までと、近年の研究に区分し、その研究動向や論点について論じることにしたい。なお、個々の研究については本論の各章で取り上げることとし、ここでは包括的な研究にしぼって論じる。

　まず、日本側の初期の研究は、在朝日本人出身者又は朝鮮史研究者によって

[*8] この定義に関し、在朝日本人と表裏の関係にある在日朝鮮人研究を参照した。外村大『在日朝鮮人社会の歴史学的研究——形成・構造・変容』緑蔭書房、2004年、3～4頁。

行われた[*9]。1960年代における森田芳夫の研究は、戦後の引揚げ研究の主要な成果として挙げられる[*10]。朝鮮で育ち、京城帝国大学文学部で歴史学を学んだ森田は、京城日本人世話会会長の穂積真六郎の秘書として抜擢され、膨大な関連記録を残した。直接携わった当事者による記録として、研究書と資料集は確固たる地位を占めている。他方、馬山で生まれた旗田巍は、明治維新以来の日本人の朝鮮認識に着目し、朝鮮での第二世としての体験やその反省から、日本における朝鮮統治美化論・停滞論を批判的に捉えた朝鮮史研究者である[*11]。日本における「ゆがめられた朝鮮史像」に拘り、対抗してきた彼の原動力は、まさしく朝鮮での体験にあったといえよう。

1970年代に梶村秀樹は、「近代100年の日本庶民の生活史のなかで、朝鮮をはじめとする植民地でのそれは、研究者がまったく避けて通ってきた領域である」と述べ、在朝日本人史の欠落を指摘した[*12]。植民地での横暴な振る舞いを批判的に捉えながら、敗戦によって経験した引揚げという苦労が戦後における旧植民地認識の骨格となり、被害者意識を形成したと論じた。梶村の「一旗組の生きざま」「冒険者の荒稼ぎ」といった在朝日本人像は、その後の研究にも影響を及ぼした[*13]。

1980年代は、在朝日本人が一つの研究テーマとして認識される時期であった。在朝日本人という用語が幅広く使われるようになるのも、この時期であった。1989年刊行の木村健二の『在朝日本人の社会史』は、在朝日本人に関する最初の研究書として位置づけられる[*14]。木村は、開港期から併合前後までの時期を対象に、日本人の朝鮮移住の社会的・経済的背景、居留民団・商業会議所の活動、在朝日本人のジャーナリズムについて考察した。これは、植民地期

[*9] 1960～1980年代の文献は、園部裕之編『日本人の朝鮮認識に関する研究文献目録』緑蔭書房、1996年における目録を参照。

[*10] 森田芳夫『朝鮮終戦の記録――米ソ両軍の進駐と日本人の引揚』巌南堂書店、1964年。森田芳夫・長田かな子編『朝鮮終戦の記録』資料編第1～3巻、巌南堂書店、1979年。

[*11] 旗田巍『日本人の朝鮮観』勁草書房、1969年。旗田巍編『シンポジウム・日本と朝鮮』勁草書房、1969年。

[*12] 梶村秀樹「植民地と日本人」(『日本生活史8 生活の中の国家』河出書房新社、1974年)、80頁。

[*13] 同上、82・85頁。梶村秀樹「植民地での日本人」(金原左門編『地方文化の日本史9 地方デモクラシーと戦争』文一総合出版、1978年)。以上は、梶村秀樹著作集刊行委員会・編集委員会編『梶村秀樹著作集』第1巻、明石書店、1992年に所収されている。

[*14] 木村健二『在朝日本人の社会史』未來社、1989年。

の朝鮮史研究において民族運動史が主流を占めるなかで、注目すべき研究成果であった。

冷戦が終焉を迎えた1990年代は、植民地期研究が活性化した時期であった。経済史中心の植民地研究にも変化がみられ、政治史・社会史・文化史の領域へ関心が広まった。その結果として、戦後1990年代までの植民地研究の集大成ともいえる『岩波講座近代日本と植民地』シリーズが刊行された。そのうち、第5巻は「帝国日本と植民地間の人的移動」をテーマとしており、帝国日本の特徴として、軍人・資本家の侵略と、大量の移民が植民地支配を底辺で支えていた点が改めて確認された。個別研究として、日清戦争における在朝日本人の協力、朝鮮・中国における日本人居留地の比較などがなされた[*15]。なお、同時期に木村は朝鮮・中国における日本居留民社会の比較、近代日本の植民・移民活動の相違、在朝日本人社会における中間層の存在、在朝日本人の生活様態を考察するなど重要な論点を提示した[*16]。

一方、戦後の韓国において在朝日本人研究は異なる観点から出発していた。1970～80年代の韓国の歴史学界において、植民地史観の克服は重要課題と設定されており、植民地収奪論や内在的発展論が主流を占めていた。このような潮流のなかで、植民地期研究は被支配民の朝鮮人が受けた抑圧や差別、それに対する抵抗を明らかにすることに焦点が置かれていた。日本人は侵略者として断片的に記述される傾向が強く、植民地統治権力とほぼ同一視されていた。

1970年代の韓国における研究成果として挙げられるのは、開港場の居留地に関する研究である[*17]。これらの研究は、開港場を分析対象に、日本の朝鮮半島への侵略過程を明らかにすることに研究目的があった。1980年代に孫禎睦は、都市社会学的な問題意識から開港による朝鮮社会の変化に着目し、開港場・開

[*15] 木村健二「在外居留民の社会活動」及び高崎宗司「在朝日本人と日清戦争」(大江志乃夫ほか編『岩波講座近代日本と植民地』第5巻、岩波書店、1993年)。

[*16] 木村健二「近代日本の移民・植民活動と中間層」(『歴史学研究』613号、1990年11月)。同「朝鮮居留地における日本人の生活様態」『一橋論叢』第115-2号、1996年。同「朝鮮進出日本人の営業ネットワーク――亀谷愛介商店を事例として」(杉山伸也・リンダ・グローブ編『近代アジアの流通ネットワーク』創文社、1999年)。

[*17] 金義煥『釜山近代都市形成史研究――日人居留地가 미친 影響을 中心으로』研文出版社、1973年。李鉉淙『韓国開港場研究』一潮閣、1975年。

市場の設置過程、日本人の進出過程、朝鮮社会に与えた影響を考察した[*18]。日本人居住地の拡散、土地侵奪の過程、朝鮮人が受けた被害が取り上げられたが、そのなかで日本人居留民は侵略の尖兵として位置づけられた。その後、孫は植民地期における都市化過程、社会変化、都市計画を考察しているが、研究視角は依然として帝国主義の侵略を明らかにすることにあった[*19]。この時期の韓国側の研究は、概して日本人社会の活動を侵略の観点から固定的に捉える向きが強かった。植民地統治に対抗した朝鮮人の民族運動が重視されるなかで、植民地統治権力と日本人社会は侵略の主体として同一視されていた。

以上、1990年代までの日韓の学界における研究動向を整理してきたが、そこには共通点・相違点がみられる。両方とも植民地化の過程における在朝日本人の活動を批判的に捉える観点がある一方、韓国では在朝日本人は侵略の担い手としてステレオ・タイプ的に捉えられる傾向が強かった反面、日本では帝国史研究が活発になるなかで、日本と植民地との間における人口移動、日本人の植民地での活動に関心が向けられていた。

なお、2000年代に入ってから、在朝日本人研究は多様化している。歴史学をはじめ、社会学・文化人類学・都市建築学などの学問分野に広がっており、その分析方法は個別化、細分化する傾向にある。それらの研究成果をテーマ別に分類すると、大きく五つに分類できる。

一つ目は、在朝日本人団体に関する研究である。その始まりは、居留地内の共同事務を行っていた世話掛り・総代の存在にさかのぼることができる。これらの団体は本国の町村役場のような組織であり、時には相互扶助の機能を果たす存在であった。それに、経済団体である商業会議所が各地で設立された。貿易業や雑貨商を営む商人の間で利害調整と便益を図る目的があった。この他にも様々な団体が存在した。在郷軍人会や愛国婦人会の朝鮮支部、または県人会、同業組合などの団体があり、当局の方針に迎合した半官団体から私的な団体までその性格は多様であった。

[*18] 孫禎睦『韓国開港期都市変化過程研究——開港場・開市場・租界・居留地』一志社、1982年。同『韓国開港期——都市社会経済史研究』一志社、1982年。
[*19] 孫禎睦『日帝強占期都市計画研究』一志社、1992年。同『日帝強占期都市社会相研究』一志社、1996年。同『日帝強占期都市計画化過程研究』一志社、1996年。

これらの団体に関する研究は、なかんずく商業会議所の経済団体の活動が主な分析対象となっている[*20]。この傾向は、居留地・居留民に関する研究が植民地経済史的分析から始まったためであり、その内容は商業会議所とその構成員の動向分析に集中している[*21]。なお、団体に関する研究は「同化」・教化団体へと広がっており、朝鮮人と共同で設立された「内鮮融和」「内鮮一体」団体の活動が明らかになりつつある[*22]。また、戦後に引揚げを援助する団体として設立された世話会の活動も注目されている[*23]。こうした団体の活動や内部における議論へのアプローチは、在朝日本人社会の懸案、植民地権力との関係、日本人社会の世論が支配政策に及ぼした影響を論じるのに有効である。本書でも、同様の観点から居留民「自治」団体、教育団体、共進会協賛団体の活動を取り上げている。

　二つ目は、都市史・地域史分野の研究である。代表的なものとして、開港場から都市へと成長した釜山、政治・経済の中心地である京城に関する研究が挙げられる[*24]。一般的に植民地都市は、「植民地化の過程で宗主国によって植えつけられた都市」と定義される（「植民地都市」の定義については第6章で詳述する）。周知の通り、韓国の大都市の多くは、植民地都市にその起原を持っている。とくに釜山・仁川は、日本人の移住によって建設された典型的な植民地都

[*20] 商業会議所に関しては、木村健二「朝鮮における商業会議所連合会の決議事項――清津商工会議所を中心として」（波形昭一編『近代アジアの日本人経済団体』同文館、1997年）。同「朝鮮における経済統制の進行と経済団体」（木村健二・柳沢遊編『戦時下アジアの日本経済団体』日本経済評論社、2004年）。同「釜山への日本人の進出と経済団体」（木村健二・坂本悠一『近代植民地都市釜山』九州大学社会文化研究所叢書第5号、桜井書店、2007年）。全盛賢『일제시기 조선 상업회의소 연구』선인、2011年。

[*21] 坂口満宏「在外居留地・居留民研究の現在」（京都女子大学東洋史研究室編『東アジア海洋域圏の史的研究』京都女子大学研究叢刊39、2003年）、368頁。

[*22] 内田じゅん「植民地期朝鮮における同化政策と在朝日本人――同民会を事例として」（『朝鮮史研究会論文集』第41集、2003年）。우치다쥰（内田じゅん）「총력전 시기 재조선 일본인의 '내선일체' 정책에 대한 협력」『亜細亜研究』第51巻1号、고려대학교 아세아문제연구소、2008年3月。広瀬玲子「植民地朝鮮における愛国婦人会――1930年代を中心に」（『北海道情報大学紀要』第22巻第2号、2011年3月）。

[*23] 永島広紀「朝鮮半島からの引揚と「日本人世話会」の救護活動」（増田弘編『大日本帝国の崩壊と引揚・復員』慶應義塾大学出版会、2012年）。

[*24] 木村健二・坂本悠一『近代植民地都市釜山』九州大学社会文化研究所叢書第5号、桜井書店、2007年。洪淳権ほか編『부산의 도시형성과 일본인』선인、2008年。洪淳権『근대도시와 지방권력』선인、2010年。金白永『지배와 공간: 식민지도시 경성과 제국 일본』문학과지성사、2009年。

市である。このほか、広義には日本人と朝鮮人の居住空間が並存していた二重都市のソウルや、日本人の人口流入によって建設された大田・新義州も植民地都市の例である。このように韓国における植民地都市の建設過程は、在朝日本人の活動と密接に関わっており、このことから近年都市史・地域史の領域において在朝日本人への関心が高まっている。本書の第5章でも1910年代における仁川の築港工事を事例として取り上げ、植民地都市の形成と植民者社会の関係性を考察している。

　三つ目に、植民地支配政策に直接関わった総督府官僚に関する研究である。1925年の総督府統計によると、日本人のもっとも多い職業群は公務・自由業群であった。そのなかでも公務を行う植民地官僚に関する研究は厚みを増しており、官僚制度や彼らの植民地統治観が主な論点になっている[25]。警察、教員に関する研究成果も蓄積されており[26]、植民地支配の担い手として、またこれとは異なる役割が考察されている[27]。

　四つ目に、在朝日本人個人を対象とした人物研究である。研究対象は、実業家、言論人、学者、教員など多様である。代表的な研究者である崔惠珠は、文献を残した釈尾春芿・青柳綱太郎を中心に彼らの移住経緯や朝鮮での活動、植民地統治観、朝鮮・朝鮮人観を考察している[28]。また旗田巍の思想の変容の追跡研究もこれに属する[29]。旗田が朝鮮史研究者として成長するようになった背景、朝鮮での体験、在朝日本人二世としてのアイデンティティの変容が注目されている。人物に関する研究は、植民者としての自己認識とアイデンティティ、朝鮮に対する他者認識を分析するのに有効なアプローチであるといえよう。

　最後に、在朝日本人の引揚げ研究が挙げられる。近年、戦後日本における加害者意識の欠如などの「記憶」問題と関連して、引揚げ研究が重要なテーマとして取り上げられている[30]。朝鮮半島からの日本人の送還問題は、米ソの占領

---

[25] 李烱植『朝鮮総督府官僚の統治構想』吉川弘文館、2013年。
[26] 松田利彦『日本の朝鮮植民地支配と警察——一九〇五〜一九四五年』校倉書房、2009年。山下達也『植民地朝鮮の学校教員——初等教育集団と植民地支配』九州大学出版会、2011年。
[27] 松田利彦「朝鮮における植民地官僚——研究の現状と課題」(松田利彦・やまだあつし編『日本の朝鮮・台湾支配と植民地官僚』思文閣出版、2009年)。
[28] 崔惠珠『근대 재조선 일본인의 한국사 왜곡과 식민지통치론』景仁文化社、2010年。
[29] 高吉嬉『「在朝日本人二世」のアイデンティティ形成——旗田巍と朝鮮・日本』桐書房、2001年。
[30] 研究動向に関しては、今泉裕美子「近年の「引揚げ」研究の視点と本書の課題」、木村健二「日

政策や朝鮮の新国家建設の動きなどを含め、一般社会における日本人追放の圧力と密接に連動していた[*31]。南朝鮮では1945年冬から1946年にかけて一括・計画の送還が実施されたが、北朝鮮では移動禁止・抑留の方針が採られており、その実状には地域差が存在した[*32]。しかしながら、資料の制約から主に南朝鮮が研究対象となっており、北朝鮮における引揚げの実態についてはまだ不明な部分が少なくない。

　以上のように、2000年代以降における在朝日本人研究は飛躍的に数を増している。社会史・文化史領域の植民地期研究が厚みを増しているなか、在朝日本人研究も多様化・細分化しており、国際的に議論が広がるなかで、今後進展が期待されている。では、次は本書と同様に民衆側の在朝日本人社会に着目した近年の研究動向について述べよう。

　高崎宗司の『植民地朝鮮の日本人』は、開港期から戦後の引揚げまでを通史的に捉えた最初の成果として評価できる[*33]。高崎は、日本による植民地支配は官吏・軍人たちによってのみ行われたわけでははく、「草の根の侵略」によって支えられていたと述べている。このような視点は侵略の民衆として在朝日本人社会を批判的に捉えた梶村の議論を引き継ぐものであり、より多面的な存在として在朝日本人社会を捉えなおすべきではないかという批判は避けられないであろう。

　次に、在朝日本人に関して多くの業績を発表してきた木村健二の近年の研究である。朝鮮紳士録を利用した居留民の「成功」過程への分析、釜山商業会議所とその構成員の動向、戦時期における経済団体の活動を分析した論稿が注目される[*34]。そのなかで、「宗主国の国民にとって植民地はどういうものであっ

　　本人の引揚げに関する近年の研究動向」（今泉裕美子・柳沢遊・木村健二編『日本帝国崩壊期「引揚げ」の比較研究』日本経済評論社、2016年）。
[*31] 李淵植、前掲論文、2013年、148頁。
[*32] 李淵植、前掲論文、2013年。同「朝鮮における日本人引揚げのダイナミズム――逃亡/引揚げ、送還/抑留、追放/懲罰の変奏曲」（蘭信三編『帝国崩壊とひとの再移動――引揚げ、送還、そして残留』勉誠出版、2011年）。
[*33] 高崎宗司、前掲書。
[*34] 木村健二「在朝鮮日本人植民者の「サクセス・ストーリー」」（『歴史評論』第625号、校倉書房、2002年5月）。同「朝鮮における経済統制の進行と経済団体」（木村健二・柳沢遊編『戦時下アジアの日本経済団体』日本経済評論社、2004年）。同「釜山への日本人の進出と経済団体」（木村健二・坂本悠一『近代植民地都市釜山』九州大学社会文化研究所叢書　第5号、桜井書店、2007

たのか」という視角や、「近代化の潮流に日本内地では乗れなかったものの、それを新領土朝鮮の地で達成しようとした人々」への着目は、本書においても受け継いでいる[*35]。このほか、実業家個人の回顧録・伝記を利用した人物研究が試みられている[*36]。これらの木村の研究を概括すると、日本の勢力圏内における日本人の経済活動に着目した経済史観点からの研究と位置づけられる。

次に、内田じゅんの研究はアメリカ学界における注目すべき研究成果である[*37]。内田の研究は、系統的にいえば、アメリカにおける先駆的研究成果であるピーター・ドウスの問題意識を受け継いだ研究として位置づけられる。ドウスは、開港期から韓国併合までの時期を対象に、明治維新以来の日本人の朝鮮観、日本商人の朝鮮への進出、日本商品の市場獲得の過程を分析した[*38]。内田は、ドウスの問題意識を深化させ、朝鮮における日本人商工業者を「settler colonialism」論から捉えなおしている。

内田が用いる「settler colonialism」は、欧米の帝国史研究における比較的に新しい概念である。これは「移植者コロニアリズム」と訳することができ、移住民の移植と土地獲得の過程における暴力・差別問題を批判的に考察するポストコロニアリズム理論である。ヨーロッパ人の新大陸への移住史を暴力による征服、先住民社会の破壊という観点から問い直す試みから出発している[*39]。

内田は、「settler colonialism」論を援用しながら、在朝日本人の存在を「帝国のブローカー」と位置づけ、分析の枠組みとしている。朝鮮に生活根拠地を持つ日本人商工業者を、植民地権力と朝鮮人エリートとの間における中間者的な存在として捉え、商工業者の陳情活動、朝鮮人名望家との協力を模索する植民者の心性を描くなど、示唆に富んだ論点を提示している。とりわけ、内田は

年)。
[*35] 木村健二「在朝鮮日本人植民者の「サクセス・ストーリー」」、59〜60頁。
[*36] 木村健二「在朝日本人史研究の現状と課題——在朝日本人実業家の伝記から読み取り得るもの」(東国大学校文化学術院日本学研究所『日本学』35、2012年)。
[*37] Uchida, Jun. *Brokers of empire: Japanese settler colonialism in Korea, 1876~1945.* Harvard University Asia Center, 2011.
[*38] Duus, Peter. *The abacus and the sword: the Japanese penetration of Korea, 1895~1910.* University of California Press, 1995.
[*39] settler colonialism論については、Uchida, *op.cit*, p18. Elkins, Caroline and Susan Pedersen. "Introduction," Elkins, Caroline and Susan Pedersen eds., *Settler Colonialism in the Twentieth Century: Projects, Practices, Legacies*, New York: Routledge, 2005.

在朝日本人社会を動かす主要な動因について、利益重視（profit-oriented）の行動様式を挙げている。ただ、内田の「帝国のブローカー」という枠組みは、総督府政治が安定的な時期に総督府と日本人社会との関係性を論じる際には有効であるが、そのほかの時期、例えば開港期から定住期、そして戦時期や引揚げ期を論じる枠組みとして有効であるかは疑問である。

なお、「settler colonialism」論については、そもそも西洋諸国の植民地に適用される理論であり、日本の植民地には部分的にしか当てはまらないという指摘もある[*40]。「settler colonialism」論は、植民者社会が本国政府から政治的自治を享有しながら統治に密接に関与する植民地、植民者の特権が制度的に保障された植民地に当てはまるのではないかという議論である。この観点からみた場合、アフリカのローデシア・アルジェリア・ケニアに比し、朝鮮は政治的自治や特権が相対的に低い水準に留まっていたからである。つまり、遠く離れた遠隔地の新大陸へ移住した西洋人の植民者社会を論ずるのに有効な理論ではないかという疑問であり、このような意味において、植民地朝鮮に対する「settler colonialism」論の適用はさらなる議論を要すると考えられる。

次に、在朝日本人の活動を政治学的観点から考察した李昇燁の研究が挙げられる。李は、主に「文化政治」への転換から1930年代初期までを対象に、在朝日本人の政治運動が表面化する過程を実証的に分析している[*41]。李は、朝鮮総督府を中心とする植民地統治権力、在朝日本人、朝鮮人上層部という三者を政治主体として設定し、その間における対立と協力の関係性を論じている。この視点は、植民地統治をめぐる対立・協力の相互関係を究明する研究、とくに統治権力と朝鮮人の間に展開されていた交渉に着目した金東明の研究と同様の視角に基づいている[*42]。それに朝鮮人社会と協力し、参政権付与・地方自治運動を展開した在朝日本人社会を加え、三つの政治主体の動向を追い、分析の枠にしている。李が内田研究に対し、「統治権力との対立と協力という両面的な関係、朝鮮人政治集団との緊張関係を看過したきらいがある」[*43]と指摘してい

[*40] Elkins, Caroline and Susan Pedersen, op.cit, p18.
[*41] 李昇燁、前掲の博士論文。
[*42] 金東明『지배와 저항 그리고 협력: 식민지 조선에서의 일본제국주의와 조선인의 정치운동』景仁文化社、2006年。
[*43] 李昇燁「'문화정치'초기 권력의 동학과 재조일본인사회」(李炯植編『제국과 식민지의 주변인

るのは、このような視点に立っている。

　なお、内田と李の間には、在朝日本人の役割に対する温度差が見られる。在朝日本人の役割を重要視（pivotal role）する内田に対し[*44]、李は、在朝日本人は一度も主役になったことがなかったと述べ、その役割を過大評価することには警戒感を示している[*45]。ところが、この意見の違いは研究対象の相違から生じていると見受けられる。李が「政治空間」に着目しているのに対して、内田は植民地支配全般を論じているからである。

　以上、民衆側の在朝日本人を取り上げた研究を整理したが、研究動向の特徴として二点挙げられる。まずは、依然として経済史・政治史観点の研究が多い点である。経済史では、日本人の経済活動と植民地経営、本国日本と植民地との関係性が主に取り上げられる。政治史の領域では、三者、すなわち植民地統治権力、朝鮮人エリート層、在朝日本人社会との間における対立・妥協・協力のプロセスと、支配政策をめぐる民族矛盾が論点となっている[*46]。従来の支配と抵抗という二項対立的な図式からの脱却が試みられるなかで、植民地統治権力と朝鮮人社会に加え、もう一つの軸として日本人社会が注目を集めているといえよう。

　もう一つの研究動向の特徴として、「文化政治」期に集中している点が指摘できよう。この背景には新聞・雑誌などの史料の現存状況も影響しているが、「文化政治」期における活発な議論の展開という要因もある。この時期に、日本人社会では朝鮮人との協力を試み、衆議院選挙法朝鮮実施論や朝鮮自治議会論を展開していたからである。「文化政治」期は政治的にもっとも活発かつ能動的な時期であり、魅力的な研究時期と認識されており、在朝日本人研究も同様に「文化政治」期に集中しているのである。

　　　――재조일본인의 역사적 전개』보고사、2013年）、222頁。
[*44] Uchida, *op.cit*, p394.
[*45] 李昇燁、前掲の博士論文、113～114頁。
[*46] 一般的に、在朝日本人研究は植民地期の政治史に分類される。朝鮮史研究会編『朝鮮史研究入門』名古屋大学出版会、2011年、232～233頁。

第3節　問題意識と研究視角

　本書は前述の研究成果を踏まえながらも、次の研究視角に着目している。まず、宗主国と植民地にまたがる在朝日本人社会を、ナショナル・ヒストリー、すなわち一国史を超える視点から捉えなおすことである。これまで「文化政治」期以降の在朝日本人社会論は、植民地朝鮮の枠を超えていなかった。ところが、本書で主に取り上げている日露戦争後から大正期にかけての時期は、日本において国家のための共同体強化策が行われていた時期である。都市と農村において新しい国造りが試みられ、帝国主義が形成されていく時期であり、帝国日本の発展を支えるべき共同体的なものが国民統合の上で強く要求されていた時期である[*47]。例えば、戊申詔書の公布と、青年会と小学校教員をリーダーとして繰り広げられた地方改良運動の展開は、この動向を象徴するものであった。

　そして、在朝日本人は日露戦争後における帝国主義の形成と大正デモクラシーを経験した人々である。「内には立憲主義、外には帝国主義」という時代に、在朝日本人は帝国日本の周縁において帝国主義を具現する存在であった。関連する社会制度においても日本のものが準用される場合が多く、在朝日本人は朝鮮にいながらも、本国日本の影響を受ける存在であった。このため、在朝日本人社会の形成を考察するうえで、同時代の文脈から日本と朝鮮両地域の社会動向を追う視点は欠かせない。

　次は、在朝日本人社会の形成史に起因する独自性への着目である。居留民の移住が先行する形で植民者社会が形成された朝鮮で、居留民社会は植民地化以前に無視できない勢力を形成していた。これは領有・租借権の獲得と同時に移住が始まった台湾や「満洲」の事情とは明確に異なる点である。官吏の着任後に居留民が入った地域に比して、朝鮮では居留民社会の形成が先行したために、居留民が統治機構に対して発言力を持っていたのである[*48]。

[*47] 宮地正人『日露戦後政治史の研究――帝国主義形成期の都市と農村』東京大学出版会、1973年。
[*48] 朝鮮と台湾の初期条件の相違に関しては、駒込武『植民地帝国日本の文化統合』岩波書店、1996年、77頁。

このような形成史から、在朝日本人の独自性を見出すことができる。民衆の独自性議論は、周知のとおり、民衆の主体形成を内在的に理解しようとする民衆思想史研究における長年の論点である。生活者である民衆の側から読み替えることによって支配イデオロギーとは異質な独自の性格が生まれたことを民衆思想史学者は発掘してきた。すなわち、民衆は知識人・思想家とは異なる独自の思想を有するという視点であるが、本書はそのなかでも民衆に押し付けられた秩序、支配権力の秩序意識に対して違和感を抱き、それとは違った秩序を模索する民衆の姿を描いた研究に多くを学んでいる[*49]。その一人である鹿野政直は、幕末から明治末期までの期間を日本における資本主義の形成期と捉えながら、国民思想の展開過程を考察している。鹿野は時代の転換期において、権力側と民衆側のそれぞれ異なる秩序の構想がせめぎ合ったことを論じ、民衆思想の独自性を見出した。

　民衆独自の思想形成を考察する視点は、在朝日本人社会にも適用できる。在朝日本人が植民地統治権力と同様の利益関係を有するとの評価は、「内鮮融和」「内鮮一体」の教化団体の性格として概ね適切である[*50]。しかし、植民地統治権力の方針は必ずしも在朝日本人社会に浸透したわけではない。統治機構が設置された初期には、統治権力に対する反官意識があらわになっており、統治権力の支配政策が日本人社会から同意を得られず、修正を余儀なくされる場面もあった。在朝日本人の多くは支配体制に包摂されず、彼らの多くは独自の意識体系に基づき行動していたのである。

　にもかかわらず、これまでの多くの先行研究において、在朝日本人社会は植民地統治権力に癒着・協力し、利益を追求する中間者、つまりブローカー的な存在として論じられてきた。在朝日本人社会が独自の意識体系をもって行動しており、植民地統治権力と同一視できない存在であったことはあまり議論されてこなかった。本書では在朝日本人社会が総督府の支配政策、植民地空間の変容にいたるまで一定の発言力と影響力を有していたことに注目している。

---

*49 鹿野政直『資本主義形成期の秩序意識』筑摩書房、1969年。色川大吉『明治精神史』上下巻、岩波書店、2008年（初出は黄河書房、1964年）など。
*50 内田じゅん「植民地期朝鮮における同化政策と在朝日本人――同民会を事例として」『朝鮮史研究会論文集』第41号、2003年。同「총력전 시기 재조선 일본인의 '내선일체' 정책에 대한 협력」『亜細亜研究』第51巻1号、고려대학교 아세아문제연구소、2008年。同、前掲書。

最後は、在朝日本人社会の形成過程に育まれた「植民者意識」への着目である。これは植民過程における経験から育まれ、日本人社会で共有されていた意識構造であると定義できる。これは日本人の意識の根源をなすものであり、在朝日本人社会を理解するうえで重要な手がかりとなる。

　一般的に社会構成員の意識構造は、共同体の形成と関連している。日本における共同体の一般型は、農業、とくに水田耕作を営むための土地を基盤とする村落共同体である。共同体は土地を基盤として、自然に成立し、原始的な血縁共同体から農業共同体へ進展する。日本の村落共同体は土地の共有や共同利用を基礎とし、構成員の地縁的な相互扶助と規制によって営まれていた。また自給自足の社会であり、閉鎖的な性格を有していた。

　在朝日本人社会は植民地獲得の産物であり、開港場又は開市場の居留地を基盤として成立した植民者社会であった。居留地には多様な出身地の人々が流入しており、構成員は常に変動していた。このような植民地特有の環境に置かれ、外部の朝鮮人社会に影響されながら、在朝日本人の「植民者意識」は育まれていったとみられる。

　植民者の意識構造と関連して、イギリス帝国史研究者の木畑洋一はかつて「帝国意識」論を展開した。木畑は、「帝国意識」とは「自らが、世界政治の中で力をもち、地球上の他民族に対して強力な支配権をふるい影響力を及ぼしている国、すなわち帝国の「中心」国に属しているという意識」であると定義し、それは「自国に従属している民族への、しばしば強い人種差別感に基づく侮蔑感と、それと表裏の関係にある自国民についての優越感に支えられており、自国民による従属民族の支配を、「遅れた」人々を指導、教化し、「文明」の高みに引き上げてやっているのだとして正当化するパターナリズムを伴っている」と論じた[*51]。さらに、木畑はこの意識が植民地の独立による帝国崩壊後も根強く残っていると指摘した。

　木畑の「帝国意識」論は日本史の領域にも影響を与えた。例えば、尹健次は「帝国意識」論を援用しながら、在朝日本人の精神構造を「帝国意識」として批判的に捉えた。在朝日本人の「帝国意識」は、アジア蔑視観と「日本民族」

[*51] 木畑洋一『支配の代償――英帝国の崩壊と「帝国意識」』東京大学出版会、1987年、275～276頁。

としての優越意識によって支えられたと論じた*52。他方、ひろたまさきは「帝国意識」について「対外関係に関する意識のみを指すのではなく、他民族を支配する国家の一員であることにアイデンティティをもつ意識」と述べ、このような虚偽意識は現在でも妖怪のように世界を動かし、日本社会をも支配し続けていると指摘した*53。

　これらの「帝国意識」論と本書における「植民者意識」論はいずれも被支配民に対する優越感と侮蔑意識に支えられ、構築された意識構造である。まず、「帝国意識」は、本国の人々が知らず知らずの内に、明瞭に意識はされない形で抱かれていた潜在意識に近い*54。この場合、新聞などのメディア報道や学校教育は、国民の「帝国意識」を育む有効な手段となる。これに反し、「植民者意識」は植民地に滞在し、その統治に直接関わった又は経験した人々が顕在的に意識するものである。「帝国意識」が社会全体をドームのように覆う意識であるとすれば、「植民者意識」は社会全体に刻まれた刻印のような意識であるといえる。

　なお、「帝国意識」と「植民者意識」との間における相違が克明に表れたのが、三・一運動後の議論である*55。本国日本では、総督府の「武断政治」に対する批判論が主流を占めており、三・一運動を「武断政治」の失敗と捉え、文官による施政改善が活発に議論されていた。これに反し、在朝日本人社会は朝鮮人社会における「排日思想」への危機感を募らせ、さらなる制裁を主張する人も少なくなかった。当時の日本語雑誌や新聞には、三・一運動を朝鮮人の国際情勢に対する無知から生じたハプニングとみなし、「独立騒ぎ」「万歳騒ぎ」と嘲笑していた。朝鮮人に対して自覚と反省を促す論説も数多く掲載された。加えて、帝国日本の臣民でありながら、独立を主張する朝鮮人の行動は「非国民」視され、「不逞鮮人」というレッテルが貼られた。

　このような在朝日本人社会の認識は、1920年10月に京城で開催された「全

---

*52　尹健次、前掲書、42〜45頁。
*53　ひろたまさき『日本帝国と民衆意識』有志舎、2012年、85頁。
*54　木畑洋一『イギリス帝国と帝国主義——比較と関係の視座』有志舎、2008年、48〜49頁。
*55　三・一運動に対する日本人社会の動向に関しては、李昇燁「3・1運動期における朝鮮在住日本人社会の対応と動向」(『人文学報』第92号、京都大学人文科学研究所、2005年3月)を参照。

鮮内地人実業家有志懇話会」における議論からもうかがわれる*56。この集会は、「各地方の実情を聴取すると共に之か対策に就て親しく懇話するの必要」から、各地実業界の有力人物が参加し、三・一運動後の善後策を議論する場であった*57。「秘密会」として開かれ*58、招待された人物以外に傍聴が禁止されたこともあり、露骨な表現が随所にみられる。

　参加者の間では、「近来全鮮各地を通して朝鮮人の思想著しく変化し憂ふへき情態」であるとの認識が共有され、「文化政治」後の現状に対する不満、朝鮮人社会に対する強硬論が繰り広げられた。多くの在朝日本人は軍隊の増兵や警備機関の拡張を主張していた。例えば、大邱からの参加者は、「当局の処置は少しく手緩い」と批判しながら、「朝鮮人は元来鞭に依つて育て上げられた所の民族」と述べ*59、「我々の実力が伴へば朝鮮人の蠢動は何等の価値も無いもの」であると主張した*60。日本人社会の論調は、武力を用いる実力主義にあった。

　加えて、現状の打開策として提示されたのが日本人移民の奨励であった。前述の大邱在住者は、「百万人位の内地人を此所に植付ける、即ち是れが統治政策の第一義じゃないか」と述べ、参加者から拍手喝采を受けた。木浦からの参加者は、「日本人が多数来なくては朝鮮の開発は出来ぬ」と述べており、咸興からの参加者は、「朝鮮人の一割即ち百五十万位の内地人を入れる」ことを提案していた*61。大規模な日本人の移殖によって、朝鮮統治の根本問題は解決できるという主張であった。

　以上のように本国日本と植民地朝鮮との間には、植民地統治に対する認識の隔たりがみられる。このような本国日本人と在朝日本人の間における温度差は、植民地統治の経験から来るものであり、被支配民との関係性から起因すると考えられる。つまり、在朝日本人の意識構造が形成される過程は一方的なもので

＊56　永留信孝編『全鮮内地人実業家有志懇話会速記録』懇話会事務所、1920年。以下、『速記録』と略す。
＊57　懇話会の概要については、『速記録』、14〜15頁。李昇燁、前掲論文、133〜135頁。
＊58　『速記録』、4頁。
＊59　『速記録』、29頁。
＊60　『速記録』、31頁。
＊61　『速記録』、52・83・84頁。

はなく、朝鮮人との遭遇・接触を経て構築されるものであった。かくして育まれた在朝日本人社会の「植民者意識」は、本書の重要な論点の一つであり、本論の随所で取り上げる。

本書は、以上のような研究視角に基づき、従来の研究を批判的に継承しつつ、在朝日本人社会の社会様態、「植民者意識」、植民地空間との関わりに着目している。多くの在朝日本人研究が着目している商工業者の活動のみならず、多様な角度から在朝日本人社会の形成を捉えなおすことを課題として設定している。

第4節　本書の構成

本書は序章、第Ⅰ部、第Ⅱ部、補論、終章で構成されている。まず、第Ⅰ部（第1～3章）では、在朝日本人社会の形成過程と社会様態を考察する。居留民社会の形成過程とその特質について概観してから、「自治」団体、教育団体の活動とその変容を考察する。各章で論ずる内容は以下の通りである。

第1章では、各種統計を用いて在朝日本人社会の社会様態を検討する。本論に入る前の導入として、日本居留地の設置過程、居住地の拡散状況を概括し、集団居住地の形成過程を考察する。加えて、人口、出身地、出身階層、職業、学歴などの統計より社会様態を数量的に分析する。これを通じて、在朝日本人社会が西洋諸国の植民地、又は台湾・「満洲」における植民者社会に比し、どのような特質を有していたのかを検討する。

第2章では、「自治」組織である居留民団体の変容を考察する。居留地の公共事業を行っていた居留民団体が任意団体から法人化する過程を追う。また、「韓国併合」後に居留民団が解散する過程と承継、「自治」をめぐる日本人社会の議論から日本人社会が執着していた「自治」の意味、その執着を支えていた「植民者意識」を考察する。

第3章では、児童教育を担っていた教育団体の変容を取り上げる。居留地の児童教育は、統監府期に入り、制度や財政面において整備されていく。「韓国併合」後に教育事業は居留民団の解散とともに学校組合へ承継されるが、学校組合というモデルが植民地朝鮮に導入された背景、学校組合の人的構成や運営を考察する。そして、学校組合への承継問題と児童教育をめぐる議論を通して、

在朝日本人の意識をも射程を入れる。

　第Ⅱ部（第4～6章）では、植民地空間の変容と日本人社会の関わりを考察する。植民地空間、とくに居留地から成長した植民都市は在朝日本人社会と密接に関連している。在朝日本人社会と植民地空間との関わりを明らかにする題材として、共進会、港湾「開発」、神社の事例を取り上げ、日本人社会の活動が植民地空間にどのような影響を及ぼしていたのかを検討する。各章で論ずる内容は以下の通りである。

　第4章は、1915年の秋に京城で開催された「施政五年記念朝鮮物産共進会」を題材に、「武断政治」下における共進会開催の意味を考察する。共進会の展示内容、参観した日本人の感想、「内地」での報道を手がかりに、共進会開催をめぐり交差する日本人のまなざしを分析する。共進会の活用策をめぐる日本人社会の議論からは、統治権力側の方針とは異なる独自の観点から、共進会の開催を迎えていた在朝日本人の意識を考察する。

　第5章では、植民都市の形成と在朝日本人社会との関係性を考える。典型的な植民都市の歴史を辿った仁川港を研究対象にし、1910年代に行われた築港工事の事例を取り上げる。埋立工事、築港工事をめぐる日本人社会の動向や議論を通して、港湾「開発」に及ぼした日本人社会の影響力に注目する。

　第6章では、居留地に創建された居留民創建神社の変容を取り上げる。居留地には早い時期から私的祈願の神社が建てられた。そして、居留民人口が増加するにつれ、居留民社会の統合が意識されるなかで、皇祖神を奉斎する神社が創建された。こうして日本人集団居住地に創建された神社は、「韓国併合」後の神社制度の整備によって変容を余儀なくされる。仁川と水原の事例を取り上げ、地域の朝鮮人社会も視野に入れながら、居留民創建神社の変容過程を考察する。

　次に、第Ⅰ部と第Ⅱ部における「植民者意識」議論をまとめるものとして【補論】を設けた。【補論】の第7章では、在朝日本人が刊行した朝鮮地誌を取り上げ、在朝日本人の「植民者意識」の根柢にあるものを考察する。明治末から大正期にかけて数多く出版された朝鮮地誌を、刊行目的や記述内容によって分類し、そのうち朝鮮半島への日本人の移住史、居留民社会の形成史を題材としている「発展史」に着目する。「発展史」にみられる在朝日本人の他者認識、

自己認識への検討から、在朝日本人社会に共有されていた「植民者意識」の根底にあるものを考える。

さて、最後に本書で用いる資料について触れておこう。在朝日本人関連の資料は、日本と韓国の図書館・文書館に散在している。まず、本書で引用する未公刊記録の多くは、外務省と韓国国家記録院所蔵のものである。「外務省記録」には在朝鮮領事館と外務省との往復文書が収められている。とりわけ、居留民代表が領事館へ提出した陳情・請願書の原本が収められており、本論の随所で紹介している。韓国国家記録院には、朝鮮総督府作成の書類が収められており、主に居留地業務を担当していた外事局・内務部関係の書類を利用している。

なお、在朝日本人発行の新聞や雑誌を幅広く利用している。まず、仁川で発行されていた『朝鮮新聞』は、京城・仁川地域で発行された最初の日本語新聞であり、総督府時代には『京城日報』と並ぶほどの影響力を有していた。その前身である『朝鮮新報』と、さらに遡り『仁川京城隔週商報』『朝鮮旬報』を含めると、創刊日は1890年1月28日である[*62]。時期によって性格に変化はみられるものの、民間人経営の新聞であり、仁川・京城居住日本人社会の世論がうかがわれる新聞である。

また『京城新報』『京城新聞』は京城で発行された新聞である[*63]。『京城新報

[*62] 題名は、1892年4月15日に『朝鮮新報』へ改称される。日清戦争の影響で一時期休刊したが、1895年10月2日に復刊された。最初は、舶来品などの広告が多く掲載され、実業・商業誌としての性格が強かった。1908年12月1日に『朝鮮タイムス』を引き受ける形で、『朝鮮新聞』が創刊された。外務省では、新聞社に毎月50円の補助金を与え、日本語新聞の保護・育成に当たっていた。「韓国併合」後に総督府の新聞統合の方針の下でも刊行を続けた。1919年12月18日に発行地を仁川から京城へ移した。なみに、創刊日に関しては諸説ある。張信「한말・일제초 재인천 일본인의 신문발행과 조선신문」(『仁川学研究』6、2007年)。鄭晋錫「日本人発行新聞の嚆矢　朝鮮新報－朝鮮新聞」(『朝鮮新報・朝鮮新聞』第一巻、韓国教会史文献研究院、2008年)。

[*63] 『京城新報』・『京城新聞』は京城発行の民間新聞である。創刊日は1907年11月3日であり、発行所は京城西署西小門通、社長は峰岸繁太郎であった。峰岸は主筆と編集長を兼ねており、論説・時事片片・3面雑報記事までを担当していた。統監府・総督府の機関紙『京城日報』や『The Seoul Press』と対立する論調を展開し、数回にわたって停刊処分を受けた。1908年7月5日には統監府の発行禁止処分を不服とし、題号を『京城新聞』に改題し、新聞刊行を続けた。同年12月23日の記事が再び問題となり、発行禁止処分を受ける。峰岸はこれに屈せず、1909年1月に『京城新報』を創刊したが、1912年2月29日号を最後に廃刊処分となった。1910年に朝鮮日の出新聞、東洋日報、朝鮮日々新聞、朝鮮日報が次々と廃刊されていく中、1912年の廃刊まで京城内の唯一民間新聞であった。鄭晋錫「解題―日本の言論侵略史料復元」(『朝鮮日報　京城新聞（新報）　京城日々新聞　京城薬報』韓国教会史文献研究院、2003年)。川端源太郎『京

（新聞）』は、基本的に日本の朝鮮支配を支持しながらも、統監府・総督府の政策に対しては批判的な立場を堅持していた。刊行期間が4年弱であり、比較的短い。加えて、釜山で発行された『釜山日報』[*64]『朝鮮時報』の記事を随所で利用している。

　以上の新聞は比較的現存状態が良好な新聞である。1910年の統計によると、発行部数は『京城日報』（1万9494部）、『朝鮮新聞』（8529部）、『京城新報』（5137部）、『釜山日報』（2400部）、『朝鮮時報』（2412部）の順であった[*65]。この発行部数から、新聞としての影響力が推定できよう。

　なお、雑誌としては、『朝鮮及満州』（改題前は『朝鮮』）、『朝鮮公論』などを用いる。『朝鮮及満州』は、京城で刊行されていた総合雑誌である。時期によって性格に変化はあるものの、創刊から1910年代にかけては総督府に対し批判的な論調を堅持していた。その読者層は朝鮮・満洲在住の日本人が多数を占めたが、「内地」の読者や朝鮮人読者もいた[*66]。1911年の総督府統計によると、発行部数は京城内で700部、京城以外の朝鮮内で750部、「内地」500部、台湾20部、清国30部、計2000部であった。

　なお、『朝鮮公論』は、東京を発行地としていたが、実際の編集業務は京城で行われた[*67]。1919年に総督府の「新聞紙規則」の改正により、民間言論に対

　　城と内地人』日韓書房、1910年、105頁。『朝鮮』1909年9月号、54～55頁、「各社編輯室ののぞき」より整理。
[*64] 前身の『朝鮮日報』は1905年2月に創刊された。『朝鮮時事新報』を経て、1907年10月1日に『釜山日報』へ改称された。初代社長は芥川正であり、家族経営の新聞社であった。배병욱「일제시기 부산일보사장（釜山日報社長）아쿠타가와 타다시（芥川正）의 생애와 언론활동」（『석당논총』52巻、2012年）。
[*65] 『朝鮮総督府統計年報』1910年度版、1912年、655～656頁。
[*66] 『朝鮮』・『朝鮮及満州』の刊行時期は、1908年3月から1941年1月（通巻398号）まで33年間にわたる。創刊時は、森山美夫（社長）・菊池謙譲（主幹）・釈尾春芿（編集長）の構成であった。1909年3月に森山が日韓書房の拡張を理由に経営を釈尾に引き渡した。1910年に東京支局、1911年に安東県・平壌・釜山支局、満州支社が開設された。1912年1月に雑誌名を『朝鮮及満州』へ改題し、1912年6月号（通巻52号）から12月号（通巻65号）までは月2回（1日、15日）発行した。いわゆる総合雑誌であり、その体裁は『日本及日本人』『太陽』と類似していた。構成は巻頭に天皇や皇族ら有名人物の写真・名勝地の口絵から始まり、編集長・重要人物の主張・論説、人物評論、インタビュー記事、文芸、朝鮮問答、重要記事（総督の訓示・総督府の公文）、時事日誌、広告などになっていた。任城模編「解題」（『朝鮮及満州別巻（記事・人名）』オークラ情報サービス、2007年）。『朝鮮』1908年4月号、「本誌『朝鮮』に対する批評」。
[*67] 『朝鮮公論』の刊行時期は1913年4月から1944年月まで約31年間である。『朝鮮公論』には大隈

する弾圧が緩和されると、1920年11月からは発行地を京城へ移した。『朝鮮公論』も民間人刊行の雑誌であり、総督府批判の論説が散見される。ただ、在野的性格が強い『朝鮮及満州』に比すると、官側の人物・知識人の論説がしばしば掲載されており、その論調には微妙な違いがあった。

　この他、【補論】で紹介しているように朝鮮地誌を利用する。日本人によって刊行された地域史資料であり、地域の沿革や各種情報が収められている資料である。そして、有力人物の履歴が掲載されたいわゆる「朝鮮紳士録」、日本人経営の会社が刊行した社史なども利用しているが、資料の現存状況に関しては資料集の解題を参照されたい[*68]。出来る限り多くの在朝日本人関係の資料を収集することを目指したが、漏れもあると思われる。この点については今後ご教示を頂きたい。

　　重信、犬養毅、高橋是清、市原盛宏（朝鮮銀行総裁）、早稲田大学教授らが賛助者として参加しており、これらの人物が書いた時事評論・論説がしばしば掲載された。ちなみに、創刊者の牧山耕蔵は1906年に早稲田大学を卒業した後に犬養毅の推薦で朝鮮に渡り、『京城日報』の創刊に関わった人物である。その後、牧野は京城日報及び日本電報通信京城支局の主幹を経て、衆議院議員を歴任した。『朝鮮公論』第1巻、語文学社、2005年（復刻版）の解題を参照。

[*68]　芳賀登・杉本つとむ・森陸彦編『日本人物情報大系』（朝鮮編）、皓星社、2001年。『社史で見る日本経済史』植民地編、ゆまに書房、2001～2004年。特に、『日本人物情報大系』第71巻、皓星社、2001年所収の木村健二の解題を参照。

第Ⅰ部
在朝日本人社会の形成と社会様態

第1章
諸統計よりみる植民者社会の形成

写真1-1　京城本町の釘本藤次郎本店（1910年頃）
出典　川端源太郎『京城と内地人』日韓書房、1910年。

第Ⅰ部　在朝日本人社会の形成と社会様態

第1節　居留地の設定と居留状況

第1項　居留地の設定

【表1-1】は、朝鮮半島における日本人居留地の設定を整理したものである。日本人の居留は、1876年の「日朝修好条規」の締結に始まる。同条規の第4・5款において釜山とその他二港の開港が定められ[*1]、1877年に釜山の開港を皮切りに1880年に元山、1883年に済物浦（仁川）が開港する。その後、1885年には朝鮮王朝の都である漢城が開市する。漢城は内陸における最初の開市であり、開港場の専管居留地のように区域が設定されていなかった。日本人居住地は、朝鮮人の主要居住地と離れてはいたものの、居留地の境界が存在しない雑居地であった。

日清戦争期の1894年8月には「日韓暫定合同条款」が調印された。この場では、さらに2港を開くことが合意され、その結果として1897年に木浦と鎮南浦が開港する。外務省は、当初「本邦人ノ為メ特別居留地」、すなわち日本専管居留地の設置を念頭において朝鮮政府との交渉にあたっていた[*2]。外務省が専管居留地の設定にこだわったのは、日清戦争時の苦い経験によるものであった。仁川に上陸した日本軍は、「兵士軍医ノ陸揚舎営等ニ付非常ノ不便」を経験したが[*3]、それは日本専管居留地が狭隘であり、各国居留地には駐屯できなかったためであった。外務省は日本との貿易拠点という機能よりは、軍事的理由か

[*1]　第四款、朝鮮国釜山ノ草梁項ニハ日本公館アリテ年来両国人民通商ノ地タリ今ヨリ従前ノ慣例及歳遣船等ノ事ヲ改革シ今般新立セル条款ヲ憑準トナシ貿易事務ヲ措弁スヘシ且又朝鮮国政府ハ第五款ニ載スル所ノ二口ヲ開キ日本人民ノ往来通商スルヲ准聴スヘシ右ノ場所ニ就キ地面ヲ賃借シ家屋ヲ造営シ又ハ所在朝鮮人民ノ屋宅を賃借スルモ各其随意ニ任スヘシ。第五款、京圻忠清全羅慶尚咸鏡五道ノ沿海ニテ通商ニ弁理ナル港口二箇所ヲ見立タル後地名ヲ指定スヘシ開港ノ期ハ日本暦明治九年二月ヨリ朝鮮暦丙子年正月ヨリ共ニ数ヘテ二十個月ニ当ルヲ期トスヘシ。外務省編『日本外交年表並主要文書』上巻、原書房、1965年、65～66頁。
[*2]　「木浦鎮南浦ニ特別居留地ヲ設クルノ件」、1895年9月18日、外務大臣臨時代理文部大臣西園寺公望より在朝鮮特別全権公使三浦梧楼宛の機密送第64号（大韓民国文教部国史編纂委員会編『駐韓日本公使館記録』第5巻、1988年）。
[*3]　「外務省記録」3-1-1-15「韓国各地開港関係雑件」、1896年5月30日、特別全権公使小村寿太郎より外務大臣陸奥宗光宛の機密39号、「朝鮮新開港条款談判ノ件」。

第1章　諸統計よりみる植民者社会の形成

表1-1　朝鮮半島における日本人居留地の設定

設定年月日	地域	種類	条約又は文書
1877年1月30日	釜山	日本専管居留地	釜山港居留地借入約書
1880年5月1日	元山	日本専管居留地	元山津開港予約、元山津居留地地租取極書
1883年8月30日	仁川	日本専管居留地	仁川港日本居留地借入約書
1884年11月	仁川	各国居留地	仁川済物浦各国居留地約書
1884年10月6日	龍山	開市場	龍山ヲ揚華鎮ニ代テ開市場トナスノ件ニ関スル往復文書
1885年5月4日	漢城	開市場	日朝間の往復文書
1897年10月16日	鎮南浦	各国居留地	鎮南浦及木浦各国居留地規則
	木浦	各国居留地	鎮南浦及木浦各国居留地規則
1899年6月2日	群山	各国居留地	群山・馬山浦・城津各国居留地規則
	城津	各国居留地	群山・馬山浦・城津各国居留地規則
	馬山	各国居留地	群山・馬山浦・城津各国居留地規則
1899年11月13日	平壌	開市場	平壌開市ニ関スル駐韓使臣ノ宣言
1902年5月17日	馬山	日本専管居留地	馬山日本専管居留地取極書
1904年2月25日	義州	開市場	義州開市ニ関スル韓国外部大臣ノ宣言
1904年3月23日	龍岩浦	開市場	龍岩浦開市ニ関スル韓国外部大臣ノ宣言
1908年1月7日	清津	各国居留地	清津土地管理に関する日朝間取極書

出典　統監府編『韓国ニ関スル条約及法令』、1906年。統監府編『韓国条約類纂―附各国税対照表』、1908年。外務省編『日本外交年表並主要文書』上巻、原書房、1965年。外務省編『日本外交文書』各巻。「外務省記録」3-1-1-15「韓国各地開港関係雑件」より整理。

注　条約・文書の名称は『日本外交文書』の表記に従った。ちなみに、釜山・仁川・元山の清国専管居留地に居留する日本人もいた。

ら専管居留地の設置交渉にあたっていた[*4]。ところが、各国領事から異議を受けた朝鮮政府は日本政府の専管居留地の要求を退ける。その後、木浦と鎮南浦には各国居留地が設置されたが、実際中国人と欧米人の居留民は少数に留まり、居留地の実態は日本専管居留地とほぼ変わらなかった。開港から3年が経過した木浦の状況は、「表面各国居留地ノ称アリト雖トモ事実ハ却テ我専管居留地タルノ観」があったのである[*5]。

1899年に開港した群山・城津・馬山港にも、同様の各国居留地が設置された。また、同年には内陸の平壌が開市する。1902年5月には改めて馬山に日本

[*4] 専管居留地の設定をめぐる日朝間の交渉過程に関しては、藤村道生『日清戦争前後のアジア政策』岩波書店、1995年、第4章。

[*5] 木浦居留民会民代理の高根信礼の請願書である。「外務省記録」3-10-2-15「韓国各居留地小学校教育費国費補助雑件」、1900年12月27日、木浦領事森川季四郎より外務大臣加藤高明宛の第199号の附属書、「居留民教育保護ニ関スル請願」。

専管居留地が設置され、1904年には国境地帯である義州と龍岩浦が開市する。龍岩浦の開市は日本政府とロシアとの軋轢のなかで決定された開市であった。そして、統監府設置後の1908年には清津が開港する。清津は北韓における主要拠点として評価され、韓国政府財政顧問の目賀田種太郎が開港を強く主張したことで知られているが、清津の開港は外交的手続きを踏んだ最後の居留地設定となった。

第2項　居留地の外及び内陸部への拡散

　開港場の居留地に住む日本人にはどれほどの移動が許されていたのであろうか。「日鮮修好条規附録」の第4款には、「嗣後釜山港ニ於テ日本国人民行歩ヲ得ヘキ道路ノ里程ハ波戸場ヨリ起算シテ東西南北各直径十里（朝鮮里法ニ依ル）ト定ム」との規定があった。居留民には朝鮮里10里、すなわち日本里法では1里、約4km以内の移動が許されていた。この移動範囲は、1882年8月締結の「日鮮修好条規続約」によって、朝鮮里50里への拡大が約定される[*6]。そして、その結果として翌年7月に「朝鮮国間行里程取極約書」が締結された[*7]。ここでいう「間行里程」とは居留民の移動可能な範囲であるが、距離ではなく地名をもって規定された。例えば、仁川居留地の場合は、東は安山・始興・果川まで、東北は陽川・金浦まで、北は江華島までと定められた。この範囲は、1884年11月に締結された「朝鮮国間行里程取極書附録」によって、朝鮮里100里（日本里法では10里）に拡大される。その結果、仁川港の間行里程は、京畿道南陽・水源・龍仁・広州まで広げられた[*8]。

　間行里程の拡大に伴い、内陸部へ入る行商や旅行者も徐々に増えた。この増加に際し、内陸への移動を規制する目的から制定されたのが「朝鮮国内地旅行取締規則」（1885年6月外務省達第50号）である[*9]。旅行・行商を希望する者は、

---

*6 　JACAR（アジア歴史資料センター）Ref.B13091005000（K8）、日本国朝鮮国修好条規続約（外務省外交史料館）。外務省編『日本外交年表並主要文書』上巻、原書房、1965年、91頁。
*7 　JACAR（アジア歴史資料センター）Ref.A01100248500、公文録・明治十六年・第十六巻・明治十六年十月～十二月・外務省（朝鮮国ニ於テ本邦人間行里程結約ノ件）（国立公文書館）。外務省編『日本外交文書』第16巻、1951年、310～311頁。
*8 　外務省編『日本外交文書』第17巻、1952年、319～320頁。
*9 　「外務省記録」3-8-6-4「朝鮮国居留日本人同国内地旅行取締規則設立一件」、1885年6月23日発遣、外務卿井上馨より在朝鮮領事宛の附属書。

第1章　諸統計よりみる植民者社会の形成

その願書に族籍（旧法で戸籍に記す族称）、職業、住所、氏名、年齢、旅行目的、往復道筋（又は行商地名・物品）などを詳記し、身元引受人2名の連署を受け、領事館から通行券下付を受ける必要があった。通行券は韓国地方官の印を受けて発行されたが、地域によっては事前に捺印しておき、即座に発行する領事館もあった*10。財産と人物によっては身元引受人を省略するなど、居留民の商業活動を奨励する目的で便宜が図られる場合もあった。

1889年の仁川領事館の報告によると、仁川商人の行き先は、京畿道（松都・長端・積城・麻田）、黄海道（金川・助浦・鬼山・海州・黄州）、平安道（平壌）、忠清道（公州・洪州・忠州）まで及んでいた*11。これらの地域は、前述の仁川居留地の間行程を越える地域であり、間行里程が厳格に守られていなかった様子がうかがえる。こうした間行里程の拡大と領事館の方針は、居留民の居留地外への拡散を促していた。

居留地拡散のもう一つの要因は、朝鮮政府が居留地外の土地購入や貸借を許容したことにあった。1882年締結の「朝英修好通商条約」の第4款第4項には、居留地外の朝鮮里10里以内の朝鮮人所有の土地家屋に対する買入・貸借権が定められていた*12。これに対して、日本政府は最恵国待遇を享有し、同様の権利を均霑すると見なした。これを受けて、居留民が所定の手続きを踏むと、朝鮮の地方官より新地券又は家券が発給された*13。これにより、居留地外における日本人の土地購入・貸借が増加した。

龍山の事例からは、土地購入・貸借による居留地拡散の実態が垣間見られる。当初の麻浦に代わって龍山が開市するのは1884年のことである。様々な事情

---

*10 「外務省記録」3-8-6-4「朝鮮国居留日本人同国内地旅行取締規則設立一件」、1893年5月26日、釜山総領事室田義文より外務次官林董宛の公第103号。
*11 「外務省記録」3-3-7-14「朝鮮国ニ於ケル内地行商該在同国仁川帝国副領事ヨリ送致一件」、1889年12月27日、仁川領事館副領事林権助より外務省通商局長浅田徳則宛の公信第153号の附属書。
*12 〔漢文〕如英人欲行永租或暫租地段賃購房屋在租界以外者聴惟相離租界不得逾十里（朝鮮里）而租住此項地段之人於居住納税各事応行一律遵守朝鮮国自定地方税課章程。〔英文〕British subjects may rent or purchase land or houses beyond the limits of the foreign settlements, and within a distance of ten Corean li from the same. But all land so occupied shall be subject to such conditions as to the observance of Corean local regulations and payment of land tax as the Corean Authorities may see fit to impose. 統監府『韓国ニ関スル条約及法令』、1906年、202頁。
*13 「外務省記録」3-12-1-103「英韓条約ニ均霑シテ本邦人民カ居留地外十韓里以内ニ於テ朝鮮人土地家屋買入関係雑件」。

が重なり、両国間に交渉が行われず、居留地規定は明確に定まっていなかった。ところが、1893年頃の龍山にはすでに28人（5戸）の日本人が居留しており*14、その中には朝鮮人より不動産を購入・賃借した人もいた。京城領事の杉村濬の報告によると、「日本人ニシテ既ニ龍山ニ於テ公然土地家屋ヲ所有致居者有之候得者事実朝鮮政府ハ城外居留ヲ黙許シタル者ニシテ今後我人民ノ城外居留ニ付テハ格別故障モ有之間敷」状況であった*15。杉村領事は、日本人の土地家屋所有に対して朝鮮政府が黙認していると見なし、現状維持の方針で臨んでいたのである。日本領事館の居留民保護政策と朝鮮政府の傍観的な態度があいまって、実際の居留範囲は拡散していった。

さらに、居留民が享有していた治外法権は、居留地の拡散を後押していた。「日朝修好条規」の第10款には、「日本国人民朝鮮国指定ノ各口ニ在留中若シ罪科ヲ犯シ朝鮮国人民ニ交渉スル事件ハ総テ日本国官員ノ審断ニ帰スヘシ」と定められ、居留民には領事裁判権が保障されていた。これは居留地のみではなく、間行里程の範囲内においても保障されていた。「朝鮮国間行里程取極約書」によると、間行里程の範囲を越えたり、朝鮮人に暴行をなしたり問題を起こした日本人がいると、朝鮮の地方官吏はそれを日本領事館に通知又は送付するようになっていた。日本人は居留地の内外において領事裁判権を享有していたのである*16。領事裁判権に加え、「日朝修好条規附録」（1876年）によって認められた日本貨幣流通権*17、「朝鮮国ニ於テ日本人民貿易規則」（1883年）によって認められた無関税権も、居留民が享有する特権であった。

以上のように、間行里程の拡大、居留地外における土地購入・貸借の許容、領事裁判権を含むあらゆる特権及び領事館の保護政策があいまって、日本人の居留範囲は徐々に拡散していった。

＊14 「外務省記録」3-8-6-7「在朝鮮国麻浦清国稽査局設置並城外日本人居留一件」、1893年3月21日、京城領事杉村濬より外務次官林董宛の公信43号。

＊15 「外務省記録」3-8-6-7「在朝鮮国麻浦清国稽査局設置並城外日本人居留一件」、1893年4月11日、京城領事杉村濬より外務次官林董宛の送第68号。

＊16 行歩規定を違反する居留民は処罰を受けた。1883年4月の太政官布告に基づき、2円以上100円以下の罰金に処せられた。外務省編『日本外交文書』第16巻、1951年、310〜311頁。

＊17 第七款「日本国人民日本国ノ諸貨幣ヲ以テ朝鮮国人民ノ所有物ト交換シ得ヘシ。又朝鮮国人民ハ交換シ買得タル日本国ノ諸貨幣ヲ以テ日本国ノ諸貨物ヲ買入ルル爲メ朝鮮国指定ノ諸港ニテハ人民相互ニ通用スルヲ得ヘシ」。

第3項　内陸部における居留状況

　内陸部における日本人の居留状況は多少異なっていた。朝鮮在来の都市の多くは、漢城のように城壁に囲まれた城郭都市であった。居留地の境界線は、開港場のように定まっておらず、朝鮮人居住地域との区切りは定かではなかった。例えば、平壌での居留様態は、「数万の韓人間に老幼婦女を合せて僅に二百に過ぎざる同胞が任意の所に散在雑居」する状態であった[*18]。このような雑居地にはその基点となるべき地点が曖昧であったため、前述の間行里程の移動範囲も定かではなかった。

　雑居地の代表格である漢城が開市するのは1885年5月であったが[*19]、開市前にすでに「我商民該地ヘ入込開店致候者多々」の状態であった[*20]。外務省は、「彼国人民輻湊之場処」である漢城に、「我人民雑居候上ハ事端発生ハ必然之勢」であると判断し、居留民保護のために領事館の設置を急いでいた。また、公使館では、「我商民城内ニ何レノ地ヲ間ハス随便開桟ノ権」を有すると解釈したが、「商民処々散在開桟候テハ平常ノ取締向並ニ不慮ノ際保護方等難行届ニ付当分区域ヲ限リ置候上下ノ便宜」であると判断し[*21]、公使館が位置する南山の麓地域を居留区域とした。つまり、居留区域の指定は条約によるものではなく、居留民保護や治安の観点からなされた任意的な措置であった。このような経緯から、漢城では南山の麓地域を中心に居留民社会が形成されていった。

　平壌でも開市（1899年11月）に先立ち、日本人の居留が始まっていた。日清戦争時に戦場となった平壌には、「京仁間の行商人及一攫千金者流は好機逸す可らずとし先を争ふて各種の物資を携帯し続々到来」していた[*22]。その行商人の数は、日本軍が滞在した一ヵ月の間、約400～500に及んでいたという。戦後になって用達商人が消えた後も、鎮南浦から毎月60～90人の行商が平壌へ往来していた[*23]。その後、1897年の平壌には、76人の日本人が居留してお

[*18] 1901年に平壌の居留民長が警官の増派を要請した請願書の一部分である。平壌民団役所編『平壌発展史』民友社、1914年、38頁。
[*19] 外務省の告示による。「外務省記録」3-1-1-15「韓国各地開港関係雑件　第一巻」、1885年5月4日、外務卿井上馨より朝鮮臨時代理公使近藤真鋤宛の公第38号。
[*20] 外務省編『日本外交文書』第17巻、1952年、314頁。
[*21] 臨時代理公使の近藤真鋤の具申である。外務省編『日本外交文書』第18巻、1950年、371～372頁。
[*22] 前掲書、『平壌発展史』、25頁。
[*23] 1897年11月から1898年2月にかけての統計である。「外務省記録」7-1-5-22「韓国居留本邦人戸

り*24、そのほとんどは「冒険的射利者流」の行商であった*25。日露戦争を経て、居留民人口はさらに増加し、「城内に此等多数の日本人を容るるの餘地なく、市街を圍繞する城壁より溢出して、急に南門外に日本新市街を建設」するようになった*26。こうして平壌の日本人居留地は城壁を越え、外へ拡散していった。

　一方、外交条約によらず日本人の居留が黙認された地域もあった。大邱は慶尚北道の内陸に位置する朝鮮在来の都市である。日本人の居留は1893年頃から始まっており、朝鮮人の家を借り、雑貨・売薬商を営んでいた岡山県人が最初の居留民であった*27。日清戦争時には軍隊駐屯の影響から、居留民が一時的に増加する時期を経て、一定の居留民が暮らしていた。

　では、このような条約によらない居留について、外務省はどのように認識していたのであろうか。この点については、大邱と同じく、条約によって開市することがなかった開城の例から推察できる。次は、1902年の開城の居留状況に関して、在韓公使の林権助が外務省に送った報告である。

　　京畿道開城府ハ明治二十七八年戦役ニ続キ明治二十九年当国内地ニ暴徒蜂起ノ際多数ノ本邦人ノ滞寓スル処トナリ爾来該市ガ高麗ノ旧都ニシテ比較的資産家多キト且其人参生産地タルノ事実ハ我商民ノ投資ヲ誘ヒ土地家屋等ノ不動産ヲ買収若クハ抵当取ニ致候者夥敷現住百幾十名ノ本邦人中其多数ハ普通行商者ノ性質ヲ変シテ該地永住者タルノ事実ニ有之候。右ハ條約ノ正面ヨリ論スレバ全然違反ノ行為ニ有之候得共該市ニハ本邦人ニ先チ既ニ英米人等ノ土地ヲ所有シ寺院ヲ建設スル等永住ノ経営ヲ致居候者アリ。則本邦人ノ行為ハ他交親国人ノ行為以外ニ出タルモノニ無之殊ニ外国人ノ土地所有ニ対シテハ当該地方官ハ少クトモ黙示ノ承認ヲ与ヘ候事例モ有之候ニ付韓国政府ヨリ直接若クハ間接ニ条約違反ノ旨ヲ照会致来リ候場合ニ

　　口月表　第一巻」、1898年3月9日、鎮南浦領事館事務代理大木安之助より外務省庶務課長加藤恒忠宛の鎮公第11号の附属書。
*24　「外務省記録」7-1-5-4「海外在留本邦人職業別人口調査一件　第三巻」、1898年6月8日、鎮南浦領事館事務代理大木安之助より外務次官小村寿太郎宛の鎮公第38号の附属書。
*25　前掲書、『平壌発展史』、15頁。
*26　同上、51頁。
*27　大邱府編『大邱民団史』秀英舎、1915年、1〜2頁。

ハ本使ハ常ニ此論法ヲ以テ応答致居候次第……[*28]

　開城は、大邱と同様に内陸部に位置する在来都市である。開城における日本人の居留は日清戦争期にはじまっており、日本人による土地・家屋の買収も行われていた。1902年に居留民人口は100人を超えており、定住を考える居留民も現れていた。このような居留状態に対し、林公使は「條約ノ正面ヨリ論スレバ全然違反ノ行為」であると認識していたが、西洋人宣教師の土地所有に対する朝鮮の地方官の「黙示ノ承認」、すなわち朝鮮政府の傍観的な態度を盾に取り、現状維持の方針に臨んでいた。

第4項　植民地都市の形成

　開港場における居留地の拡散、開市場における日本人集団居住地の出現によって都市が形成されていった。植民者の移植によって建設された都市、いわゆる植民地都市である。一般的に植民地都市（colonial city）は「植民地化の過程で宗主国によって植えつけられた都市」と定義される。帝国日本が東アジア地域に建設した植民地都市を研究した橋谷弘は、その類型を三つに分類する[*29]。橋谷は、主に在来都市との関係を基準とし、第1類型（日本による新たな都市形成）、第2類型（伝統的都市と植民地都市の二重構造）、第3類型（既存の都市と植民地都市の並存）に分類した。この議論を朝鮮半島に限定してみると、異なる類型分類ができる。朝鮮半島における植民地都市の形成は、宗主国または植民地統治権力の開発計画のみならず、植民者社会と密接に関わっていたからである。この観点に基づき、日本人居留地の形成過程や居留様態を基準にすると、開港場型、雑居地型、新市街地型の植民地都市に分類できる（【表1-2】）。

　まず、開港場型の植民地都市は、開港場から都市へ成長した例である。典型的な植民地都市の類型であり、釜山・元山・仁川がこれに該当する。橋谷の第1類型とほぼ一致する。日本人の居留地は朝鮮人居住地とは離れており、朝鮮人との接触も比較的頻繁ではない。都市の成長過程で、その外郭に朝鮮人居住

[*28] 「外務省記録」3-1-1-15「韓国各地開港関係雑件」第三巻、1902年9月15日、在韓特命全権公使林権助より外務大臣小村寿太郎宛の機密第112号、「開城府解放ニ関スル件」。
[*29] 橋谷弘『帝国日本と植民地都市』吉川弘文館、2004年。

表1-2 朝鮮半島における植民地都市の類型

類型	形成過程	地域
開港場型	開港場に設定された居留地から都市へ成長した類型	釜山、元山、仁川、木浦、鎮南浦、群山、馬山、清津など
雑居地型	朝鮮の在来都市に日本人集団居留地が形成され、都市へ成長した類型	ソウル、平壌、大邱、開城など
新市街地型	主に鉄道沿線に日本人集団居住地ができ、全く新しい市街地が形成され、都市へ成長した類型	大田、鳥致院、新義州など

地が形成されるパターンがみられる。事例の一つ、仁川については第5章で詳述する。

次に、雑居地型は朝鮮在来の城郭都市から植民地都市へ成長した例である。京城・平壌・大邱が代表的である。基本的に朝鮮人と雑居する地域であり、民族間の接触は比較的頻繁である[*30]。ただ、朝鮮人と日本人の居住地域は概して分離されており、民族別の二重都市（dual city）が形成される。橋谷の第2類型とほぼ一致するが、本書では雑居地という居留様態に注目している。都市の成長過程で、日本人市街地の拡散と朝鮮人の移動がみられる。

最後に、日本人の流入によって形成された新市街地型の植民地都市である。鉄道沿線に多く、大田・鳥致院・新義州が代表的である。橋谷の第3類型と重なる部分もあるが、朝鮮ではかならずしも既存の都市と植民地都市の並存がみられない。都市の並存という側面よりは、短期間で新しく都市が形成された側面に注目する。都市の居留様態に関して、これらの地域は「京釜鉄道が生んだ新日本村」と描写される[*31]。

> 「鳥致院」や「太田」は理想的に出来上った日本の町である。日本の現代で得られ得る文化は皆な備って居る。日本の町と少しも異なる処はない。さり乍新しい日本町には朝鮮人の生活は町の副位ではなくして全く服従で

[*30] 『大邱民団史』には大邱が他の地域と異なる特徴が次のように挙げられている。①旧王都および開港地ではない点、②韓国人と雑居し頻繁に接触している点、③政治的・貿易的関係がなく日本人が居住してきた点、④居留民の構成が商人中心ではない点、⑤農業経営者が多い点、⑥背面に広大な郡部を控えており、都市発展の可能性が高く期待される点である。前掲書、『大邱民団史』、24頁。

[*31] 菊池謙譲『朝鮮諸国記』大陸通信社（京城）、1925年、338頁。

ある。それか内鮮の共同都市生活を差別する第一歩である。朝鮮人を別物にするのではないが、朝鮮人はこの新しい日本町の生活に共通の趣味を持たない。共同の財力を持たない。共栄の興味を持たない……鳥致院や太田に於ける朝鮮人は其副と従との地位よりもっと下がって日本人と共同して日本式の文化を共有する心持になって居ない。日本町の文化を共同する丈けの生活力を有しない。それゆへ彼等は日本町より離れて別区寰に居る。別に団聚を作くる[*32]。

『朝鮮諸国記』は、朝鮮半島を旅した菊池謙譲の記録である。日本人の流入によって誕生した新市街地を、彼は雑居地型の都市に比し、理想的な日本の町と評していた。日本人のみによって建設された地域であり、日本人が主導権を握る都市だったからである。これらの地域では民族間の格差に加えて、被支配民に対する排除も都市空間に現れていた。

以上、日本人集団居留地の形成過程や居留様態を基準に、朝鮮半島の植民地都市を類型化した。これにより浮き彫りになるのは、日本人集団居留地の形成・成長過程は一様ではなかったことである。このことから、居留様態や朝鮮人社会との関係性に地域性が存在したことは、地域の日本人社会を取り上げる際に留意すべき点である。

第2節　在朝日本人の人口推移

第1項　居留民人口（1876～1905年）の再集計

　在朝日本人の人口統計は、主に『朝鮮総督府統計年報』と同じく総督府刊行の『朝鮮に於ける内地人』『朝鮮の人口現象』が引用される[*33]。これらの資料は、総督府発表（後者は庶務部調査課が行った朝鮮社会事情調査の成果）の統計であり、長い間信頼されてきた[*34]。引揚げ研究者として著名である森田芳夫も、

[*32]　同上、115～116頁。
[*33]　朝鮮総督府庶務部調査課『朝鮮に於ける内地人』、1923年。朝鮮総督府『朝鮮の人口現象』、1927年。
[*34]　善生永助は早稲田大学卒業後に、雑誌記者を経て、1923年7月より朝鮮総督府庶務部調査課嘱託として勤めた人物である。朝鮮新聞社内朝鮮人事興信録編纂部編『朝鮮人事興信録』、1935年、

これらの統計を利用しており[*35]、この影響から戦後の多くの研究において繰り返し利用されてきた。ところが、この統計は釜山開港以前の1876年から始まっており[*36]、人口が減少する時期（1878〜1880年、1886〜1888年）があるなど、不自然な点がある。

そこで、本章では統監府・総督府によって統計年報が刊行される以前の時期である、1877年から1905年までの居留民人口の再集計を試みた。一次資料として、主に「外務省記録」に収められている領事館の報告資料を活用した。ただ、残念なことに各領事館からの報告は毎年の資料が揃っていない。領事館の報告を基に作成されたとみられる『帝国統計年鑑』も同様であり、居留民人口が掲載されるのは開港後10年以上が経過した1890年からである[*37]。このように全時期の人口統計が得られない状況を踏まえ、「外務省記録」の統計を基本資料としながら、これに朝鮮地誌の統計を照らし合わせることにした。

領事館報告と朝鮮地誌の人口統計を比較すると、両方の数値にかなりの差がある場合があった。これは調査範囲の違いから起因すると考えられる。例えば、1905年の京城領事館報告の居留民人口（【表1-7】、59頁）は、京城・龍山のみではなく、開城・永登浦・平沢・天安・鳥致院・大田の人口を含んでいる。つまり、領事館はすべての管轄区域を対象としていたため、居留民団体の統計を用いた朝鮮地誌とはかなりの差があった。この点を考慮しながら、「外務省記録」が存在しない年度に関しては、前後年度の数値と照らし合わせ、もっとも自然な数値を選定した。

このプロセスを経て再集計した人口統計と従来のものを横にならべて比較したのが【表1-3】である。従来の統計によると人口が一段と減少したとみられた1886〜1888年の3年間も、再集計した統計によると人口が安定して増加したことになっている。減少する時代的背景が見当たらない点を踏まえると、再

253頁。
[*35] 森田芳夫『朝鮮終戦の記録——米ソ両軍の進駐と日本人の引揚』巌南堂書店、1964年、2頁。
[*36] もちろん1876年の人口は、釜山の倭館に居留していた対馬県人の人口である。倭館には、1678年に600人前後、1834年に300〜400人、1861年に600人、1868年に250人、1876年1月に82人の日本人が滞在していたという。前掲書、『朝鮮の人口現象』、102〜103頁。
[*37] 外務省が各領事館に居留民人口統計の報告を命じたのは、それに先立つ1888年からであった。「外務省外交史館」7-1-5-4「海外在留本邦人職業別人口調査一件」、7-1-5-22「韓国居留本邦人戸口月表」。

表1-3 在朝日本人人口統計の再集計（1877～1905年）

	従来の人口統計			人口統計の再集計										
	男	女	計	計	釜山	元山	仁川	京城	木浦	鎮南浦	平壌	群山	馬山	城津
1876年	52	2	54											
1877年	320	25	345	273	273									
1878年	18	99	117	410	410									
1879年	139	30	169	922	922									
1880年	550	285	835	2,301	2,066	235								
1881年	2,831	586	3,417	2,206	1,925	281								
1882年	2,999	623	3,622	1,779	1,519	260								
1883年	3,284	719	4,003	2,327	1,780	199	348							
1884年	3,574	782	4,356	2,324	1,750	173	401							
1885年	3,710	811	4,521	2,780	1,896	235	561	88						
1886年	408	201	609	3,124	1,976	279	706	163						
1887年	468	173	641	3,480	2,006	374	855	245						
1888年	934	297	1,231	4,970	2,711	433	1,359	467						
1889年	3,494	2,095	5,589	5,589	3,033	598	1,361	597						
1890年	4,564	2,681	7,245	7,649	4,344	680	2,016	609						
1891年	5,601	3,420	9,021	9,021	5,255	655	2,331	780						
1892年	5,532	3,605	9,137	9,069	5,110	704	2,540	715						
1893年	5,168	2,703	7,871	8,871	4,750	794	2,504	823						
1894年	5,629	3,725	9,354	9,348	4,396	903	3,201	848						
1895年	7,315	4,988	12,303	12,303	4,953	1,362	4,148	1,840						
1896年	7,401	5,170	12,571	12,571	5,433	1,299	3,904	1,935						
1897年	7,871	5,744	13,615	13,615	6,067	1,423	3,949	1,867	206	27	76			
1898年	8,620	6,684	15,304	15,304	6,249	1,560	4,301	1,976	980	154	84			
1899年	8,507	6,561	15,068	15,163	5,806	1,600	4,118	1,985	868	311	127	249	99	
1900年	8,768	7,061	15,829	15,829	5,758	1,578	4,208	2,115	894	339	159	488	252	38
1901年	9,957	7,971	17,928	17,816	6,804	1,504	4,628	2,490	931	370	200	566	259	64
1902年	12,786	9,685	22,471	22,562	9,799	1,668	5,136	3,034	1,045	547	210	684	333	106
1903年	16,888	12,309	29,197	28,797	10,776	1,946	6,433	3,673	1,417	779	207	3,002	396	168
1904年	19,330	11,763	31,093	38,209	11,996	1,895	9,484	8,330	1,442	1,786	861	1,731	629	55
1905年	26,486	15,974	42,460	51,934	13,364	3,150	12,710	11,247	2,020	3,002	2,063	2,593	1,593	192

出典 ①従来の人口統計は、朝鮮総督府庶務部調査課『朝鮮に於ける内地人』、1923年。朝鮮総督府『朝鮮の人口現象』、1927年による。

出典 ②「外務省記録」（網掛け以外の部分）
　基本的に、「外務省記録」7-1-5-4「海外在留本邦人職業別人口調査一件」による。釜山の1877～1879年の人口は、「外務省記録」3-10-2-15「韓国各居留地小学校教育費国費補助雑件」、1901年6月26日、釜山領事能勢辰五郎より外務大臣曽祢荒助宛の公第88号の附属書、「韓国釜山港日本居留地釜山公立小学校一覧表」。1899年の釜山・木浦・馬山人口、1903年の平壌人口は、7-1-5-22「韓国居留本邦人戸口月表」による。1904年の京城人口は、「外務省記録」1-6-1-17-1「韓国各港駐在帝国領事官管轄内情況取調一件／京城、釜山、馬山」、1904年11月12日、京城領事三増久米吉より外務大臣小村寿太郎宛の公信第184号、「管内情況調査報告」。1904年の城津人口は、「外務省記録」5-2-1-12「韓国在留本邦人引揚雑件」、1904年2月18日電受第393号、林権助在韓公使より小村寿太郎外務大臣宛の第156号。
注　断りのない限り、年末の人口である。平壌の1903年人口は2月、城津の1904年人口は2月、京城の1904年人口は6月現在である。なお、城津の1904年人口は、日露戦争の影響で元山へ引き揚げた居留民が存在したため、減少している。

出典 ③朝鮮地誌（網掛けの部分）
　釜山の1880～1885年・1887年人口は、相沢仁助編『韓国釜山港勢一斑』日韓昌文社、1905年、242～243頁。また、釜山の1904～1905年人口は、釜山商業会議所編『釜山要覧』釜山商業会議所、1912年。元山の人口は、元山毎日新聞社編『東朝鮮――一名元山案内』元山毎日新聞社、1910年、7～8頁。仁川の人口は、薬師寺知朧（小川雄三）『新撰仁川事情』、2～3頁。仁川の1903～1905年人口は、相沢仁助『韓国二大港実勢』日韓昌文社、1905年、281頁。京城の人口は、京城居留民団役所編『京城発達史』、1912年、421～424頁。木浦の人口は、木浦誌編纂会編『木浦誌』、1914年、298～299頁。鎮南浦の人口は、前田力編『鎮南浦府史』鎮南浦府史発行所、1926年、73～75頁。馬山の人口は、平井斌夫・九貫政二『馬山と鎮海湾』濱田新聞店（馬山）、1911年、6～7頁による。

集計した数値が自然であろう。その後の1889年から1903年度までの統計は両方の数値がほぼ一致する。そして、問題は1904年と1905年の統計であるが、日露戦争中に居留民が爆発的に増加したことを伝える資料とあわせて考えると、再集計の統計がより現実に近い数値であると思われる。

　ちなみに、この人口統計をみる際に留意すべき点がある。これらの統計には軍人・軍属が含まれていない点である。例えば、1901年の京城の人口統計表に「軍人、軍属及其従属者ヲ算入セス」との表示、1902年の仁川の人口統計表に「軍人軍属軍吏ヲ除」との表示、1904年6月末の京城居留民の職業統計に「官吏（軍人及軍属ヲ除ク）」との記録が確認される[*38]。同様に、朝鮮総督府の調査資料にも「本表は在朝鮮軍隊在営下士兵卒を包含せず」との付記がみられる[*39]。したがって、一部例外の存在は否定できないものの、在朝日本人の人口統計は軍人・軍属を含まないと見なしてよかろう[*40]。

第2項　開港期〜形成期の居留民人口

　当時、朝鮮はハワイ「官約移民」が開始する1885年まで、最多の渡航先であった[*41]。「外務省記録」から確認できる最初の居留民人口は、1886年末の釜山の人口である。当時、釜山居留地には、男性1075人、女性901人、合計1976人の居留民がいた[*42]。この記録には「寄留」と表記されているが、これは本籍地を離れている状態を意味するものである。外務省では海外に「寄留」する人々を把握する目的で、在韓国の領事館にその調査を命じていたのである。

　在韓国の領事館の統計が漏れなく揃うのは1888年の統計からである（【表1-4】）。当時の統計は、在留目的別に公用・留学・商用・その他諸用に分類され

[*38] 「外務省記録」7-1-5-4「海外在留本邦人職業別人口調査一件」第四巻、1902年1月18日、京城領事館三増久米吉より外務大臣小村寿太郎宛の公信第8号の附属書。同資料、1903年1月、仁川公第16号の附属書。(JACAR, Ref.B13080303600、第5画像目）。「外務省記録」1-6-1-17-1「韓国各港駐在帝国領事館管轄内情況取調一件／京城、釜山、馬山」、1904年11月12日、京城領事三増久米吉より外務大臣小村寿太郎宛の公信第184号、「管内情況調査報告」。
[*39] 前掲書、『朝鮮の人口現象』、108頁。
[*40] 1930年以降の国勢調査には軍人が記載される例もあった。
[*41] 木村健二『在朝日本人の社会史』未來社、1989年、7頁。
[*42] 「外務省外交史料館」7-1-5-4「海外在留本邦人職業別人口調査一件」第一巻、1897年3月11日、釜山領事室田義文より外務次官青木周蔵宛の公第40号の附属書。

表1-4　1888年〜1890年における在留目的別の居留民人口

年度		公用		留学		商用		其他諸用		合計		
		男	女	男	女	男	女	男	女	男	女	計
1888年	京城	33	8	−	−	−	−	284	144	*315	152	467
	釜山	44	38	−	−	−	−	1,463	1,166	1,507	1,204	2,711
	仁川	21	0	−	−	−	−	890	448	911	448	1,359
	元山	14	8	−	−	−	−	264	147	278	155	433
	計	112	54	−	−	−	−	2,901	1,905	3,011	1,959	4,970
1889年	京城	44	26	3	0	314	153	37	20	398	199	597
	釜山	30	30	−	−	−	−	1,737	1,236	1,767	1,266	3,033
	仁川	33	12	4	0	871	391	33	17	941	420	1,361
	元山	19	11	0	0	209	94	160	105	388	210	598
	計	126	79	7	0	1,394	638	1,967	1,378	3,494	2,095	5,589
1890年	京城	37	25	4	0	343	175	21	4	405	204	609
	釜山	36	27	−	−	−	−	2,631	1,650	2,667	1,677	4,344
	仁川	23	3	3	0	1,034	945	8	0	1,068	948	2,016
	元山	19	16	0	0	219	101	186	139	424	256	680
	計	115	71	7	0	1,596	1,221	2,846	1,793	4,564	3,085	7,649

出典　「外務省記録」7-1-5-4「海外在留本邦人職業別人口調査一件」第一巻、1899年1月7日、仁川領事館副領事林権助より外務次官青木周蔵宛の公第4号の附属書。同資料、1899年1月17日釜山領事室田義文より外務次官青木周蔵宛の公第10号の附属書。同資料、1899年1月28日、京城領事館副領事橋口直右衛門より外務次官青木周蔵宛の公第9号の附属書。同資料、1889年2月19日、元山領事館副領事渡辺修より外務次官青木周蔵宛の公第11号の附属書（以上、1888年の統計）。同資料、1890年1月4日、仁川領事館副領事林権助より外務次官青木周蔵宛の公第13号の附属書。同資料、1890年1月16日、釜山領事館領事代理本熊より外務次官岡部長職宛の公第7号の附属書。同資料、1890年1月14日京城領事館副領事橋口直右衛門より外務次官岡部長職宛の公信第6号の附属書。同資料、1890年1月6日、元山領事館領事代理久水三郎より外務大臣青木周蔵宛の公第2号の附属書（以上、1889年の統計）。同資料、1891年1月13日、仁川領事館領事林権助より外務次官岡部長職宛の公信第2号の附属書。同資料、1891年1月19日、釜山領事館領事立田革より外務次官岡部長職宛の公第8号の附属書。同資料、1891年1月13日、元山領事館領事代理久水三郎より外務次官岡部長職宛の公第6号の附属書。同資料、1891年2月21日、京城領事館副領事代理小川盛重より外務次官岡部長職宛の公信第14号の附属書（以上、1890年の統計）。

注　1888年の京城の男性人口合計に誤差（男性合計は317人）があるが、数値は原文のままである。1888年の統計、1889年・1890年の釜山統計には留学・商用人口は集計されていない。

ていた。そのうち商用が最も多く、その他諸用（雇い、職工、漁業、遊歴）がこれに次いだ。開港期の居留民人口から浮かび上がる特徴は、商人中心の男性社会という点である。海外への渡航は危険を伴うものであり、男性が単独で渡航する例が多く、男性比率も女性100人に対し140〜160人に及んでいた。この時期は、「一人として永住の考へを以て居るものはなく、一切腰掛的出稼根性」

といわれるように*43、出稼ぎ目的の男性が中心であった。

その後、日清戦争を経て居留民はさらに増加する。特に戦場となった平壌の人口変動は激しく、日本軍が駐屯した1ヵ月の間、京城・仁川の商人400〜500人が滞留していた*44。多くの商人は戦争後に平壌を去ったが、その中では朝鮮人向けの商売に可能性を見出し、再び平壌に戻る者もいた。戦争は朝鮮の事情が日本に知れ渡るきっかけにもなっていた。

1890年代後半になると、居留地は釜山・元山・仁川・京城・木浦・鎮南浦・平壌・群山・馬山・城津の10ヵ所に増えていた。居住地域も、居留地の外部や内陸部へ拡散していた。【表1-5】は、1901年末の居留民人口であるが、この統計には規定の居留範囲を超える地域も含まれている。例えば、1902年の馬山人口には昌原、統営、普州人口が含まれており、群山人口には江鏡・全州・黄山・公州・論山の人口が、鎮南浦人口には裁寧・黄州・遂安・咸従の人口が含まれている*45。これらの地域は、「居留地外韓10里以内」という範囲を明らかに超える地域であった。このような実情から、仁川領事の信夫淳平は、居留民人口に関して、「各開港市場外に於て謂ゆる行商なる名の下に居留する幾多の本邦人を加算」すると、領事館調査人口の約3割増しになると推定していた*46。調査を行う領事館側も統計数値の限界を認識していたのである。このような状況を踏まえると、実際の居留民人口は領事館の統計を上回ると考えられる。

第3項　形成期①——「自由渡韓」への陳情

日清戦争とともに朝鮮への渡航に影響をおよぼした要因は、1896（明治29）年に制定された「移民保護法」である*47。この法律は、悪徳な移民取扱業者を

---

*43　藤村徳一編『居留民之昔物語』朝鮮二昔会事務所、1927年、43頁。
*44　前掲書、『平壌発展史』、25〜26頁。
*45　「外務省記録」7-1-5-4「海外在留本邦人職業別人口調査一件」第四巻、「在韓帝国領事館来之部」、1903年1月6日、馬山領事館本第1号の附属書。同資料、1903年1月（日付不明）、群山分館主任横田三郎より外務大臣小村寿太郎宛の公第8号の附属書。同資料、1903年1月21日、鎮南浦領事中山嘉吉郎より外務大臣小村寿太郎宛の鎮第6号の附属書。
*46　領事館調査によると1899年の仁川人口は1万5537人であるが、2万人を予想していた。信夫淳平『韓半島』東京堂書店、1901年、687頁。
*47　朝鮮渡航に対する便宜政策については、木村健二、前掲書、20〜21頁。

表1-5　1901年末における居留民人口

地域	公用 男	公用 女	留学 男	留学 女	商用 男	商用 女	其他諸用 男	其他諸用 女	合計 男	合計 女	合計 計
京城	93	61	16		1,075	854	211	180	1,395	1,095	2,490
釜山	83	65			1,774	1,608	1,845	1,429	3,702	3,102	6,804
仁川	62	51			1,220	981	1,282	1,032	2,564	2,064	4,628
元山	47	38			399	305	383	332	829	675	1,504
木浦	39	24			263	220	238	147	540	391	931
鎮南浦	21				71	62	124	92	216	154	370
平壌	10				107	65	6	12	123	77	200
群山	15	11			176	118	138	108	329	237	566
馬山	23	13			81	50	59	33	163	96	259
城津	17	12			8	7	9	11	34	30	64
合計	410	275	16	0	5,174	4,270	4,295	3,376	9,895	7,921	17,816

出典　「外務省記録」7-1-5-4「海外在留本邦人職業別人口調査一件」第四巻、「在韓国領事館之部」より整理。

注　馬山人口には領事館管区内の昌原・固城・統営人口が含まれている。群山人口は、黄山・江鏡・論山・公州・錦山・全州人口が含まれている。

取り締まり、ハワイや南米への労働移民の弊害を改善するために制定されたものである。移民渡航の許可制、移民契約の認可制、移民取扱業者の保証金納付の義務条項を設けていた。第1条において、移民は「労働ニ従事スルノ目的ヲ以テ外国ニ渡航スル者及其ノ家族ニシテ之ト同行シ又ハ其ノ所在地ニ渡航スル者」と定められた。この条文によると、韓国は移民保護法の適用対象であり、渡航に当たって地方官庁の許可を受ける必要があった。場合によっては、2人以上の保証人が条件付けられることもあった（第3条）。

地方官庁では、渡航許可を請う申請を受けると、警察署に身元調査を依頼し、許可の可否を決めた[*48]。身元調査や保証人の資格調査を経て渡航許可を得るには時日を要したため、在韓領事館には渡航希望者の苦情が寄せられた。その中には、旅券を携帯しない者に対し警察が乗船を禁止した例、乗船切符の販売を拒否した例などがあった。このような状況に対し、平壌居留民総代の上松義文は、「韓国各港間商用往来ノ頻繁ナル事欧米各国ニ渡航スル者ト大ニ其状態ヲ異」にすると述べ、その「渡航往復モ殆ント我内地同様ノ自由ト保護ヲ得ルノ

[*48] 「外務省記録」3-8-2-115「清韓両国渡航取扱方ニ関スル訓令並伺雑件」、1899年12月30日、釜山領事能勢辰五郎より外務大臣青木周蔵宛の公第326号。

必要」があると主張した*49。また、京城商業会議所会長の淵上貞助は、旅券下付における保証人の廃止、乗船時の旅券携帯確認の廃止、書式の簡易化を請願した*50。

　これらの陳情を受けた領事館は対応に迫られた。釜山領事の能勢辰五郎は、「韓国ノ如キ僅ニ本邦ト一葦海水ヲ隔ツル土地ナレハ成ルベク本邦人ノ渡航ヲ自由ナラシメ案ノ外営利ノ途ヲ奨励スルヲ国家ノ為メ反ツテ利益ナル」と述べ*51、渡航の手続きを出来る限り寛大にし、男女を問わず旅券発給を容易にするよう外務省へ上申した。また、仁川領事の伊集院彦吉は、韓国への渡航希望者を「移民保護法」の対象より除外し、「普通渡航者」として取り扱うよう要請していた*52。このような具申を受け、外務省は地方官庁に対し、韓国渡航希望者への旅券下付の手続きを簡略にするよう内訓を発した*53。これに加え、在韓国日本人商業会議所連合会では、「自由渡韓ニ関スル請願書」を領事館へ提出した*54。

　これらの陳情の結果、1902年2月に移民保護法は改正される。第1条の「外国」という条文は、「清韓両国以外ノ外国」と改められ、韓国と清国は適用地域から除外された。これを受け、同年5月に外務省は改めて、清韓への渡航希望者に対し簡易迅速に旅券下付を行うこと、出発時期が切迫している者に旅券

*49 「外務省記録」3-8-2-115「清韓両国渡航取扱方ニ関スル訓令並伺雑件」、1900年2月5日、平壌分館主任新庄順貞より外務大臣青木周蔵宛の公信第7号の附属書。
*50 「一、旅券ヲ願受クルニ際シ各府県及開港場ニ於テスルモノトモ一般ニ保証人ヲ要セサル事。一、旅券願出書式ハ可成簡易ヲ旨トシ若シ其書式ニ拠ラサルモノアルモ其願意ニ誤ラサル時ハ当務官吏ハ之レヲ受理ス可キ事。一、本人ノ意思ニ依リ必シモ旅券ヲ携帯スルニ及バズ開港場警察官ガ旅券ヲ有セス渡航セントスル者ニ向ツテ説諭ヲ加ヘ乗船ヲ拒否スル等ノ事勿ラシムル事」。「外務省記録」3-8-2-115「清韓両国渡航取扱方ニ関スル訓令並伺雑件」、1900年1月19日、京城領事山座円次郎より外務大臣青木周蔵宛の公信第4号、「海外旅券ニ関スル当地商業会議所ヨリノ建議書進達ノ件」附属の甲第1号。
*51 「外務省記録」3-8-2-115「清韓両国渡航取扱方ニ関スル訓令並伺雑件」、1899年12月30日、釜山領事能勢辰五郎より外務大臣青木周蔵宛の公第326号。
*52 「外務省記録」3-8-2-115「清韓両国渡航取扱方ニ関スル訓令並伺雑件」、1900年1月10日、仁川領事伊集院彦吉より外務大臣青木周蔵宛の公第5号、「韓国渡航者手続ニ関スル苦情ノ件」。
*53 「外務省記録」3-8-2-115「清韓両国渡航取扱方ニ関スル訓令並伺雑件」、1900年3月2日発遣、外務大臣より北海道庁長官、警視総監、京都・大阪府知事、各県知事宛の送第166号。
*54 JACAR（アジア歴史資料センター）Ref.A05032420800、内務大臣決裁書類・明治35年、1902年7月16日、外務省総務長官珍田捨巳より内務総務長官山県伊三郎宛の送第111号（国立公文書館）。

携帯を強要しないよう地方官庁宛に通牒を発した*55。こうして「移民保護法」問題は一段落をみたが、地方官庁における対応は一概ではなかったようである。ある仁川の居留民は、県庁の役人に「渡韓者を取締るは政府の方針なり。在韓領事よりも其意を以て照会し来れり」と聞かされた経験を述べている*56。改正後も地域によっては身元調査が引続き行われており、これによって渡航希望者の不満はつづいた。

　1903年の旅券下付状況をみると、主な渡航目的は商用・職工・出稼ぎであった*57が、この統計に集計されない渡航者もいた。旅券下付が難しい場合、「他人ノ旅券ヲ流用シテ自己ノ姓名ヲ詐称シ又ハ漁船ニ□ジテ密航スル等ノ弊害」（□は解読不能）があった*58。成りすましや密航が横行するなかで、1904年に韓国渡航者に対して旅券所持が廃止されることで、居留民念願の「自由渡韓」は実現する。

第4項　形成期②——日露戦争期における居留民の急増

　旅券所持の廃止と日露戦争の影響による渡航者の増加は、実に爆発的であった。仁川では、「隔日位に入り来る汽船に何時も五六百の邦人新に上陸する勢」であり*59、「家数ノ不足ヲ告ケ同居者多キ有様」であった*60。京城でも、「毎日四五十名位増加し、一箇月を経ずして千人以上の増加」をみる有様であっ

---

*55　JACAR（アジア歴史資料センター）Ref.A05032420800、内務大臣決裁書類・明治35年、1902年6月28日、外務省通商局長杉村濬より地方官庁宛の送第1180号（国立公文書館）。

*56　「僕が旅行券下附を某県庁は出願するや、係り官は厳峻なる口調もて僕の身分及経歴を質問し、且つ渡韓后の目的旅費ノの金額等に就て一々取糺す所ろあり、而して其日は其儘引下りたるが翌日警察吏は僕の家に就て尚お取調ぶる廉あり、殆んど其の面倒に堪へず、爾后余は毎日県庁に出頭してその下附を乞へ共容易に許可を与へず、曰く「渡韓者を取締るは政府の方針なり、在韓領事よりも其意を以て照会し来れり」と、而して僕の身分に尚お取調べを要する旨を申渡さるのみ」。『朝鮮新報』、1904年5月27日、1面（「外務省記録」3-8-2-115「清韓両国渡航取扱方ニ関スル訓令並伺雑件」、1904年6月1日、京城領事三増久米吉より外務大臣小村寿太郎宛の公信第77号、「渡韓者取締ニ関スル件」の附属書）。

*57　JACAR（アジア歴史資料センター）Ref.B13080431800、統計関係雑件／統計・受送（内閣之部）第二巻、「明治三十八年第一期統計材料」（外務省外交史料館）。

*58　「外務省記録」3-8-2-115「清韓両国渡航取扱方ニ関スル訓令並伺雑件」、1902年6月11日、釜山領事幣原喜重郎より外務大臣小村寿太郎宛の公代75号、「自由渡韓ニ関スル請願ニ付禀申」。

*59　京城居留民団役所偏『京城発達史』、1912年、131頁。

*60　「外務省記録」3-8-2-201、「居留民団法並同施行規則制定資料雑纂」、1905年1月27日、仁川領事加藤本四郎より外務大臣小村寿太郎宛、「専管居留地及居留民団法案ニ対スル意見上申」。

た*61。渡航者の中では、「賃金の暴騰を伝聞し漫に渡航し来りて空しく旅店に宿泊し、将に路頭に迷はんとする者」が少なくなかった*62。このように、「一攫千金的ノ利益ヲ貪ラムトノ空想ヲ懐キ資力ナク特種ノ技能ナキ輩」の増加は、物価高騰や住宅不足などの問題を引き起こすことになる*63。

なお、この時期の人口増加にみられる一つの特徴は、京釜鉄道の沿線における集団居住地の形成である。なかんずく1904年から1905年の間は、日露戦争や京釜鉄道工事の影響で人口変動が激しい時期であった。【表1-6】、【表1-7】は、1904年・1905年の京城領事館報告の居留民人口である。管内の人口であり、京畿道（開城、永登浦、始興、烏山、平沢）のみではなく、忠清南道（天安、鳥致院、太田）、忠清北道（赤登津、永同）の人口も集計されている。当時、京釜線の停留駅（南大門－龍山－鷺梁津－永登浦－始興－安養－軍浦場－水原－餅店－烏山－振威－西井里－平沢－成歓－天安－小井里－全義－鳥致院－芙江－新灘津－太田－増若－沃川－伊院－深川－永同－黄澗*64）に照らすと、居住地域とほぼ重なることがわかる。同様に、京釜鉄道の沿線である大邱でも居留民人口は約2000人に達していた*65。日本人居留民会という団体が組織されるのもこの時期であった。

もう一つの特徴は、日本軍の進駐による民間人の移動にあった。例えば、1904年2月9日に仁川港に上陸した日本軍は、3月に朝鮮半島の北部を通過し中国へ向かったが、この過程で戦場となった平壌の人口は大きく変動した*66。これは戦争特需を狙った商人・行商の流入であり、日本軍が通過した地域では

---

*61　前掲書、『京城発達史』、131頁。
*62　同上。
*63　「本年二月開戦ト共ニ一時多数ノ軍隊当地方面ニ入込ミ其結果物価偏ニ昂騰シ労働者ノ需要モ著敷増加シタリトノ報内地ニ伝ハルヤ此機ニ策シ一攫千金的ノ利益ヲ貪ラムトノ空想ヲ懐キ資力ナク特種ノ技能ナキ輩漫然渡来シ何等ノ職業ヲ需ムル能ハズシテ極ニ生計ノ困難ヲ来シ遂ニ他人ノ救助ヲ仰キ又ハ警察ニ向テ保護ヲ出願スルカ如キ悲境ニ陥ル者尠ナカラザリシ…」。「外務省記録」3-8-2-115「清韓両国渡航取扱方ニ関スル訓令並伺雑件」、1904年6月1日、京城領事三増久米吉より外務大臣小村寿太郎宛の公信第77号、「渡韓者取締ニ関スル件」。
*64　統監府鉄道管理局『韓国鉄道路線案内』、1908年に拠る。
*65　前掲書、『大邱民団史』、2～4頁。
*66　1904年2月（94戸、415人）、1904年3月（192戸、664人）、1904年4月（155戸、401人）。「外務省記録」3-8-2-201、「居留民団法並同施行規則制定資料雑纂」、1904年10月25日、平壌分館主任副領事新庄順貞より外務大臣小村寿太郎宛の機密第4号「専管居留地及居留民団法案ニ関スル答申ノ件」。

表1-6 1904年6月末の京城領事館管内における居留民人口

地域	戸数	人口		
		男	女	計
京城	994	2361	1,868	4,229
龍山	70	217	80	297
開城	72	139	102	241
永登浦	140	337	184	521
始興	4	17	2	19
安養	3	6	4	10
烏山	8	17	4	21
軍浦場	4	6	3	9
水原	17	46	18	64
餅点	5	12	6	18
成歓	15	49	9	58
平沢	31	153	21	174
天安	22	62	13	75
鳥致院	94	531	127	658
増若	19	279	12	291
深川	53	927	113	1,040
懐徳	72	545	60	605
合計	1,623	5,704	2,626	8,330

出典 「外務省記録」1-6-1-17-1「韓国各港駐在帝国領事官管轄内情況取調一件／京城、釜山、馬山」、1904年11月12日、京城領事三増久米吉より外務大臣小村寿太郎宛の公信第184号、「管内情況調査報告」。

表1-7 1905年末における京城領事館管内の居留民人口

地域	公用		留学		商用		其他諸用		合計		
	男	女	男	女	男	女	男	女	男	女	計
京城	385	346	10		1,120	758	2,645	2,413	4,160	3,517	7,677
龍山	71	50			181	159	453	117	705	326	1,031
開城	9	6			59	30	182	225	250	261	511
永登浦	14	8			30	23	313	193	357	224	581
始興・烏山間							50	26	50	26	76
平沢	1	1			2		61	38	64	39	103
天安	1	1			4		22	11	27	12	39
鳥致院	19	7			14	6	84	48	117	61	178
太田	4	1			62	42	351	186	417	229	646
赤登津	2	2			4	3	254	36	260	41	301
永同	3	6			12	5	51	27	66	38	104
小計	509	428	10	0	1488	1026	4466	3320	6473	4774	11,247

出典 「外務省記録」7-1-5-4「海外在留本邦人職業別人口調査一件」第五巻、1906年1月24日、公信第13号の附属書。

同様の現象がみられた。

第5項　定住期①——統監府期の人口

　日露戦争に勝利した日本は、1905年11月に韓国と第二次日韓協約（乙巳保護条約）を結び、韓国を保護国にした。そして、翌年の統監府設置は日本人の移住をさらに促した[67]。居留民経営の新聞には、「来れ、来れ、朝鮮へ。要するに晩かれ早かれ、朝鮮は第二の日本とならねばならない国なのだ」という論調の記事がしばしば掲載された[68]。韓国を「第二の日本」、つまり植民地同様にみる認識が広がりつつあった。

　【表1-8】、【表1-9】は、1907年・1908年における居留民の戸数と人口である。以前の領事館の統計と同様に管内の人口である。居留民人口は、1年間に約9000戸、人口は3万人近く増加していた。増加率の高い地域ではとりわけ在来都市であり、内陸部に位置する京城と大邱の人口増加は注目される。開港場から内陸への移動が引き続き行われていた。その反面、初期の開港場である仁川と元山の人口は低迷していた。仁川は、居留地面積の狭小、京城への移住者の増加が影響していた。元山の場合は、交通網の不備を含め、商業地として不利な条件がその背景にあったとみられる[69]。

　この時期、最も人口急増が目立つ地域は1908年1月に開港した清津である。1年間、人口は1000人から約4000人へ増加したが、注目すべきところは開港前に日本人の流入が始まっていた点である。1906年の秋に清津開港の任務を得て赴任した橋本豊太郎は、清津に既に入っていた居留民と遭遇する。彼らの多くは、開港後の不動産騰貴を狙って土地を先占しようとする人々であった[70]。これに加えて、羅南に兵営の建築が計画され、多数の労働者が流入したことも人口急増の背景にあった[71]。

---

[67] 朝鮮総督府庶務部調査課『朝鮮に於ける内地人』、1924年にも同様の記述がみられる。
[68] 『朝鮮新報』、1906年12月4日、「在韓邦人の増加」。
[69] 1909年元山に渡航した人物の回顧によると、当時は京元線が敷設されていない時期であり、京城から元山行きは、陸路ではなく釜山経由で航路が利用されたという。交通の不便などから、当時の元山は、「浮世から遊離した、一つの離れ島的の観」があったと回顧している。和田八千穂・藤原喜蔵編『朝鮮の回顧』近澤書店、1945年、34・36頁。
[70] 橋本豊太郎『おもひ出草』、1928年。
[71] 「外務省記録」7-1-5-4「海外在留本邦人職業別人口調査一件」第七巻、1909年3月2日、統監府

表1-8　1907年・1908年における各理事庁管内の居留民人口

	戸数				人口			
	1907年末	1908年末	増加数	増加率	1907年末	1908年末	増加数	増加率
京城	6,432	10,799	4,367	168%	21,710	35,316	13,606	163%
仁川	3,295	3,449	154	105%	12,434	12,559	125	101%
群山	1,453	1,963	510	135%	4,948	6,308	1,360	127%
木浦	1,309	1,621	312	124%	5,148	5,743	595	112%
馬山	1,514	1,894	380	125%	5,319	7,008	1,689	132%
釜山	5,204	6,526	1,322	125%	19,734	24,469	4,735	124%
大邱	1,385	1,941	556	140%	4,147	6,059	1,912	146%
元山	1,593	1,862	269	117%	6,042	6,330	288	105%
清津	365	1,312	947	359%	1,035	3,988	2,953	385%
城津	117	151	34	129%	359	415	56	116%
平壌	2,969	3,185	216	107%	9,533	10,747	1,214	113%
鎮南浦	852	887	35	104%	2,864	3,122	258	109%
新義州	1,492	1,479	△13	99%	4,145	4,423	278	107%
合計	27,980	37,069	9,089	132%	97,418	126,487	29,069	130%

出典　『外務省記録』7-1-5-4「海外在留本邦人職業別人口調査一件」第七巻、1909年3月2日、統監府外務部長鍋島桂次郎より外務省通商局長萩原守一宛の統発第1101号の附属書、「明治四十一年十二月末現在在韓本邦人戸口表」。
注　『統監府統計年報』における数値とは若干差がある。

表1-9　1907年・1908年における大邱理事庁管内の居留民人口

	戸数				人口			
	1907年末	1908年末	増加数	増加率	1907年末	1908年末	増加数	増加率
大邱	740	1,025	285	139%	2,468	3,474	1,006	141%
金泉	136	157	21	115%	375	464	89	124%
永同	74	103	29	139%	236	327	91	139%
尚州	39	74	35	190%	96	209	113	218%
慶州	26	56	30	215%	59	175	116	297%
黄澗	12	55	43	458%	46	164	118	357%
清道	40	60	20	150%	121	157	36	130%
慶山	42	47	5	112%	127	132	5	104%
倭館	30	35	5	117%	89	125	36	140%
安東	15	35	20	233%	38	113	75	297%
永川	16	26	10	163%	35	71	36	203%
若木	16	17	1	106%	35	51	16	146%
合計	1,186	1,690	504	178%	3,725	5,462	1,737	191%

出典　『外務省記録』7-1-5-4「海外在留本邦人職業別人口調査一件」第七巻、1909年3月2日、統監府外務部長鍋島桂次郎より外務省通商局長萩原守一宛の統発第1101号の附属書、「明治四十一年十二月末現在在韓本邦人戸口表」。

なお、開港場では居住地の内陸部への拡散が続いた。例えば、群山の居留地からほど近い裡里に日本人の移住が始まるのは1906年頃である*72。農場経営を目的に、内陸部の土地を買収する居留民が少なくなかった。この頃になると、居留地条約の有無を問わず、実質において日本人はどこにでも居住できるようになっていたのである。

このように統監府の設置は居住地の拡散を後押ししていたが、これに伴い居留民の意識にも変化がみられた。居留民社会では徐々に一時の居留から定住を意識するようになっていた。これを受け、居留地では学校・病院の新築、道路・上水道の整備、墓地・火葬場など基盤施設の設置が行われた。

代表的な例として、1906年の京城尋常高等小学校（後の日出小学校）の校舎新築が挙げられる。当初、建築費に対する反対意見もあったが、京城居留民団民長であった中井喜太郎は、京城の寒い気候を考慮し、当時一般的であった木造建築ではなく、赤レンガ造りを提案した。中井は、「京城居留地の名誉の為に、一ツ六七万円掛けても、煉瓦の小学校を造ろうではないか」と積極的に主張し、居留民団会議で賛同を得た*73。その後、建築費は膨れ上がり、約9万円がかかる大事業となった。これは京城居留民団の一年予算（1905～1906年に約13万円）の約70％に及ぶ巨額であった*74。このようなレンガ造りの学校新築は居留地発展への投資であったが、それと同時に居留民社会における定住意識の広がりをうかがわせる出来事でもあった。かくして居留民社会において芽生えた定住意識は「韓国併合」後にさらに広がりを見せる。

第6項　定住期②——「韓国併合」後の1910年代

「韓国併合」後の1910年代に日本人人口は安定的に増加した。1915年末における日本人人口1000人以上の地域を整理すると（【表1-10】）、1914年の新しい地方制度の施行後の様子が見て取れる。従来の開港場の居留地に加えて、各地

　　外務部長鍋島桂次郎より外務省通商局長萩原守一宛の統発第1101号の附属書、「明治四十一年十二月末現在　在韓本邦人戸口表」の備考欄。
*72　山下英爾編『湖南寶庫裡里案内——附近接地事情』惠美須屋書店（益山）、1915年、6頁。
*73　学校設計の依頼を受けた文部省でも、「国民海外発展」のためであるといって設計を受け取るなど支援したという。中井錦城『朝鮮回顧録』糖業研究会出版部、1915年、148～149頁。
*74　前掲書、『京城発達史』、144・175頁。大村友之丞『京城回顧録』朝鮮研究会、1922年、193頁。

表1-10 1915年末における日本人人口1000人以上の地域

地域		日本人				朝鮮人				朝鮮人100に付日本人
		戸数	男	女	計	戸数	男	女	計	
京畿道	京城府	16,933	32,499	30,415	62,914	37,862	90,185	85,841	176,026	36
	仁川府	3,124	6,284	5,614	11,898	4,115	10,046	8,139	18,185	65
	水原郡水原	317	654	607	1,261	1,583	3,917	3,827	7,744	16
	始興郡永登浦里	308	561	453	1,014	324	824	734	1,558	65
	開城郡開城	449	759	683	1,442	7,574	16,965	18,177	35,142	4
忠清北道	清州郡清州	421	779	661	1,440	681	1,774	1,600	3,374	43
忠清南道	公州郡公州	447	811	749	1,560	948	2,276	2,348	4,624	34
	大田郡大田	1,021	2,318	2,042	4,360	317	839	780	1,619	269
	論山郡江景	375	938	761	1,699	881	2,427	2,226	4,653	37
全羅北道	群山府	1,396	2,836	2,455	5,291	1,372	2,966	2,595	5,561	95
	全州郡全州	933	1,631	1,495	3,126	2,238	5,185	5,160	10,345	30
	益山郡裡里	550	1,129	764	1,893	82	170	178	348	544
全羅南道	木浦府	1,372	2,821	2,539	5,360	2,097	3,997	3,327	7,324	73
	光州郡光州	667	1,324	1,068	2,392	1,552	4,066	4,090	8,156	29
慶尚北道	大邱府	2,250	4,116	3,832	7,948	5,766	12,411	12,242	24,653	32
	迎日郡浦項	316	660	530	1,190	825	1,959	1,814	3,773	32
	金泉郡金泉	322	568	504	1,072	1,134	2,667	2,603	5,270	20
慶尚南道	釜山府	7,369	15,355	14,535	29,890	7,014	15,572	15,116	30,688	97
	馬山府馬山	817	1,658	1,594	3,252	680	1,652	1,581	3,233	101
	馬山府旧馬山	364	765	660	1,425	1,579	3,984	4,207	8,191	17
	晋州郡晋州	575	1,122	962	2,084	2,143	4,627	4,876	9,503	22
	蔚山郡方魚津	287	689	724	1,413	157	326	335	661	214
	昌原郡鎮海	1,299	2,353	2,289	4,642	44	136	123	259	1,792
	統営郡邑内	553	1,052	976	2,028	2,430	5,838	5,867	11,705	17
黄海道	海州郡海州	503	891	778	1,669	2,762	6,863	7,018	13,881	12
平安南道	平壌府	2,268	4,573	4,097	8,670	8,249	19,021	17,518	36,539	24
	鎮南浦府	1,366	3,032	2,504	5,536	4,122	8,562	7,926	16,488	34
平安北道	新義州府	814	1,487	1,323	2,810	435	1,055	893	1,948	144
江原道	春川郡春川	328	613	479	1,092	432	1,086	1,021	2,107	52
咸鏡南道	元山府	1,959	3,987	3,095	7,082	3,872	7,098	7,640	14,738	48
	咸興郡咸興	624	1,078	956	2,034	2,378	7,085	7,225	14,310	14
咸鏡北道	清津府	944	1,695	1,318	3,013	739	1,961	1,303	3,264	92
	鏡城郡羅南	505	946	862	1,808	368	910	871	1,781	102
	合計	51,776	101,984	92,324	194,308	106,755	248,450	239,201	487,651	40
1915年朝鮮全体		86,209	163,012	140,647	303,659	3,027,463	8,192,614	7,765,016	15,957,630	2

出典 朝鮮総督府『朝鮮総督府統計年報』1915年度版、1917年、22〜23頁・68〜77頁。
注 朝鮮人100に付日本人の合計は平均値である。

に集団居住地が形成されていた。日本人が多数暮らす府の中でも、京城府の人口は6万人を超えており、釜山府は約3万人に近づいていた。民族比率の側面からみると、朝鮮人100人に付き、日本人比率が高い地域は、新義州府（144人）・釜山府（97人）・群山府（95人）の順であった。在来都市の京城府・大邱府・平壌府では24～36人ほどであった。

内陸の在来都市に暮らす日本人も増加した。1906年の人口に比べると、光州は20.6倍、公州は13.9倍、全州は9.5倍、晋州は9.3倍、海州は9.2倍に増加していた*75。道庁所在地を中心に日本人市街地が形成されつつあったのである。このほか、新しく形成された集団居住地の中では、水原・永登浦・開城・金泉・大田の人口増加が目立つ。これらの地域は、京釜鉄道の線沿であるという共通点があった。

なお、日本人の比率が非常に高い地域も注目される。朝鮮人100人に付き日本人人口200人を超える地域は、鎮海（1792人）、裡里（544人）、大田（269人）、方魚津（214人）であった。この数値は、日本人の流入によって形成された市街地であることを明確に表している。その背景には軍隊駐屯、鉄道敷設、移住漁村などの要因があった。

第7項　成長期①――府部・郡部の人口

1925年に日本人人口は42万人を超えていた。朝鮮全体人口の2.2%を占めており、世界史的にも稀にみる大規模な植民者社会を形成していた。ところが、総督府刊行の『朝鮮の人口現象』には、約1900万人の朝鮮人に対し、「僅に四十餘万人の内地人を移植した如きは、大局より見て、殆んど云ふに足らざることで、所謂九牛の一毛に等しきもの」との記述がみられる*76。総督府では40万人を超える日本人の移住に満足せず*77、移植不振と認識していたのである。

【表1-11】は、1925年の道・府・郡別の人口、全体人口における日本人の比率を整理したものである。道別に見ると、京畿道（10万4479人）、慶尚南道（7

＊75　地域の範囲が定かではない鎮海、統営邑内は除外した。統監官房文書課『第一次統監府統計年報』、1907年、26～27頁。
＊76　前掲書、『朝鮮の人口現象』、105頁。
＊77　比較的視点からみた在朝日本人社会の特徴については、木村健二「植民地下 朝鮮在留 日本人의 特徵――比較史的 視点에서」（『지역과역사』第15号、2004年12月）。

第 1 章　諸統計よりみる植民者社会の形成

表1-11　1925年末における朝鮮全体の人口（朝鮮人・日本人人口比率）

地域		人口	日本人				比率 (A/B)	朝鮮人				全体人口 (B)
			世帯戸数	男	女	計(A)		世帯戸数	男	女	計	
京畿道		京城府	19,442	39,716	38,095	77,811	25.7%	47,116	112,777	107,399	220,176	302,711
		仁川府	2,596	5,910	5,707	11,617	21.7%	9,398	20,789	19,074	39,863	53,593
		高陽郡	666	1,448	1,284	2,732	1.8%	29,399	78,414	74,240	152,654	156,106
		広州郡	97	188	169	357	0.4%	15,613	42,684	40,496	83,180	83,545
		楊州郡	195	371	360	731	0.7%	20,187	53,938	51,527	105,465	106,215
		漣川郡	123	196	199	395	0.5%	14,227	37,628	36,566	74,194	74,606
		抱川郡	94	132	104	236	0.4%	12,490	33,744	31,823	65,567	65,828
		加平郡	37	61	55	116	0.3%	6,103	17,122	16,270	33,392	33,516
		楊平郡	60	84	77	161	0.2%	14,126	38,010	35,797	73,807	74,056
		驪州郡	65	102	83	185	0.3%	11,820	31,927	29,343	61,270	61,531
		利川郡	112	188	191	379	0.7%	10,947	29,431	27,315	56,746	57,171
		龍仁郡	137	240	229	469	0.6%	13,796	38,170	36,681	74,851	75,371
		安城郡	102	181	156	337	0.5%	13,317	37,561	36,110	73,671	74,143
		振威郡	166	364	278	642	1.0%	11,622	33,834	31,606	65,440	66,204
		水原郡	792	1,600	1,441	3,041	2.1%	26,240	73,712	70,381	144,093	147,297
		始興郡	396	818	724	1,542	2.3%	12,322	32,653	31,508	64,161	65,905
		富川郡	306	529	486	1,015	1.4%	13,711	37,458	35,900	73,358	74,932
		金浦郡	75	128	114	242	0.5%	9,040	25,990	24,547	50,537	50,803
		江華郡	59	77	79	156	0.2%	14,019	37,239	36,492	73,731	73,902
		坡州郡	91	151	133	284	0.5%	10,242	27,261	26,355	53,616	53,939
		長湍郡	76	139	103	242	0.4%	12,825	33,567	32,673	66,240	66,501
		開城郡	470	909	880	1,789	1.4%	24,068	60,398	62,256	122,654	124,650
		合計	26,157	53,532	50,947	104,479	5.4%	352,628	934,307	894,359	1,828,666	1,942,525
忠清北道		清州郡	838	1,611	1,602	3,213	2.0%	28,688	80,608	77,018	157,626	161,083
		報恩郡	78	125	112	237	0.4%	12,205	34,617	32,039	66,656	66,953
		沃川郡	159	305	284	589	0.8%	12,603	35,984	34,355	70,339	70,991
		永同郡	262	525	462	987	1.2%	15,794	41,612	39,772	81,384	82,483
		鎮川郡	52	84	77	161	0.3%	8,711	23,774	22,759	46,533	46,783
		槐山郡	137	221	202	423	0.4%	19,389	52,707	49,429	102,136	102,676
		陰城郡	76	121	103	224	0.3%	12,719	34,694	32,801	67,495	67,800
		忠州郡	309	561	522	1,083	1.0%	19,607	53,710	49,506	103,216	104,404
		堤川郡	80	135	125	260	0.3%	15,397	41,022	37,960	78,982	79,286
		丹陽郡	48	77	63	140	0.3%	9,212	24,370	22,255	46,625	46,771
		合計	2,039	3,765	3,552	7,317	0.9%	154,325	423,098	397,894	820,992	829,230
忠清南道		公州郡	557	945	883	1,828	1.6%	21,368	58,683	55,429	114,112	116,183
		燕岐郡	394	743	736	1,479	2.6%	9,992	28,409	26,969	55,378	57,019
		大田郡	1,729	3,379	3,058	6,437	6.9%	15,952	44,863	42,210	87,073	93,784
		論山郡	776	1,584	1,525	3,109	2.6%	22,421	59,424	55,815	115,239	118,711
		扶餘郡	221	421	407	828	0.8%	19,817	50,236	47,740	97,976	98,897
		舒川郡	218	398	377	775	0.9%	14,752	41,706	39,176	80,882	81,848
		保寧郡	136	260	230	490	0.7%	13,167	37,036	35,081	72,117	72,699
		青陽郡	72	124	109	233	0.4%	11,022	32,085	29,783	61,868	62,177

	郡名									
	洪城郡	210	380	362	742	0.9%	13,979	40,956	39,286	80,242	81,131
	礼山郡	175	282	260	542	0.6%	16,448	45,654	42,631	88,285	89,064
	瑞山郡	183	345	259	604	0.4%	24,391	68,758	64,974	133,732	134,525
	唐津郡	90	139	140	279	0.4%	13,482	38,688	36,053	74,741	75,145
	牙山郡	202	335	293	628	0.8%	13,738	39,013	36,259	75,272	76,037
	天安郡	412	778	814	1,592	1.8%	15,759	43,454	41,240	84,694	86,595
	合計	5,375	10,113	9,453	19,566	1.6%	226,288	628,965	592,646	1,221,611	1,243,815
全羅北道	群山府	1,767	3,560	3,514	7,074	33.6%	3,060	7,491	5,995	13,486	21,027
	全州郡	1,375	2,559	2,548	5,107	3.2%	30,736	81,256	74,162	155,418	160,833
	鎮安郡	67	116	100	216	0.3%	12,679	34,187	31,502	65,689	65,919
	錦山郡	91	199	150	349	0.5%	12,316	34,760	33,202	67,962	68,388
	茂朱郡	70	113	114	227	0.5%	9,653	25,724	24,014	49,738	50,038
	長水郡	66	103	76	179	0.4%	10,088	26,185	24,059	50,244	50,446
	任実郡	83	145	117	262	0.3%	15,005	39,100	36,521	75,621	75,928
	南原郡	169	296	271	567	0.5%	21,952	54,557	52,624	107,181	107,817
	淳昌郡	69	114	80	194	0.3%	14,407	35,389	34,403	69,792	70,004
	井邑郡	571	1,083	1,047	2,130	1.5%	27,242	73,415	69,026	142,441	144,798
	高敞郡	98	175	158	333	0.3%	21,435	56,286	52,872	109,158	109,542
	扶安郡	168	335	300	635	0.8%	14,781	38,785	36,956	75,741	76,479
	金堤郡	548	1,162	1,059	2,221	1.8%	21,860	61,024	57,376	118,400	120,741
	沃溝郡	442	891	809	1,700	2.0%	15,994	43,153	39,986	83,139	85,005
	益山郡	1,323	3,048	2,925	5,973	4.5%	24,748	65,975	61,426	127,401	133,630
	合計	6,907	13,899	13,268	27,167	2.0%	255,956	677,287	634,124	1,311,411	1,340,595
全羅南道	木浦府	1,247	3,418	3,291	6,709	26.0%	3,743	9,938	8,877	18,815	25,762
	光州郡	1,394	2,975	2,678	5,653	5.2%	20,873	53,069	50,356	103,425	109,366
	潭陽郡	295	607	534	1,141	1.4%	16,786	41,725	40,052	81,777	82,953
	谷城郡	74	121	102	223	0.3%	14,460	36,494	34,599	71,093	71,347
	求礼郡	74	134	94	228	0.5%	10,066	25,571	24,775	50,346	50,588
	光陽郡	133	224	214	438	0.8%	10,680	27,765	26,298	54,063	54,518
	麗水郡	597	1,098	1,009	2,107	2.3%	15,865	44,624	43,763	88,387	90,545
	順天郡	259	461	475	936	0.8%	23,482	59,939	57,528	117,467	118,488
	高興郡	221	423	413	836	0.8%	19,853	53,505	52,434	105,939	106,801
	宝城郡	214	417	380	797	0.9%	18,599	45,826	43,844	89,670	90,537
	和順郡	82	138	101	239	0.2%	20,440	50,718	49,135	99,853	100,106
	長興郡	245	483	499	982	1.2%	15,776	40,055	38,708	78,763	79,851
	康津郡	201	435	401	836	1.3%	12,622	33,485	32,413	65,898	66,753
	海南郡	243	460	460	920	0.9%	20,125	52,942	51,853	104,795	105,835
	霊巌郡	178	313	310	623	0.8%	15,202	39,670	38,595	78,265	78,903
	務安郡	283	581	539	1,120	0.7%	31,096	84,366	81,825	166,191	167,362
	羅州郡	769	1,743	1,615	3,358	2.3%	28,371	73,240	70,019	143,259	146,686
	咸平郡	233	450	463	913	1.2%	14,310	37,842	36,102	73,944	74,874
	霊光郡	302	511	429	940	1.2%	15,265	40,707	37,960	78,667	80,502
	長城郡	208	397	392	789	0.9%	17,658	44,020	41,744	85,764	86,618
	莞島郡	138	257	238	495	0.7%	12,483	33,853	34,285	68,138	68,650
	珍島郡	76	127	113	240	0.4%	10,541	27,059	26,541	53,600	53,853

第1章　諸統計よりみる植民者社会の形成

	済州島	403	622	483	1,105	0.5%	48,865	95,280	109,034	204,314	205,478
	合計	7,869	16,395	15,233	31,628	1.5%	417,161	1,051,693	1,030,740	2,082,433	2,116,376
慶尚北道	大邱府	5,547	12,294	9,849	22,143	30.7%	11,068	25,886	23,564	49,450	72,127
	達成郡	285	652	614	1,266	0.9%	26,383	71,655	69,198	140,853	142,173
	軍威郡	59	105	86	191	0.3%	10,624	29,483	28,797	58,280	58,490
	義城郡	116	213	169	382	0.3%	23,170	66,586	65,603	132,189	132,601
	安東郡	239	430	398	828	0.6%	27,429	75,920	72,230	148,150	149,042
	青松郡	60	102	81	183	0.3%	10,821	29,694	27,995	57,689	57,894
	英陽郡	38	60	55	115	0.3%	7,868	23,336	21,655	44,991	45,112
	盈徳郡	159	294	266	560	0.8%	12,820	36,200	34,132	70,332	70,939
	迎日郡	1,069	2,248	1,997	4,245	2.6%	29,217	81,292	74,762	156,054	160,432
	慶州郡	567	1,138	1,085	2,223	1.3%	31,910	85,798	82,368	168,166	170,447
	永川郡	229	465	454	919	0.8%	21,348	60,102	55,637	115,739	116,702
	慶山郡	302	597	549	1,146	1.4%	15,733	42,439	41,074	83,513	84,706
	清道郡	175	298	263	561	0.6%	16,580	44,493	43,330	87,823	88,416
	高霊郡	52	82	68	150	0.3%	10,095	27,382	26,745	54,127	54,294
	星州郡	73	128	107	235	0.3%	15,298	40,698	39,665	80,363	80,631
	漆谷郡	208	386	343	729	1.0%	13,061	35,172	34,122	69,294	70,063
	金泉郡	600	1,085	1,011	2,096	1.6%	24,340	66,833	63,658	130,491	132,731
	善山郡	118	206	222	428	0.6%	12,597	36,310	35,847	72,157	72,628
	尚州郡	447	847	790	1,637	1.0%	29,947	83,357	79,492	162,849	164,617
	聞慶郡	103	166	157	323	0.4%	16,668	45,543	43,546	89,089	89,453
	醴泉郡	99	159	159	318	0.3%	18,097	50,559	48,894	99,453	99,813
	栄州郡	73	125	102	227	0.3%	14,279	37,515	35,720	73,235	73,513
	奉化郡	82	122	93	215	0.3%	13,490	35,966	33,724	69,690	69,933
	鬱陵島	158	282	270	552	5.6%	1,512	4,770	4,450	9,220	9,782
	合計	10,858	22,484	19,188	41,672	1.8%	414,355	1,136,989	1,086,026	2,223,197	2,266,539
慶尚南道	釜山府	9,364	20,105	19,651	39,756	38.4%	13,772	32,446	30,758	63,204	103,522
	馬山府	1,227	2,420	2,404	4,824	21.8%	3,646	8,488	8,660	17,148	22,081
	晋州郡	639	1,104	1,075	2,179	1.8%	23,357	62,313	59,928	122,241	124,499
	宜寧郡	63	101	103	204	0.3%	14,757	39,017	38,491	77,508	77,746
	咸安郡	149	282	229	511	0.6%	15,848	40,827	39,256	80,083	80,648
	昌寧郡	175	328	336	664	0.7%	17,636	46,545	45,245	91,790	92,553
	密陽郡	633	1,165	1,223	2,388	1.9%	23,240	62,617	59,145	121,762	124,233
	梁山郡	158	280	298	578	1.5%	7,585	19,684	19,140	38,824	39,420
	蔚山郡	879	1,948	1,627	3,575	2.6%	26,284	66,816	65,842	132,658	136,294
	東莱郡	658	1,330	1,342	2,672	3.0%	16,658	43,396	43,160	86,556	89,325
	金海郡	688	1,509	1,407	2,916	2.7%	20,772	53,416	51,881	105,297	108,281
	昌原郡	1,755	3,242	3,282	6,524	4.7%	25,341	67,045	64,224	131,269	137,828
	統営郡	1,353	3,363	2,626	5,989	4.2%	23,980	69,512	67,005	136,517	142,567
	固城郡	209	449	426	875	1.1%	15,280	41,662	39,837	81,499	82,403
	泗川郡	326	717	666	1,383	1.9%	13,409	35,975	34,487	70,462	71,893
	南海郡	114	210	197	407	0.5%	13,513	39,377	38,469	77,846	78,283
	河東郡	217	455	425	880	1.0%	17,467	44,473	42,442	86,915	87,854
	山清郡	79	123	98	221	0.3%	15,932	39,084	37,302	76,386	76,610

	咸陽郡	85	142	141	283	0.4%	15,324	38,177	36,265	74,442	74,746
	居昌郡	115	216	182	398	0.5%	17,851	42,403	41,662	84,065	84,486
	陜川郡	105	181	140	321	0.3%	24,781	63,554	62,745	126,299	126,659
	合計	18,991	39,670	37,878	77,548	4.0%	366,433	956,827	925,944	1,882,771	1,961,931
黄海道	海州郡	712	1,183	1,050	2,233	1.4%	32,155	80,740	78,727	159,467	162,015
	延白郡	200	343	310	653	0.5%	23,618	62,012	61,200	123,212	124,097
	金川郡	112	179	143	322	0.5%	12,816	32,860	32,310	65,170	65,511
	平山郡	171	299	288	587	0.6%	19,871	51,521	51,013	102,534	103,196
	新渓郡	44	68	58	126	0.3%	8,973	23,492	23,384	46,876	47,015
	瓮津郡	120	198	158	356	0.5%	15,623	39,652	38,164	77,816	78,246
	長淵郡	162	287	273	560	0.7%	16,290	41,952	40,278	82,230	82,966
	松禾郡	86	142	111	253	0.4%	12,545	31,758	32,146	63,904	64,224
	殷栗郡	97	158	131	289	0.7%	8,532	21,786	21,272	43,058	43,381
	安岳郡	92	148	145	293	0.4%	14,617	38,094	37,333	75,427	75,810
	信川郡	146	213	223	436	0.4%	19,510	49,068	48,221	97,289	97,812
	載寧郡	448	859	798	1,657	1.9%	16,560	43,041	41,102	84,143	86,060
	黄州郡	935	1,668	1,641	3,309	3.4%	18,838	47,272	46,917	94,189	97,891
	鳳山郡	687	1,219	1,116	2,335	2.4%	18,399	48,175	46,893	95,068	97,828
	瑞興郡	275	491	457	948	1.4%	13,450	32,961	33,185	66,146	67,260
	遂安郡	56	93	62	155	0.2%	12,199	31,642	30,534	62,176	62,410
	谷山郡	67	100	84	184	0.3%	10,751	30,256	29,483	59,739	59,934
	合計	4,410	7,648	7,048	14,696	1.0%	274,747	706,282	692,162	1,398,444	1,415,655
平安南道	平壌府	6,821	12,211	10,316	22,527	20.6%	20,634	43,990	41,908	85,898	109,285
	鎮南浦府	1,200	2,359	2,275	4,634	16.9%	5,035	11,564	10,141	21,705	27,361
	大同郡	763	1,364	1,291	2,655	1.6%	29,677	81,597	81,042	162,639	166,366
	順川郡	73	116	87	203	0.2%	17,403	46,149	46,747	92,896	93,151
	孟山郡	51	62	42	104	0.2%	7,559	22,334	21,885	44,219	44,335
	陽徳郡	45	72	47	119	0.3%	6,859	21,183	20,512	41,695	41,826
	成川郡	89	143	111	254	0.3%	14,865	41,682	41,112	82,794	83,070
	江東郡	247	407	325	732	1.4%	9,994	26,370	26,121	52,491	53,336
	中和郡	88	143	131	274	0.3%	17,342	44,537	45,066	89,603	89,931
	龍岡郡	240	420	394	814	0.8%	19,909	49,245	49,144	98,389	99,700
	江西郡	114	183	168	351	0.4%	19,218	49,631	48,800	98,431	98,814
	平原郡	145	247	189	436	0.4%	19,717	55,317	54,109	109,426	109,945
	安州郡	254	424	378	802	1.0%	14,145	41,207	41,124	82,331	83,321
	价川郡	131	205	181	386	0.8%	9,486	25,356	25,599	50,955	51,387
	徳川郡	51	73	54	127	0.2%	9,336	27,416	27,361	54,777	54,910
	寧遠郡	51	71	41	112	0.3%	6,355	20,315	19,655	39,970	40,091
	合計	10,363	18,500	16,030	34,530	2.8%	227,534	607,893	600,326	1,208,219	1,246,829
平安北道	新義州府	1,401	3,162	2,782	5,944	25.7%	2,376	7,259	6,004	13,263	23,137
	義州郡	474	803	705	1,508	1.0%	25,523	74,567	72,748	147,315	151,520
	亀城郡	72	90	69	159	0.2%	10,736	31,930	31,531	63,461	63,654
	泰川郡	69	103	73	176	0.3%	9,265	25,672	26,293	51,965	52,169
	雲山郡	94	150	120	270	0.6%	8,366	22,114	21,719	43,833	44,916
	煕川郡	122	177	107	284	0.5%	11,034	31,254	29,962	61,216	61,551

第 1 章　諸統計よりみる植民者社会の形成

	寧邊郡	134	177	150	327	0.3%	21,637	60,396	62,442	122,838	123,197
	博川郡	134	244	212	456	0.6%	12,913	36,360	36,494	72,854	73,395
	定州郡	372	583	610	1,193	1.0%	21,993	61,070	61,404	122,474	124,035
	宣川郡	189	290	257	547	0.7%	13,273	37,606	37,528	75,134	75,911
	鉄山郡	89	117	91	208	0.3%	11,275	33,383	32,969	66,352	66,660
	龍川郡	283	459	425	884	0.9%	17,838	51,321	50,035	101,356	103,240
	朔州郡	82	112	96	208	0.5%	6,845	20,416	19,866	40,282	40,520
	昌城郡	169	260	196	456	1.0%	8,335	23,200	22,369	45,569	46,464
	碧潼郡	139	178	114	292	0.7%	7,519	21,327	20,621	41,948	42,283
	楚山郡	216	275	193	468	0.7%	10,865	32,108	30,743	62,851	63,494
	渭原郡	122	163	113	276	0.9%	5,279	15,010	14,035	29,045	29,367
	江界郡	484	828	419	1,247	1.0%	21,853	65,070	58,532	123,602	125,130
	慈城郡	303	402	302	704	1.6%	7,934	23,952	18,895	42,847	43,940
	厚昌郡	268	385	247	632	2.2%	5,670	15,991	11,514	27,505	28,756
	合計	5,216	8,958	7,281	16,239	1.2%	240,529	690,006	665,704	1,355,710	1,383,339
江原道	春川郡	486	760	707	1,467	1.9%	14,341	40,090	36,969	77,059	78,633
	麟蹄郡	43	66	52	118	0.2%	10,912	33,560	29,739	63,299	63,429
	楊口郡	36	49	41	90	0.2%	8,720	24,762	23,880	48,642	48,754
	淮陽郡	78	117	85	202	0.3%	11,781	35,373	32,493	67,866	68,141
	通川郡	113	179	158	337	0.8%	8,191	23,116	21,233	44,349	44,755
	高城郡	217	437	387	824	1.8%	7,820	23,164	20,858	44,022	44,947
	襄陽郡	89	178	140	318	0.6%	9,653	29,262	26,809	56,071	56,438
	江陵郡	294	543	488	1,031	1.3%	13,509	40,431	37,715	78,146	79,238
	三陟郡	130	185	156	341	0.4%	13,884	40,830	37,199	78,029	78,390
	蔚珍郡	153	255	187	442	0.7%	11,673	31,936	30,935	62,871	63,335
	旌善郡	42	63	51	114	0.2%	9,618	27,807	24,364	52,171	52,302
	平昌郡	45	67	54	121	0.2%	12,235	35,006	30,622	65,628	65,766
	寧越郡	60	95	76	171	0.3%	12,152	32,937	29,699	62,636	62,821
	原州郡	100	178	167	345	0.5%	13,302	35,465	32,691	68,156	68,591
	横城郡	57	90	73	163	0.3%	11,900	32,206	29,979	62,185	62,358
	洪川郡	54	76	59	135	0.2%	13,748	37,602	34,758	72,360	72,513
	華川郡	29	40	17	57	0.2%	6,496	18,105	16,132	34,237	34,314
	金化郡	156	233	184	417	0.5%	14,652	41,823	38,394	80,217	80,739
	鉄原郡	331	536	472	1,008	1.5%	13,099	34,659	32,462	67,121	68,249
	平康郡	223	404	326	730	1.4%	8,753	25,972	24,015	49,987	50,766
	伊川郡	61	102	99	201	0.3%	12,129	33,081	32,157	65,238	65,471
	合計	2,797	4,653	3,979	8,632	0.7%	238,568	677,187	623,103	1,300,290	1,309,950
咸鏡南道	元山府	2,126	4,486	4,270	8,756	26.1%	5,486	12,355	11,619	23,974	33,538
	咸興郡	1,356	2,508	2,386	4,894	2.8%	26,396	84,722	82,909	167,631	173,023
	定平郡	75	135	106	241	0.3%	13,266	40,487	38,709	79,196	79,516
	永興郡	153	295	252	547	0.4%	20,425	62,491	62,197	124,688	125,326
	高原郡	47	74	86	160	0.4%	6,678	20,673	19,952	40,625	40,834
	文川郡	59	117	82	199	0.6%	5,783	17,259	16,249	33,508	33,752
	德原郡	91	178	137	315	0.6%	9,185	26,324	24,393	50,717	51,278
	安邊郡	130	213	216	429	0.7%	11,069	33,020	31,738	64,758	65,229

	洪原郡	104	159	140	299	0.3%	14,439	43,008	42,449	85,457	85,807
	北青郡	445	724	658	1,382	0.8%	27,885	83,218	81,463	164,681	166,710
	利原郡	80	117	105	222	0.5%	7,116	22,214	20,747	42,961	43,366
	端川郡	154	238	218	456	0.3%	21,342	70,402	67,453	137,855	138,446
	新興郡	77	111	105	216	0.3%	11,839	36,708	34,453	71,161	71,397
	長津郡	92	113	82	195	0.5%	6,540	22,459	19,477	41,936	42,178
	豊山郡	65	88	60	148	0.2%	10,943	37,275	34,344	71,619	71,800
	三水郡	365	477	386	863	1.6%	8,833	28,231	24,594	52,825	54,024
	甲山郡	401	562	455	1,017	1.4%	11,707	36,615	32,341	68,956	70,218
	合計	5,820	10,595	9,744	20,339	1.5%	218,932	677,461	645,087	1,322,548	1,346,442
咸鏡北道	清津府	1,629	3,232	2,894	6,126	29.8%	3,461	7,442	5,925	13,367	20,583
	鏡城郡	1,909	3,327	3,193	6,520	6.5%	14,635	47,642	45,128	92,770	100,018
	明川郡	122	191	147	338	0.3%	18,030	57,584	56,324	113,908	114,530
	吉州郡	112	148	105	253	0.3%	12,912	39,327	39,764	79,091	79,453
	城津郡	478	773	757	1,530	1.9%	12,966	38,606	38,762	77,368	79,233
	富寧郡	162	236	182	418	1.2%	4,990	17,129	16,223	33,352	33,900
	茂山郡	252	352	264	616	1.6%	6,128	19,092	18,039	37,131	37,891
	会寧郡	783	1,242	1,186	2,428	6.7%	5,755	16,928	16,119	33,047	36,103
	鐘城郡	139	185	136	321	1.1%	4,497	14,340	13,869	28,209	28,581
	穏城郡	134	170	131	301	1.6%	2,859	9,571	9,177	18,748	19,097
	慶源郡	166	280	211	491	1.9%	4,027	13,185	12,465	25,650	26,242
	慶興郡	566	815	770	1,585	4.3%	5,765	18,153	16,240	34,393	36,669
	合計	6,452	10,951	9,976	20,927	3.4%	96,025	298,999	288,035	587,034	612,300
総計		113,254	221,163	203,577	424,740	2.2%	3,483,481	9,466,994	9,076,332	18,543,326	19,015,526

出典　朝鮮総督府編『朝鮮総督府統計年報』1925年度版、1927年、24〜35頁。
注　全体人口には、中国人（46,196名）及び外国人（1,264名）が含まれている。

万7548人）、慶尚北道（4万1672人）、平安南道（3万4530）、全羅南道（3万1628人）の順に日本人人口が多く、概ね日本人の集団居住地は京畿道以南に集中していた。

　日本人の分布状況を府部（旧居留地を含む集団居住地）と郡部（在来都市における日本人市街地）に分けてみると、日本人人口の約51％を占める21万7921人は、依然として府部に居住していた。日本人人口1万人を超える府は、京城（7万7811人）、釜山（3万9756人）、平壌（2万2527人）、大邱（2万2143人）、仁川（1万1617人）の五ヵ所であった。日本人の比率が高い地域は、釜山府（38.4％）、群山府（33.6％）、大邱府（30.7％）、清津府（29.8％）、元山府（26.1％）、木浦府（26％）、京城府（25.7％）、新義州府（25.7％）の順であった。1915年の状況に比べると、比率は全体的に低くなっているが、府部への朝鮮人労働者の

移住が要因の一つであったと考えられる。

　一方、郡部における日本人の増加も確認される。人口が多い郡を並べると、慶尚南道昌原郡、咸鏡北道鏡城郡、忠清南道大田郡、慶尚南道統営郡、全羅北道益山郡、全羅南道光州郡、全羅北道全州郡、咸鏡南道咸興郡、慶尚北道迎日郡、慶尚南道蔚山郡、全羅南道羅州郡、黄海道黄州郡、忠清北道清州郡、忠清南道論山郡、京畿道水原郡の順であった。日本人人口6000人を超える郡部は、慶尚南道昌原郡、咸鏡北道鏡城郡、忠清南道大田郡であり、これらの地域には日本人集団居住地があった。慶尚南道昌原郡の管下には鎮海、咸鏡北道鏡城郡には羅南、忠清南道大田郡には大田があった。軍港の鎮海、朝鮮軍駐屯地の羅南・大田の事例から、軍隊駐屯による日本人の流入という特徴が浮かび上がる。

　上記の【表1-11】からは、郡内の詳細な居住状況を確認するのは難しいので、主要市街地の人口から居住分布を推定してみよう。【表1-12】は、同年の日本人人口500人以上の地域を整理したものである。これによると、郡部における日本人居住地の形成には、概ね三つのパターンが確認される（その要因が重複する場合もある）。それは、①鉄道沿線、②朝鮮在来の主要都市、③移住漁村という特徴である。

　まず、鉄道沿線における集団居住地の形成である。京釜線・京義線・湖南線の開通に伴い、水原、鳥致院、大田、金泉、光州、沙里院などに日本人市街地が形成された。また、朝鮮在来の主要都市にも日本人市街地が形成された。人口が多い順に並べると、全州（3496人）、清州（2633人）、海州（1977人）、晋州（1966）、公州（1702人）の順である。これらの地域に形成された日本人市街地は、駅周辺又は中心地の邑内に位置する場合が多かった。例えば、水原における日本人の居住分布を面（日本の町に該当）単位にまで下がってみると、水原の中心部に日本人が集中して暮らしていたことがわかる[*78]。この点は、慶尚北道尚州における日本人の居住分析からも確認できる[*79]。要するに、郡部といっても日本人の多くは田舎ではなく、駅周辺や邑内という都市部に暮らしていたのである。次に、移住漁村としては、慶尚北道迎日郡浦項・九龍浦里、慶尚北

---

*78　1912年末の統計によると、日本人人口の約79％は南部面と北部面に居住していた。酒井政之助『発展せる水原』、1914年、5〜7頁。
*79　板垣竜太『朝鮮近代の歴史民族誌——慶北尚州の植民地経験』明石書店、2008年、123〜124頁。

表1-12　1925年末における日本人人口500人以上の市街地

地名		戸数		人口		
		住居	世帯	男	女	計
京畿道	京城府	18,859	19,442	39,716	38,095	77,811
	仁川府	2,571	2,596	5,910	5,707	11,617
	水原郡水原	305	313	644	621	1,265
	始興郡永登浦	188	203	452	387	*837
	開城郡開城	336	362	681	672	1,353
忠清北道	清州郡清州	676	680	1,308	1,325	2,633
	忠州郡忠州	233	240	429	409	838
忠清南道	公州郡公州	484	517	869	833	1,702
	燕岐郡鳥致院	288	314	576	585	1,161
	大田郡大田	1,309	1,385	2,675	2,416	5,091
	論山郡論山	135	139	282	276	558
	論山郡江景	380	392	772	781	1,553
	天安郡天安	238	243	476	496	972
全羅北道	群山府	1,692	1,767	3,560	3,514	7,074
	全州郡全州	904	988	1,766	1,730	3,496
	井邑郡井邑	288	307	558	551	1,109
	金堤郡金堤	265	270	562	487	1,049
	益山郡裡里	853	853	1,901	1,914	3,815
全羅南道	木浦府	1,193	1,247	3,4182	3,291	6,709
	光州郡光州	857	980	2,125	1,899	4,024
	光州郡松汀里	197	220	431	385	816
	順天郡順天	198	208	372	413	785
	麗水郡麗水	279	366	762	709	1,471
	羅州郡羅州	164	177	401	374	775
	羅州郡営山浦	163	169	341	346	687
	済州島済州	140	148	234	220	454
慶尚北道	大邱府	5,502	5,547	12,294	9,849	22,143
	安東郡安東	168	177	334	319	653
	迎日郡浦項	461	519	1,183	1,068	2,251
	迎日郡九龍浦里	198	230	438	437	875
	慶州郡慶州	128	134	299	259	558
	慶州郡甘浦	219	222	400	404	804
	金泉郡金泉	495	510	941	892	1,833
	尚州郡尚州	264	294	562	524	1,086
	欝陵島道洞	129	138	243	239	482
慶尚南道	釜山府	8,918	9,364	20,105	19,651	39,756
	馬山府	1,176	1,227	2,420	2,404	4,824
	晋州郡晋州	499	564	998	968	1,966
	蔚山郡方魚津	464	481	1,261	985	2,246

	昌原郡鎮海	1,098	1,204	2,087	2,140	4,227
黄海道	海州郡海州	555	583	1,044	933	1,977
	黄州郡兼二浦	651	684	1,200	1,216	2,416
	鳳山郡沙里院	292	397	628	544	1,172
	瑞興郡新幕	153	189	343	323	666
平安南道	平壌府	6,557	6,821	12,211	10,316	22,527
	鎮南浦府	927	1,200	2,359	2,275	4,634
	大同郡船橋里	197	207	402	388	790
	大同郡寺洞	208	220	391	368	759
	江東郡勝湖里	119	179	300	239	539
平安北道	新義州府	1,391	1,401	3,162	2,782	5,944
	義州郡義州	153	165	273	262	535
	定州郡定州	226	251	393	421	814
	龍川郡龍岩浦	116	139	247	261	508
	江界郡江界	123	160	300	235	535
江原道	鉄原郡鉄原	232	262	418	378	796
	春川郡春川	423	444	700	661	1,361
	江陵郡江陵	145	170	302	279	581
咸鏡南道	元山府	1,902	2,126	4,486	4,270	8,756
	咸興郡咸興	1,182	1,206	2,244	2,129	4,373
	北青郡北青	175	210	314	287	601
	甲山郡恵山鎮	142	197	313	297	610
咸鏡北道	清津府	1,076	1,629	3,232	2,894	6,126
	鏡城郡羅南	1,420	1,525	2,640	2,692	5,332
	城津郡城津	395	415	690	691	1,381
	会寧郡会寧	567	723	1,156	1,120	2,276
	慶興郡雄基	246	256	420	409	829

出典　『朝鮮総督府統計年報』1925年度版、34〜45頁。
注　日本人人口500人未満の地域の中で、済州島・欝陵島は記載した。
＊京畿道始興郡永登浦の合計人口（839人）に誤差があるが、原文の数値（837人）のままである。

道慶州郡甘浦、慶尚南道蔚山郡方魚津が挙げられる。県の斡旋を受けて漁民が集団移住した地域であった。その他、済州島済州、欝陵島道洞の島地域にも一定の人口増加が確認される。

以上のように、日本人の居住地域は旧居留地の府部に留まらず、全国に広がっていた。内陸の主要都市に移住する日本人も徐々に増加し、在来都市の中心部に暮らす人口も増えた。このように都市生活者が大多数を占めるのも、在朝日本人の居住様態の一つの特徴であった。

第8項　成長期②――人口ピラミッドと人口構成

【図1-1】は、1925年の国勢調査時に集計された年齢別の人口統計を、人口ピラミッド化したものである。まず、その形は、20代・30代の経済人口が多い都市型のピラミッドをなしている。また、20～50代の男女人口の不均衡も目立つ。とくに、20～24歳・40～54歳の年齢層において女性100に付き男性人口は150を超えていた（【表1-13】）。加えて、男女比率を地域別に整理した統計（【表1-14】）からは、平安北道、平安南道、江原道、咸鏡北道、咸鏡南道の数値が高いことがわかる。とくに、平安南道、咸鏡南道、咸鏡北道の20～24歳の指数は200を超えており、不自然である。その原因としては、国境地帯や僻地における男性の単身赴任や出稼ぎという移住形態が考えられる。

なお、人口ピラミッドからは、0～4歳の児童人口の明確な増加も読み取れる。朝鮮生まれの日本人は、1910年に年間5000人に達し、1925年には1万人を超えていた。こうした二世人口の増加は、社会様態の変化を予兆させるものであった。これに関して、村松武司の在朝日本人一世である祖父は、「植民地で二代目が大きくなる頃になったら、その二代目のほうはもはや植民者ではない。帰るべき故郷を失ってしまっているからだ」と述べており、植民者二世の性格を的確に表現している[*80]。帰る故郷の無い二世人口の増加は、まったく異なる植民者集団の登場を意味するものであった。

[*80] 村松武司の祖父の述懐である。ちなみに、村松は1924年京城生まれである。村松武司『朝鮮植民者――ある明治人の生涯』三省堂、1972年、103頁。

第 1 章　諸統計よりみる植民者社会の形成

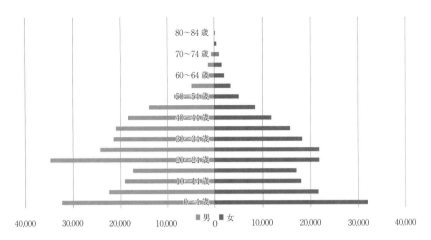

図1-1　1925年の人口ピラミッド
出典　朝鮮総督府『朝鮮国勢調査報告』、1926年、490 〜 491頁。

表1-13　年齢別の男女比率（1925年）

年齢	男	女	合計	女100に付男
0 〜 4歳	32,253	32,074	64,327	100.6
5 〜 9歳	22,344	21,689	44,033	103.0
10 〜 14歳	19,037	18,159	37,196	104.8
15 〜 19歳	17,373	17,111	34,484	101.5
20 〜 24歳	34,665	21,960	56,625	157.9
25 〜 29歳	24,177	21,888	46,065	110.5
30 〜 34歳	21,337	18,321	39,658	116.5
35 〜 39歳	20,875	15,806	36,681	132.1
40 〜 44歳	18,331	11,861	30,192	154.5
45 〜 49歳	13,771	8,510	22,281	161.8
50 〜 54歳	8,493	5,116	13,609	166.0
55 〜 59歳	4,780	3,410	8,190	140.2
60 〜 64歳	2,378	2,070	4,448	114.9
65 〜 69歳	1,308	1,562	2,870	83.7
70 〜 74歳	666	1,012	1,678	65.8
75 〜 79歳	273	475	748	57.5
80 〜 84歳	79	169	248	46.7
85 〜 89歳	18	51	69	35.3
計	242,158	201,244	443,402	120.3

出典　朝鮮総督府『朝鮮国勢調査報告』、1926年、490 〜 491頁。

表1-14 男性人口の比率が高い地域

地域	年齢層	男	女	女100に付男
京畿道	20～24歳	9,022	5,743	157
忠清北道	50～54歳	130	58	224
黄海道	40～44歳	736	380	194
平安南道	20～24歳	4,311	1,363	316
平安北道	25～29歳	1,665	978	170
平安北道	30～34歳	1,107	712	155
平安北道	35～39歳	867	509	170
平安北道	40～44歳	664	347	191
平安北道	45～49歳	512	209	245
平安北道	50～54歳	261	124	210
江原道	35～39歳	612	326	188
江原道	40～44歳	443	190	233
江原道	45～49歳	298	135	221
江原道	50～54歳	180	56	321
咸鏡南道	20～24歳	2,507	1,165	215
咸鏡南道	40～44歳	988	562	176
咸鏡南道	45～49歳	709	374	190
咸鏡南道	50～54歳	422	211	200
咸鏡南道	55～59歳	199	122	163
咸鏡北道	20～24歳	6,619	1,370	483
咸鏡北道	35～39歳	1,295	798	162
咸鏡北道	40～44歳	1,059	533	199
咸鏡北道	45～49歳	696	320	218
咸鏡北道	50～54歳	392	169	232

出典 朝鮮総督府『朝鮮国勢調査報告』、1926年。朝鮮総督府『朝鮮の人口現象』、1927年、123～141頁。
注 1925年10月1日の統計である。

第9項 移住人口と自然増加人口

　人口は、出生・死亡の要因による自然増加と、人口の流入及び流出による社会増加とによって変動する。植民者集団である在朝日本人社会は、最初は移住人口によって形成されたが、成長期に入っては朝鮮生まれの出生者数が移住人口を徐々に上回る傾向を見せた。この人口変動を把握するために、在朝日本人社会の自然増加人口、移住人口を整理したものが【表1-15】である。
　まず、自然増加人口は出生者から死亡者を引いた人口である。在朝日本人の出生・死亡者の統計が得られる時期は、統監府の統計調査が始まる1906年度から、朝鮮総督府の出生者統計が終わる1938年度までである。年度別にみる

第1章 諸統計よりみる植民者社会の形成

表1-15 在朝日本人の自然増加人口と移住人口（1906〜1938年）

年度	出生者数			死亡者数			自然増加 (C=A-B)	前年度比人口(D)	移住人口 (D-C)
	男	女	計(A)	男	女	計(B)			
1906年	819	727	1,546	1,220	773	1,993	-447	31,381	31,828
1907年	1,366	1,144	2,510	1,573	959	2,532	-22	14,685	14,707
1908年	1,389	1,296	2,685	1,618	1,268	2,886	-201	28,168	28,369
1909年	2,103	1,995	4,098	1,791	1,499	3,290	808	19,979	19,171
1910年	2,863	2,445	5,308	1,719	1,542	3,261	2,047	25,396	23,349
1911年	2,765	2,629	5,394	2,127	1,777	3,904	1,490	39,146	37,656
1912年	3,626	3,155	6,781	2,557	2,239	4,796	1,985	33,040	31,055
1913年	3,727	3,493	7,220	2,677	2,370	5,047	2,173	27,862	25,689
1914年	4,304	4,024	8,328	3,049	2,678	5,727	2,601	19,626	17,025
1915年	3,934	3,475	7,409	3,358	2,626	5,984	1,425	12,442	11,017
1916年	4,395	4,009	8,404	3,957	3,123	7,080	1,324	17,279	15,955
1917年	4,433	3,948	8,381	3,629	3,177	6,806	1,575	11,518	9,943
1918年	4,396	3,978	8,374	4,473	3,619	8,092	282	4,416	4,134
1919年	4,298	3,801	8,099	4,060	3,540	7,600	499	9,747	9,248
1920年	4,311	3,776	8,087	4,753	4,312	9,065	-978	1,231	2,209
1921年	4,688	4,226	8,914	3,729	3,467	7,196	1,718	19,768	18,050
1922年	4,984	4,575	9,559	4,483	4,159	8,642	917	18,875	17,958
1923年	4,889	4,335	9,224	3,978	3,632	7,610	1,614	16,518	14,904
1924年	5,111	4,644	9,755	4,616	3,990	8,606	1,149	8,584	7,435
1925年	5,338	4,851	10,189	4,008	3,607	7,615	2,574	13,145	10,571
1926年	5,560	4,961	10,521	3,774	3,390	7,164	3,357	17,586	14,229
1927年	5,703	5,247	10,950	4,118	3,764	7,882	3,068	12,555	9,487
1928年	5,632	5,265	10,897	4,442	3,854	8,296	2,601	14,162	11,561
1929年	5,564	5,291	10,855	4,344	3,974	8,318	2,537	19,435	16,898
1930年	6,039	5,393	11,432	4,103	3,578	7,681	3,751	13,389	9,638
1931年	6,257	5,568	11,825	4,419	3,987	8,406	3,419	12,799	9,380
1932年	7,202	6,550	13,752	4,594	4,138	8,732	5,020	8,786	3,766
1933年	6,790	6,301	13,091	4,440	3,919	8,359	4,732	19,652	14,920
1934年	6,969	6,529	13,498	4,459	3,989	8,448	5,050	18,280	13,230
1935年	7,314	6,825	14,139	4,730	4,154	8,884	5,255	22,044	16,789
1936年	7,717	6,847	14,564	5,070	4,403	9,473	5,091	25,561	20,470
1937年	7,803	7,143	14,946	5,084	4,441	9,525	5,421	20,523	15,102
1938年	8,481	8,034	16,515	5,026	4,234	9,260	7,255	3,808	-3,447
合計	160,770	146,480	307,250	121,978	106,182	228,160	79,090	581,386	502,296

出典　統監官房文書課『第一次統監府統計年報』、1907年。統監府『第二次統監府統計年報』、1908年。
　　　統監府『第三次統監府統計年報』、1909年。朝鮮総督府『第四次朝鮮総督府統計年報』、1911年。
　　　1910年〜1938年は、『朝鮮総督府統計年報』各年度版による。
注　出生・死亡者統計は、『朝鮮総督府統計年報』1938年度版まで確認できる。

と、1910年に出生者は5000人を超え、1925年に1万人を超えていた。1906年から1938年の間に確認できる出生者の合計は30万7250人であるが、1906年以前と1938年以降の出生者を加算すると、朝鮮生まれの二世・三世人口は約40万人以上と推定される。

　一方、社会増加は前年度比の増加人口から自然増加人口を引くことで得られる。概して在朝日本人の社会増加は、日本からの移住人口と見なすことができる。移住人口には波がみられるものの、1906年から1910年代初頭にかけて移住人口が最も多かった。そのうち、1911年には最多の3万7656人が朝鮮へ移住した。その後、1910年代後半まで移住人口は減少する傾向を見せるが、1920年代以降度々2万人前後まで回復する時期もあった。全体的に統監府期と1910年代前半に移住人口が多かった。

　なお、1910年代後半の時点で、出生者数と移住人口がクロスしている点も注目される（【図1-2】）。出生者数は安定して増加したのに対して、移住人口は年度によって増減しており、1910年代後半からは出生者数と移住人口はクロスを繰り返していた。その後に、出生者数は毎年1万人を超えており、移住人口を上回る傾向を見る。つまり、出生者数が人口変動の重要なファクターになりつつあった。序論で在朝日本人の歴史を六つに時期区分したところで触れたように、1920年代半ばを成長期と捉える根拠はこの点にある。本書では、年間出生者数が1万人を超えた点に加えて、日露戦争後から蓄積された二世人口が成人になり、社会に登場しはじめる1920年代半ばを区切りに、在朝日本人社会は成長期に入ったと見ている。

第3節　在朝日本人の出自

第1項　初期渡航者の出身地

　【表1-16】は、1888年末に釜山領事館が居留民の出身地と渡航目的を調査したものである。旧国名で出身地が集計された数少ない資料の一つである。この統計によると、釜山には倭館時代からの歴史があり、対馬出身者が最も多かった。その次は長門・周防・肥前であり、現在の長崎県と山口県が首位を占めていた。

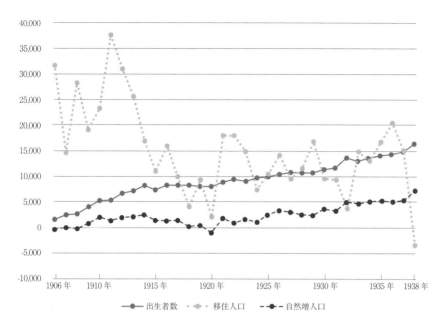

図1-2　朝鮮生まれの出生者数、自然増加人口、移住人口の推移（1906〜1938年）
出典　【表1-15】と同様。

　仁川の場合は、比較的詳細な情報が確認できる[81]。開港から1908年まで引き続き、仁川に居留した人物の履歴がわかる資料によると、全体21名のうち長崎県出身者は10名であった。他の資料をみても、1883〜1887年の間に仁川に渡航した者の半数以上は長崎県出身者であり、その次が山口県と兵庫県であった[82]。1892年頃になると、長崎・山口・大分・広島県の順であった。

　このように朝鮮半島から近い九州・中国地方の出身者が多数を占めていたが、その中でも長崎県出身者が首位を占めていた理由は、朝鮮半島との距離と倭館の存在のほか、他の要因も考えられる。【表1-25】（95頁）から初期渡航者の職業と合わせて考えると、回漕業を営む人が多く、船舶所有者が多いことがわかる。つまり、船舶操縦技術と海外渡航の経験を有する長崎県出身者が渡航に有

---

[81]　仁川開港二十五年記念会編『仁川開港二十五年史』、1908年、63〜70頁。前掲書、『仁川府史』、279〜281頁。
[82]　青山好恵『仁川事情』朝鮮新報社、1892年、2頁。

表1-16　1888年末における釜山居留民の出身地・居留目的別の人口

国名	公用		留学商用其他		総計		合計	備考（現在の行政区域）
	男	女	男	女	男	女		
対馬	8	10	428	405	436	415	851	長崎県対馬
長門	2		269	190	271	190	461	山口県の西部・北部
周防			180	125	180	125	305	山口県の東部
肥前	8	6	102	132	110	138	248	佐賀県、長崎県の一部
壱岐			107	86	107	86	193	長崎県壱岐
安芸			81	60	81	60	141	広島県の西部
豊前	2	3	51	42	53	45	98	福岡県東部、大分県北部
豊後			40	28	40	28	68	大分県の大部分
筑前			46	21	46	21	67	福岡県の北西部
摂津			25	17	25	17	42	大阪府、兵庫県の一部
肥後			27	12	27	12	39	熊本県
武蔵	9	9	11	6	20	15	35	東京都・埼玉県、神奈川県の一部
薩摩	3	4	12	11	15	15	30	鹿児島県の西部
山城			10	3	10	3	13	京都府の南部
越後	1		7	5	8	5	13	新潟県
石見			6	4	6	4	10	島根県の西部
讃岐			7	3	7	3	10	香川県
筑後			6	3	6	3	9	福岡県の南部
尾張			6	2	6	2	8	愛知県の西部
近江			6	1	6	1	7	滋賀県
伊予			5	1	5	1	6	愛媛県
日向			5	1	5	1	6	宮崎県
播磨			3	3	3	3	6	兵庫県の南西部
陸中	4	2			4	2	6	岩手県、秋田県の一部
備後			3	3	3	3	6	広島県の東部
紀伊			5		5		5	和歌山県、三重県の一部
備前			4		4		4	岡山県の南東部
羽後			2	1	2	1	3	秋田県
若狭			3		3		3	福井県の西部
常陸	1		1		2		2	茨城県
阿波	1			1	1	1	2	徳島県
備中	1	1			1	1	2	岡山県の西半部
相模	1	1			1	1	2	神奈川県
下野	1	1			1	1	2	栃木県
羽前	1				1		1	山形県
美作		1				1	1	岡山県の北部
隠岐			1		1		1	島根県隠岐島
下総			1		1		1	千葉県の北部、茨城県の一部
伊勢			1		1		1	三重県
上野	1				1		1	群馬県
加賀			1		1		1	石川県の南部
土佐			1		1		1	高知県
合計	44	38	1,463	1,166	1,507	1,204	2,711	

出典　「外務省外交史料館」7-1-5-4「海外在留本邦人職業別人口調査一件」第一巻、1889年1月17日、釜山領事室田義文より外務次官青木周蔵宛の公第10号の附属書。

利であったことがうかがわれる。

第2項　渡航者の出身階層と移動経路

　渡航者の階層に関し、木村健二は山口県熊毛郡の村を対象とした事例研究で、全階層にわたる朝鮮渡航がなされたことを明らかにした[*83]。この研究は、村役場文書と外務省記録の海外旅券発給記録を照らし合わせて導かれたものである。朝鮮渡航者の大多数は日本国内における生活基盤を喪失、ないし危機的状況におとしいれられたものたちであり[*84]、その中でも、明治前半期の経済変動に乗れなかった商人や貧農、没落した士族が朝鮮進出の主体であったとの議論である。

　ここでは、その中でも没落した士族に焦点を当ててみたい。【表1-17】は、1895年の仁川居留民の出身地別人口を、族籍別にわけ、士族が多い順にならべたものである。士族人口は全体の5.2％（戸数では6.8％）を占め、同時期の日本（4.85％）より若干高い[*85]。県別にみると、居留民人口に比例し長崎・山口県出身の士族が多いものの、士族が占める比率からすると、鹿児島県（31.8％）、岡山県（25.7％）、東京府（13.6％）が特に高かった。その反面、広島県と大阪府出身者の中で士族が1人もいなかった。

　【表1-18】は、1898年に木浦居留民を対象とした同様の統計である。1897年11月の開港から1年経過した時期であり、人口はまだ1000人に達していなかった。士族が占める比率は11.4％（戸数では15.3％）であり、仁川より高かった。とりわけ、長崎県（19％）・山口県（39％）・広島県（33％）の比率は、仁川のそれを遥かに上回っている。これは、木浦の開港直後に、日本からの渡航者より韓国各港からの移住者が多かった点（【表1-21】、85頁）と合わせて考えると、士族層の方が新天地を目指す傾向が強かったことが垣間見られる。没落した士族層の朝鮮への渡航、さらに新開港地への移住という移動経路が統計に表れているといえよう。

[*83] 木村健二、前掲書、第2章。同「明治期における朝鮮への人口移動――山口県熊毛郡旧別府村の場合」（『人間と社会』第9号、東京農工大学、1998年）。
[*84] 木村健二、前掲書、8頁。
[*85] 日本の統計は、『日本帝国統計年鑑』、1895年度版。

表1-17　1895年の仁川居留民の出身地・族籍別人口

	士族			平民			計			士族の比率
	男	女	計	男	女	計	男	女	合計	
長崎県	48	31	79	578	418	996	626	449	1,075	7%
山口県	13	10	23	673	482	1,155	686	492	1,178	2%
鹿児島県	13	7	20	37	6	43	50	13	63	32%
福岡県	11	2	13	137	85	222	148	87	235	6%
兵庫県	10	3	13	109	40	149	119	43	162	8%
岡山県	9		9	21	5	26	30	5	35	26%
東京府	12	6	8	33	8	41	45	14	59	14%
熊本県	5	2	7	92	74	166	97	76	173	4%
愛媛県	6		6	52	27	79	58	27	85	7%
佐賀県	5		5	47	28	75	52	28	80	6%
和歌山県	4	1	5	22	11	33	26	12	38	13%
大分県	1	2	3	205	149	354	206	151	357	1%
徳島県	3		3	89	19	108	92	19	111	3%
石川県	2	1	3	5		5	7	1	8	38%
千葉県	1	1	2	6		6	7	1	8	25%
滋賀県	1		1	11	1	12	12	1	13	8%
岐阜県	1		1	8	4	12	9	4	13	8%
福井県	1		1	8		8	9		9	11%
茨城県	1		1	2	2	4	3	2	5	20%
新潟県	1		1	3		3	4		4	25%
栃木県	1		1	2	1	3	3	1	4	25%
秋田県	1		1	2	1	3	3	1	4	25%
福島県	1		1				1		1	100%
広島県				101	57	158	101	57	158	0%
大阪府				106	37	143	106	37	143	0%
京都府				24	8	32	24	8	32	0%
香川県				18	4	22	18	4	22	0%
愛知県				15	1	16	15	1	16	0%
島根県				9	1	10	9	1	10	0%
三重県				6	2	8	6	2	8	0%
長野県				6	2	8	6	2	8	0%
奈良県				6	1	7	6	1	7	0%
神奈川県				6		6	6		6	0%
鳥取県				6		6	6		6	0%
高知県				6		6	6		6	0%
埼玉県				1		1	1		1	0%
群馬県				1		1	1		1	0%
山梨県				1		1	1		1	0%
宮城県				1		1	1		1	0%
岩手県				1		1	1		1	0%
富山県				1		1	1		1	0%
合計	151	66	217	2,457	1,474	3,931	2,608	1,540	4,148	5.23%
戸数		48			661			709		

出典「外務省記録」7-1-5-4「海外在留本邦人職業別人口調査一件」第二巻、1896年1月14日、仁川領事館事務代理萩原守一より外務次官原敬宛の公第4号の附属書。

注　出身者がない静岡県、宮崎県、沖縄県、北海道は省略した。ちなみに、1889年に47道府県が確定されたが、この統計には青森・山形県を除く45道府県が集計されている。華族人口は0名であり、省略した。

表1-18 1898年末における木浦居留民の出身地・族籍別人口

	士族			平民			計			士族の比率
	男	女	計	男	女	計	男	女	合計	
長崎県	31	19	50	129	79	208	160	98	258	19%
山口県	7	5	12	11	8	19	18	13	31	39%
大分県	8	3	11	140	88	228	148	91	239	5%
広島県	3	3	6	9	3	12	12	6	18	33%
福岡県	4	1	5	26	12	38	30	13	43	12%
佐賀県	4	1	5	28	10	38	32	11	43	12%
熊本県	1	3	4	45	24	69	46	27	73	5%
大阪府	3	1	4	1	1	2	4	2	6	67%
東京府	3		3	25	15	40	28	15	43	7%
島根県	2		2	10	6	16	12	6	18	11%
兵庫県	1	1	2	13	2	15	14	3	17	12%
鹿児島県	2		2	2		2	4		4	50%
愛媛県	1		1	8	1	9	9	1	10	10%
愛知県	1		1	4		4	5		5	20%
香川県	1		1	3		3	4		4	25%
滋賀県	1		1	1		1	2		2	50%
石川県	1		1	1		1	2		2	50%
鳥取県	1		1		0		1		1	100%
岡山県				35	13	48	35	13	48	0%
和歌山県				32	9	41	32	9	41	0%
徳島県				22	3	25	22	3	25	0%
茨城県				6	3	9	6	3	9	0%
高知県				6		6	6		6	0%
神奈川県				3	3	6	3	3	6	0%
富山県				5	1	6	5	1	6	0%
京都府				5		5	5		5	0%
福井県				2	1	3	2	1	3	0%
静岡県				1	2	3	1	2	3	0%
青森県				2		2	2		2	0%
宮崎県				1	1	2	1	1	2	0%
奈良県				2		2	2		2	0%
埼玉県				2		2	2		2	0%
岐阜県				1		1	1		1	0%
長野県				1		1	1		1	0%
福島県				1		1	1		1	0%
小計	75	37	112	583	285	868	658	322	980	11.4%
戸数の合計		37			205			242		

出典 「外務省記録」7-1-5-4「海外在留本邦人職業別人口調査一件」第三巻、1899年1月13日、木浦領事館一等領事久水三郎より外務次官都筑馨六宛の本省第11号の附属書。

注 出身者がない12道県(千葉県、山梨県、群馬県、栃木県、三重県、滋賀県、新潟県、宮城県、岩手県、山形県、秋田県、北海道)は省略した。原資料に台湾が記載されているが、沖縄県の項目はない。

なお、これらの統計からは男女人口の比率も確認できる。1895年の仁川では、女性100人に付き男性169人の人口構成であった。1898年の木浦の場合は、女性100人に付き男性204人の状態であった。このような男女人口の不均衡は、どの居留地にもみられる現象であったが、新しく開港した地域であればあるほど男性の比率が高かったと考えられる。

【表1-19】は、1890年代半ばの流入・流出人口を各港別に整理したものである。これによると、開港初期に釜山は渡航者の拠点となっていた。渡航者の中では、そのまま釜山に留まる者もいれば、他の開港場へ移動する者もいた。また、1894年に元山港へ渡航した日本人は、主に長崎、釜山、下関から来航していた（【表1-20】）。そのほか、ウラジヴォストークや神戸からの来港者もみられる。そして、1896年の京城の統計をみると、日本から直接京城へ移住した者（865人）に、仁川よりの移住者（348人）が次いだ[*86]。

これらの流入・流出人口の統計からは、日本→釜山・仁川→朝鮮の諸港又は内陸部のような移動経路が読み取れる。例えば、木浦の開港直後の統計をみると、日本からの直接渡航者より、朝鮮各港からの移住者が多かった（【表1-21】）。朝鮮の実情や他の地域に関する情報を得て、移動する居留民も少なくなかったとみられる。渡航後もさらなる新天地を目指す居留民の移動は続いていたのである[*87]。

第3項　「県閥」の形成

居留地は、「日本六十餘州の人間陳列所」と言われるほど、多様な出身者で構成されていた[*88]。これを受けて居留地では、「社交上の習慣より言語風俗等

[*86]「外務省記録」7-1-5-4「海外在留本邦人職業別人口調査一件」第二巻、1897年1月22日、京城領事館一等領事加藤増雄より外務次官小村寿太郎宛の公信第11号の附属書。

[*87] ところが、新しい開港地の設定に対して、既存の居留民は必ずしも協力的ではなかった。一例を挙げると、1895年に木浦の開港が知れ渡ると、釜山商業会議所は開港反対を主張する請願書を領事館に提出した。会頭の亀谷造次郎は、「今木浦ヲ開港セハ該地最寄即チ全羅忠清ノ米穀生産者ニ在テハ便利ナルヘキモ本邦商人ニ取リ為メニ利益アリヤ否ヤ」「木浦開港ノ暁ニハ当釜山唯タ慶尚道ニノミ頼ルノ外ナシ」と述べ、反対意見を表明していた。すなわち、商人は米穀貿易における釜山港の独占的な位置が揺らぐことを危惧していたのである。「外務省記録」3-1-1-15「韓国各地開港関係雑件」第三巻、1895年6月19日、釜山一等領事加藤増雄より外務次官原敬宛の公第78号の附属書。同資料、1895年6月21日、同上、公第80号の附属書など。

[*88]『朝鮮評論』第1巻第1号、1904年2月、12頁。

第1章　諸統計よりみる植民者社会の形成

表1-19　1893年における釜山の流出入人口

	公用	留学	商用	漁業	職工	雇	遊歴	其他諸用	計
日本より	5	1	268	3,350	425	457		215	4,721
朝鮮各地より	5		62		43	34		60	204
諸外国より			3						3
小計	10	1	333	3,350	468	491	0	275	4,928
日本へ	3		451	24	334	434		426	1,672
朝鮮各地へ			88	3,278	87	127		76	3,656
諸外国へ					6			1	7
小計	3		539	3,302	427	561	0	503	5,335

出典　「外務省記録」7-1-5-4「海外在留本邦人職業別人口調査一件」第二巻、1894年1月11日、釜山領事館領事室田義文より外務次官林董宛の公第5号の附属書。

表1-20　1894年における元山への来港者

	公用	留学	商用	漁業	職工	雇	遊歴	其他諸用	合計
長崎より	2		81	334	7	133		28	585
釜山より			65	129	14	56		16	280
馬関より			37		21	62		15	135
浦汐より			23		10	43		19	95
神戸より	11		44			13		4	76
京城より	10					1	5	3	19
仁川より	4		2		3	6			15
小計	27	0	252	463	59	314	5	85	1,205

出典　「外務省記録」7-1-5-4「海外在留本邦人職業別人口調査一件」第二巻、1895年1月19日、元山領事館三等領事上野専一より外務次官林董宛の公第3号の附属書。

表1-21　1897年・1898年における木浦への来航者

		公用	留学	商用	漁業	職工	雇	遊歴	其他諸用	合計
1897年 (11月～ 12月)	日本より	3							1	4
	韓国各港より	12		146	5	39	87		14	303
	その他外国より	1								1
	出生									
	小計	16	0	146	5	39	87	0	15	308
1898年 (7月～ 12月)	日本より	4		79	3	70	33		9	198
	韓国各港より	4	2	199	9	66	86		24	390
	その他外国より									
	出生				4		2		4	10
	小計	8	2	282	12	138	119	0	37	598

出典　「外務省記録」7-1-5-4「海外在留本邦人職業別人口調査一件」第三巻、1898年1月17日、木浦領事館一等領事久水三郎より外務次官小村寿太郎宛の本省第9号の附属書。同資料、1899年1月13日、木浦領事館一等領事久水三郎より外務次官都筑馨六宛の本省第11号の附属書。

に至り十人に接すれば十種の差違」があり*89、「人情、風俗は、千差万別一様ならず自ら混沌たるを免れ」ない状況であった*90。居留民社会の風習は多様であり、「各方面を異にせる種々なる人々の集合なれば気風同じからず慣習一定せずして調和を欠」くこともあった*91。このような居留民社会で出身地は重要な情報であり、「〇〇県某」のような門札をみかけるのも珍しくなかった*92。1912年の秋に朝鮮を視察した神職の高山昇は、このような門札をみて、「同郷相寄り同種族互に相憐むの情あるは自然の事」であるとの感想を述べている。

このような社会的背景から、居留地では早い時期から県人会が組織された。一例を挙げると、釜山では開港から10年も経たない時期に対馬大親睦会が組織された。次は、その設立を伝える1882年の記事である。

> 同港に居留の人民は凡そ二千餘人なるが其過半数は対馬人にして中には官員もあれば書生もあり貿易商もあれば仲買商もありて自然他の居留人とは違ひ同郷の兄弟多き故え随て事に物に団結の気象あるはじつに賞嘆すべき事なるが今般浅山某の発起にて対馬大親睦会なるもの(対馬同胞会とも聞けり)を開かれ貴賎貧富の別なく各一致協力の精神を以て将来の目的に付き大に計画する処あらん…*93。

かくして対馬人出身者が半数以上を占めていた釜山では、早い時期から県人会が作られ、同郷人の親睦が図られていたのである。一方、徳島県人が多数を占めていた鳥致院では、「毎月一回集合し旧情を温め親睦を図り相互扶掖を以て本会の目的」とする県人会が組織された*94。また、京城の熊本県人会では、「肥後流の大兎狩」が恒例として行われた*95。このように、県人会は九州・中国地方の県が中心であったが、関東人会・四国人会・福岡大分二県人会のよう

---

*89 同上。
*90 三輪規・松岡琢磨編『富之群山』群山新報社、1907年、70頁。
*91 田中市之助『大田発展誌』、1917年、158～159頁。
*92 『全国神職会会報』第170号、1912年12月、27頁、「朝鮮土産談(承前)」。
*93 『朝鮮新報』(釜山港商法会議所発行)、1882年3月15日、5面。
*94 酒井俊三郎『鳥致院発展誌』朝鮮新聞忠清総支社、1915年、30～31頁。
*95 『京城日報』、1915年11月22日、3面、「肥後流の大兎狩」。

に圏域別の組織もみられた*96。

　なお、県人会では県民同士の相互扶助や親睦が図られていたが、これはあくまで建前であり、時によっては地域の利害関係や利権争いに利用される場合もあった。居留民団や商業会議所の選挙時には、県人会を通じて選挙活動を行うのが常例であり、選挙期間になると県人会推選の候補者広告が新聞の広告欄を埋めていた。とりわけ、京城では「沢山の県人会があるから県人会が盛んに活用」された*97。

　商売においても県人会の人脈が活用される場合もあった。群山は対馬県人を中心に派閥が形成され、利害関係の決定も「対州閥」の地縁を通して行われていた。対馬出身の領事が着任すると、「対州人に非ざれば人に非ずの観があつて、官吏も商人も請負師も対州人の息が掛つたものでないと生色を帯びて居なかつた」という*98。かくして、県人会は当初の同郷人の親睦会という性格を超え、利権争いと係わっていたのである。

　こうした同郷会の活動を受けて、『朝鮮公論』には「在鮮邦人県閥観（論）」という記事が連載され、朝鮮における重要な派閥として長州閥と福岡閥が紹介された*99。このような地縁を重視する社会風潮に対しては、自省の声もあり、排他的な性質を持つ「島国的根性」「島人根性」から脱却せよという批判がなされることもあった*100。これは、多様な出身者で構成される居留民社会をどのようにまとめていくかという、社会統合に関する自発的な認識でもあった。

第4項　「韓国併合」前後における本籍地別人口

　【表1-22】は、1906年・1911年における朝鮮全体と京城の本籍地別の人口である。いずれも首位を誇るのは山口県であった。官吏を含め商人層においても山口県出身は有力な派閥であった。そのほか、九州・中国地方が多数を占めている中*101、東京・大阪の出身者の増加が目立っていたが、これは総督府の設置

＊96　杉山萬太『鎮海』鎮海印刷社、1912年、83頁。
＊97　『朝鮮新聞』、1917年5月21日、「京城における組合議員選挙」。
＊98　保高正記・村松祐之『群山開港史』、1925年、64頁。
＊99　県閥に関する連載は、『朝鮮公論』通巻第3号、1913年6月から始まっている。
＊100　前掲書、『群山開港史』、63頁。杉山萬太『鎮海』鎮海印刷社、1912年、82頁。
＊101　例えば、1916年の大田では、福岡506人、山口274人、広島274人、長崎221人、熊本180

表1-22 「韓国併合」前後における居留民の本籍地別人口（朝鮮全体・京城）

順位	1906年末の漢城 府県名	人口	1911年6月末の京城 府県名	人口	1906年末の韓国 府県名	人口	1911年末の朝鮮 府県名	人口
1	山口県	2,150	山口県	4,028	山口県	13,251	山口県	23,494
2	福岡県	1,459	福岡県	3,079	長崎県	8,542	福岡県	17,323
3	長崎県	1,391	東京府	2,918	福岡県	5,842	長崎県	16,974
4	大分県	1,310	長崎県	2,898	大分県	5,436	広島県	13,572
5	熊本県	1,011	大分県	2,394	広島県	4,176	熊本県	10,874
6	大阪府	791	熊本県	2,187	熊本県	4,164	大分県	10,554
7	東京府	780	広島県	2,148	大阪府	3,772	佐賀県	8,553
8	広島県	628	大阪府	1,872	佐賀県	2,540	岡山県	7,876
9	佐賀県	607	佐賀県	1,723	兵庫県	2,253	大阪府	6,958
10	兵庫県	459	鹿児島県	1,383	東京府	2,121	東京府	6,844
11	鹿児島県	447	兵庫県	1,289	愛媛県	2,101	愛媛県	6,751
12	愛知県	430	岡山県	1,246	岡山県	2,092	鹿児島県	5,953
13	岡山県	425	愛媛県	923	島根県	1,873	島根県	5,781
14	京都府	425	京都府	886	鹿児島県	1,739	兵庫県	5,576
15	愛媛県	346	愛知県	829	愛知県	1,369	香川県	4,293
	その他	4,455	その他	13,450	その他	16,641	その他	59,313
	計	17,114	計	43,253	計	77,912	計	210,689

出典　1906年末の漢城：統監官房『第一次統監府統計年報』、16～18頁。1911年6月末の京城：京城居留民団役所偏『京城発達史』、424～427頁。1906年末の韓国：統監官房文書課『第一次統監府統計年報』、1907年、18～20頁。1911年末の朝鮮：『朝鮮総督府統計年報』1911年度版。

や日韓貿易業の成長によるものであった。

　この統計は、文字通り本籍地を基準としている。注意を要するのは、朝鮮生まれの二世は父親の本籍地に従って分類されている点である。朝鮮生まれの二世を別途の項目にすると、人口で占める比率は無視できない。例えば、1911年の京城人口の4万3253人のうち、京城生まれの児童は2647人であり[*102]、全体人口の約6％を占めていた。これは、県別にならべると、長崎県出身者に匹敵する人口であった。

　全体的にみると本籍地別人口は、九州・中国・四国地方の西日本に偏在して

人、大分176人、岡山155人、滋賀143人、佐賀139人、大阪129人、愛媛127人、愛知115人、東京111人の順に多かった。田中市之助『大田発展誌』、1917年、10～11頁。

[*102] 前掲書、『京城発達史』、430～435頁。

いた*103。府県別の人口を相撲番付に例えたものにおいても、大関は山口・福岡、関脇は長崎・広島であり、小結は熊本・大分、前頭は佐賀・岡山・愛媛・鹿児島・東京・大阪などであった*104。西日本出身者が多いことは、居留民の言葉にも表れた。日本人の集団居住地では、九州・中国地方の方言、その中でも山口弁と長崎のバッテン語がよく聞こえた*105。居留地の風習も同様であった。例えば、仁川の居留地では正月・お盆・節句の儀式は山口・長崎風が多いという具合であった*106。

　このような「西高東低」、つまり西日本出身者が多い傾向は、地理的条件に加え、何らかの社会的要因があることを示している。この点に関し、木村健二は移民・植民活動を規定したのは、地方の有力者層であることを強調した。村落の没落危機に対し、人々の移動とその方向を決定づけた地方の「中間層」であると述べ、その役割に注目したのである*107。一方、満洲紳士録研究者の小峰和夫は、西日本の伝統社会のほうが、東日本のそれに比べて余剰労働力を滞留＝繋留させておく力が弱く、社会的移動が活発であったとみている*108。西日本と東日本とでは、立身出世志向にかなりの温度差がみられ、西日本の若者のほうがより積極的に郷里を離れて自律する傾向が強かったという議論である*109。

---

*103　鳥致院では徳島県出身者が最も多かった。酒井俊三郎『鳥致院発展誌』朝鮮新聞忠清総支社、1915年、5～7頁。
*104　『朝鮮公論』通巻第41号、1916年8月、118頁、「大正四年末現在在朝鮮内地人府県別番付（朝鮮総督府統計掛調査）」。
*105　「バッテン語は長崎弁の表徴なり。朝鮮各地に於て、鹿児島語、若しくは秋田語を解し得ざるものあらんも、バッテン語は平気に通用せられつつあり。由来長崎県人は到る処に団隊を作るを例とし、自然の勢力を扶殖す。長崎弁の四囲を同化し行くも亦怪しむ可きにあらず」。「朝鮮に於ける各府県人分布観（二）」『朝鮮及満州』1917年6月号、66頁。「…京城に於ける学校の児童の言葉遣でも判る。九州人が多数を占めて居る京城では仮令純粋の江戸っ子でも多数の九州人の言葉に感染して九州言葉を遣ふやうになって終ふのである」『朝鮮及満州』第147号、1919年9月号、38頁、「総督政治を如何に改善すべきか」。
*106　「仁川の風俗は多く関西風であるが、中に山口長崎風は其の居留民の多き丈それ丈け、仁川を風靡しつつあるようだ。若し仁川より山口長崎風と、大阪風とを除くならば、残るは一分の東京風と、広島風と、大分風と位である。ソレ故始めて仁川を見る人は、其如何に山口長崎人の多きかに驚くとともに、山口長崎語の如何に居留地に流行するかに驚くだろふ。而して盆、正月、節句等の儀式張りたる場合に於て、山口長崎の風俗が、殊に著しく目立つのに驚くだろふ。」小川雄三編『仁川繁昌記』朝鮮新報社、1903年、151頁。
*107　木村健二「近代日本の移民・植民活動と中間層」（『歴史学研究』613号、1990年11月）。
*108　小峰和夫『満洲紳士録の研究』吉川弘文館、2010年、32～36頁。
*109　同上、297頁。

これらの議論は一定の説得力を有するが、木村が論じているように、これを検証するには都市から郡・町村レベルにまで降りて移動の契機を探る必要があり、さらなる検討を要する*110。

第5項　1925年の本籍地別統計

【表1-23】は、1925年の朝鮮全体の本籍別人口である。圏域別にみると、九州・中国・中部・近畿・四国・関東・東北地方の順に多かった。西日本からの移住者が多いのは、以前と同様であった。2万人を超える地域を並べると、山口県（4万0073人）、福岡県（3万1199人）、広島県（2万5760人）、長崎県（2万5306人）、熊本県（2万1895人）であった。1万人を超える地域は、大分県、佐賀県、岡山県、鹿児島県、愛媛県、東京府、愛知県、香川県、島根県であった。関東地域では東京府が唯一であった。

なお、1910年から15年間の増加率をみると、宮崎県、山形県、岩手県、青森県、宮木県、山梨県の増加率が400％を超えている。全体人口における比率は依然として低いものの、東北地方の出身者が明確に増加していた。移住者の出身地は、九州・中国地方中心から全国的に広がっていた。

第6項　在朝日本人の学歴

ここでは紳士録を通じて、在朝日本人の学歴について確認してみよう。紳士録とは、著名人の履歴を記載した書物であり、出身地・生年月日・学歴・居住地をはじめ、場合によっては家族情報や趣味などの個人情報が記された本である。朝鮮でも同様に有力人物の履歴をまとめた紳士録が刊行されており、日本でも朝鮮で成功を収めた人物の履歴を紹介するものが刊行された。ただ、資料の性格上、すべての階層をカバーしているわけではなく、一部の有力者の履歴が確認できるという限界がある。

開港期の渡航者については、1908年刊行の『在韓成功之九州人』が参考になる*111。ここに掲載された19人のうち4人は中学校・師範学校・法律学校卒業者であるものの、その他の大多数は正規の学校教育を受けていない人物であっ

---

*110　木村健二「近代日本の移植民研究における諸論点」（『歴史評論』第513号、1993年1月）、13頁。
*111　高橋刀川『在韓成功之九州人』虎典号書店、1908年。

表1-23　1925年における本籍地別の日本人人口

地域		人口 戸数		人口			増加率	1910年
		住居	世帯	男	女	計 (B)	(B/A)	(A)
九州地方	大分県	4,773	5,110	9,734	9,119	18,853	203%	9,300
	福岡県	7,767	8,291	16,137	15,062	31,199	231%	13,510
	佐賀県	4,241	4,528	8,713	8,439	17,152	287%	5,983
	長崎県	6,079	6,588	12,965	12,341	25,306	180%	14,087
	熊本県	5,318	5,759	11,223	10,672	21,895	264%	8,283
	宮崎県	1,218	1,325	2,417	2,121	4,538	569%	797
	鹿児島県	3,769	4,101	7,563	6,556	14,119	293%	4,826
	計	33,165	35,702	68,752	64,310	133,062	234%	56,786
中国地方	鳥取県	1,074	1,174	2,273	2,049	4,322	242%	1,786
	島根県	2,667	2,849	5,539	5,174	10,713	223%	4,795
	岡山県	4,142	4,438	8,566	7,931	16,497	265%	6,231
	広島県	6,170	6,689	13,394	12,366	25,760	238%	10,838
	山口県	9,429	10,141	20,609	19,464	40,073	191%	20,990
	計	23,482	25,291	50,381	46,984	97,365	218%	44,640
中部地方	新潟県	1,537	1,643	3,260	2,906	6,166	372%	1,656
	富山県	1,059	1,155	2,298	2,038	4,336	316%	1,374
	石川県	1,438	1,540	3,053	2,777	5,830	304%	1,917
	福井県	1,498	1,650	3,248	2,932	6,180	294%	2,105
	山梨県	861	930	1,646	1,529	3,175	424%	749
	長野県	1,587	1,739	3,250	2,756	6,006	390%	1,541
	岐阜県	1,487	1,589	3,188	2,800	5,988	310%	1,933
	静岡県	1,514	1,615	3,083	2,753	5,836	272%	2,142
	愛知県	2,673	2,888	5,733	5,183	10,916	350%	3,118
	計	13,654	14,749	28,759	25,674	54,433	329%	16,535
近畿地方	三重県	1,558	1,670	3,355	2,952	6,307	256%	2,468
	滋賀県	1,255	1,345	2,713	2,363	5,076	222%	2,287
	京都府	1,557	1,648	3,212	2,910	6,122	215%	2,847
	大阪府	2,449	2,585	5,075	4,790	9,865	155%	6,364
	兵庫県	2,437	2,609	4,857	4,774	9,631	198%	4,856
	奈良県	866	927	1,829	1,585	3,414	260%	1,315
	和歌山県	1,373	1,502	2,861	2,589	5,450	267%	2,043
	計	11,495	12,286	23,902	21,963	45,865	207%	22,180
四国地方	徳島県	1,566	1,690	3,369	3,204	6,573	230%	2,863
	香川県	2,594	2,826	5,585	5,153	10,738	314%	3,421
	愛媛県	2,894	3,085	6,299	5,868	12,167	239%	5,081
	高知県	1,781	1,876	3,731	3,479	7,210	432%	1,670
	計	8,835	9,477	18,984	17,704	36,688	281%	13,035
関東地方	茨城県	1,192	1,287	2,416	2,091	4,507	384%	1,173
	栃木県	733	787	1,431	1,248	2,679	343%	781

	群馬県	683	753	1,512	1,284	2,796	325%	860
	埼玉県	670	724	1,447	1,234	2,681	310%	864
	千葉県	1,034	1,106	2,123	1,824	3,947	313%	1,263
	東京府	2,930	3,105	6,084	5,533	11,617	204%	5,690
	神奈川県	857	911	1,708	1,602	3,310	220%	1,503
	計	8,099	8,673	16,721	14,816	31,537	260%	12,134
東北地方	青森県	527	570	1,049	959	2,008	483%	416
	岩手県	632	687	1,262	1,121	2,383	489%	487
	秋田県	719	776	1,506	1,321	2,827	447%	633
	山形県	1,002	1,080	2,099	1,852	3,951	504%	784
	宮城県	1,545	1,677	3,217	2,901	6,118	462%	1,325
	福島県	1,404	1,505	2,979	2,565	5,544	342%	1,620
	計	5,829	6,295	12,112	10,719	22,831	434%	5,265
その他	北海道	670	716	1,433	1,315	2,748	301%	914
	沖縄県	60	65	119	92	211	391%	54
合計		105,289	113,254	221,163	203,577	424,740	248%	171,543

出典　『朝鮮総督府統計年報』1910年度版・92～94頁、1925年度版・44～47頁。

た。例えば、「商家に養育せられたる」「叔父上野林吉に教養せらるること前後二年」「教育を愛くること能はざりしのみならず……僅にいろは及び村名位を覚えたるに過ぎざりき……伯父に請ひて毎夜二時間づつ書を読み字を習ひたるに……普通の書信を解し又算盤をも知に至れる」という具合であった[*112]。家庭内で読み書きや算盤を教わるなど、商人として最低限の素養を身につけた人物が多数を占めた。

「韓国併合」後の状況については、1917年刊行の『在朝鮮内地人紳士名鑑』から確認できる。この資料には、軍人を含む約1500名の有力人物の情報が収められている。【表1-24】は、官公吏（総督府官吏、教員）と軍人を除く、民間の有力人物の学歴を一部整理したものである。一般的に、地域において民間の有力人物とは、商業会議所議員、学校組合管理者及び議員、金融・水利組合の理事などであった。彼らの中で、依然として正規の教育を受けていない人物もみられるものの（不詳の人物はほとんどこれに該当すると考えられる）、高等・専門教育を受けた人物も明確に増えていた。これは、居留民団の民長や議員の学歴にもみられる傾向であり（【表2-8】、158頁）、日本における高等教育の普及

[*112] 同上、24・56・79頁。

表1-24 民間の有力人物の学歴

氏名	肩書	出身地、渡航時期、学歴
伊東祐一	忠清南道論山学校組合管理者	1876年生まれ。東京府。1904年日本大学専門部卒業。1907年東京税務監督局から在勤のまま韓国政府に招聘される。
井田魯一	忠清南道礼山地方金融組合理事	1882年生まれ。福岡県。1903年福岡県立豊津中学校卒業、1907年東京東洋協会専門学校卒業。同年韓国政府に招聘される。
稲田勝彦	仁川府協議会員、仁川商業会議所評議員、仁川学校組合議員	1861年生まれ。長崎県。1894年朝鮮に渡る。学歴は不詳。
池田長兵衛	京城学校組合議員、京城商業会議所評議員	1869年生まれ。大阪市。1902年朝鮮に渡る。学歴は不詳。
出口武利	忠清南道礼山学校組合管理者	1867年生まれ。福岡県。元小学校訓導・校長。1904年朝鮮に渡る。
馬場五郎	済州地方金融組合理事	1885年生まれ。埼玉県。1908年東洋協会植民専門学校卒業。1909年全羅南道求礼に渡る。
春岡政人	咸鏡北道明川郡花台地方金融組合理事	1892年生まれ。大分県。1914年に長崎高等商業学校卒業、同年朝鮮に渡る。
花岡鶴松	群山商業会議所評議員 群山学校組合議員	1873年生まれ。山口県。1886年に釜山に渡る。元山・仁川を経て、1903年に群山に移住。学歴は不詳。
林駿介	忠清南道瑞山郡泰安地方金融組合理事	1868年生まれ。東京府。東京外国語学校仏語学部、東京大学予備門第一高等学校仏法科卒業。1895年通信局通信書記。1908年に韓国政府度支部財務主事。
林文助	群山学校組合議員	1885年生まれ。山口県。1904年東京私立麻布中学校卒業。1909年朝鮮に渡る。全州小学校教員。
林亀助	忠清南道江景学校組合議員 江景衛生組合議員	1882年生まれ。山口県。1893年釜山に渡る。1903年江景に移住。学歴は不詳。
林田精一	全羅北道益山郡裡里地方金融組合理事	1888年生まれ。長崎県。1911年東京高等商業学校卒業後、朝鮮に渡る。東洋拓殖に勤務。
長谷川清次	咸鏡南道西湖津学校組合管理者	1878年生まれ。大阪府。大阪商船を退社後、1913年に朝鮮に渡る。学歴は不詳。
丹羽清次郎	朝鮮基督教青年会総務	1865年生まれ。京都府。1890年同志社卒業。1910年朝鮮に渡る。
西守	江原道通川郡邑内面学校組合管理者	1875年生まれ。和歌山県。1905年明治大学法律科卒業。1911年郡書記として朝鮮に渡る。
穂坂秀一	黄海道黄州学校組合管理者	1875年生まれ。福岡県。英和学校卒業。1905年朝鮮に渡る。農業。

出典 朝鮮公論社編『在朝鮮内地人紳士名鑑』、1917年、2・9・28・36・41・49・50・53・57・58・60・66・68・71・78頁。

注 「い」から「ほ」までの人物である。

第4節　在朝日本人社会の職業構成

第1項　開港期・形成期における職業構成

【表1-25】は、仁川開港時の渡航者の履歴である。出身地は長崎県10人と山口県5人などの構成であり、渡航時の平均年齢は28.6歳であった[*113]。開港初期の職業をみると、雑貨商や回漕業が半数以上を占めていた。平均的な人物像を描いてみると、雑貨商・廻漕業を営む20代後半の長崎県出身の男性であった。その後、1892年頃の仁川の職業構成をみると、雑貨商、貿易商、荷受問屋、回漕業が大半を占めていた[*114]。同時期、1886年の釜山の業種別人口をみると、異なる職業統計も得られる。商用の項目に当てはまる業種が最も多く、その次が職工・諸用・雇奴婢・公用・漁業の順であった[*115]。その他、少数でありながら、留学・農業・布教の項目もみられる。

他方、内陸部の状況をみると、1888年頃の京城では大工・左官が最も多く、その次が雑貨商、飲食店、仲買人、洋反物商、質屋、菓子商であった[*116]。とりわけ建築労働者、朝鮮人向けの商売を営む商人が多かった。建築労働者の数からは、家屋・商店の新築が盛んであったことがわかる。1899年頃の平壌では貿易商・雑貨商・菓子商・売薬商の商人が多く、そのほとんどは露店を営む商人であった[*117]。開城でも商人が大半を占めており、朝鮮人参の取引を兼ねる場合も多かった。要するに、内陸部では建築労働者、朝鮮人向けの雑貨商、米・豆・牛皮・高麗人参を取引する貿易商が主要な職業群であった[*118]。朝鮮人社会

[*113] 自由意思による渡航とは考えられない8歳・13歳の人物は除外した。
[*114] 青山好惠『仁川事情』朝鮮新報社、1892年、15～16頁。
[*115] 詳細は、商用（男453、女372）、職工（男288、女222）、諸用（男95、女151）、雇奴婢（男131、女83）、公用（男50、女45）、漁業（男45、女28）、留学（男5）、農業（男4）、布教（男3）、在檻中（男1）、合計（男1075名、女901名）であった。「外務省記録」7-1-5-4「海外在留本邦人職業別人口調査一件」第一巻、1887年3月11日、釜山領事室田義文より外務次官青木周蔵宛の公第40号の附属書。
[*116] 前掲書、『京城発達史』、38～39頁。
[*117] 19世紀末の開城と平壌の状況に関しては、信夫淳平『韓半島』東京堂書店、1901年、169・199～200頁。
[*118] こうした朝鮮人との取引では、朝鮮人を瞞着する例も少なくなかった。「新市街当初の日本住民

表1-25 仁川開港時の渡航者の履歴（開港から1908年まで）

氏名	①出身地　②職業　③生年（渡航時の年齢） ④1908年頃の居住地　⑤履歴
堀力太郎	①長崎県長崎市江戸町　②雑貨商→回漕業→金銭貸業　③明治3年（13歳） ④寺町2丁目　⑤1878年父と釜山に渡航し西洋雑貨商を経営。仁川に移ってからは船舶を購入し、漢江航路を開く。韓国内枢要の航路権を掌握。日露戦役時に所有の船舶が次々と撃沈し、損害を蒙る。近頃は荒蕪地の購入、金貸業に従事。
郡金三郎	①長崎県下県郡大手橋町　②回漕業　③弘化4年（36歳） ④港町一丁目　⑤1880年釜山に渡航。1883年に鬱陵島の探検船である鎮西丸を仁川航海に試す。渡航後は、回漕業を営む。日清戦争時には釜山まで避難船を運航する。功労が認められ、1904年に居留民役所より感謝状を授与される。
田中良助	①山口県熊毛郡伊保庄村　②雑貨商・荷受業→酒商　③嘉永元年（35歳） ④本町2丁目　⑤1868年に九州と韓国の間を航海する。仁川では雑貨商・荷受業を営む。数隻の船舶を購入し、朝鮮沿岸・日本航路を開始する。その後、委託販売酒類卸売を営む。公共事務における功労が認められ、1903年に居留民役所より金盃を授与される。
樋口平吾	①佐賀県杵嶋郡小田志村　②雑貨商　③嘉永5年（31歳） ④本町一丁目　⑤1883年渡航してから陶器・雑貨店を営む。日清戦争時に商業会議所議員として軍需品輸送委員となり、日韓人夫千人を指揮。功労が認められ、1907年に居留民より金盃を授与される。
土肥福三郎	①長崎県壱岐郡香椎村　②米穀商・貿易商　③嘉永6年（30歳） ④濱町2丁目　⑤開港時に渡来して、米穀商を営む。
慶田利吉	①鹿児島県薩摩郡平佐村　②貿易商→回漕業　③嘉永4年（32歳） ④本町1丁目　⑤単独で渡来して貿易商を営む。京城公便館・守備隊の用達を務め、大阪商船会社代理店を委嘱される。日露戦争時に材料を運送する。
久野勝平	①長崎県長崎市豊後町　②雑貨商→貿易商　③嘉永3年（33歳） ④本町2丁目　⑤釜山での雑貨商経営を経て、仁川に渡航。商業会議所議員。
田中佐七郎	①鹿児島県薩摩郡平佐村　②回漕業→貿易商　③文久元年（22歳） ④港町　⑤釜山を経て仁川に渡航。帆船を購入し、韓国沿岸航路を試みる。居留民会・商業会議所議員。
高杉昇	①山口県熊毛郡室津村　②雑貨商→米商→貿易商・回漕業　③文久3年（20歳） ④港町　⑤雑貨商から米商に転業し利益を得る。1901年に貿易商・回漕業を開始。群山地方に土地家屋を購入し同地の開発に務める。
福岡利吉	①山口県大津郡西深川村　②料理屋経営　③嘉永元年（35歳） ④仲町2丁目　⑤領事館建築時に大工として仁川に渡る。料理屋を経営し、資産家となる。仁川消防組設立に関わる。
力武平八	①佐賀県西松浦郡東山代村　②米穀商・精米業　③万延元年（23歳）④港町1丁目 ⑤釜山・仁川で米穀商を営む。資産家。
林長太郎	①長崎県長崎市今鍛冶町　②貿易商　③明治3年（13歳） ④港町1丁目　⑤穀物の輸出、金巾紡績の輸入を営む。
平山末吉	①長崎県西彼杵郡山里村　②牛肉商→米穀商　③天保14年（40歳） ④本町1丁目　⑤渡航初期は、牛肉商を営む。両戦時に日本軍用達を務めて、成功を収める。その後、米穀商に転ずる。

太田吉太郎	①長崎県長崎市小曽根町　②洗濯業→金銭貸業　③安政5年（25歳）④仲町1丁目　⑤渡航初期は、洗濯業を営む。土地を買収し資産家となる。	
中野谷秀雄	①広島県佐伯郡深江村　②材木商　③明治8年（8歳）④本町3丁目　⑤叔父の材木商で働く。	
水津イヨ	①山口県吉敷郡山口町　②料理屋経営→旅館業　③元治元年（19歳）④仲町1丁目　⑤渡航初期は料理店を経営。その後、旅館を経営。	
広池亭四郎	①大分県下毛郡山口村　②回漕業　③安政元年（29歳）④仲町1丁目　⑤開港時に大和組を組織して自ら組長となる。団平舩数十隻を所有し、艀の荷役労働者の請負業（大和組回漕部）を営む。	
高野周三郎	①長崎県大字田郷　②雑業→精米業　③慶応2年（17歳）④仲町　⑤雑業を経て、精米業を開始し、富を蓄積する。	
浦崎善助	①長崎県下県郡府田淵町　②回漕業　③文久3年（20歳）④支那町　⑤渡航後、回漕業を営む。	
田中富之助	①山口県熊毛郡伊保庄村　②船具商　③嘉永6年（30歳）④本町3丁目　⑤渡航後、船具商を開く。	
原田金太郎	①長崎県長崎市外浦町　②旅宿業　③弘化2年（38歳）④仲町　⑤渡航後、旅宿を開く。	

出典　仁川開港二十五年記念会編『仁川開港二十五年史』、1908年、63～70頁。仁川府『仁川府史』、279～281頁。郡金三郎・樋口平吾の経歴は、高橋刀川『在韓成功之九州人』虎與号書店、1908年、101～108頁・136～142頁。
注　並び方は渡航順である。

との接触が多い雑居地という環境が、職業構成に影響を及ぼしていたいえよう。

【表1-26】は、1894・1895年における京城の営業種別人口である。京城領事の内田定槌は、日清戦争の影響で人口が著しく増加した点を挙げ、調査結果を報告していた。営業種別の人口は、1年間に251名から808名に増加しており、短期間で3倍に急増していた。その中でも、大工、商人（雑貨商・朝市・行商）、酌婦の増加が目立つ。また、酌婦・人力車挽業・芸妓・氷水・酒醤油味噌酢商は、1895年に新しく集計された業種であった。これは戦争後における人口の流入と社会的需要による職業の多様化とみることができよう。

他方、1896年の仁川の職業構成をみると、主な業種は日雇い、雑貨商、大工、船乗り、芸妓・酌婦であった（【表1-27】）。仁川港は潮位干満の差が大きく、外港に碇泊している船舶から艀船で貨物を運搬する必要があったため、日雇いの多くは貨物を運搬する港湾労働者であったとみられる。また、1898年の木

は、悉く韓国人民の良友として、尊敬す可き資格ある者のみと云ふ事を得ず。初めは平壌の土着民を瞞着するを専らとし、秋毫も犯さざりし日本軍隊の寄生虫たるもの亦少からざりき」。前掲書、『平壌発展史』、51頁。

第1章　諸統計よりみる植民者社会の形成

表1-26　1894年・1895年における京城居留民の営業種別人口

種目	1894年12月	1895年12月	増減
指物大工	8	123	115
雑貨商	61	120	59
朝市	43	98	55
行商	16	81	65
飲食店	18	50	32
酌婦		47	47
質屋	8	24	16
菓子商	8	23	15
左官屋根職	3	17	14
理髪職	8	16	8
薬種売薬請売商	7	15	8
洋反物商	18	12	-6
金具鉄葉細工鍛冶職	6	12	6
人力車挽業		12	12
豆腐商	4	11	7
料理屋	6	10	4
芸妓		10	10
氷水		9	9
裁縫洗濯晒業	6	9	3
旅宿	3	8	5
仲買商	2	7	5
湯屋	2	7	5
牧畜牛肉牛乳商	2	7	5
木挽		7	7
運搬業問屋	1	6	5
時計師	3	5	2
土方鳶業		5	5
酒醤油味噌酢商		5	5
日雇稼		5	5

出典　外務省記録3-8-6-9「朝鮮国内地ニ於テ本邦人営業雑件」、1896年2月4日、京城一等領事内田定槌より外務次官原敬宛の公信第24号、「韓国京城在留本邦人営業者表在京城内田領事ヨリ報告之件」。
注　1895年末を基準に整列し、5人未満の業種は省略した。

浦の本業者数は、被雇、大工、日雇い、雑貨商の順に多く、その次が石工、仲買、貿易であった[119]。開港後に1年経過した時点であったが、菓子職人、酒小売、女髪結の業種も確認される。開港場の居留地では、建築労働者、日雇い労働者、雑貨商、貿易商が主な職業群であったが、職業構成には微妙な地域性もみられ

[119] 詳細は、被雇146人、大工94人、日雇72人、雑貨38人、石工21人、仲買20人、貿易17人、菓子16人、魚師13人、酒小売12人、左官9人、農業8人、穀物6人、料理6人、女髪結6人、土木請負6人などであった。「外務省記録」7-1-5-4「海外在留本邦人職業別人口調査一件」第三巻、1899年1月13日、木浦領事館一等領事久水三郎より外務次官都筑馨六宛の本省第11号の附属書。

表1-27　1896年における仁川居留民の職業構成

業種	営業者数	業種	営業者数	業種	営業者数
日雇い	235	料理店	21	旅人宿	9
雑貨	162	芸妓	21	木挽	9
被雇人	148	理髪	20	公吏	8
船乗	142	貿易商	18	豆腐	8
大工	103	鍛冶	15	医師	8
農業	37	会社員	14	魚商	8
酒小売	30	菓子製造	13	煙草小売	8
料理人	30	左官	13	雑業	8
飲食店	29	裁縫職	12	質屋	7
氷小売	27	石工	10	紙商	7
仲買	26	西洋洗濯	9	鉄工業	7
酌婦	22	菓子小売	9	その他	214
				合計	1,467

出典　「外務省記録」7-1-5-4「海外在留本邦人職業別人口調査一件」第二巻、仁川領事館事務代理萩原守一より外務次官小村寿太郎宛の公第158号の附属書。

注　この他、教員6、鼈甲細工6、湯屋6、桶職6、外国人被雇人6、売薬商6、賃仕事6、突場4、新聞記者4、銀行3、僧侶3、産婆3、神官2、醬油製造2、酒醸造2、牛乳2、艀船1、精米1であった。

た。

　その後、1902年頃の京城の職業構成をみると、81種の職業が確認される[120]。大工が最も多く（123人）、雑貨商（99人）、酌婦（65人）、芸妓（52人）、質屋[121]（45人）、朝市[122]（42人）、遊技業（35人）、飲食店（28人）、行商（23人）、貸人力車業（21人）が主な業種であった。この他、豆腐商4人、味噌製造業3

---

[120] 前掲書、『京城発達史』、111頁。

[121] 日本人質屋の多くは、韓国人相手の質屋であった。「本邦商人か清国商人に比して特に優勢なりと認めらるる商業は茲に一つあり。典当業なるもの是れなり。城内市中、殊に泥峴付近に至れば、謂ゆる典当局なる看板は屋に沿ひ軒に連なりて五月蠅き程目に附くべし。是れ即ち質屋なり。本邦人にして典当業を営む者は目下京城に四十戸内外あるなり。而して其顧客は孰れも韓人なりとす。勿論時ありてか本邦人と雖も、行ひて物品を典する者あらさるなきも、此の如きは殆ど罕に見る所にして、且つ本邦人を対手とする典当局は、概して典当局の看板を懸けさる謂ゆる金貸業者なり。蓋し本邦人にして公然典当局に質入せさるは、一は狭き土地とて幾分か外面を愧つるものあると、一は本邦人の質物か流るるか如き場合には、我が内地と異なり其売捌方の範囲狭きか故に、典当局も亦之れを質に取るを好まさるに由るならんか。抑も朝鮮に於ける金利は頗る高く、殊に京城の金利は其高きこと驚くべきものあり」信夫淳平『韓半島』東京堂書店、1901年、48〜49頁。

[122] ソウルで官設の六矣廛を除くと、朝市が唯一の市場であった。朝市は、毎朝南大門や東大門内で開かれる簡易の市場であり、城内の工芸品と城外の農産物が交換される場であった。同上、54〜55頁。

人、畳屋2人の存在からは、朝鮮で生活必需品の製造が始まっていたことがわかる。同じ時期に、仁川においても味噌製造が始まっていた。低廉な朝鮮産の大豆を使用した味噌は日本産より売れ筋がよかったという[*123]。このように、日本からの輸入に頼らず、居留地で味噌・醤油を生産するようになった点は注目に値する。京城人口約3000人、仁川人口約5000人の時期に、日常生活を支える食料品の自給が始まっていたのである。

第2項　日露戦争期における職業構成

　日露戦争が始まった1904年に、各地域の職業構成を確認しよう。1904年6月末の京城では、商人、建築労働者、日雇い労働者が主な職業群であった（【表1-28】）[*124]。また、政治・経済の都という性格から、官吏、会社員、医師などのインテリ層も多数暮らしていた。そのほか、料理店・飲食店、質屋、芸妓・酌婦もみられる中で、無職の人口も注目される。開城では、質屋（138人）、飲食店（37人）、旅人宿（12人）、雑貨商（12人）の順に多かった。雑居地の開城では、韓国人向けの質屋が繁昌していたとみられる。龍山では韓国政府雇員や商人が多く、永登浦では労働者・会社員が多かった。他方、1904年8月の大邱では（【表1-29】）、鉄道工夫が最も多かった。京釜鉄道の敷設に伴い、鉄道工事関連の労働者が流入しており、仲居や旅人宿など宿泊関連の職業が増えていた。人口増加による社会的需要に伴い、菓子屋と料理屋も増えていた。

　上記の統計から読み取れるように、日露戦争期になると料理屋・飲食店経営をはじめ芸妓・酌婦人口が目立つようになっていた。男女不均衡の居留地において、これらの売春業は付き物であった。1900年の仁川領事伊集院彦吉の報告書には、「醜業ヲ目的トセル密航婦」という表現がみられ[*125]、芸妓・酌婦の密航が横行していた様子がうかがわれる。「移民保護法」の制定によって渡航が厳しくなったため、密航による渡航が増えていたのであろう。この状況に対

[*123] 桑原秀雄『併合後の仁川』朝鮮新聞社、1911年、35～36頁。
[*124] 以下、地域における職業調査は、「外務省記録」1-6-1-17「韓国各港駐在帝国領事館管轄内情況取調一件」所収の各領事館の報告による。
[*125] 「外務省記録」3-8-2-115「清韓両国渡航取扱方ニ関スル訓令並伺雑件」、1900年1月10日、仁川領事伊集院彦吉より外務大臣青木周蔵宛の公第5号、「韓国渡航者手続ニ関スル苦情ノ件」による。

表1-28　1904年6月末における京城居留民の職業

職業	戸数	男	女	合計	職業	戸数	男	女	合計
官吏（軍人・軍属を除く）	51	108	91	199	質屋	28	48	53	101
教育家	7	12	9	21	金貸業	12	27	23	50
銀行会社員	55	120	76	196	旅人宿及下宿屋	12	28	29	57
新聞社員	13	33	16	49	料理店及飲食店	46	112	153	265
宗教家	6	11	9	20	米穀商	6	20	16	36
医師	6	25	12	37	酒商	8	36	16	52
土木請負業	30	80	68	148	湯屋	7	15	18	33
大工・左官・石工・木挽・土方	131	335	177	512	其他諸商業	152	368	268	636
理髪業	16	34	24	58	農業	3	8	11	19
其他の労働者	92	212	124	336	其他雑業	94	167	113	280
雑貨商	67	215	145	360	芸妓			69	69
呉服商	7	22	10	32	酌婦			75	75
菓子商	43	102	67	169	無職業	83	159	158	317
時計商	10	32	17	49	合計	994	2,361	1,868	4,229
写真業	9	32	21	53					

出典　「外務省記録」1-6-1-17-1「韓国各港駐在帝国領事館管轄内情況取調一件／京城、釜山、馬山」、1904年11月12日、京城領事三増久米吉より外務大臣小村寿太郎宛の公信第184号、「管内情況調査報告」。

表1-29　1904年8月における大邱居留民の職業

種別	総数	種別	総数	種別	総数
鉄道工夫	120	芸妓	25	理髪職	7
会社員	52	料理屋	19	官吏	5
仲居	51	大工職	19	売薬商	5
雑貨商	38	菓子職	16	裁縫業	5
菓子商	27	料理職	15	医士	5
旅人宿	26	土木請負	10	その他	52
煉瓦職	26	和洋酒販売業	9	合計	532

出典　「外務省記録」3-8-2-201、「居留民団法並同施行規則制定資料雑纂」、1904年10月18日、釜山領事有吉明より外務大臣小村寿太郎宛機密第43号、「専管居留地及居留民団法案ニ関スル調査事項」。

し、伊集院は「所謂醜業ヲ海外ニ営ミ為ニ国家ノ体面ヲ汚スノ嫌アル」と述べ、密航者に対する取締りの強化を上申していた。同様に釜山でも芸妓・酌婦の人口が明らかに増加していた。この問題に対し、「女子及老幼者を除き三千内外の男子にして四百人の徒食婦女を養ふ其銭遣ひの度想見すべきに非ずや」との

批判の声が上がっていた*126。

　なお、以上の領事館の統計はその基準が統一されておらず、統計を一律に分析することは難しい。ただ、まとめとして、商人や労働者が多数を占める点、雑貨商・建築労働者・料理店経営が代表的な職業である点、芸妓・酌婦の急増、職業構成にみられる地域性が特徴として挙げられよう。

第3項　統監府期の職業別人口

　【表1-25】（95頁）からは、初期の仁川渡航者の履歴を含め、1908年までの転業状況がうかがわれる。居留地の状況に応じ、他の業種へ転じた居留民が少なくなかった様子が読み取れる。開港初期には雑貨商・回漕業が多かったが、徐々に貿易商・米穀商・金銭貸業への転業が行われていた。米穀集散地であり貿易港であった仁川の状況に合わせ、米穀の輸出、織物の輸入、朝鮮人向けの質屋経営にビジネス・チャンスを見出したのであろう。

　他方、1907年の群山の本業者数をみると、雑貨商119人、仲仕業*127 66人、大工65人、農業55人、官公吏50人、雑業35人、酌婦34人の順であった*128。まず、他地域に見えない農業人口が目を引くが、これには背後に穀倉地帯が位置する群山の地域性があった。この他、湯屋3人・畳職3人・写真師2人・産婆2人などの職業があり、開港から短期間で小日本が形成されていた様子がうかがわれる。

　【表1-30】は、1908年末の日本人集団居住地の職業人口である。職業構成に地域性はみられるものの、大まかにいえば、商人、職人、労働者、官吏、芸妓・酌婦が主な職業群であった。開港期・形成期に比べると、官吏の増加が目立つが、彼らの多くは韓国政府雇い、統監府・理事館官吏であった。官吏数は6291人であり、高等官は466人、判任官は1614人であった*129。一方、農業・漁業の一次産業の比率は依然として低かった。

　なお、注目に値するのは、4238人に及ぶ芸妓・酌婦の人口である。芸妓・

---

*126 『朝鮮評論』第1巻第1号、1904年2月、11頁、「嗚呼釜山」。
*127 船から陸への荷揚げ荷下ろし、また陸から船への積み込みを行う港湾労働者である。
*128 1907年6月の本業者数である。三輪規・松岡琢磨編『富之群山』群山新報社、1907年、52〜58頁。
*129 統監府『第二次韓国施政年報　明治四十一年』、1910年、18〜19頁。

表1-30　1908年末における各理事庁管区内の職業別人口（本業者数）

	釜山	馬山	群山	木浦	京城	仁川	平壌	鎮南浦	元山	城津	大邱	新義州	清津	計	比率
商業	3,949	1,062	636	1,084	5,761	1,155	799	332	893	52	620	568	539	17,450	34.2%
雑業	465	228	312	240	954	1,863	864	224	147	12	547	386	375	6,617	13.0%
労力	955	329	159	185	1,670	894	450	331	429	37	175	304	469	6,387	12.5%
官吏	421	173	406	270	2,775	379	472	155	304	66	374	325	171	6,291	12.3%
工業	1,434	371	271	226	154	13	891	210	198	11	248	81	291	4,399	8.6%
芸娼妓・酌婦	856	126	96	247	1,317	272	346	60	263	15	206	178	256	4,238	8.3%
農業	567	112	308	112	274	116	61	26	19	2	107	43	14	1,761	3.5%
無職業	6	19	35	49	726	86	33	21	126		41	35	77	1,254	2.5%
漁業	420	196	38	98	5	93		81	127		2	26	49	1,135	2.2%
公吏	55	9	20	28	82	35	12	18	25	1	69	14	19	387	0.8%
教員	76	36	47	13	88	33	21	13	29	3	32	18	8	417	0.8%
医師	54	14	17	10	97	15	18	6	15	2	17	11	8	284	0.6%
新聞・雑誌記者	10	2	4	1	72	16	6	2	6	1	3	2	1	126	0.2%
僧侶・宣教師	22	5	9	5	29	11	7	4	5		4	4	1	106	0.2%
産婆	7	6	8	3	49	15	15	6	4	1	4	2	1	121	0.2%
弁護士・訴訟代理人	2	1	3	2	15	4	2	2	2		2			35	0.1%
神官	2				9	1		1			1			14	0%
合計	9,301	2,689	2,369	2,573	14,077	5,001	3,997	1,492	2,592	203	2,452	1,997	2,275	51,018	100%

出典　「外務省記録」7-1-5-4「海外在留本邦人職業別人口調査一件」第七巻、1909年11月30日、統監府外務部長代理小松緑より外務次官石井菊次郎宛の統発第7489号の附属書。

注　1908年末における朝鮮全体の日本人戸数はで37,121戸、人口は126,168人であった。官吏・公吏・新聞及雑誌記者・神官・僧侶・宣教師・弁護士・訴訟代理人・漁業はすべて男性である。その他、教員（男384、女33）、労力（男5,914、女473）、医師（男283、女1）、農業（男1,531、女230）、商業（男14,150、女3,300）、工業（4,302、97）、雑業（男6,021、女593）の構成である。産婆・芸娼妓・酌婦はすべて女性である。

酌婦が本業者数の8.3％を占める現象は、前述した男女不均衡の人口、つまり男性中心という在朝日本人社会の性格と関連していた。男性の単身赴任や出稼ぎ人口が多い地域、とりわけ軍隊駐屯地周辺の市街地において、芸娼妓の流入は付き物であった。例えば、日露戦争後に軍港の建設が進められた鎮海の例が挙げられよう。鎮海に軍港と都市建設が開始すると、「真ツ先ニ足を踏み入れたのは誰かといへば先づ労働者ではあるが殆んど之と同時に入込んだのは売

春婦」であったという*130。ちなみに、芸妓・酌婦の出身地は居留民と同様に西日本が多かった。馬山の例をみると、「彼等の産地は多く大坂以西の者で広島県の産を第一とし、岡山、山口の各県より中には兵庫より四国九州の者もボツボツ見える様」であったという*131。

なお、これまでの統計に見られる料理屋のほとんどは、芸妓・酌婦を抱えて売春業を行う店と見なしてよい。統計に貸座敷という項目が見当たらないからである。また、仲居が売春を行う例もあり、実際の売春業人口は統計数値を上回ると考えられる*132。このような芸妓・酌婦の増加は、「敢て喜ぶべきことにはあらざるも亦社会発達の程度を語るに足る」*133との記述からもうかがわれるように、ある意味日本人社会の発展を表す指標でもあったといえよう。

第4項　「韓国併合」前後と1910年代における職業構成

【表1-31】は、1907年・1910年の朝鮮全体・京城における本業者数である。商業・労力が占める比率は減少し、官公吏・雑業はやや増加する傾向がみられる。植民地化の過程で、警察署・郵便局・裁判所・駅・監獄などあらゆる官庁に日本人が雇われたからであろう。また、雑業の増加は、人口増加に伴う社会的需要の伸張によるものであったとみられる。

職業業種の多様化も確認される。1911年の京城の職業数は、1902年の81種から146種へ増加している。業種をみると、官吏が2134名で最も多く、その次が商店員1478人、雇員1269人、大工961人、下女993人、会社員739人、諸備員683人、諸職工609人、日傭稼496人、雑業456人、二種芸妓347人の順であった*134。官吏・会社員の増加傾向は、政治経済の中心地である京城において顕著であった。統監府の設置と「韓国併合」を経て、京城は以前の商人・労働者中心の社会から官吏・会社員中心の社会へ変容していたのである。

---

*130　杉山萬太『鎮海』鎮海印刷社、1912年、110頁。
*131　諏方武骨『馬山繁昌記――慶南志稿』耕浦堂（馬山）、1908年、97〜98頁。
*132　「此料理屋には芸酌婦の外に仲居が居る。表面客の枕籍に伽をしないことではあるが、一概にソウとは云へない。狡猾なる料理店では酌婦中に混じて密売淫を勧める家もあるとのことである…芸妓五十四名、酌婦三十七名、仲居三十五名は最近の統計である」。同上、98頁。
*133　前掲書、『京城発達史』、112頁。
*134　前掲書、『京城発達史』、430〜435頁。

表1-31　1907年・1910年における日本人の職業構成（朝鮮全体・京城）

職業	1907年韓国		1910年朝鮮		1907年漢城府		1910年京城府	
商業	12,571	32.4%	16,961	25.5%	2,752	38.1%	2,264	17.6%
雑業	7,264	18.7%	13,853	20.8%	668	9.2%	2,586	20.1%
官吏	3,940	10.2%	8,214	12.3%	1,258	17.4%	2,233	17.4%
労力	4,405	11.4%	6,829	10.3%	840	11.6%	873	6.8%
工業	4,070	10.5%	6,657	10.0%	716	9.9%	2,093	16.3%
芸娼妓・酌婦	2,562	6.6%	4,093	6.2%	628	8.7%	789	6.1%
農業	1,297	3.3%	2,779	4.2%	111	1.5%	164	1.3%
漁業	1,218	3.1%	2,338	3.5%	25	0.3%	11	0.1%
無職業	423	1.1%	1,784	2.7%	0	0%	865	6.7%
公吏	221	0.6%	1,228	1.8%	41	0.6%	615	4.8%
教員	252	0.7%	769	1.2%	41	0.6%	124	1.0%
医師	*206	0.5%	401	0.6%	52	0.7%	66	0.5%
新聞・雑誌記者	119	0.3%	186	0.3%	39	0.5%	69	0.5%
産婆	80	0.2%	171	0.3%	11	0.2%	50	0.4%
僧侶・宣教師	86	0.2%	163	0.2%	30	0.4%	35	0.3%
弁護士・訴訟代理人	25	0.1%	79	0.1%	10	0.1%	19	0.1%
神官	10	0%	25	0%	2	0%	13	0%
計	38,749	100%	66,530	100%	7,224	100%	12,869	100%

出典　1907年度：『第二次統監府統計年報』、1909年、46～47頁。1910年度：『総督府統計年報』1910年度版、81～91頁。
注　＊1907年韓国統計の医師206名には獣医7名が含まれている。

　平壌においても官公吏・会社員が占める割合が高くなっていた。30人を超える職業を並べると、官公吏・会社員1256人、芸妓178人、大工130人、雑業70人、菓子製造・販売63人、雑貨商57人、仲居39人、左官35人、仲仕35人、車夫32人であった[*135]。忠清南道公州の場合（1910年）は、官吏122人、店員60人、大工56人、酌婦44人、官署傭人17人の順であった[*136]。内陸の道庁所在地においても官吏は増加傾向を見せていた。
　このほか、地域性が見られるいくつかの統計を紹介しよう。まず、1907年の新義州の統計によると、大工99人、官庁雇員75人、官吏66人、雑貨商53人、土木請負業51人、雑業48人、鳶職44人、会社員35人、無職33人、土方31人の順であった[*137]。鴨緑江鉄橋の建設の影響で、土木・建築関連の労働者の流入

[*135] 1913年の統計である。前掲書、『平壌発展史』、371～372頁。
[*136] 群山南韓鉄道期成同盟会編『湖南鉄道と群山』、1910年、115～116頁。
[*137] 1907年7月末の本業者数である。『平安日報』、1907年8月16日、2面。

があったとみられる。3年後の1910年の統計をみると、雇員194人、官吏95人、大工70人、芸酌婦60人、雑業55人、雑貨商35人、土方30人の順であった*138。新義州には理事庁をはじめ、税関支署、営林廠*139に勤める官吏が比較的多かった。

1912年の鎮海では、露店（189戸）、大工（153戸）、雑貨商（93戸）、無職（73戸）、料理店（70戸）、官公吏（62戸）、人夫（57戸）、左官（49戸）、石工（49戸）、雑業（49戸）、宿屋（43戸）の順であった*140。とりわけ、露店の数、建築労働者の数、無職者の数からは市街地の建設が進行中の鎮海の様子がうかがわれる。また、料理店経営者の数、酌婦113人・芸妓57人の人口には、軍港が位置する鎮海の地域性が表れている。

1917年の大田の職業構成をみると、労働その他220人、鉄道従業員169人、農業85人、土木職60人、官吏60人、雑薬59人、雑貨商55人、無名職50人、酌婦45人、郵便局員30人、大工職30人、日稼業30人の順であった*141。京釜線と湖南線の分岐点に位置する大田では鉄道関連の人口が多かった。また、全羅北道の穀倉地帯に位置する背景から農場経営者が多いのも特徴であった。

全羅北道裡里では、鉄道員91人、諸商68人、農業48人、雑貨商15人、陸軍13人、金貸業13人、官吏12人、大工13人、料理店12人、飲食店11人が主な業種であった*142。裡里は湖南線が通過する地点であり、裡里保線事務所が置かれたことで鉄道関係者が多かった。ちなみに、これは陸軍軍人が職業として集計されている珍しい統計である。

---

*138 1910年6月末の本業者数である。和田孝志『新義州史——附人物月旦』島田叢文館（新義州）、1911年、85～88頁。

*139 営林廠は、1905年10月に編成された軍用木材廠がその起原である。1907年3月公布の官制によって統監府営林廠が設置され、併合後も朝鮮総督府営林廠として存続した。中国側の安東県にあったが、実務者のなかでは朝鮮側の義州に住む人もいたようである。永島広紀「朝鮮総督・寺内正毅」（伊藤幸司・永島広紀・日比野利信編『寺内正毅と帝国日本——桜圃寺内文庫が語る新たな歴史像』勉誠出版、2015年）、60頁。

*140 1912年6月鎮海警察署の調査による。鎮海の全体戸数は1782戸であった。杉山萬太『鎮海』鎮海印刷社、1912年、49～54頁。

*141 田中吉之助『大田発展誌』、1917年、9～10頁。

*142 1915年の裡里に関しては、山下英爾編『湖南寶庫裡里案内——附近接地事情』惠美須屋書店（益山）、1915年、9～48頁。

第5項　大項目による職業統計

【表1-32】は、1917年・1921年・1925年の職業統計である。『朝鮮総督府統計年表』は、1917年度版からこのような大項目による職業統計を採用している。産業別の人口が分かりやすくなっているものの、以前のように芸妓・酌婦人口などの詳細な数値は得られない。

1925年の統計によると、公務・自由業と商業・交通業が全体職業の3割ずつを占めていた。これに工業を含む三つの職業群は、全体の80％以上を占めていた。その中でも公務・自由業群の増加が目立つが、公務・自由業には、官公吏をはじめ、弁護士・医師・記者・神官・僧侶・産婆などが含まれる。とりわけ、京城府によく見られる職業群であった[*143]。

次に商業・交通業は、貿易商・雑貨商・呉服商・質屋・料理屋・回漕業・運送業などが含まれる。府部では日本人に独占されている職業群であり、朝鮮人の場合は比較的に小売業者が多く、零細であった[*144]。商業・交通業は、京城を除くほとんどの府部において最も多い職業群であった。

工業は、醸造業・鉄工業・製革業・精米業・製材業・煉瓦製造業などを含む職業群である[*145]。そのうち、清酒醸造業は原材料と職工賃金の低廉を基盤として急成長し、中国やシベリアへ輸出するほどの規模になっていた。それに新しい業種として、製粉・精糖・パルプ製紙・セメント・陶磁器・燐寸の製造業も加わっていた。

三つの職業群のほか、残りの10％弱は農業・漁業・森林業などの一次産業であった。

第6項　移住農村・漁村

前述したように、農業・林業・漁業の一次産業を営む人口は、全体の10％弱を占めていた。朝鮮半島へ移住した形態をみると、その多くは官の斡旋による集団移住であった。

まず、農業移民を斡旋したのが東洋拓殖株式会社（以下、東拓）である。【表

[*143] 朝鮮総督府庶務部調査課『朝鮮に於ける内地人』、1924年、77〜114頁。
[*144] 同上、1924年、79頁。
[*145] 工業に関しては、同上、114〜122頁。

第1章　諸統計よりみる植民者社会の形成

表1-32　朝鮮総督府の大項目による職業構成（1917年・1921年・1925年）

区分　職業	1917年 世帯戸数	1917年 人口	1921年 世帯戸数	1921年 人口	1925年 世帯戸数	1925年 人口	比率
公務・自由業	27,533	89,064	34,528	110,297	41,742	140,925	33.2%
商業・交通業	25,876	96,338	30,327	121,042	33,676	133,273	31.4%
工業	12,263	44,328	16,306	60,570	17,364	66,864	15.7%
農業・林業・牧畜業等	9,447	37,605	10,134	41,225	9,156	39,030	9.2%
その他有業者	11,694	41,169	4,333	16,579	5,385	21,362	5.0%
漁業・製塩業	2,741	11,293	2,479	11,722	3,145	12,802	3.0%
無職・職業を申告せざる者	3,805	12,659	1,578	6,183	2,786	10,484	2.5%
合計	93,359	332,456	99,685	367,618	113,254	424,740	100%

出典　『朝鮮総督府統計年報』1925年度版、52〜59頁。朝鮮総督府『朝鮮の人口現象』、1927年、197〜199頁。
注　1925年を基準に人口が多い順に並べている。職業別の人口には主業者、その他の業務を有する者、無業者が含まれている。

1-33】は、第一期募集以来の移民戸数である。東拓移民の募集は1910年に始まり、翌年第一回目の移住民の入植が行われた。1918年の統計によると、移住民は九州・中国・四国地方の出身者が約7割を占めていた[*146]。1928年の入植状況を道別にみると、慶尚南道734戸、全羅南道708戸、京畿道638戸、全羅北道574戸、黄海道541戸、慶尚北道456戸、忠清南道318戸の順であり、京畿道以南の地域に集中していた[*147]。

　移民事業は1926年の第17回募集まで続いたが、当初計画していた成果を出せず、事業の取消・解約が続出していた。【表1-33】の東拓移民の推移（1910〜1924年）によると、移住承認を受けた8845戸のうち、定着していたのは3939戸に留まっていた。その後の1928年の統計においても、全体9096戸のうち、定着していたのは4004戸であり[*148]、全体の半分以上が取消・解約となっていた。1928年の定着戸数4004戸と、同年の日本人家庭の平均世帯員数（3.8人[*149]）から、東拓移民人口を推定すると約1万5000人（日本人人口の3.2%）と

---

*146　黒瀬郁二『東洋拓殖会社――日本帝国主義とアジア太平洋』日本経済評論社、2003年、39頁。東洋拓殖株式会社編『東拓十年史』、1918年、93頁。
*147　東洋拓殖株式会社 編『東洋拓殖株式会社二十年誌』、1928年、83頁。
*148　同上、82〜83頁。東拓に勤めた人物の回顧録によると、最終的に定着に成功したのは3883戸だったという。猪又正一『私の東拓回顧録』竜渓書舎、1978年、54頁。
*149　1928年現在、日本人人口は46万9043人、戸数は12万2773戸であった。『朝鮮総督府統計年報』

表1-33　東拓移民の推移（1910 〜 1924年）

年度	回期	移民承認戸数	取消・解約戸数	累積の移民戸数
1910年	1	160	−	−
1911年	2	720	8	152
1912年	3	1,167	308	564
1913年	4	1,330	385	1,346
1914年	5	1,106	605	2,071
1915年	6	770	633	2,144
1916年	7	542	442	2,872
1917年	8	650	331	3,082
1918年	9	598	343	3,390
1919年	10	967	524	3,429
1920年	11	500	469	3,962
1921年	12	120	393	4,169
1922年	13	122	238	3,951
1923年	14	93	145	3,928
1924年			82	3,939
計		8,845	4,906	3,939

出典　尾崎敬義『人口問題と朝鮮移民──朝鮮に於ける内地移住民の過去現在及将来』、刊行年度不明（1924年と推定）、43 〜 46頁。
注　各年度3月末の状況である。取消・解約戸数は前年度の4月から該当年度3月末までの数値である。

いう推定値が得られる。これは、10年間に24万人という移住計画を大きく下回る結果であり[*150]、東拓の移民事業は失敗といわざるを得ない状況であった。

一方、【表1-34】は、1922年頃の日本人移住漁村の状況である。移住の開始時期は1903年から1905年の間が多く、統監府の設置以前に移住が始まっていたことがわかる。その後、1908年の日韓両国漁業協定の締結によって、漁民の移住はさらに活発になる[*151]。協定書は沿海における相互の漁業行為を許容したものであったが、船舶保有や漁業技術からみて日本にとって有利な協定であった。

移住漁村は、概して県単位の漁業組合又は出漁団によって計画・実行され、移住事業には県費の補助が与えられた。それに、朝鮮水産組合の活動も移住を

1928年度版、1930年、22頁。
[*150] 前掲書、『東洋拓殖会社──日本帝国主義とアジア太平洋』、19頁の表1-3を参照。
[*151] 『官報』第7620号、1908年11月18日、統監府告示186号。東京水産学会編『韓国漁業法規集』水産書院、1909年。

第1章　諸統計よりみる植民者社会の形成

表1-34　1922年末における移住漁村（戸数50以上の漁村）

地名・漁村名		戸数	人口	漁村の沿革及び移住者の出身地
慶尚北道	迎日郡浦項面浦項洞	416	1,626	1903年に漁業移住が始まる。岡山県、山口県、島根県、大分県、愛媛県、福岡県。
	慶州郡陽北面甘浦里	176	1,165	1905年頃に香川県からの通漁者47戸の移住が始まる。香川県、長崎県、岡山県、福岡県、福井県、三重県、佐賀県、山口県。
	迎日郡滄州面九龍浦里	176	718	1904年に香川県韓海出漁団の移住が始まる。香川県、岡山県、山口県、長崎県、鳥取県、三重県。
	鬱陵島	186	656	1883年頃に長崎県人からの通漁者あり。1894年に島根県の各方面より移住が始まる。1917年に400余戸に増加。広島県、山口県、大分県、北海道。
	迎日郡浦項面鶴山洞	63	202	1904年に佐賀県韓海出漁団の移住が始まる。佐賀県、鳥取県、熊本県。
慶尚南道	釜山府牧の島	952	3,745	1898年に創設。福岡県、熊本県、佐賀県、長崎県。
	蔚山郡方魚津	350	1,400	1906年に福岡県水産組合によって設立される。福岡県、香川県、長崎県、山口県、岡山県、三重県。
	統営郡二運面長承浦入佐村	124	693	1904年に朝鮮水産組合の創設。福岡県、長崎県、広島県、愛媛県。
	統営郡旧助羅	56	304	1913年に愛媛県費補助を受け、遠洋業が創設される。愛媛県、香川県、広島県。
	統営郡遠梁面欲知島	80	288	1899年に漁民の移住が始まる。香川県、徳島県、広島県、大分県。
	統営郡山陽面道南里岡山村	64	282	1908〜1911年に岡山水産組合の経営。岡山県、山口県、香川県。
	統営郡沙等面城浦里城浦	54	242	1912年に創設。広島県、福岡県、長崎県、鹿児島県。
	南海郡彌助里	58	221	1910年に創設。長崎県、三重県、岡山県、広島県、山口県、徳島県、福岡県、佐賀県、熊本県、大分県、兵庫県、石川県、愛媛県。
	統営郡河清面蓮亀里蜂谷村	54	197	1899年に漁民の移住が始まり、1910年愛媛県の補助を受け創立される。広島県、愛媛県。
その他	全羅南道麗水郡麗水面東町愛知村	51	196	1917年に愛知県水産連合会によって創立される。愛知県。
	平安南道鎮南浦府	75	221	1904年に漁民の移住が始まる。山口県。

出典　朝鮮総督府庶務部調査課『朝鮮に於ける内地人』、1924年、147〜150頁。

促す要因であった。朝鮮水産組合は、1912年に朝鮮総統府・海軍省から慶尚南道統営郡・昌原郡の土地の貸付を受け[*152]、2府22県と協定を結び、各府県の

[*152] 移住漁村に関しては、尾崎敬義『人口問題と朝鮮移民（朝鮮に於ける内地移住民の過去現在及将来）』、刊行年度不明（1924年と推定）、10〜11頁。ちなみに、尾崎は東洋拓殖株式会社監

移住団体や個人に土地を貸付した（10万6000坪）。これは、後に該地域における移住漁村形成の土台となった。

なお、移住漁民の出身地は、鹿児島から北海道まで広範囲に亘っていた。とりわけ、長崎・山口・香川・岡山県からの出身者が多数を占めていた。移植地は慶尚道が最も多く、慶尚北道迎日郡・蔚山郡、慶尚南道の統営郡が代表的な移住地であった。その中でも、釜山府牧の島、迎日郡浦項・九龍浦、蔚山郡方魚津、慶州郡甘浦里、統営郡長承浦、鬱陵島の移住漁村は比較的に規模が大きかった。岡山村・愛知村のような名称からうかがわれるように、同じ県民同士が集団的に暮らす漁村を形成していた。

第5節　社会的指数を示す統計

第1項　学校数の推移

【表1-35】は、在朝日本人学校数の推移である。居住地の設定から間もない時期に、読み書きや算術を教える施設が設置され、居留民人口が増加するにつれ居留地には小学校の新築が相次いだ。これらの学校は釜山・京城・仁川の居留地において、「共立学校」という名称で呼ばれた。ここで共立とは、居留民社会が共同で設立し、運営するという意味で付けられたものだった。

1903年の統計によると、居留地あたり一校の小学校が設立されており、生徒数は927人に及んでいた。1907年の統計をみると、生徒数は約8倍の7427人に増加した。小学校の生徒数はさらに増加し、1915年には3万人、1923年には5万人を超える。このように学齢児童の増加スピードがあまりにも急激であったため、居留民社会では校舎の新築や増築に追われていた。例えば、京城では1906年から1914年にかけて8ヵ所の校舎が新築されており[153]、これは居留民団の財政負担にもなっていた。

その後、統監府期には中等教育機関が次々と設立された。釜山を皮切りに、

　　査・理事を歴任した人物である。中村資良編『朝鮮銀行会社要録』東洋経済時報社、1923年及び1925年度版。

[153] 日出尋常小学校（1906年）、南大門尋常小学校（1908年）、龍山尋常高等小学校（1909年）、桜井尋常小学校（1910年）、京城高等女学校（1910年）、元町尋常・鐘路尋常高等小学校（1911年）、西大門尋常高等小学校（1914年）が竣工された。前掲書、『京城回顧録』、193頁。

表1-35　在朝日本人学校の状況（1903〜1925年）

	小学校					中学校		高等女学校	
	尋常	尋常高等	計	生徒数	増加率	学校数	生徒数	学校数	生徒数
1903年	2	7	9	927	1	0	0	0	0
1907年	23	31	54	7,427	8.0	0	0	2	128
1908年	42	37	79	9,933	10.7	0	0	3	277
1909年	69	33	102	12,630	13.6	1	154	3	397
1910年	85	43	128	15,509	16.7	1	205	3	515
1911年	130	46	176	19,197	20.7	1	319	3	613
1912年	145	54	199	21,882	23.6	1	456	3	738
1913年	185	65	250	24,915	26.9	2	626	6	916
1914年	207	78	285	28,173	30.4	2	735	6	1,017
1915年	218	91	309	31,256	33.7	2	929	7	1,191
1916年	233	101	334	34,100	36.8	3	1,103	9	1,382
1917年	247	109	356	36,082	38.9	3	1,373	10	1,540
1918年	264	109	373	38,317	41.3	5	1,613	10	1,657
1919年	269	123	392	41,320	44.6	5	1,869	11	1,799
1920年	277	132	409	43,838	47.3	5	2,045	12	2,276
1921年	280	140	420	47,022	50.7	7	2,496	12	2,941
1922年	283	150	433	49,911	53.8	7	2,850	14	3,566
1923年	283	157	440	52,114	56.2	9	3,370	19	4,242
1924年	278	170	448	53,139	57.3	10	3,813	21	4,892
1925年	276	175	451	53,763	58.0	10	4,461	21	5,458

出典　1903年の状況は、「外務省記録」3-10-2-55「韓国各居留地小学校教育費国庫補助雑件」による。その他は、統監官房文書課『第一次統監府統計年報』、1907年。統監府『第二次統監府統計年報』、1908年。統監府『第三次統監府統計年報』、1909年。朝鮮総督府『第四次朝鮮総督府統計年報』、1911年、219頁。『朝鮮総督府統計年報』1910年度版・612〜614頁、1915年度版・739頁、1919年度版・454〜455頁、1925年度版・654〜657頁による。

仁川や京城で高等女学校が設立された。1909年には居留民団立の京城中学校が設立され、翌年には官立の統監府立へ継がれた。その後、日本人の集団居住地があった府部を中心に中学校や高等女学校の設立が相次いだ。1925年の統計をみると、小学校451校、中学校10校、高等女学校21校に増加していた。

　なお、このような教育施設の設置は、日本人社会の定着と係わる重要問題であり、植民者社会における定住・永住意識の広がりを示す指標の一つでもあった。

第I部　在朝日本人社会の形成と社会様態

第2項　民族間における格差

　まず、日本人と朝鮮人の間における格差は、職業構成に明確に表れていた。植民地化以前から朝鮮は農業社会であり、1910年5月の時点で朝鮮人の84.1％が農業を営んでいた[*154]。その次は、商業6.2％、日雇い2.4％、両班1.9％、漁業1.2％などであった。農業人口が占める比率は、1925年に至ってもほぼ変わらなかった（【表1-36】）。同年、日本人の80％が第二・三次産業に従事しているのに対して、朝鮮人の80％は一産業の農業に従事していたのである。

　加えて、植民地における民族格差を示す統計を紹介しよう。まず、労働賃金である。【表1-37】は、1907年・1912年・1919年における民族別の労働者賃金である。朝鮮人の賃金は日本人の60〜70％程度に設定され、中国人に比べても低い水準であった。一般的に賃金は労働者の技術や熟練度によって設定されるものであるが、単純労働者である人夫の場合でも朝鮮人は低い賃金が設定されていた。つまり労働賃金は、植民地のヒエラルキーを反映する一つの指標であった。

　なお、民族格差が垣間見られる二つの統計を紹介しよう。まず、電話の普及率である（【表1-38】）。1910〜1925年の間、日本人世帯の電話普及率は10〜19％であったが、朝鮮人のそれは0.02〜0.11％に留まっており、175倍の差が存在した。もう一つの統計は、郵便貯金である（【表1-39】）。人口一人当たりの口座数は日本人が1.15である反面、朝鮮人は0.066であった[*155]。日本人の口座貯金額（1852万5659円）は、朝鮮人の3倍以上であり、一人当たりの平均貯金額は15倍以上の差があった。電話普及率と郵便貯金の統計をもって経済格差を論じるのは難しいであろう。ただ、全体人口の2％に過ぎない日本人が大多数の朝鮮人より活発に経済活動を展開していた様子は読み取れよう。

　これらの数値にみられる格差は断片的であれ、生活水準において民族間の格差が存在したことは確認できたであろう。在朝日本人社会の動向を見るにおいて、これらの数値が有意義なのは植民地の底辺にさらなる格差を生む構造が存在したことを示しているためである。

　こうした植民地における格差の構造と関連して、知識人の尹致昊は1920年

[*154] 前掲書、『朝鮮の人口現象』、93〜94頁。
[*155] 1925年末の人口は、日本人42万4740人、朝鮮人1854万3326人であった。

第1章　諸統計よりみる植民者社会の形成

表1-36　1925年の日本人・朝鮮人の職業構成

区分	朝鮮人	日本人
農業・林業・牧畜業等	83.3%	9.2%
漁業・製塩業	1.4%	3.0%
工業	2.3%	15.7%
商業・交通業	6.2%	31.4%
公務・自由業	2.3%	33.2%
その他有業者	3.3%	5.0%
無職・職業を申告せざる者	1.3%	2.5%
合計	100%	100%

出典　朝鮮総督府『朝鮮の人口現象』、1927年、193～195頁。『朝鮮総督府統計年報』1925年度版。

表1-37　民族別の労働賃金（1907年・1912年・1919年）　　　　　　　　　　（単位は円）

	1907年1月の京城			1912年の京城			1919年7月末の仁川		
	日本人	朝鮮人	中国人	日本人	朝鮮人	中国人	日本人	朝鮮人	中国人
大工	1.40	1.00	1.10	1.50	1.00	1.20	3.00	1.80	−
木挽	1.40	1.10	1.20	1.80	1.00	1.20	2.50	1.50	−
左官	1.30	1.00	1.10	1.50	1.10	1.50	3.00	1.80	−
煉瓦職	−	−	−	3.00	1.50	1.50	3.30	−	2.00
石工	1.80	−	1.20	2.00	−	1.50	3.00	1.80	−
ペンキ職	1.40	−	−	1.50	−	−	2.50	2.00	−
ブリキ職	1.50	−	−	2.00	−	−	2.50	2.00	−
桶職	1.20	−	−	1.30	−	−	2.50	1.40	−
鍛冶職	1.60	0.80	−	1.40	−	−	2.20	2.00	−
瓦職	−	−	−	2.00	1.20	−	−	−	−
井戸掘	1.80	0.60	−	1.00	0.70	−	−	−	−
表具師	−	−	−	1.00	0.80	−	−	−	−
車夫	1.30	1.00	−	1.45	1.20	−	−	−	−
土方人夫	−	−	−	−	−	−	2.50	2.00	−
普通人夫	0.85	0.45	0.55	−	−	−	2.00	1.80	−
手伝い人夫	−	−	−	−	−	−	2.00	1.80	−
屋根葺	−	−	−	−	−	−	3.20	2.00	−
西洋洗濯	−	−	−	−	−	−	1.50	1.30	−
鋳物職	−	−	−	−	−	−	2.20	2.00	−
仲仕	1.20	0.70	−	−	−	−	2.50	2.00	−
靴職	−	−	−	−	−	−	1.30～2.00	1.30～2.00	−

出典　1907年京城は、『朝鮮新報』、1907年2月11日、2面。1912年の京城は、『朝鮮及満州』第50号、1912年4月号、90頁。1919年7月末の仁川は、『仁川商業会議所月報』第112号、1919年8月、13～16頁。
注　一日単位の賃金である。京城は京城商業会議所の調査による。1907年の人夫と表記されているものは、普通人夫に分類した。

表1-38 1912年〜1925年における電話加入率

区分 年度	日本人			朝鮮人			外国人		
	加入者	世帯戸数	加入率	加入者	世帯戸数	加入率	加入者	世帯戸数	加入率
1912年	8,353	70,688	11.82%	483	2,885,404	0.02%	125	3,876	3.22%
1913年	8,746	77,129	11.34%	592	2,964,113	0.02%	131	4,444	2.95%
1914年	8,783	83,406	10.53%	585	3,033,826	0.02%	135	4,549	2.97%
1915年	8,918	86,209	10.34%	594	3,027,463	0.02%	147	4,290	3.43%
1916年	9,190	90,350	10.17%	677	3,072,092	0.02%	156	4,920	3.17%
1917年	9,576	93,357	10.26%	795	3,107,219	0.03%	174	5,191	3.35%
1918年	9,960	93,626	10.64%	1,048	3,139,140	0.03%	180	9,195	1.96%
1919年	10,242	97,644	10.49%	1,369	3,152,228	0.04%	177	5,679	3.12%
1920年	11,545	94,514	12.22%	1,414	3,191,153	0.04%	183	7,312	2.50%
1921年	13,196	99,955	13.20%	1,593	3,201,125	0.05%	204	7,534	2.71%
1922年	15,349	106,991	14.35%	2,045	3,242,432	0.06%	253	10,129	2.50%
1923年	18,586	110,439	16.83%	2,815	3,282,792	0.09%	375	10,950	3.42%
1924年	20,651	111,919	18.45%	3,374	3,309,451	0.10%	458	11,710	3.91%
1925年	21,797	113,254	19.25%	3,890	3,483,481	0.11%	578	12,889	4.48%

出典 『朝鮮総督府統計年報』1925年度版、24〜25・347頁。

表1-39 1910年〜1925年における郵便貯金の状況　　　　　　　　　　　　（単位は円）

年度	日本人			朝鮮人		
	人員	金額	一人平均	人員	金額	一人平均
1910年	104,073	3,016,420	28.98	34,913	190,045	5.44
1911年	123,641	3,906,176	31.59	99,958	459,821	4.60
1912年	143,398	4,339,081	30.26	294,120	744,655	2.53
1913年	160,375	4,674,356	29.15	480,798	1,017,703	2.12
1914年	172,077	5,227,934	30.38	548,090	1,131,684	2.06
1915年	221,223	6,574,583	29.72	649,528	1,470,683	2.26
1916年	242,097	8,294,616	34.26	827,215	1,893,801	2.29
1917年	255,458	9,827,114	38.47	998,043	2,176,132	2.18
1918年	271,807	11,791,915	43.38	1,110,571	2,570,454	2.31
1919年	287,231	12,427,900	43.27	1,119,028	2,498,094	2.23
1920年	305,928	14,767,404	48.27	1,077,160	2,326,166	2.16
1921年	331,841	16,069,768	48.43	1,084,484	2,656,570	2.45
1922年	392,395	17,111,061	43.61	1,198,075	2,764,032	2.31
1923年	433,304	18,141,306	41.87	1,260,783	2,899,036	2.30
1924年	438,763	18,112,984	41.28	1,167,977	2,916,865	2.50
1925年	489,857	18,525,659	37.82	1,221,733	3,005,463	2.46

出典 『朝鮮総督府統計年報』1925年度版、341〜342頁。

の日記において、「すべての通信・交通手段が日本人の手にあり、商業、工業、鉱業、漁業は日本人に独占されている。日本人は、朝鮮人には想像もできないほど、当局からの保護と援助を享有している」[*156]と述べ、日本人による社会インフラの独占、民族差別の問題を指摘していた。彼は、日本人の経済活動は植民地の支配構造によって支えられていることを的確に認識していたのである。このような植民地のヒエラルキーを土台として、在朝日本人の経済活動が成り立っていた点は、在朝日本人社会を考察する際に常に留意すべき点である。

小結

本章では、朝鮮半島における居留地設定と居留範囲の拡散過程を概略的に整理した後に、各種統計を用いて在朝日本人社会の社会様態を考察した。

諸統計への検討を通して確認されるのは、一枚岩ではない、多様性を有する在朝日本人社会の様態であった。開港場型、雑居地型、新市街地型の植民地都市の類型によって日本人社会の形成過程や社会様態は多様であった。また、時期によって変容する在朝日本人社会の様子も確認された。開港後の商人・労働者中心の社会は、統監府や総督府の設置後に官吏中心の社会へ変容していた。これに加えて、1920年代半ばになると、朝鮮生まれの二世人口が社会に登場しはじめ、社会様態の変化が予測された。

なお、日本の村落共同体とは異なる在朝日本人社会の特質が垣間見られた。まず、在朝日本人のほとんどは都市部の市街地に居住していた。一部の農村・漁村居住者を除き、大多数は府部又は主要在来都市の駅周辺や市街地に偏在していた。この現象は民族別の居住空間の分離へとつながり、朝鮮人に対する優越意識や偏見が培養されやすい環境へとつながったと考えられる。また居住地域の偏在と関連する特質として、職業構成が挙げられる。在朝日本人の職業は二次・三次産業が全体の8割を占め、一次産業は1割弱に過ぎなかった。

もう一つの特質は、多様な出身者で構成されていたという点である。初期は、九州・中国・四国の西日本出身者が多数を占めたが、徐々に関東をはじめとす

[*156] 『尹致昊日記』1920年10月1日。大韓民国文教部国史編纂委員会編『尹致昊日記』第8巻、1987年、143〜144頁。

る他地域の出身者も増えていた。この影響で、居留地は九州・中国地方を中心に、各地域の風習が入り混じる空間となっていた。これを受けて、在朝日本人社会はその形成から社会統合を意識せざるを得ない状況であった。

　最後に、統計分析を通して改めて注目したいのは、朝鮮は近距離に形成された植民地だったという点である。遠隔地の植民地を保有した西洋の諸国とは異なり、一般民衆にとって朝鮮への渡航は比較的容易であった。その結果、短期間に大規模な植民者集団が形成され、「韓国併合」時に居留民人口は約17万人に達していた。

　このように一般民衆の渡航が植民地統治権力に先行したパターンは、帝国日本の勢力圏内でも異例であった。領有と同時に移住が始まった台湾や、租借権の獲得後に移住が始まった関東州とは明らかに異なる形成過程を辿ったのである。これから本論で検証していくが、在朝日本人社会が既得権の維持を主張し、植民地統治権力と対立したのも、植民地都市の形成過程に影響力を及ぼしたのも、そして被害者としての「植民者意識」を有したのも、このような植民者社会の形成史がその背景にあった。

第2章
居留民団体の変容と在朝日本人社会の「自治」

写真2-1　大邱居留民団役所（1910年代）
出典　大邱府編『大邱民団史』秀英舎（東京）、1915年。

第Ⅰ部　在朝日本人社会の形成と社会様態

はじめに

　開港場の居留地に渡航した日本人は、故郷の村の例に倣って、居留地内に世話係又は総代を置いた。当初は当番のような存在であったが、居留民が増加するにつれ、町村役場のように地方行政機関の役割を果すようになる。かくして、各地の居留地に設立された居留民団体は居留民の協議によって建てられた任意団体であった。法的根拠を有していなかったため、法的に賦課金徴集を強制する権利を有せず、滞納者が増える問題を抱えていた。この財政問題に対する居留民社会の請願と外務省の居留民支援方針の下で、居留民団体を法人化する動きが現れた。居留民団体を法人化することで、居留民社会の安定化が図られた。

　この過程を経て居留地に設立された居留民団は、「韓国併合」後にその位置づけの変容を余儀なくされる。統監府は11ヵ所の居留民団に対し、「元来外国ニ住居スル帝国臣民ノ設立スル団体ニシテ朝鮮カ帝国ノ版図ニ帰シタル以上ハ自然地方行政機関ニ編入セラルヘキモノ」という認識をもっていた[1]。その結果、居留民団の存在意義は否定され、解散の道を辿ることになる。

　このような居留民団体の設立と解散までの歴史は、在朝日本人研究史において重要なテーマとして取り上げられてきた。日本民衆の侵略を明らかにする材料として居留民団体の活動が論じられ[2]、居留民団体の人的構成、居留民団体の性格が検討された[3]。そして、「自治」に対する日本人社会の陳情活動、任意団体から法人化へ至るまでの経緯が考察された[4]。これらの研究では、とりわけ在外居留地において施行された「居留民団法」の属人的性格が注目された。その一方で、居留民団の解散と関連して、新しい地方制度の施行と地域社会の

---

[1]　『朝鮮総督府官報』、1910年8月29日、統監府訓令第16号。
[2]　孫禎睦『韓国開港期都市変化過程研究──開港場・開市場・租界・居留地』一志社、1982年。
　　孫禎睦『韓国地方制度・自治史研究（上）──甲午更張～日帝強占期』一志社、1992年。
[3]　木村健二「明治期の日本居留民団」『季刊三千里』通巻47号、1986年8月。同『在朝日本人の社会史』未來社、1989年。同「在外居留民の社会活動」（大江志乃夫ほか編『岩波講座近代日本と植民地』第5巻、岩波書店、1993年）。
[4]　山中麻衣「서울거주 일본인 자치기구 연구」가톨릭대학교국사학과 석사논문、2001年。김승「개항 이후 부산의 일본거류지 사회와 일본인 자치기구의 활동」(『지방사와 지방문화』15-1、역사문화학회、2012年)。

変容に関心が向けられた*5。1914年の「府制」の制定過程とこれに伴う民族別の居住空間の分離、再編された地域社会が取り上げられた。これらの研究は、概ね居留民団体の「自治」組織としての性格に着目したものであった。

近年では、従来の「自治」という枠組みがもつ限界が指摘されている。朴洋信は、「自治」論に批判を加えながら、「居留民団法」の成立を居留地事業の拡大の一環として捉えた*6。外務省史料館の記録を利用し、居留地の遺産が植民地統治の基盤になったことを論じた。他方、「居留民団法」の属人的性格のみならず、空間という側面から「居留民団法」の制定過程が論じられた。朴俊炯は、空間論の面で居留地規則から「居留民団法」への変遷を分析した。居留地、居留地の外10里、内陸部という空間分割に着目し、その中でも居留地の外10里という条文が居留地境界の消滅へ繋がった点を論じた*7。また居留地規則から「居留民団法」に至るまでの法理的議論を分析し、違法的な日本人の雑居状態が最終的に「居留民団法」へ帰結したと結論付けた。

以上のように、居留民団体に着目した研究は、大きく「居留民団法」の制定過程、地方制度の改編に焦点が当てられ、「自治」組織としての活動、属人的な法律の性格が論じられた。

本章では先行研究に多くを学びながらも、居留地規則から「居留民団法」制定までの道程、そして「韓国併合」後における居留民団の解散議論、新しい地方制度と解散後の承継までの過程を「自治」の観点から検討する。なぜなら、19世紀末から「韓国併合」後の1910年代にかけて、在朝日本人社会において最大の課題は「自治」にあったからである。一般的に、海外の居留地における居留民の公共事業を「(地方)自治」とは称しないが、これを「自治」と表現したことには、在朝日本人の時代意識や現実認識が込められている。つまり、居留民団の成立と解散の過程を考察することは、日本人社会がこだわっていた

---

*5 姜再鎬『植民地朝鮮の地方制度』東京大学出版会、2001年。洪淳権「일제시기 '부제'의 실시와 지방제도 개의의 추이―부산부 일본인사회의 자치제 실시 논의를 중심으로」(『지역과 역사』14、2004年)。同『근대도시와 지방권력』선인、2010年。
*6 朴洋信「재한일본인 거류민단의 성립과 해체 – 러일전쟁 이후 일본인 거류지의 발전과 식민지 통치 기반의 형성」(『아시아문화연구』26、가천대학교 아시아문화연구소、2012年)。
*7 朴俊炯「재한일본 '거류지'・'거류민' 규칙의 계보와 「居留民團法」의 제정」(『법사학연구』50、2014年)。

「自治」の意味を探る過程でもある。にもかかわらず、近年の研究では在朝日本人社会における「自治」論への追究はみられない。本章では、このような観点から、居留地規則の変容、居留民団体の法人化過程を追うとともに、時期によって変容する「自治」の意味を考察し、「自治」への執着を支えていた「植民者意識」をも射程に入れる。

加えて、本章は三つの点に着目している。一点目は、居留民団体の変化、すなわち総代役場→居留民役所→居留民団→学校組合・府協議会への変容過程である。居留民団体の法人化のみならず、その変遷を系統的に検討し、歴史的過程を整理することである。二点目は、居留民団体の代表・議員を務めた日本人社会の有力者層に対する考察である。時期によって有力者層は変化しているが、連続・不連続という観点から人的構成を検討する。三点目は、日本人社会に対する植民地統治権力の方針が一貫していなかった点である。植民地において統治権力側と植民者がかならずしも同一の立場、同一の利害関係を有していたわけではない。「韓国併合」は、まさに統治権力側と居留民社会の関係に亀裂をもたらす契機となっていた。このような観点から、日本人社会に対する統治権力の方針の変化に注目する。

第1節　初期の居留地行政

第1項　初期の居留地規則

初期の居留民団体は故郷の総代役場に倣って建てられた。居留民から公費を徴収し、居留地の公共事業を行う組織であった。居留民が少ない地域では、当番に近い形態をみせていた。例えば、京城では開市してから間もない時期に、戸主が1ヵ月ごとに総代を交代するシステムが採用されていた[*8]。

一方、居留地に設置された領事館の任務は、居留民に対する保護と取締りにあった。1880年発布の「在朝鮮国領事官訓令」の条文をみると、居留地の治

[*8] 「ただ居留民中に世話役なる者を置き、一ヶ月交替にて甲より乙に丙より丁と箱を廻すことと為し、此制度を継続すること略一ヶ月に亘りしと雖も、其手数の甚だ煩雑なりしを以て、人々是を嫌忌するに至りぬ。茲に明治二十一年衆議の結果林徳兵衛に之を托し、其報酬として月々五円づつ支給…」。高橋刀川『在韓成功之九州人』虎興号書店、1908年、16頁。『京城新報』、1910年7月26日、「京城民団の沿革」。

安維持と居留民取締りが重要な課題であったことがわかる*9。そして、1883年の「清国及朝鮮国在留日本人取締規則」(太政官布告第9号)も、居留民に対する取締りを趣旨としていた。この規則は、釜山居留地において日韓民の間に起きた暴行事件、いわゆる「亀浦事件」をきっかけに制定されたものである。地域の「安寧ヲ妨害」する者に対して、領事の行政命令として、1年以上3年以下の在留禁止が規定されたものであった*10。

なお、領事館では居留地の秩序維持のために「違警罪目」を発布していた*11。「違警罪目」とは、1882年から日本の刑法に組み入れられたものであり、日常行為における軽犯罪を規制したものである。朝鮮では、1882年に釜山を始め、元山・仁川において施行された。これにより、日本の軽犯罪規則が在外の居留地にも導入されたのである。このような居留民に対する取締りが最も重視された地域は、京城のように専管居留地の指定がない雑居地であった。当時、京城臨時公使の島村久は、「朝鮮国ヘ渡航ノ者ノ中真正ノ貿易商ハ僅々ノ数ニテ大概ハ俗ニ所謂「ナラズモノ」ノミ故既ニ仁川等ノ如キ区画ヲ以テ居住ヲ定メ昼夜巡査ヲ派シ取締致シ候テモ其隙ヲ伺ヒ種々ノ不都合ヲ働」く者が多い実

---

*9 居留民関連の条目は以下の通りである。第7条、我邦人民ノ戸口増減出入ヲ調査シ毎月之ヲ報告スヘシ。第9条、居留人民ヨリ公立学校及病院ノ設立ヲ願出ツルトキハ之ヲ許可シ其規則ヲ認可スルヲ得ヘシ。第10条、居留人民保護ノ為メニ日本政府所定ノ警察規則ヲ施行シ及ヒ違違條例ニ照シ其條目ヲ増減スルヲ得ヘシ。第13条、居留ノ人民ノ願ニ依リ居留地内ノ地所ヲ貸渡シ貸地券ヲ製シ下付スルヲ得ヘシ。第14条、居留人民営業取締ノ方法ヲ設クルヲ得ヘシ。然レトモ其為メニ営業税ヲ徴シ或ハ之ヲ廃停シ及ヒ諸職業ニ制限ヲ立ツヘカラス。第16条、居留人民褒賞スヘキモノアレハ日本政府所定ノ規則ニ照シ之ヲ施行スルヲ得ヘシ。第18条、居留人民協議会ヲ以テスル道路河溝ノ修繕願ヲ許可スルヲ得ヘシ。第19条、在留人民ニ賦課スヘキ道路橋梁其他一切ノ費用ハ在留人民ノ総代ヲシテ其賦課ノ方法ヲ議セシメ及ヒ其議決ノ法案ヲ許可スルヲ得ヘシ。第20条、諸布告ヲ在留人民ニ熟知セシムルノ方法ヲ設クヘシ。第21条、在留人民総代ヲ選挙セシメ之ヲ認可スルヲ得ヘシ。第22条、人民相互ノ約束ヲ以テ其借地ヲ転貸シ或ハ譲与スルノ願ヲ許可スルヲ得ヘシ。右条件ノ内専行スヘキモノト雖モ処分ノ上ハ必其事情ヲ本省ニ具申スヘシ。JACAR(アジア歴史資料センター)Ref.A01000061300、太政類典・第四編・明治十三年・第十三巻・外国交際・公使領事差遣、在朝鮮国領事官訓令(国立公文書館)。外務省編『日本外交文書』第13巻、414〜416頁、156号文書の附属書。
*10 いわゆる「退韓令」については、李昇燁「植民地・勢力圏における「帝国臣民」の在留禁止処分——「清国及朝鮮国在留帝国臣民取締法」を中心に」(『人文学報』第106号、京都大学人文科学研究所、2015年)。
*11 朝鮮における「違警罪目」の施行と取締りの実態については、イ・ジョンミン「在朝鮮領事館警察の「軽犯罪」取締り——「違警罪目」を中心に」(『人文学報』第106号、2015年)。

情に触れながら、「開桟後日韓両民ノ交際取引」について懸念を示していた*12。
居留民のなかでは「刀剣ヲ帯ヒ路上徘徊致候者」「妄リニ朝鮮人家ニ立入リ或ハ押テ其荘園ヲ借ラント強談致候者」がいるなど「甚不都合」な事態が生じていたからである*13。そこで発布された「日本人民朝鮮国漢城在留仮規則」をみると、在留申告や営業許可の申告違反、騒音・衛生・風俗違反に関する規則が設けられていた。村のように掟がない居留地では、一層社会的規制は働き難い空間であったため、初期の居留地規則は秩序維持・居留民取締りを目的として作られる場合が多かった。

このような居留地の治安・秩序の維持に関する警察業務は、本来領事館が行うべきものであった。ところが、釜山居留地を例をみると、居留民社会が警察費用の一部を分担する場合もあった*14。居留民人口が増加すると、警察業務のみならず、居留民社会が公共事業を行う例が増えていく。例えば、「在釜山帝国居留地規則」（1893年3月発布）の第1条では、「本居留地ニ居留会及居留民総代ヲ置キ領事ノ委任ヲ受ケ此規則ニ従ヒ居留地内ニ於ケル諸般ノ事務ヲ議定処理セシム」と規定されており*15、居留地業務の居留民社会への委任が明記されていた。このような居留地事業の居留民社会への委任について、仁川領事の伊集院彦吉は、「一切領事館ノ主裁致候事ハ頗ル至難ノ業ナルノミナラス当港ノ如ク発達シ来レル居留地ニ於テハ却テ之ヲ或程度迠居留民ノ自治ニ一任致候ノ便利」であると述べ、委任の理由を説明している*16。要するに、居留地の公

---

*12 以下は、「外務省記録」3-1-1-15「韓国各地開港関係雑件」第一巻、1884年8月13日、在朝鮮臨時代理公使島村久より外務卿井上馨宛の機密68号。「外務省記録」4-2-1-7にも同資料の写しが収録されている。
*13 「外務省記録」4-2-1-7「朝鮮国在留日本人ニ関スル諸規則（京城之部）」、1885年5月8日、在朝鮮臨時代理公使近藤真鋤より外務卿井上馨宛の公信第32号。
*14 見廻役の費用は居留民側が「官民折半」で負担していた。居留地人口が増加し窃盗などの犯罪が増えると、釜山領事館では警察費の増額を外務省に要請していた。JACAR（アジア歴史資料センター）Ref.A01100202700、公文録・明治十三年・第百九十五巻・明治十三年三月～四月・外務省、同国釜山浦警察費ノ件（国立公文書館）。
*15 「外務省記録」3-12-2-43「清韓両国ニ於ケル居留地制ニ関スル法律並日本専管居留地経営中租税ノ徴収ニ関スル法律制定一件」、1899年10月26日、釜山領事新勢原五郎より外務大臣青木周蔵宛の公第268号の附属書。釜山領事館編『釜山領事館制定諸規則』、発行年度不明、3～15頁（釜山市民図書館所蔵、1905年頃）。
*16 「外務省記録」3-12-2-43「清韓両国ニ於ケル居留地制ニ関スル法律並日本専管居留地経営中租税ノ徴収ニ関スル法律制定一件」、1899年11月8日、仁川領事伊集院彦吉より外務大臣青木周蔵

共事業は領事館の管轄能力を超えて肥大化しており、居留民社会への委任は避けられない状態であった。領事館では、ある種の受益者負担主義に基づき、居留地の公共事業を「居留民ノ自治」に一任する方針で臨んでいたのである。

かくして、秩序維持と居留民取締りに重点を置いていた居留地規則は、領事館の委任方針とあいまって変容していく。ここでは、仁川における最初の居留地規則である「仁川港日本居留地仮規則」(1884年1月施行)の例を挙げよう。全7条の規則には、不燃の屋根材料の使用、井戸掘の申告義務、飲食店・旅人宿の許可制などが定められていた[*17]。その中でも飲食店・旅人宿は、「陰売ノ窟ヲ去リ難ク随テ庶民ノ衛生及品行上ノ弊害」になることが懸念されていた[*18]。居留地における「風俗」が新たな問題として浮上していたのである。依然として居留民取締りの性格が強かったが、その一方で公共事業を行う世話掛りの公選が規定されるなど進展も見えた。

その後、公共事業を議論する議決機関と、それを行う執行機関の設置が規定された。京城の「寄留人総代仮規則」(1886年)、仁川の「申合規則」(1884年)・「居留地規則」(1887年)、「在元山帝国居留地規則」(1887年)には居留民代表の公選、議会・総代役場の設置が定められた[*19]。加えて、居留民の公費負担が明文化される傾向もあった。「在元山帝国居留地規則」第1条には、「居留地内ニ地所或ハ建物ヲ借受ケ若クハ所有シ又ハ各種ノ営業ニ従事スル者ハ渾テ公共ニ関スル一体ノ義務ヲ負担スベシ」と規定された。当初は領事館からの委任を受けて始まったものが、市町村の総代役場のような組織へ変貌しつつあったのである。

宛の公第190号。

[*17] 「外務省記録」3-12-2-16「朝鮮国仁川港日本人居留地規則設立並改正一件」、1884年1月24日、外務大補吉田清蔵より仁川領事小林端一宛の公第8号の附属書。

[*18] 「外務省記録」3-12-2-16「朝鮮国仁川港日本人居留地規則設立並改正一件」、1883年12月6日、仁川領事小林端一より外務大補吉田清蔵宛の公信第153号の附属書。

[*19] 居留地規則の沿革に関しては、「外務省記録」3-8-2-359「朝鮮国京城帝国居留民規則設立一件」。「外務省記録」3-8-2-201「居留民団法並ニ同施行規則制定資料雑纂」、1904年10月9日、京城領事三増より外務大臣小村寿太郎宛の機密第24号、「専管居留地及居留民団法案諮詢ノ件ニ関スル答申」。「外務省記録」3-12-2-16「朝鮮国仁川港日本人居留地規則設立並改正一件」。「外務省記録」4-2-1-7「朝鮮国在留日本人ニ関スル諸規則」(仁川之部)、1895年6月1日、仁川領事館事務代理山座円次郎より外務省通商局長藤井三郎宛の公第98号。二口美久編『在朝鮮国元山港領事館制定諸規則便覧』、1896年などを参照。

ただし、居留地規則には限界もあった。仁川の「申合規則」には、「居留人民ノ自ラ負担スヘキ公共ノ義務若クハ事件ニ付其取扱方又ハ心得方ニ関シ各自承諾シタル一種ノ契約」（傍点は筆者）との条文が見られる*20。つまり、領事館布達の居留地規則は法律ではなく、私人間の契約に過ぎないという内容である。厳密にいえば、居留地規則は居留民の間に決められた約束であったため、規制力には限界があったのである。

第2項　居留地規則と居留民規則の並存

　その後、日本における「市町村制」（1888年）の施行は居留地規則にも影響を及ぼしました。1889年6月に外務省では、全70条の「在朝鮮国日本人居留地規則案」を作成し、その適否を在朝鮮公使館及び領事館に問い合わせた*21。これは、「市町村制ノ精神ヲ斟酌シ各居留地一様ノ制度」を企画したものであった。居留地規則の適用範囲は居留地という区域に限定されるが、日本人の居留状態は各国居留地と居留地の外部、さらに朝鮮人居住地に亘っており、一律の規則制定は難しかった。そのため、統一した居留地規則の制定は実現しなかった。ところが、以後、1895年にも類似した規則案が検討されたが、制定には至らなかった*22。

　なお、居留民人口は増えるにつれ、居留地の公共事業は土木・衛生・教育・消防へと拡大し、なかんずく水道、病院、神社、共同墓地、火葬場の設置が課題となっていた。事業の拡大に応じ、居留地規則も改定を迫られていた。その結果として、従来の規則が全面改定された。日本の「市町村制」に倣った形で、「在釜山帝国居留地規則」（1893年）、「仁川港居留民規則」（1896年）、「京城居留民規則」（1896年）が次々と公布された*23。その中で、「仁川港居留民規則」

＊20　「申合規則」第2条。「外務省記録」3-12-2-16「朝鮮国仁川港日本人居留地規則設立並改正一件」、1885年3月13日、外務大補吉田清蔵より仁川領事小林端一宛の公信第49号の附属書。
＊21　「外務省記録」3-12-2-25「朝鮮国日本人居留地規則改正一件」、1889年6月22日発遣、外務次官より在京城・仁川・元山領事宛。
＊22　統一した居留地規則をめぐる議論については、朴俊炯、前掲論文。
＊23　「外務省記録」3-8-2-201「居留民団法並ニ同施行規則制定資料雑纂」、1904年10月18日、釜山領事有吉明より外務大臣小村寿太郎宛の機密第43号。「外務省記録」3-8-2-201「居留民団法並ニ同施行規則制定資料雑纂」、1905年1月27日、仁川領事加藤本四郎より外務大臣小村寿太郎宛の機密第1号、「専管居留地及居留民団法案ニ対スル意見上申」。

第2章　居留民団体の変容と在朝日本人社会の「自治」

表2-1　居留地規則と町村制の比較

	仁川港居留民規則	町村制
監督機関	一次（領事）、二次（外務大臣）	一次（郡長）、二次（府県知事）、三次（内務大臣）
議決機関	居留民会	町村会
執行機関	居留民役所	町村役場
制令権	なし	町村条例
参政権	年齢満二十五歳以上ノ居留男子ニシテ地所或ハ家屋ヲ所有スル者又ハ単ニ営業課金年額五円以上ヲ納ムル者及ヒ商事会社ノ代理人ハ選挙権ヲ有ス	凡帝国臣民ニシテ公権ヲ有スル独立（満二十五歳以上ニシテ一戸ヲ構ヘ且治産ノ禁ヲ受ケサル者）ノ男子二年以来（一）町村ノ住民トナリ（二）其町村ノ負担ヲ分任シ及（三）其町村内ニ於テ地租ヲ納メ若クハ直接国税年額二円以上ヲ納ムル者ハ其町村公民トス

出典　「外務省記録」3-12-2-43「清韓両国ニ於ケル居留地制ニ関スル法律並日本専管居留地経営中租税ノ徴収ニ関スル法律制定一件」、1899年11月8日、仁川領事伊集院彦吉より外務大臣青木周蔵宛の公第190号ノ附属書「韓国仁川港居留民規則」。

の事例を取り上げ、日本の町村制と比較してみよう（【表2-1】）。

　日本の市町村制度はプロイセンの地方自治制度を取り入れた形で制定されたものである。地方議会への参政権は、地租もしくは直接国税を年2円以上納税している者のみに付与し、等級選挙制を採用するといった資産家優位の不平等な制度であった[24]。等級選挙制とは、有権者を直接町村税の納入額の多い者の順に加算して納税総額の半額に達した者までを一級選挙人とし、二等級に分け（市では三級）、各級選挙人がそれぞれ議員定数を選挙する制度であった。

　このような等級選挙制に倣い、仁川の居留民規則にも「年齢満二十五歳以上ノ居留男子ニシテ地所或ハ家屋ヲ所有スル者又ハ単ニ営業課金年額五円以上ヲ納ムル者及ヒ商事会社ノ代理人ハ選挙権ヲ有ス」と決められた。等級は課金納額が多い順に三級に分けられ、各級ごとに同数の議員を選挙する仕組みであった。1903年4月の有権者は、一級（30名、5％）、二級（155名、26％）、三級（420名、69％）の構成であった[25]。

　なお、改正された規則に基づいて設置された居留民議会や総代役場は、広汎な自治権を行使していた。居留民団体は、朝鮮政府の行政・司法権から独立し

---

[24] 町村制については、歴史学会編『郷土史大辞典』下巻、朝倉書店、2005年、1148頁
[25] 「外務省記録」3-12-2-16「朝鮮国仁川港日本人居留地規則設立並改正一件」、1903年11月17日、仁川領事加藤本四郎より外務大臣小村寿太郎宛の公第182号、「居留民規則中改正一件」の附属書。

た形で権利を享有していた。居留民団体には市町村に付与された条例権はなかったものの、自治権の行使という側面よりみると、有利な点があった。郡長・府県知事・内務大臣の監督権が強大であった町村に比べ、居留地はその実質において領事単独の監督を受けていた。領事の認可を条件として、居留民会の活動範囲は拡張の余地があったのである。この状況から、1897年に仁川に赴任した信夫淳平は、「帝国領事を以て我が内地の地方長官に擬すれば、居留民団体は恰も市町村の形式を有する一種の自治団体と見て可なり」と述べており[26]、自治団体と呼んで遜色がないと評していた[27]。

なお、居留民に日本の法律命令を適用する試みもあった。1895年頃、外務省では「朝鮮国居留帝国臣民ニ対シ法律命令施行規則」に関する案が検討されていた[28]。これは居留民に日本の法律命令の全部又は一部適用し、公使館・領事館に制令権・罰則権を与える内容のものであった。これは結局検討で終わるが、海外の居留地への法律適用が本格的に議論されたことで意義があった。

さて、【表2-2】は、1903年頃の地域別の居留地規則を整理したものである。規則の名称は異なるものの、居留民の代表者が集まる議決機関を組織し、そこで議決された事項を居留民役所が執行するという枠組みは共通している。また、市町村制から由来した資産者優位の参政権規定も踏襲されていた。

これらの居留地規則の名称は、居留地規則又は居留民規則の二通りがあった。日本居留地の状況は地域によって異なっていたからであるが、問題は規則の適用範囲であった。「本居留地」又は「居留地内」のように居留地に限定する規定もあれば、「本港ニ在留スル者」のように適当な地域を指す条文もあった。京城では「凡ソ京城居留区域内」という曖昧な規定になっていたが、専管居留地の設定がない雑居地ならではの工夫であった。

ここで注目に値するのは仁川の事例である。設置当初、仁川の日本専管居留地は小規模であった上に、各国居留地と清国専管居留地が日本専管居留地を囲むように設定された。居留民人口が増加するにつれ、居住地は専管居留地に留

---

[26] 信夫淳平『韓半島』東京堂書店、1901年、5頁。
[27] 藤村道生『日清戦争前後のアジア政策』岩波書店、1995年、99頁。
[28] 「外務省記録」3-12-2-31「朝鮮国居留帝国臣民ニ対シ法律命令施行規則同細則並訓令案朝鮮国帝国居留地規則及同施行細則制定一件　附朝鮮居留帝国臣民ニ対シ法律命令施行規則公布一件」、1896年5月5日発遣、外務大臣陸奥宗光より内閣総理大臣伊藤博文宛の送第255号。

第2章　居留民団体の変容と在朝日本人社会の「自治」

表2-2　1903年10月頃の居留地規則

	釜山	元山	仁川	京城	木浦
開港（開市）時期	1877年	1880年	1883年	1885年	1897年
規則名称	在釜山帝国居留地規則	在元山帝国居留地規則	居留民規則	京城居留民規則	日本居留民規則
規則の適用対象	本居留地住民	居留地内ニ地所或ハ建物ヲ借受ケ若クハ所有シ又ハ各種ノ営業ニ従事スル者	日本居留地ノ内外ヲ問ハス住居ヲ占ムル者	凡ソ京城居留区域内ニ於テ地所ヲ借受ケ或ハ建物ヲ有シ又ハ営業スル者	本港ニ在留スル者
議決機関	居留地会	居留地会	居留民会	会議所	居留民会
議員数	25名	15名	14名	10名	15名
選挙権	満二十年以上ノ男子ニシテ居留地ニ於テ地課金ヲ納ムル者及該会社又ハ組合ノ主務者	満二十五歳以上ノ男子ニシテ居留地内ニ地所或ハ建物ヲ借受ケ若クハ所有シ又ハ各種ノ営業ニ従事スル者	年齢満二十五歳以上ノ居留男子ニシテ地所或ハ家屋ヲ所有スル者又ハ単ニ営業課金年額五円以上ヲ納ムル者及ヒ商事会社ノ代理人	年齢二十五歳以上ノ者ニシテ京城居留区域内ニ地所ヲ借受ケ或ハ家屋ヲ有スル銀行会社組合等ノ支配人番頭ニ限ル	居留民満二十歳以上ノ男子ニシテ公費ヲ負担ヲ分任スルノ義務ヲ負担スル者
被選挙権	満二十五歳以上ノ男子ニシテ居留地ニ於テ地課金一ヶ年十円以上ヲ納ムル者及ヒ該会社又ハ組合ノ主務者	規定無し（少なくとも同上以上の資格）	年齢満二十五歳以上ノ居留男子ニシテ地所又ハ家屋ヲ所有スル者地所家屋ヲ有セサルモ営業課金年額十円以上ヲ納ムル者並ニ商事会社ノ代理権ヲ有スル者	同上	居留民満二十五歳以上ノ男子ニシテ公費年額拾五円以上ヲ負担スルモノ及ヒ之ニ準スル会社又ハ組合ノ主務者
執行機関（代表）	居留地役場（居留民総代）	総代役場（総代）	居留民役所（居留民長）	総代役場（総代）	居留民役所（民長）

出典　「外務省記録」3-8-2-193「居留民団法並同施行規則制定一件」、1903年10月2日発遣、珍田捨巳外務総務長官より柴田家門内閣書記官長宛の機密送第37号、「第十九回帝国議会ヘ提出スヘキ法律案通知ノ件」の附属書。

まらず、各国居留地、清国居留地、朝鮮人町へ拡散した。1887年に公布された仁川の居留地規則には、「居留地外ニ居住スル日本人民ニ及スコトヲ得ス」と定められ、適用範囲は居留地内に制限されていたが、1896年公布の「仁川港居留民規則」では、「日本居留地ノ内外ヲ問ハス住居ヲ占ムル者ハ総テ居留民トス」と規定されていた。日本人の居住地拡散の状況を踏まえて、居留地という空間ではなく、ヒトを基準に適用範囲が規定されたのである。結局、日本人の居住地拡散に伴い、居留地規則の適用範囲は拡大される結果となった。

第2節　居留民団体の法人化過程

第1項　居留民による請願活動

　居留民社会の成長に伴い、居留民団体の限界が意識されるようになった。記録として早期のものが、1898年に釜山領事館一等領事の伊集院彦吉が上申した居留地規則改正案である。第1条には、「本居留地ハ一個人ト均シク権利ヲ有シ義務ヲ負担シ凡居留地公共ノ事務ハ領事ノ監督ヲ受ケ自ラ之ヲ処理スルモノトス」と定められていた*29。居留地も「一個人ト均シク」、法律上の権利と義務の主体になることが規定されていた。法人とは明記されてはいないものの、一歩進んだ形であった。また、伊集院は、「厳格ナル理論上其果シテ領事カ此種規則ヲ制定発布スル権限ヲ有シ居候哉否ヤハ頗ル疑問」であると述べ*30、居留地規則の根拠に対し疑念を表した。居留地規則は外務大臣の認可を経て領事が発布するものであり、法律的根拠があるとは言い難かったからである。

　このような限界を改善すべく、居留民団体の法的地位を確かめようとする議論があった。1899年頃から、釜山や仁川を中心に居留民団体の法人化運動が展開された。釜山の居留民総代が領事館へ提出した建議書の主旨は以下のよう

＊29　「外務省記録」3-12-2-31「朝鮮国居留帝国臣民ニ対シ法律命令施行規則同細則並訓令案朝鮮国帝国居留地規則及同施行細則制定一件　附朝鮮居留帝国臣民ニ対シ法律命令施行規則公布一件」、1898年8月30日、釜山一等領事伊集院彦吉より外務次官小村寿太郎宛の公第166号、「居留地規則改正ニ関スル件」。

＊30　「外務省記録」3-12-2-43「清韓両国ニ於ケル居留地制ニ関スル法律並日本専管居留地経営中租税ノ徴収ニ関スル法律制定一件」、1899年11月8日、仁川領事伊集院彦吉より外務大臣青木周蔵宛の公第190号。

なものであった。

> 居留地公共ノ事務ハ日ニ益々繁ヲ告ケ之レト同時ニ居留地ノ発達ニ伴フヘキ事業ニシテ目下計画ノ必要アルモノ亦多ク就中水道ノ設計ノ如キ管外居住地域拡張ノ如キ海岸通埋立ノ如キ学校ノ改造道路下水ノ修築公立病院避病院ノ拡張等ハ皆居留民生存上欠クヘカラサルモノナリ。而シテ此等設計ニ係ルノ資途ハ一時ニ巨萬ノ額ヲ要スルカ為メ到底釜山独力ノ能ク弁シ能ハサル所ナレハ是非其本邦市町村同様ニ公債ヲ募集セサルヲ得。又当居留地ノ発達ト共ニ文物制度ノ改進ヲ努メントスルニハ自治制ヲシテ一層有力完全ニ施行セサルヲ得。而シテ此等ノ企画ヲ成効セント欲セハ実ニ此居留地ヲシテ法人トナシ以テ本邦法律規則ヲ適用セサルヘカラス。是レ本項居留地ヲ本邦公法上法人ト認メラレンコトヲ希望スル所以ナリ*31。

　当時、居留地では学校の新築、水道の設置、海岸の埋立などの社会基盤施設の整備が求められていた。しかし、任意団体の居留民団体は公債発行ができないという限界があった。そのため、仁川居留地において居留地前の埋立工事が問題となった時に、工事費は居留民の個人名義をもって銀行から借りられた。居留民の総代役場には法人格がなく、法的主体になれなかったからである。

　さらに、居留民団体は賦課金滞納の問題を抱えていた。1902年・1903年の京城居留民役所の決算表（【表2-3】）をみると、賦課金の徴収率は約50〜70%に留まっていた。当初計画された予算表と比較すると、予算の3割以上を占める戸数課金の徴収率は、1902年に68%（予算額8973円に対して決算額6131円）、1903年に54%（予算額9627円に対して決算額5199円）の具合であった。地所課金や芸妓課金の場合も同様であり、計画通りに賦課金の徴収ができなかったことがわかる。

　居留民団体の財政が賦課金に頼っている構造も問題であった。賦課金には、

---

*31 「外務省記録」3-12-2-43「清韓両国ニ於ケル居留地制ニ関スル法律並日本専管居留地経営中租税ノ徴収ニ関スル法律制定一件」、1899年10月26日、釜山領事新勢原五郎より外務大臣青木周蔵宛の公第268号の附属書。

表2-3 京城居留民役所の決算表（1902年・1903年）　　　　　　　　　　　（単位は円）

決算（収入の部）				
			1902年（明治35）	1903年（明治36）
第一款	諸課金	営業課金	2,523.41（14.6%）	3,153.04（18.4%）
		戸数課金	6,130.70（35.4%）	5,198.72（30.4%）
		地所課金	1,950.19（11.3%）	1,819.22（10.6%）
		芸妓課金	814.00（4.7%）	1371.50（8.0%）
		興行課金	179.50（1.0%）	301.80（1.8%）
第二款	雑収入		1,345.78（7.8%）	1608.11（9.4%）
第三款	諸手数料		357.92（2.1%）	769.95（4.5%）
	銀行借越金		4004.29（23.1%）	2899.84（16.9%）
	合計		17,305.79（100%）	17,122.18（100%）
決算（支出の部）				
			1902年（明治35）	1903年（明治36）
第一款	経常費	祭祀費	239.00（1.4%）	226.75（1.3%）
		小学校費	3545.91（20.5%）	4328.90（25.3%）
		幼稚園費	800.85（4.6%）	1041.84（6.1%）
		衛生費	2699.48（15.6%）	749.78（4.4%）
		土木費	153.39（0.9%）	167.88（1.0%）
		点灯費	1334.42（7.7%）	852.15（5.0%）
		警備費	317.43（1.8%）	472.05（2.8%）
		救恤費	41.20（0.2%）	118.16（0.7%）
		軍隊送迎費	75.00（0.4%）	145.33（0.8%）
		火災保険費		138.60（0.8%）
		民役場費	2822.93（16.3%）	3682.41（21.5%）
第二款	臨時費		5276.18（30.5%）	5198.33（30.4%）
第三款	予備費			
	合計		17,305.79（100%）	17,122.18（100%）

出典　「外務省記録」3-8-2-201「居留民団法並ニ同施行規則制定資料雑纂」、1904年10月9日、京城領事三増より外務大臣小村寿太郎宛の機密第24号、「専管居留地及居留民団法案諮詢ノ件ニ関スル答申」。

土地家屋課金・営業課金・分頭（戸割）課金・三厘金[*32]などの種類があった。前述の京城居留民役所の場合、営業課金・戸数課金・地所課金が主な収入源であり、全体の約60％を占める具合であった。

　以上のような滞納者問題の背景には居留民団体の法律的根拠や規制力を疑問視し、これを口実に賦課金の納付を拒む居留民の存在がある。一例を挙げると、韓国政府経営の日語学校に採用されたある日本人教員は、居留民役所は「居留

[*32] 三厘金は、元山の居留地において徴収されていた賦課金の一つであり、貿易品に対して金額の0.3％が賦課された。高尾新右衛門編『元山発展史』啓文社（大阪）、1916年、775頁。

民ガ便宜ノ為メ合意上成立セシメタル一私人ノ共同組合」に過ぎないこと、居住地が日本居留地から離れていることを挙げ、賦課金の納付を拒んでいた[*33]。

　だが、このような滞納者に対し、居留民役所は強制徴収権を行使できなかった。居留民団体の賦課金は領事が認可した居留地規則に拠っていたが、規則の法律根拠が曖昧であったからである。例外的に、仁川領事が日本の国税滞納者処分法を準用するという布達を発し、滞納者に納付を催促した例があったが、居留地の賦課金と市町村の租税とを同一視できるかという根本的な疑問が存在した。このような状況から各居留民団体において、賦課金滞納者は絶えなかったのである。

　このような背景から、居留地の公共事業の増加とともに、居留民団体の法人化運動が強まっていく。居留民の法人化建議書に対して、領事館側は慎重な態度を示していた。釜山領事の新勢原五郎は居留民団体について、「不完全ナガラモ自治行政ノ衝ニ当ラシメ実質上大体ニ於テハ本邦市町ト同一ノ体裁」を備えていると評価しながらも、法人化問題については立場を留保していた[*34]。法人化問題に先立ち、「在外各専管居留地ニ適用スヘキ画一ナル規則」の制定、すなわち標準的な居留地規則の制定が先決問題であると考えた。新勢原は、法人化問題は多少の検討を要すると結論付け、外務省に上申した。居留民団体の法人化問題は韓国政府のみならず、各国居留地の利権とも係わっており、法理的議論を要する問題だったからである。

　法人化建議書を受け取った外務省では、それに関する改善策を検討していた。1900年頃に居留地制度及び賦課金徴収に関する法律案が検討されていた。この案は議論を経て修正されたが、結局帝国議会へ提出されず、廃案になってしまう[*35]。在外居留地における法律の施行問題、居留民の権利・義務に関しては

[*33] 「外務省記録」3-8-2-359「朝鮮国京城帝国居留民規則設立一件」、1902年10月25日、京城領事三増久米吉より外務大臣小村寿太郎宛の機密第22号、「居留民費徴収方ニ関シ在京城領事ヨリ具申一件」。「外務省記録」3-8-2-201「居留民団法並ニ同施行規則制定資料雑纂」、1904年10月9日、京城領事三増より外務大臣小村寿太郎宛の機密第24号、「専管居留地及居留民団法案諮詢ノ件ニ関スル答申」。

[*34] 「外務省記録」3-12-2-43「清韓両国ニ於ケル居留地制ニ関スル法律並日本専管居留地経営中租税ノ徴収ニ関スル法律制定一件」、1899年10月26日、釜山領事新勢原五郎より外務大臣青木周蔵宛の公第268号。

[*35] 「外務省記録」3-12-2-43「清韓両国ニ於ケル居留地制ニ関スル法律並日本専管居留地経営中租

さらなる法理的検討を要していたからである。

その後、1902年11月に作成された外務省資料からは、在外居留民に憲法が適用されるかが論点となっていたことがわかる*36。明治憲法には領土規定は設けられておらず、憲法の効力が及ぶ範囲は明確に規定されていなかった。外務省は、憲法第1条の「大日本帝国ハ万世一系ノ天皇之ヲ統治ス」との条文における「大日本帝国」が領土及び臣民を指すものであるとし、在外居留民も天皇の統治下に置かれると解釈していた。基本的に「法規ハ臣民ニ追従ス」との立場と、「領事ノ職務ニ関スル法律」や「清韓在留民取締法」といった従来の法律制定の事例を挙げ、憲法の海外有効説を採ったのである。結論では、「憲法ハ国家法規ノ総綱ニシテ国家ヲ拘束シ国家権力ノ発動ニハ常ニ此制限ヲ受ケ又国家成立分子タル臣民ニ対シテハ其居留地ノ内外ヲ問ハズ総テ効力ヲ有ス」と締めくくっており、在外居留地における憲法有効説を根本義としていた。

ところが、外務省は憲法のすべての条項が在外居留民に適用されるとはみていなかった。憲法第21条には、「日本臣民ハ法律ノ定ムル所ニ従ヒ納税ノ義務ヲ有ス」と定められ、臣民の納税義務が規定されている。外務省は、居留地賦課金は市町村税とは異なる性格のものであり、納税義務には該当しないと解釈し、憲法有効説に一定の留保を加えていた。これと同様に、居留民団体と市町村の法律的性格も明確に区別していた。1904年1月に、仁川居留地会では居留地の戸数割賦課金を駐在官吏（領事館官吏・郵便局員・警部・巡査）に対して負担させることを議決し、領事の認可を求めた*37。居留民会では、駐在官吏も公共設備の利益を享受しており、日本の自治体において官吏に賦課する事例を根拠として挙げていた。この賦課金問題に対し、外務省は「外国ニ在ル居留地ハ条約ニ依リ居住営業ヲ許サレタル一種ノ団体ナレバ内国市町村ノ自治体ト同視シ難」いと述べ、居留民会とは異なる見解を示した*38。このような認識に基づ

　　　税ノ徴収ニ関スル法律制定一件」、1900年12月8日起草、「清韓両国ニ於テ日本臣民ノ居留スル地区ヲ法人ト為スノ法律案」。議論内容については、朴俊炯、前掲論文。
＊36　以下は、「外務省記録」3-8-2-193「居留民団法並同施行規則制定一件」、1902年11月7日起草、「帝国憲法ハ在外帝国臣民ニ其効力ヲ及ボサザルヤ否ヤノ件」。
＊37　「外務省記録」3-12-2-16「朝鮮国仁川港日本人居留地規則設立並改正一件」、1904年1月29日、仁川領事加藤本四郎より外務大臣小村寿太郎宛の公第20号、「駐在官吏ニ対シ居留民公費賦課ニ関スル一件」。
＊38　「外務省記録」3-12-2-16「朝鮮国仁川港日本人居留地規則設立並改正一件」、1904年4月19日発遣、

き、居留民会の議決を認可しないように、領事館に命じたのである。要するに、外務省は在外居留地における憲法有効説の立場を採っていたが、居留民団体を日本の市町村同様に見なすという解釈には反対意見を明確にしていた。その後、議論は居留民団体を規制する新たな法律の制定へ進んでいく。

第2項 「居留民団法」の制定過程

　外務省では調査を経て、1903年頃に「在外帝国専管居留地及居留民団法案」を作成していた[*39]。第1条では在外帝国専管居留地の法人化が規定されており、第2条では専管居留地の附近地への適用が規定されている。第3条は、「在外帝国専管居留地ナキ地方ニ於ケル外国人居留地、雑居地及其ノ附近地」における居留民団の設立が規定されていた。外務省では、在外居留地を、①専管居留地とその附近、②その他に分類し、専管居留地の法人化と、その他の地域における居留民団の設立という二本立ての法人化を構想していた。

　この案に対し、釜山領事の有吉明は居留地の外における居留民増加に触れ、法人区域を明確に規定するより、「漠然タル規定」を設けることを具申していた[*40]。また在韓臨時代理公使の萩原守一は、法人化問題は、「法律ノ改正ヲ要スルノミナラス実際ニ於テ居留地若クハ雑居地ヲ内地市町村同様公法人トスルニハ法理ニ適合セサル虞」があると述べ、法理的問題を提起していた[*41]。萩原は法人の成立要件を定めた明治民法の改正、又は新しい法律の制定が必要であるとみていた。明治民法第33条において、「法人は、この法律その他の法律の規定によらなければ、成立しない」と規定されており、法律ではない居留民規則に基づく居留民団体に法人格は認められなかったからである。

　　　外務大臣小村寿太郎より仁川領事加藤本四郎宛の送第47号、「駐在官吏ニ対シ居留民公費賦課ニ関スル件」。

[*39] 以下は、「外務省記録」3-8-2-193「居留民団法並同施行規則制定一件」、1903年10月2日発遣、珍田捨巳外務総務長官より柴田家門内閣書記官長宛の機密送第37号、「第十九回帝国議会ヘ提出スヘキ法律案通知ノ件」による。

[*40] 「外務省記録」3-8-2-193「居留民団法並同施行規則制定一件」、1904年6月25日、釜山領事有吉明より外務大臣小村寿太郎宛の機密第19号、「居留地法人制度ニ係ル法律案ニ関シ意見稟申ノ件」。

[*41] 「外務省記録」3-8-2-193「居留民団法並同施行規則制定一件」、1904年7月6日、在韓臨時代理公使萩原守一より小村寿太郎外務大臣宛の発第73号、「在韓居留民長会議ノ建議請願書進達ノ件」。

その後、1904年9月に外務省は現地の公使館・領事館に法律案に関する意見を求めていた[*42]。次は、仁川領事がその返答において居留地の現況を述べている部分である。

> 仁川日本専管居留地ハ頗ル狭隘ニシテ現今在留民ノ多分ハ各国居留地、清国居留地、朝鮮町等ニ散在シ到底地域ニ依リ居留地団ヲ組織スルコト能ハサル実況ナリ。例ヘバ課税ノ如キ日本居留地ニ在リテハ地所建物ニ課スルコトヲ得ルモ日本居留地外ニ至リテハ其権能ヲ有セス。要スルニ他居留地ニ在留スル人民ニ対シテハ其ノ営業及居留ノ保護取締上営業、戸数割両種ノ課金ヲ賦課シ得ベキモ土地建物ニ賦課スル能ハス。然ルニ此地ニ在留スルモノハ一般公共上ノ保護及利益ニ与カルコト居留地ノ内外ヲ別タス。是即当地ニ於テハ土地ノ区域ニ関係セズ全般ノ在留民ヲ以テ団体ノ本旨ト為ササル可カラサル所以ノ事情ニシテ現行居留民規則ハ即チ其趣意ヲ以テ制定セラレタルモノナリ[*43]。

仁川の居留民は、日本専管居留地、各国居留地、清国居留地、韓国人町にわたって居住しており、土地の区画に限定されない居留民団体の組織が求められていた。このような実態から、専管居留地の法人化より、広範囲な地域に適用可能な居留民団案が適合しているとの返答であった。居留民団案にすると、専管居留地から遠く離れた内陸部においても居留民団の設立が可能になるからであった。

他方、在韓公使の林権助の返答内容をまとめると、二点に整理できる[*44]。一点目は、居留民団法人の一本化である。林は、専管居留地に限定して法人化すると様々な不便が生じると述べ、第二案の居留民団の設定を上申している。専

[*42]「外務省記録」3-8-2-201「居留民団法並ニ同施行規則制定資料雑纂」、1904年9月14日発遣、小村外務大臣より在韓林権助公使・在清国内田康哉公使宛、「専管居留地及居留民団法案諮詢ノ件」。

[*43]「外務省記録」3-8-2-201「居留民団法並ニ同施行規則制定資料雑纂」、1905年1月27日、仁川領事加藤本四郎より外務大臣小村寿太郎宛の機密第1号、「専管居留地及居留民団法案ニ対スル意見上申」。

[*44]「外務省記録」3-8-2-201「居留民団法並ニ同施行規則制定資料雑纂」、1904年10月5日、在韓特命全権公使林権助より外務大臣小村寿太郎宛の機密第99号、及び京城・仁川領事の返答による。

管居留地が法人化されると、居留地外の10韓里以内の居留民は、居留民団体と各国居留地会より二重課税を受ける可能性があったからである。二点目は、賦課金徴収処分を厳重にすることである。林公使は、居留民団経費の賦課徴収権を市町村と同程度にし、滞納に対しては国税滞納処分法を適用することを建議した。

　これらの現地の意見は取り入れられ、法律案の第1条は修正された*45。外務省は、居留地の状況を、①専管居留地（釜山、元山）、②専管居留地及び各国居留地（仁川、馬山）、③各国居留地のみ（木浦、鎮南浦、群山、城津）、④雑居地（平壌、京城、龍山）の4種類に分類し、この居留状況をすべてカバーできる法律案を検討していた*46。この間、居留民の請願活動も続き、在韓居留民長会議において議決された建議書が日本の関連省庁に提出された*47。京城居留民団民長の中井喜太郎は東京に行き、外務省通商局を訪問するほか、代議士に請願活動を行っていた*48。

　その後、外務省作成の法律案は法制局と枢密院において検討された。法制局は、「海外ニ在ル帝国臣民ノ権利義務ハ憲法ノ規定及ハサルヲ以テ必需的立法事項ニ属セス」との見解を示していた*49。外務省の解釈とは違い、法制局は憲法無効説を採用していたのである。法制局では、海外の居留地に市町村と同様の公法人を設置することは法理的に無理があると解釈し、法律ではなく勅令制定を提案していた。だが、枢密院では法律での制定案を支持しており、議論の末、「事項其物カ重大ナルカ故ニ勅令ヨリハ寧ロ法律ノ形式」をとることとなった。この過程で、二本立ての法人化案は放棄され、居留民団一本立ての法律

---

*45 「第1条、専管居留地、各国居留地、雑居地其他ニ住居スル帝国臣民ノ状態ニ依リ外務大臣ニ於テ必要ト認ムルトキハ地区ヲ定メ其ノ地区内ニ住居スル帝国臣民ヲ以テ組成スル居留民団ヲ設立スルコトヲ得」。
*46 「外務省記録」3-8-2-193「居留民団法並同施行規則制定一件」、1904年11月起草、「清韓日本人居留民団法案起案要領」の附属書。
*47 「外務省記録」3-8-2-193「居留民団法並同施行規則制定一件」、1904年7月6日、在韓臨時代理公使萩原守一より小村寿太郎外務大臣宛の発第73号、「在韓居留民長会議ノ建議請願書進達ノ件」の附属書。京城居留民団役所偏『京城発達史』、1912年、160頁。中井錦城『朝鮮回顧録』東京糖業研究会出版部、1915年、121～122頁。
*48 前掲書、『朝鮮回顧録』、146～147頁。
*49 「外務省記録」3-8-2-193「居留民団法並同施行規則制定一件」、1905年2月、「居留民団法案」附属の付箋。

案が採用された。

　以降、法律案は議会に提出され、衆議院の居留民団法案委員会において議論された。この場で、外務省通商局長の石井菊次郎は、「外国デハ居留地ハ私生児ノヤウダト云ヒマスガ日本ノ居留地ハ大ニ生長シマシテ最早胎内ノ小児デハナイ」と述べ*50、日本の居留地の発展を強調していた。また石井は衆議院本会議での質疑応答において、「此法律ハ、帝国ニ於テ領事裁判権ヲ有スル所デナケレバ、執行シ難イ事柄」であると、指摘している*51。居留民団の業務は行政・衛生・教育・土木の広範囲に及んでおり、領事裁判権における片務的不平等性をさらに超えていた。そして、条約によって公認された居留地とはいえ、外国における公法人の設置は、相手国の主権を侵奪する要素を有し、対等な国家間には成立し難い性格のものだった。

　結局、両議院の審議を経た法律案は、1905年3月に「居留民団法」（法律第41号）として発布された。これは外国における帝国臣民の団体に対して法人格を付与した法律であり、その内容は基本的に日本の市町村制に準拠していた*52。石井が「居留民団法ノ主旨ハ人ヲ主」としていると述べているように*53、国際法における属人主義の観念に基づいていた。

　その後、「居留民団法施行規則」（統監府令第21号）が公布されるのは1906年7月であった*54。こうして施行規則の制定まで相当の期間を要したのは、日韓協約と統監府の設置など政治・外交的変化が生じたからであった。居留民団の主権侵奪的な性格にもかかわらず、韓国の保護国化による外交権の剥奪は、居留民団法の施行を可能にしたのである。要するに、居留民団法の施行は、国際法的な観点からすれば、海外居留地への属人的な法制適用であった。これによって、日本人居留民は外国にいながらも、日本国内法の影響圏内にあるという不思議な環境に置かれるようになった*55。

---

*50　第21回帝国議会衆議院、居留民団法案委員会会議録（筆記）第2回、1905年2月21日。ちなみに、石井は1896〜1897年にかけて仁川領事館領事を務めた人物である。
*51　『官報』号外、1905年2月19日、衆議院議事速記録第18号。
*52　統監府地方部編『民団制度実例』、1908年、95頁。
*53　「外務省記録」3-8-2-211「居留民団設立一件」、1905年6月21日、外務省通商局長石井菊次郎より天津総領事伊集院宛、「居留民団法実施ノ地区ニ関スル件」。
*54　韓国以外の地域では、1907年4月発布の外務省令第2号「居留民団法施行規則」が適用された。
*55　中内二郎『居留民団の研究』三通書局、1941年、2〜4頁。

なお、統監府の設置後に問題視されたのは、日本の法律を韓国へ適用する場合の権限問題であった。つまり、韓国に適用される法律のうち、各省大臣が有する権限が自動的に韓国統監に移管されるかが問題であった。この問題は、衆議院の委員会における議論を経て、各省大臣の権限が韓国統監に移管されることで解決をみた[*56]。その結果、1906年に「内国官憲ノ管掌ニ属スル事項ニ付統監ノ職権ニ関スル法律」（法律第57号）では、「韓国ニ関スル事項ニシテ法律ノ規定ニ依リ内国官憲ノ管掌ニ属スルモノハ勅令ヲ以テ之ヲ統監ノ職権ニ属セシムルコトヲ得」と定められた[*57]。包括的な職権の移管に加えて、「韓国ニ於ケル内国官吏ノ管掌事務ヲ統監ノ職権ニ属セシムル件」（勅令第167号）によって、具体的な権限の移管も定められた。これにより、居留民団法、清国及朝鮮国在留臣民取締法、戸籍法、在外指定学校職員退隠料及遺族扶助料法などの権限が韓国統監へ移管された。その後、日本人居留民に対する権限を含め、韓国に関するものは統監が行うようになった。

第3節　居留民団の設立と居留民政策の変化

第1項　居留民団の設立と運営

「居留民団法施行規制」の公布以降、居留民団体の設立が相次いだ。【表2-4】は、1906年末における居留民団体の状況である。10ヵ所の居留民団、21ヵ所の居留民団体を含め、計31ヵ所の居留民団体があった。全体戸数の86％（1万9037戸/2万2139戸）、全体人口の88％（7万3240人/8万3315人）が居留民団体に属していた。9割近くの居留民が居留民団体に入っていたことになる。

一方、人口が少ない地域では居留民総代役場又は日本人会の名称で団体が組織された[*58]。龍山居留民総代役場（1895年11月）、開城居留民総代役場（1900年

[*56] 権限の移管をめぐる議論については、徐榮姫『대한제국 정치사 연구』서울대학교출판부、2003年、330～332頁。
[*57]『官報』第6897号、1906年6月27日。
[*58]「日本人会令」「日本人会会則準則」などの規則は後に各理事庁によって定められた。釜山理事庁の例は、釜山理事庁編『（明治四十二年六月三十日現行）釜山理事庁法規類集』、1909年、43～50頁。

表2-4 1906年末における居留民団体の状況

管轄理事庁	団体の名称	設立年月日	民団区域	戸数	人口 男	人口 女	人口 計
釜山	釜山居留民団	1906.8.15	釜山専管居留地、絶影島、草梁、釜山鎮、旧館	3,933	8,451	7,251	15,702
釜山	密陽日本人会	1906.12.24	駕谷村城内、龍城、永村、堤大洞、岐山	138	217	162	379
仁川	仁川居留民団	1906.8.15	仁川専管居留地、仁川支那専管居留地、各国居留地及其ノ附近一里以内	3,067	7,216	5,721	12,937
仁川	海州日本人会	1904.3	海州城内一円	56	106	76	182
京城	京城居留民団	1906.8.15	東は清涼里、西は青坡、南は城壁、北は洪済院	3,216	6,447	5,277	11,724
京城	龍山居留民総代役場	1895.11.1	東ハ利太元ヨリ漢江洞ヲ経テ京城ト□シ西ハ孔徳里 南ハ漢江河岸北ハ青坡ニ至ル	517	1,023	739	1,762
京城	開城居留民総代役場	1900.6.17	開城郡開城府	319	623	455	1,078
京城	永登浦居留民総代役場	1905.4.24	始興郡ノ内永登浦、中宗里、下方□里、沙村里、道也味里、九老里	151	325	214	539
京城	太田居留民会	1905.7.10	太田駅ヨリ十八町四方の地	152	502	327	829
京城	水原居留民総代役場	1906.8.30	水原府一円	73	166	101	267
京城	鳥致院居留民総代役場	1906.8.30	清州郡西部一円、燕岐郡北部一円	122	253	138	391
元山	元山居留民団	1906.9.1	葛麻浦徳源邑元山里陽日里	1,046	2,955	2,165	5,120
元山	北青日本人会	1906.6.10	北青	76	209	98	307
平壌	平壌居留民団	1906.8.15	平壌及其ノ附近	1,443	2,775	1,755	4,530
平壌	兼二浦日本人会	1906.9.29	兼二浦	176	535	240	775
平壌	安州日本人会	1906.10.6	安州、新安州	55	138	84	222
鎮南浦	鎮南浦居留民団	1906.8.15	各国居留地内及居留地外一里以内	764	1,662	1,225	2,887
馬山	馬山居留民団	1906.9.1	新馬山旧馬山及居留地附近	677	1,485	1,091	2,576
馬山	統営日本人会	1906.5.7	統営邑内	61	107	112	219
木浦	木浦居留民団	1906.10.15	木浦各国居留地及其ノ附近一里以内	535	1,346	1,018	2,364
木浦	栄山浦日本人会	1906.3.9	栄山浦全部	47	202	102	304
木浦	光州日本人会	1906.12.17	光州府内全部	41	74	42	116
大邱	大邱居留民団	1906.11.1	大邱城内及大邱城外一帯ノ地域	697	1,252	900	2,152
大邱	金泉居留民団体	1906.10.24	金山郡金泉面一円	80	164	106	270

第 2 章　居留民団体の変容と在朝日本人社会の「自治」

群山	群山居留民団	1906.8.15	群山各国居留地ヨリ一里以内	569	1,120	930	2,050
	江景日本人会	1905.2.6	恩津郡江景浦	110	228	184	412
	公州日本人会	1906.3.7	公州府中	48	66	49	115
城津	城津日本人会	1906.6.15	城津各国居留地	140	253	166	419
	鏡城日本人会	1906.4.17	鏡城邑及独津	83	153	109	262
新義州	新義州日本人会	1906.9.20	新義州一円	516	1,177	669	1,846
	龍巌浦居住民会	1906.10.30	龍巌浦一円	129	294	210	504
計				19,037	41,524	31,716	73,240
1907年の日本人人口（朝鮮全体）				22,139	48,028	35,287	83,315

出典　統監官房『（第一次）統監府統計年報』、1907年、24 〜 26頁。
注　□は判読不能の字である。太田の表記は原文のままである。

表2-5　居留民団成立以降の韓国各地における日本人居留民団の状況（設立順）

居留民団名	設立年月日	1906年8月末		1907年6月頃		1908年6月末	
		戸数	人口	戸数	人口	戸数	人口
釜山居留民団	1906年8月15日	4,131	15,877	4,018	15,948	4,776	18,704
仁川居留民団	1906年8月15日	3,046	12,710	3,058	12,376	2,966	11,612
京城居留民団	1906年8月15日	3,000	11,380	4,035	14,314	5,240	17,788
平壌居留民団	1906年8月15日	1,469	4,405	1,538	5,201	1,864	6,634
鎮南浦居留民団	1906年8月15日	727	2,739	748	2,904	774	2,661
群山居留民団	1906年8月15日	406	1,510	602	2,362	818	3,162
馬山居留民団	1906年9月1日	589	2,313	731	2,727	910	3,355
元山居留民団	1906年9月1日	946	5,015	1,029	4,447	1,040	4,232
木浦居留民団	1906年10月15日	516	2,128	606	2,459	756	2,901
大邱居留民団	1906年11月1日	649	1,928	698	2,416	859	2,882
龍山居留民団	1907年9月15日					1,396	4,653
新義州居留民団	1908年2月15日					549	1,574
計12ヵ所		15,479	60,005	17,063	65,154	21,948	80,158

出典　1906年8月末：統監府『統監府施政一班』、1907年1月、8 〜 9頁。1907年6月頃：統監府総務部『韓国事情要覧』、1907年6月、55頁。1908年6月末：統監官房『韓国施政年報』（第一次）1908年12月、402 〜 408頁。

6月）、海州日本人会（1904年3月）、江景日本人会（1905年2月）、永登浦居留民総代役場（1905年4月）、太田（大田）居留民会（1905年7月）がその例である。一般の居留民団体が後に居留民団となる例は、龍山と新義州の二つの事例にみられる。凡そ居留民人口が1500人前後に達すると、居留民団への昇格が行われた（【表2-5】）。

　居留民団体の区域をみると、「居留地及其ノ附近一里以内」のように、境界が示される場合もあったが、区域が広範囲に設定される場合もあった。例えば、

京城居留民団の区域は「東は清涼里、西は青坡、南は城壁、北は洪済院」と定められた。また大邱でも「城内及大邱城外一帯ノ地域」と定められた。とりわけ雑居地の場合は、居留民団の権限は広範囲に及んでおり、朝鮮人の居住地域と重なる場合が多かった。このような居留民団の区域設定は主権侵害的な性格を有していたのである。

なお、仁川開港25周年を記念して出版された地誌からは、「居留民団法」の発布後に安定的に発展を遂げていた居留地の様子がうかがえる。市町村と等しい公法人であり、完全なる自治の制度という記述からは、外務省が否定していた居留民団＝市町村の認識もみられる。

> 居留地の経営は明治三十八年公布の居留民団法により居留民団役所を設け本邦に於ける市町村と等しく公法人として完全なる自治の制度を立つ。且つ公共の設備としては民団立尋常高等小学校、及び高等女学校、幼稚園、民団立病院、消防組、協同井、街灯、公園（大神宮）、共同墓地その他衛生、土木等施設至らざるなく、電話あり、電灯あり、鉄道あり、警察あり、倶楽部、劇場、演技場等有らゆる娯楽機関をも備へ、尚近く水道及び商業学校、貧民施療院等の設置を見んとす[*59]。

では、「居留民団法」の下では、市町村並みの地方自治が保障されていたのであろうか。一般的に、地方自治の要件は、組織権・立法権・財政権の有無によって判断できる。まず、居留民団の組織をみると、議決機関の居留民会は民選議員で構成され、議決内容を行う執行機関の居留民団役所は、民長・助役・会計・書記によって構成されていた[*60]。居留民会議員の任期は2年であり、選挙権は満25歳以上の男性として居留民団税を年額5円以上納める者に与えられた。市町村と同様に選挙で議員を選び、議会を構成する権限を有していたのである。任期3年の民長に関しても、「居留民会に於て之を選挙し監督長官の認可を受くべし」と定められ公選形式をとっていた。次に、財政権をみると、居留民団では民団税、使用料、手数料を徴収する権限を有していた。以前の居留

[*59] 仁川開港二十五年記念会編『仁川開港二十五年史』、1908年、3〜4頁。
[*60] 統監府地方部『民団制度実例』、1908年、「居留民団法施行規則」。

民団体とは違い、滞納者に対して強制措置も可能となった。最後に立法権に関しては、「居留民団ハ居留民ノ権利義務及居留民団ノ事務ニ関シ居留民団規則ヲ設クルコトヲ得」と規定されていた。居留民団規則を定める権限を有していたのである。ちなみに、京城居留民団が制定した規則（1911年11月基準）は20項目にのぼっていた[*61]。要するに、居留民団は組織権・立法権・財政権の権限を有しており、市町村並みの地方自治が認められていたのである。

しかしながら、居留民団は統監府・理事庁から監督を受けるようになっていた。理事庁は韓国の保護国化後の1906年2月に、領事館に代わって設置されたものであり、その長は理事官であった。理事官は統監の指揮監督を受けながら、従来領事に属していた事務を管掌していた[*62]。以前の居留地規則（1896年の「在京城帝国居留民規則」）と比較すると、領事単独の監督が理事官と統監の二重監督体制となっていた。加えて、統監は居留民会解散権と民長任命権を有していた。つまり、居留民団体は「居留民団法」によって法律根拠を得たものの、官に対して一層従属的な立場になっていたのである。

では、京城居留民団の最初の議員選挙を通して、居留民社会の一面を覗いてみよう。京城居留民団の最初の選挙は1906年10月に行われた。選挙に際し、京城では東部有志者会・西部有志者会・同志会などが組織され、各々の議員候補を発表していた（【表2-6】）。選挙期間中は異常な選挙熱をみせており、京城では投票を条件に商売の取引を要求するシーンもみられた[*63]。当選者は中村再造、和田常市、山口太兵衛、森勝次ら20名であったが、彼らは1880年代に京城に入った「草分け」的人物であり、貿易商・雑貨商・呉服商を営む商人であった。その多くは、日清戦争・日露戦争前後に質屋経営又は不動産価格の高騰によって富を蓄積した人物であり、そうした経験は居留民社会で「成功談」として語られていた[*64]。

[*61] 京城居留民団役所編『現行京城居留民団規則類集』、1911年。
[*62] 『官報』号外、1905年12月21日、勅令第267号「統監府及理事庁官制」。
[*63] 『朝鮮新報』、1906年10月8日、「京城選挙の彙報」。他の地域の選挙も同様であった。群山では、「始めて国家の認めた自治制度の初舞台に乗り出して、議員となって其の栄誉に与らんと有象無象争ひ立て候補者の名乗を上げたから、恰も雨後の筍の如く簇々として頂背相次いで、遂鹿界の賑はしきこと前代未聞であった」という。保高正記・村松祐之『群山開港史』、1925年、125頁。
[*64] 『朝鮮』1909年9月号、69〜70頁、「成功談」。『朝鮮及満州』1917年4月号、148〜151頁、「京

表2-6　1904年〜1906年の京城居留民会議員当選者

1904年(定員16名)	1905年(定員16名)	1906年京城居留民団議員				
		(定員20名)	入京	出身県	所属	職業
中村再造	中村再造	中村再造	1885年	福岡	東部	貿易商
和田常市	和田常市	和田常市	1885年	大分	西部	貿易商
山口太兵衛	山口太兵衛	山口太兵衛	1885年	鹿児島	西部	呉服商
鷹取虎次郎	鷹取虎次郎	鷹取虎次郎	1893年	兵庫	東部	畳製造商
貞島品吉	貞島品吉	貞島品吉	1895年	佐賀	東部	菓子製造業
関繁太郎	関繁太郎	関繁太郎	1887年	佐賀	東部	貿易商
増田三穂	増田三穂	増田三穂	1896年	福岡	西部	家具商
曽我勉	曽我勉	曾我勉	1895年	東京	西部	土木建築業
菊田真	梶原末太郎	梶原末太郎	1887年	大分	東部	貿易商
依田陸次郎	秋吉富太郎	秋吉富太郎	1887年	福岡	西部	金物商
城六太	濱野徳次郎	濱野徳次郎	1887年	東京	東部	元外務省書記・雑貨商
前田熊市	阪井義明	阪井義明	−	佐賀	東部	
江口虎次郎	中島司馬之介	中島司馬之介	1894年	佐賀	西部	元新聞記者、農業
進辰馬	田代宗四郎	進辰馬	1894・5年	福岡	西部	雑貨商
江川文吉	大坪文吉	釘本藤次郎	1895年	佐賀	東部	金物商
淵上貞助	淵上貞助	森勝次	1885年	福岡	西部	貿易商
		古城管堂	1903年	大分	東部	元医者・実業家
		酒井政平	−	山口	東部	米穀・酒類商
		田中常次郎	1893年	東京・和歌山	−	貿易商・御用達
		三好和三郎	1899年	大阪	西部	貿易商・両替

出典　京城居留民団役所編『京城発達史』、1912年。京城府編『京城府史』第2巻、1936年、975〜976頁。所属は『朝鮮新報』1906年10月3日・4日の候補推薦広告による。職業は、中田孝之介編『在韓人士名鑑』木浦新報社、1905年。鈴木庸之助編『日韓商工人名録』実業興信所、1908年。『朝鮮紳士録』京城新報社、1909年。川端源太郎『朝鮮在住内地人実業家人名辞典』第1編、朝鮮実業新聞社、1913年より整理。

注　不明あるいは確定できない場合は「−」をもって表示した。入京年度・出身地が確定できない場合は併記した。

　議員選挙と同時期に、民団民長の選挙も行われた[*65]。当時、京城居留民団では議員・吏員・小学校新築担当技手による汚職事件が相次いでおり、居留民団内部でも従来の弊風を一掃しようとの動きがあった。その背景から、圧倒的な票差で元警察官の熊谷頼太郎が当選した[*66]。これに先立ち、1903年に専任民長

　　　城の成功者昔物がたり」。
*65　『朝鮮新報』、1906年11月1日、「京城民長選挙の結果」。
*66　『朝鮮新報』、1906年10月5日、「京城の選挙大勢」。『朝鮮新報』、1906年11月13日、「京城民団

として中井喜太郎が招聘されたことも、居留民団体における変化の第一歩であった。以前は滞在歴が長い人物が世話掛りとして議員や民長を務めていたが、この頃になると地方行政に関する知識と経験を有する人物が必要とされていた。これは、居留地の成長による社会的要求であった。

第2項　居留民政策の変化と居留民社会の対応

統監府の設置後に日本人は実質において居留地に拘束されず、どこにでも居住可能であった。このような背景から居留地の存在意義が問われるなど、統監府・理事庁では今後の居留地の善後策についての議論が始まっていた。まず、議題となったのは、「居留民団法」の実施区域であった。仁川理事官の信夫淳平は、事実上内陸まで開放された以上、居留地制度が無意味になった点に触れ、居留地の将来について次のように述べていた。

　　　既ニ居留民団法ハ施行セラレ之ニ依リ民団ハ一定ノ地区内ニ住居スル帝国臣民其者ヲ以テ組織ノ直接ノ基礎トナシ居留地ナルモノハ其拘泥スル所ニ非サルヨリ推スモ将タ又土地建物証明規則ノ施行ニ依リテ間接ニ広ク内地ヲ開放シ一般外国人ノ土地所有権ヲ容認セル現状ヨリ考フルモ居留地ノ制度ハ既ニ存在ノ理由ヲ失ヘルモノニシテ其存在ハ今日最早無意味ナリ。現下日本居留地ハ勿論清国居留地各国居留地其他十韓里以内ノ雑居地ハ悉ク我居留民団ノ実施区域ニ編入セラレ此施行区域内一帯ノ地ニ於ケル道路衛生其他公共事業ヲ或程度マテ団ノ経費ヲ以テ施設シ苟モ本邦人ノ利益ニ関スル施設経営ナルニ於テハ其租界外ナル各国居留地ナルト将タ清国専管居留地ナルトヲ問ハス之ヲ等閑ニ附スヘキニ非サルナリ[*67]。

また信夫は、「居留民団法」の適用範囲が拡散することや、「現下ノ居留地制ハ追フテ之ヲ廃シテ之ヲ韓国地方組織ノ一部ニ編入」することを予測していた。

　役所の紊乱（一）」。
[*67]　この意見書は、1907年の秋に行われた理事官会議における信夫の発言を文書化したものである。ルビは原文のままである。朝鮮総督府外事局「居留民関係書類（明治四一～四三年　九括）」（韓国国家記録院所蔵、管理番号：CJA0002262）、1908年2月10日、仁川理事庁理事官信夫淳平より統監代理副統監曽祢荒助宛の機密第7号、「仁川ニ於ケル居留民制ノ状況及将来」。

廃止後には、「外国人ニ対シテハ地方公費ヲ負担セシメ我民団ヲシテ洽ク公共施設ノ任ニ当ラシメ依テ以テ我行政ノ統一ヲ期スル」ことを主張していた。つまり、信夫は居留民団を中核とする地方行政の改編を構想していたのである。

では、この時期、統監府と理事庁では居留民の存在をどのように位置づけていたのであろうか。当時の理事官や統監の演説を通しては、居留民を植民地経営の担い手として位置づけていることがうかがわれる。例えば、京城理事官の三浦彌五郎は、1906年11月に行われた熊谷京城民長の園遊会において、日韓両民の一致協力を求める趣旨の演説を行っている。この場で、三浦は日韓両国は日韓協約により「一身同体の働き」を為しており、「日本居留民は京城市政の顧問となり率先して居留地の発展に実果を納めんこと」を希望すると述べていた[*68]。この文面からは、植民地経営の模範的存在としての役割が居留民に設定されていたことがわかる。

このような役割の設定は、居留民団に対する監督強化へとつながった。その第一歩は、「居留民団法施行規則」の改正（1908年5月15日統監府令第15号）として表れた。議員被選挙権に制限を設けた第17条における「官吏」という条項は、「理事庁ノ官吏及居留民団吏員」に改正された[*69]。これによって、統監府官吏が居留民団議員になる道が開かれることになる。続いて、再び同規則が改正され（1908年7月22日統監府令第23号）、居留民団民長の官選化がなされた[*70]。既存の「民長ハ居留民会ニ於テ之ヲ選挙シ統監ノ認可ヲ受クベシ」という公選制度は[*71]、「民長ハ統監之ヲ任免ス」と改正された[*72]。任期2年の条項は削除され、当局が任命した民長が長期間民長になることが可能となった。民長の官選制は、居留民との事前協議なしに、一方的に行われた措置であった。

統監府の一連の措置に対して、京城・釜山・群山・木浦の居留民団は反対声明を発表し、反対姿勢を明確にした[*73]。これまでの居留民社会の自治精神を破

[*68] 『朝鮮新報』、1906年11月25日、「熊谷民長園遊会」。
[*69] 『統監府公報』第54号、1908年5月16日。
[*70] 『統監府公報』第64号、1908年8月1日。
[*71] 吉野勝・吉田英三郎『居留民法要義』、1906年、22頁。
[*72] 統監府地方部『民団制度実例』、1908年、7頁。
[*73] 『朝鮮』1908年9月号、7～8頁、「民長官選の統監府令に対する在韓居留民団の叫び」。

壊する行為だとする批判の声であった*74。雑誌『朝鮮』の編集長釈尾春芿は、「官尊民卑の弊風」「統監府の干渉圧制政策」「伊藤統監の韓国本位主義政策」を槍玉に挙げ、統監政治に批判を加えていた*75。次はその一部である。

> 官吏口を開けば曰く、在留民は畢竟出稼的人物なり、ゴロ的人物なり。今日相当の財産を蓄へ相当の位地を有するものも、二十年若しくば十年以前迄は赤裸々の徒のみ。素養無く、品格無く、只多少冒険心に富めるもの、韓人の無智に乗して奇利を博したる僥倖者たるに過ぎず……然して伊藤統監として来任するや、到処に於て在留民を浮浪人呼ばけりし。眼中に在留民を置かざるの態度を示したるを以て、上の風下之より甚しきものあり。官僚俗吏の輩、益々在留民を軽侮し、統監府員と言はば走卒の輩に到る迄鼻息き荒きを見るに至り。就中理事官なるものは、行政司法の二権を握れるを以て、官等は卑きも人民に対する権勢は他の諸官吏の上に在り*76。

引用文からは、統監府の設置後に官民の間に反目状態が生まれていたことが確認できよう。1908年9月には民長官選化に反対する「官選撤廃期成同盟会」（以下、期成同盟会と略す）が組織された。日本人社会から賛同を受け、第一回の総会ではかなりの会費が集まったという*77。期成同盟会が設立された時期は、居留民団選挙を控えていた時期であり、民長官選化は選挙運動の重要な論点になっていた。京城内では期成同盟会、革新同志会、中央組合、京城公民会などの派閥が結成されていた。これらの団体では、各々推薦候補を公表していたが、その中でも反対運動を展開している期成同盟会候補の当選が予想されていた。

反対運動が続くなかで、同年10月に議員選挙が行われた。当選議員20名のうち15名は期成同盟会の候補者であり、居留民の多くが官選撤廃を支持していたことがうかがえる（【表2-7】）。期成同盟会の候補が得た票は、全体の約73％を占めていた。その他は期成同盟会と対抗する革新同盟会等を支持してい

---

*74 『京城新聞』、1908年7月23日、「民団自治の破壊」。
*75 『朝鮮』1908年9月号、24〜31頁、「朝鮮に於ける我官民の反目」。
*76 同上、25〜26頁。
*77 『京城新聞』、1908年9月27日、「官選撤廃期成同盟会」。

表2-7　1908年10月の京城居留民団議員当選者（得点順）

氏名	得点	所属	出身県	入京年度	職業
中村再造	533	同盟	福岡	1885年	貿易商
山口太兵衛	496	同盟	鹿児島	1885年	呉服商
和田常市	449	同盟	大分	1885年	貿易商
古城管堂	402	同盟	大分	1887年	実業家
梶原末太郎	98	同盟	大分	1887年	貿易商
釘本藤次郎	381	同盟	佐賀	1895年	金物商
関繁太郎	379	同盟	佐賀	1887年	貿易商
森勝次	337	同盟	福岡	1885年	貿易商
中島司馬之介	33	同盟	佐賀	1894年	農業
曾我勉	328	同盟	東京	1895年	土木建築請負業
菊池謙譲	458	同盟	熊本	1893年	言論人・教育家
前田熊市	399	同盟	佐賀	1895年	陶器商
城六太	382	同盟	熊本	1895年	質屋・土木
石井新	346	同盟	大阪	－	衛生業
田中始一郎	317	同盟	福岡	1893年	時計商
秋吉富太郎	537	革新	福岡	1887年	金物商
林田金次郎	485	革新	長崎	1894年	雑貨商・両替
大村保太	370	革新	熊本	1904年	質商
皆川広済	329	革新	東京又は神奈川	1905年	弁護士
松永達次郎	326	革新	長崎	－	貿易商

出典　『京城新聞』1908年10月10日。京城府編『京城府史』第2巻、976頁。『在韓人士名鑑』木浦新報社、1905年。鈴木庸之助編『日韓商工人名録』実業興信所、1908年。『朝鮮紳士録』京城新報社、1909年。『朝鮮在住内地人実業家人名辞典』第1編、朝鮮実業新聞社、1913年より整理。
注　同盟は「民長官選撤廃同盟会」、革新は「革新同志会」を示す。不明あるいは確定できない場合は「－」をもって表示した。出身地が確定できない場合は併記した。

たが、その多くは官吏であったと推測される[*78]。規則改正後に統監府官吏が当選した例はなく、以前と変わらず議員の20名のうち、16名は商人であった。

　なお、各地の居留民団では官選化反対の陳情活動を行っていた[*79]。同年11月には居留民会議員の代表者が伊藤統監に陳情書を提出したが、回答は得られなかった。この状況に屈せず、居留民団では帝国議会の代議士を対象にロビー活

[*78] 『京城新聞』、1908年10月9日、「議員総選挙」。『京城新聞』、1908年10月10日、「一昨夜の民団役所」。

[*79] 一方、反対運動に消極的な居留民団もあった。大邱府編『大邱民団史』秀英舎、1915年、25頁。前掲書、『仁川府史』、712頁。『朝鮮新報』、1909年4月11日、「仁川市民の奮起（続）─築港期成大会、飽迄素思を貫く」。

第 2 章　居留民団体の変容と在朝日本人社会の「自治」

動を行い、衆議院に改正法案を提出させるに及んだ＊80。1909年2月16日に衆議院議会において、大内暢三議員は「在韓同胞ハ我国権拡張ノ□囲者デアル、功労者デアル。而シテ今日ニ至ッテハ統監官吏ノタメニ無能者ト呼バレ、無教育者ト喚バレ、剰ヘ此官選民長令発シテ置イテ、我自治制ヲ攪乱」していると批判を加え、公選制度への復帰を主張した＊81。しかしながら、このような居留民社会の帝国議会への請願活動にもかかわらず、民長官選制はその後も維持される。

統監府が官選化を断行した理由に関しては、朝鮮人にも同等な選挙権・被選挙権を与えなければならないという統監府内の認識があったという解釈がある＊82。しかし、この総務長官代理の石塚英蔵の発言は、日本人社会の反対世論を沈静化させるためのものであり、民長官選化に至った要因とは言い難い。この発言は、日本の外国人居留地撤廃の経験を活かした形で、韓国における外国人居留地撤廃に関する議論が1908年時点に統監府内に存在したことを語っているとみるべきであろう。

むしろ統監府は官選化の理由について、経費の節約問題と選挙時の派閥形成の問題を挙げていた＊83。経費節約とは、統監府官吏が居留民会の議員又は民長に当選した場合は、無給にすることが可能であったからである。また、居留民社会における派閥問題に関しては、「当時の民団議員は兎角郷党を結び勢権争奪に流るること多く、民長選挙に際しては徒に紛擾を醸し、其の情弊は延いて民団の施政を阻害すべき状態」との記述からうかがえるように、派閥形成の状況は日本人社会の安定を乱す要因となっていた＊84。つまり、官選化の背景は、「朝鮮に於ける自治的機能は頗る幼稚にして民長選挙の競争は小さき日本人社

───────────────

＊80　『京城新報』、1909年2月9日、「民長官選問題」。『京城新報』、1909年2月18日、「民団法の建議」。『朝鮮』1909年3月号、9頁、「民長官選問題と帝国議会」。

＊81　『帝国議会衆議院議事速記録』23、東京大学出版会、1980年、135頁。

＊82　木村健二『在朝日本人の社会史』未來社、1989年、78頁。根拠としている石塚の発言は次のとおりである。「朝鮮に於ける自治的機能は頗る幼稚にして民長選挙の競争は小さき日本人社会の秩序を破り…韓地に於ては治外法権撤去さるる期も余り長からざることと思ふ。其際は居留民長なんかは無くなりて京城を初め各地其日韓両民を支配すべき市長を置かるるに至るであろう。其際は是非共官選で無くてはならぬから、先づ其前準備と考へて善かろう」。『朝鮮』1908年9月号、63頁、「石塚総務長官代理を訪ふ」。

＊83　『朝鮮』1908年9月号、29頁、「朝鮮に於ける我官民の反目」。

＊84　京城府編『京城府史』第2巻、1936年、800頁。

会の秩序を破り」という記事に注目すべきである*85。このような状況は、統監府書記官の児玉秀雄が帝国議会の改正法律委員会で行った答弁からも確認できる。

> 韓国在留の邦人は古くより在住せし者と新来せし者とありて自然に感情の面白からざるものありしを以て初め五年間に試験せし民選の方法を廃し官選となしたるなり。当時新義州大邱の如き民長選挙の為に紛擾を惹起数日職を休みたりと云ふことさへありたり。是れ民選の弊にあらずして何ぞ。其の後元山新義州大邱等に於ける官選民長は人民の折合も総て宜しく好成績を収めつつあり。又本会議の際提出者は法律の不備に乗じて官選となしたるものと言はれたれども決して然る事無し。又統監府は居留民を圧迫したりと言はれたれど統監府に於ては人民の便利を計り改良をこそ力むるも圧迫せし事無し云々*86。

また、児玉は委員会で「原則上民選を不可とする訳にあらず適当の時機に到らば之を民選に復するも亦可なりと信じ居れり」と答えるなど暫定的な措置であると説明していた*87。結局のところ、当時議会の多数議席を占めていた伊藤博文の立憲政友会は反対を堅持し、改正案に対する議員からの賛成は得られなかった。これにより、官選化問題は一段落する。

その後、民長官選化撤廃運動が再燃するのは、1909年11月に熊谷民長が任期満了で辞任する時であった。辞任を控えて、三浦理事官は和田議長を通して、居留民団議員に適任者を推薦するよう求めた*88。居留民会において選出された複数の推薦者から民長を決めるという折衷案であったが、この措置は居留民社会の世論を考慮したものであった。京城居留民団では協議会を開き、古城管堂、菊池謙譲、和田常市の3名を推選した。これを受け、統監府では古城管堂を民長として選定し、辞令を発布することになる*89。この決定は、統監府に批判的

---

*85 『朝鮮』1908年9月号、29頁、「朝鮮に於ける我官民の反目」。
*86 『京城新報』、1909年2月26日、「民長官選問題」。
*87 『京城新報』、1909年3月14日、「民団長民選案」。
*88 『京城新報』、1909年11月8日、「民長後任の選定」。
*89 『京城新報』、1909年12月5日、「京城民長の任命」。古城管堂は帝国大学医科大学出身の元医者で、

な菊池謙譲のような言論人より、統監府に協力的な人物が選定された結果であった。

　なお、民長官選化をめぐっては、階層によって温度差がみられる。居留民団議員、期成同盟会の会員、言論人などは反対運動に積極的であった。だが、一般の居留民にとって官選化の問題は、植民地における現実とかけ離れた世界であった。この現象は、当時の言葉を借りれば、居留民社会における「出稼ぎ根性」の社会風潮をもって説明される。新天地の朝鮮に移住した民衆にとって、経済的に成功を収めることは現実的な目標であった。居留民社会における「成功談」の流行も、この流れで理解できるが、このような風潮に対し釈尾は、「在韓邦人たるもの今少しくパン以上の問題に対して多少の努力と犠牲を払ふ気風を養成せずんば終にヨボ〔韓国人〕化する懸念あるを忘るべからず」と批判していた[*90]。政治問題に関心を持ち対応しないと、韓国人と同様になってしまうという警告であったが、このような居留民社会の「出稼ぎ根性」は、植民地文化の問題点としてしばしば言及されていた[*91]。

　居留民社会に対する統監府の方針がうかがわれるもう一つの事例は、京城・龍山居留民団の合併問題である。龍山に日本人の移住が始まるのは1887年頃であり、総代役場を経て居留民団が設立されるのは1907年9月であった。当時、居留民人口は約3000人であり、京城居留民団に合併される直前の1910年5月には1万人を超えていた。龍山には、鉄道駅を中心に日本人市街地が形成されつつあった。

　京城と龍山は地理的に近いことから、両居留民団の合併問題は早い時期からあった。当初、合併策を公に持ちだしたのは京城理事官の三浦であった[*92]。合併問題は、1908年11月頃から本格的に議論されるが[*93]、実際合併が決定されるのは1910年7月である。合併に至るまで時間を要したのは、龍山居留民の反

　　　1887年に仁川公立病院長に招聘され、居留地の衛生事業に携わった人物である。1903年に再び渡韓し、民団議員、東洋生命保険会社取締役などを歴任した。川端源太郎『朝鮮在住内地人実業家人名辞典』第一編、朝鮮実業新聞社、1913年、185〜186頁。
＊90 『朝鮮』1909年3月号、9頁、「民長官選問題と帝国議会」。
＊91 同上。『朝鮮』1909年4月号、55頁、「朝鮮問題は在韓邦人にて解決せざるべからず」。
＊92 『朝鮮』1908年12月号、96頁、「風聞録」。
＊93 『京城新聞』、1908年11月21日、「京龍団合併に就き」。

発があったからである。合併の噂が広がると龍山居留民団議員と有志者は大会を開き、合併に反対を表明した*94。龍山居留民団側は、合併による居留地賦課金の引き上げを懸念していた。このような龍山側の意見を統監府が受け入れ、合併説は一時中止となる*95。

しかし、1910年2月頃から龍山居留民団はその方針を変え、合併問題を再検討するようになる。龍山居留民団では、小規模による居留民団経営の限界を認め、合併による利益を優先するようになったのである*96。龍山居留民団の方針転換により、合併問題は急ピッチで進められ、三浦理事官は両居留民団の民長と議員を理事庁に招待し、協議会を開催した*97。一方の京城居留民団では、合併賛成論と反対論が拮抗していた。この賛否論は、龍山に土地を所有しているか否か、京城のどの地域に住んでいるかなど個人の利害関係によるものであったと思われる。

結局、1910年6月24日に統監府告示第130号をもって両居留民団の合併が公表された*98。結果として、龍山居留民団は京城側に編入され、一切の権利・義務は京城居留民団に承継された。隣接する二つの居留民団を統合し、財政的無駄をなくすという理由であった。

以上の民長官選化と居留民団の合併問題からは居留民社会に対する統監府の取締り方針がうかがえる。その後、「韓国併合」の機運が高まるにつれ、居留民社会に対する統監府の干渉度合は強まっていく。

第4節　「韓国併合」後の居留民団解散への道

第1項　居留民社会の陳情活動

1910年8月29日に「韓国併合ニ関スル条約」が公布された。前日の8月28日の『京城新報』には「日韓関係の復古」「時局経過の詳報」の記事が載せら

---

*94 『朝鮮』1908年12月号、94頁、「時事日誌」。
*95 『京城新聞』、1908年12月19日、「合併反対上伸」。
*96 『京城新報』、1910年2月22日、「京龍合併の再発」。京城府編『京城府史』第2巻、1048頁。
*97 『京城新報』、1910年4月12日、「京龍合併と理事官」。
*98 『統監府公報』号外、1910年6月24日。

れ、世間に伝わっていた[*99]。これは居留民社会で「半島問題の解決」「時局の解決」と受け止められ[*100]、古城居留民長と和田居留民会議長は代表として統監官邸を訪問し、感謝・祝意の弁を述べた[*101]。

　1910年8月29日には、「朝鮮ニ於ケル法令ノ効力ニ関スル件」（制令第1号）が公布され、居留民団法及び同施行規則を暫定的に有効とする措置がとられた。また、統監府は訓令を出し、居留民団について「今俄ニ之ヲ廃止スルニ便ナラサル事情アルニ由リ暫ク其ノ存在ヲ認メ将来之ニ代ルヘキ地方制度ノ完成ヲ待テ其ノ整理」を行うことを公表した[*102]。各国・清国居留地ニ関しても警察事務を除くほかは当分のうち従前の例によることが規定された（制令第2号）。統監府は、居留民団と各国居留地に対し、現状維持の措置を採っていた。

　統監府に代わり朝鮮総督府が設置された後には、居留民団に対する監督権限は総督府へ移管された。1910年9月に「朝鮮総督府官制」（勅令第354号）が出され、居留民団に関する業務は統監府総務部地方課から、総督府内務部地方局に移管される[*103]。また「総督府地方官官制」（勅令第357号）により、居留民団に対する監督権は理事庁から府庁に移管された。

　なお、韓国の植民地化は居留民にとって念願であったが、植民地化と矛盾する居留民団の存在意義は問われるようになった。当時の11ヵ所の居留民団は、「外国の領土内に設置された属人的行政機関」としての性格を持ち[*104]、当局は併合とともに解散されるべき存在として認識していた。寺内総督が作成した「併合案」においても、「居留民団法は、併合と同時に、朝鮮に於て適用を失ふものとす」とされていた[*105]。ところが、植民地朝鮮における地方制度の整備、とりわけ各国・清国居留地の撤廃問題と一括で処理されることになった。この方針に基づき、総督府外事局は、1911年から1912年にかけて居留民団の状況、外国人居留地に関する現状調査を行った[*106]。

[*99] 『京城新報』、1910年8月28日。
[*100] 『京城新報』、1910年8月30日・9月1日。
[*101] 『京城新報』、1910年9月3日、「民長の統監訪問」及び「活気ある京城民会」。
[*102] 『朝鮮総督府官報』、1910年8月29日、統監府訓令第16号。
[*103] 『朝鮮総督府官報』、1910年9月30日。
[*104] 前掲書、『居留民団の研究』、2～4頁。
[*105] 徳富猪一郎『素空山縣公伝』山縣公爵伝記編纂会、1929年、196頁。
[*106] 朝鮮総督府外事局「居留地関係書類」（韓国国家記録院所蔵、管理番号：CJA0002272）。朝鮮総

第Ⅰ部　在朝日本人社会の形成と社会様態

　一方、1910年9月に「居留民会議員ハ其ノ任期満了スルモ引続当分ノ内在任スルモノト見做ス」との布達（統監府令第57号）がなされ、10月に予定されていた議員選挙は一時期中止になる*[107]。その後、1911年1月に布達は廃止され、議員選挙が再開された*[108]。居留民団の議員30人を決める選挙であった。1910年末現在、有権者は25歳以上の男性人口約1万1000人のうち、約半数の5445人であった*[109]。旧京城居留民団の地域内は全体4495人のうち、官側の人物は1601人、民間側は2894人であった*[110]。龍山地域のデータがないため確定はできないものの、龍山に鉄道関連の官吏が多かったことを考慮すると、少なくとも全体有権者数の約30〜40％は官吏だったと推定される。1910年度の京城の職業統計によると官吏の比率は約19％であり、官吏の選挙権獲得率が高いことがわかる。選挙運動の様子をみると、居住地域、県人会、同業者組合、町会など様々な利害関係による派閥の形成が確認できる。居住地域によって東部・西部・中部・龍山地域に分けられ、該当地域の利益を代弁する候補者が選定された*[111]。

　選挙は無記名投票で用紙に10人を書く形式で行われ、中村再造、山口太兵衛、和田常市、曾我勉らが当選した。初期の移住者も健在していたが、全体的に議員の世代交代がみられた。以前の選挙結果と比べると、一番多い得票を得た原勝一をはじめ天日常次郎、高橋章之助は日露戦争後に移住した人物であった。比較的滞在歴が短い新人議員の当選、弁護士や言論人の当選が目を引く*[112]。

　　督府外事局「居留地関係書類（民団関係調査ノ分）」（CJA0002273）。朝鮮総督府外事局「各国居留地ニ関スル取調ノ件」（CJA0002274）など。
*[107]『朝鮮総督府官報』、1910年9月7日、統監府令第57号。『京城新報』、1910年9月7日、「議員選挙の中止」。
*[108]『朝鮮総督府官報』、1910年12月10日、朝鮮総督府令第55号。
*[109]『総督府統計年報』1910年版の年齢別人口によると、25歳未満の男性人口は約9000人であり、25歳以上の男性人口は約1万1000人と推定される。
*[110] 旧龍山居留民団地域の選挙権者は950人であった。『京城新報』、1910年12月27日、「選挙名簿確定」。
*[111]『京城新報』、1911年1月15日、「選挙界の表裏」。
*[112] 原勝一は、1907年に大韓勧農株式会社の取締役として赴任した人物である。天日常次郎は、1906年に韓国に渡り、南大門外にて精米所を営んでいた人物である。高橋章之助は1905年に韓国に渡り、京城で弁護士事務所を開業する傍ら、永登浦殖産合資会社を設立した人物である。『朝鮮在住内地人実業家人名辞典』第1編、朝鮮実業新聞社、1913年、26〜27・101〜102・199頁。

第2章　居留民団体の変容と在朝日本人社会の「自治」

　選挙後に居留民会が開かれると、議論の焦点は居留民団の将来に向けられた。居留民会では総督府に答弁を要求したが、「民団制の将来に就ては何等要領を得」ない状態であった*113。居留民団の解散に関しては、「日鮮両民を混治せんとするは五十年後に於て行はるべき理想を直ちに現実せしめんとするもの其大早計たるや素より論なきこと」であるとの新聞論説や、「朝鮮人との面なり洞なりの自治機関と同一に取扱ふことは到底不可」という居留民団廃止尚早論が主流であった*114。次は、京城居留民団民長の古城管堂が提出した陳情書である。

　　朝鮮既ニ帝国ノ版図ニ入リタル以上現行居留民団ナル名称モ自ラ無意義ニ帰スルト同時ニ今後ノ下級行政ニ於テ母子国民ノ関係ヲ如何ニスヘキヤハ当面考慮ヲ要スヘキ問題タラサルヲ得ス。今日ノ朝鮮人ハ其政治的能力ノ程度ニ於テ在留母国民ヲ距ルコト素ヨリ遠シ。随テ母国市町村制ノ如キ自治制度ヲ施行スル時期ニ達スル迄ニハ前途尚歳月ヲ要スヘシ……今全然其ノ程度ノ異ナル二個ノ人民ヲ行政上一様ニ遇スルコトハ却テ煩累ヲ後日ニ胎スノ憂ヒアリ。権利ヲ愛好スルハ文明人ノ至情ナリ。我等在留民タルモノ徒ニ同化ノ名ノ下ニ従来ノ歴史ト既得ノ権利財産ヲ挙ケテ政治上程度ヲ異ニスル者ト同格ニ遇セラルルカ如キハ所謂文明ヲ以テ未開ニ流入スルモノ到底耐ユル処ニアラサルナリ。要スルニ政治上待遇ノ分カルル処ハ人民ノ能力如何ニアリ。其能力ニシテ優劣アラバ同一国民タリトモ政治上其待遇ニ等差ヲ設クルヲ妨ケス。是レ世界殖民政策ノ吾人ニ教ユル処願クハ多年立憲政治下ニ生息シ権利ノ感念ニ強ク自治ノ能力アル我々在留母国民ノ為ニ現行居留民団制度ニ代ハルヘキ完全ナル自治制度ヲ設ケラレンコトヲ京城居留民会ノ決議ニ依リ奉陳情候也*115。

　古城は居留民団制度の廃止問題にある程度理解を示しながらも、民族別の地

---

*113 『京城新報』、1911年2月11日、「京城新民会」。
*114 『京城新報』、1910年11月23日、「総督府と民団」。『朝鮮』1911年7月号、7頁、「時事：民団の存廃如何」。
*115 「外務省記録」3-12-2-36「韓国各地各国居留地規則制定一件」、1913年10月6日、京城居留民団議員より外務大臣牧野伸顕宛の請願書、「朝鮮居留民会廃止ニ関シ京城居留民団長ヨリ請願ノ件」の附属書。

方行政と居留民団制度に代わる自治制度の施行を主張していた。その理由として挙げられているのは、日本人と朝鮮人との間における政治能力と文明度の差であった。古城は「従来ノ歴史ト既得ノ権利財産」が奪われること、すなわち従来の居留民社会の歴史が否定され、享有していた既得権が剝脱されることに懸念を示していた。

その後、1912年3月に京城居留民会に陳情委員会が設置され、再び陳情書が採択された[116]。陳情書の冒頭には、「鮮満方面ニ我移民ヲ集中スルコトハ帝国本来ノ国是」であることが記されており、「父母ノ国ヲ去リ骨ヲ鮮土ニ埋ムル」ことができるように、移住者に充分な権利・利益を与えるべきであるとの主張がなされた[117]。古城民長は、寺内総督官邸を訪問し、陳情書を提出した[118]。

なお、京城以外の地域でも同様の陳情活動が行われた。平壌居留民団民長の熊谷直亮はその陳情書において、「抑新附鮮民と我が在留母国民と相比して其智識の懸隔せる風俗習慣の相異せるは何人も異議なかるへし」と述べ、「政治思想の劣等なる鮮民」と同一の行政制度に置かれることに反対を表明した[119]。また総督府は、「新附民同化なる美名に捕はれ」ているとの批判が加えられた[120]。

---

[116] 『朝鮮新聞』、1912年3月16日、「民団廃止と建議」。

[117] 「民団法ノ適用ト其施行規則ニシテ既ニ廃スヘキ性質ヲ有スルニ於テハ之ヲ廃スル固ヨリ妨ケス。唯夕廃止以降之ニ代ルヘキ新制度ニ就テハ予メ直接ノ利害関係ヲ有スル民団ニ諮問セラレンコトヲ請フ。…現制廃止以降ノ新制ニ至ツテハ帝国本土ノ現行市町村制ニ比シテ一段完備セル自治制度ヲ帝国本土ヨリ来レル住民ニ対シテ特ニ施設セラレンコトヲ望ム。竊カニ思フニ鮮満方面ニ我移民ヲ集中スルコトハ帝国本来ノ国是也。随テ朝鮮全道ノ経済的開発ハ我当局者カ現ニ執レル産業政策ノ主眼ニシテ之カ遂行ノ任務ハ須ラク母国ヨリ来レル住民ニ期セサルヘカラス。大ニ移住ノ進展ヲ望マハ之ヲ帝国本土ニ在ルニ比シテ充分権利ト利益ヲ享受セシメ以テ奮ツテ父母ノ国ヲ去リ骨ヲ鮮土ニ埋ムルヲ甘ンセシメサルヘカラス」。同上。「外務省記録」3-12-2-36「韓国各地各国居留地規則制定一件」、1913年10月6日、京城居留民団議員より外務大臣牧野伸顕宛の請願書、「朝鮮居留民会廃止ニ関シ京城居留民団長ヨリ請願ノ件」の別紙。

[118] 『朝鮮新聞』、1912年3月26日、「自治制問題陳情」。

[119] 1913年10月に平壌居留民団民長が寺内総督に提出した陳情書である。「一、政治思想の劣等なる鮮民と同一制度の下に覊束するは文明を退化せしむる所以にして識者の事にあらす。二、旧来鮮人は悪政の結果と事大思想に執着せる卑屈心とに依り慣れ易く親むへからざる民族なるは彼等か経過したる歴史に徴して明瞭なる所なり…」。平壌民団役所編『平壌発展史』民友社、1914年、63～64頁。

[120] ただ、地域によっては多少温度差もみられた。総督府内務部地方局長の小原新三によると、大邱居留民団は積極的に反対運動に参加せず成行きを観察する態度であったという。また仁川居留民団も消極的であったが、築港工事を総督府に請願していた仁川の居留民社会では反対運動

第2項　新しい地方制度

　居留民団の処理と新しい地方制度の制定に関しては、朝鮮総督府や日本の拓殖局と法制局の三者の間で議論が交わされていた＊121。1912月9月には総督関係者と、拓殖局と地方行政の専門家が参加するなかで、新しい地方制度が審議されていた＊122。当初は三つの案が存在した。それは、①総督府取調局の原案に総督官房総務局および拓殖局が修正を加えた案、②総督府官房外事局長の小松緑の案、③朝鮮総督府内務部の案であった＊123。主要な論点は、どの機関が教育事務を担当するか、諮問機関の参与をどのように選定するかなどにあった。結果的には、日本人教育を処理する組合を設ける方式の総督府内務部の案が採択された。

　内務部の案から、居留民関連の内容を要約すると、①1912年内に居留民団制度を廃止する、②居留民の教育部門は学校組合が担当し、衛生事業は相当の官庁に移管する、③その他の事業は府に引き継がれる、④日本人と朝鮮人合同の諮問機関を設置する、との4点に整理することができる＊124。この決定に基づいて「府制ノ要領」が作成され、後の外国居留地撤廃の交渉にも活用されている＊125。

　この決定に対し、各地の居留民団代表者は1912年9月21〜22日にかけて議員連合会を開催した。この場において、「民団所在地域ニアル内地人ニ対シテ

を控えていたとみられる。「日本人会は学校組合に引直されるもの、引直さんとしつつあるもの及び学校組合たることを欲せざるもの（大田）等あり。大邱は其の民団たるに拘らず必ずしも永く自治団体たらんことを熱心に希望するものに非ざるが如し。蓋し従来民団として他の如く多くの事業を為しつつあるものに非ざればなり」。小原新三『草をむしる』、1942年、151頁。大邱府編『大邱民団史』秀英舎、1915年、22・25頁にも同様の記述がみられる。
＊121　『京城新報』、1911年8月27日、「民団制と調査難」。
＊122　専門家として、法律学者である穂積陳重・一木喜徳郎が参加している。以下、府制案に関しては、「府制案関係書類」（韓国国家記録院所蔵、管理番号：CJA0002541）。
＊123　三つの案は、前掲書、『植民地朝鮮の地方制度』、143〜155頁に活字化されている。
＊124　同上。『朝鮮新聞』、1912年8月16日、「民団廃止案決す」。『朝鮮新聞』、1912年8月20日、「民団廃止後の組織」。『朝鮮新聞』、1912年9月21日、「民団廃止と当局」。
＊125　居留地撤廃をめぐる外国領事と交渉の際には、英文「epitome of fu（prefecture）system」に訳されている。朝鮮総督府外事局「在鮮外国居留地整理ニ関スル下協議会議事概要参考書類」（韓国国家記録院所蔵、管理番号：CJA0002269）。「外務省記録」3-12-2-58「朝鮮ニ於ケル各国及清国居留地整理一件」第二巻、1913年5月9日、朝鮮総督寺内正毅より外務大臣牧野伸顕宛の官秘第22号、「在鮮外国居留地整理ニ関スル件」の附属書にも同様の資料が収められている。

現行民団制度以上ニ完全ナル自治制度ヲ存続施行ス」「地方ノ情況ニヨリテハ日鮮人合同ノ特別自治制度ヲ施行ス」の2項目が議決された。後者の議決は、朝鮮人と共同自治を想定したものであり、一つの妥協案であった。朝鮮人が多い地域では、民族共同の地方自治でも構わないという意見開陳であった。議員たちは9月24日に政務総監の山県伊三郎を訪問し、陳情書を提出した。後に、これは本国の総理大臣や各大臣、拓殖局総裁、法制局長官、貴衆両院議長へ送られた[*126]。陳情書の冒頭には、現在の居留民団の設備や能力が、母国の市町村に比しても遜色がないことが述べられている。次の引用は、陳情書の後半部である。

　　二十餘萬ノ在鮮母国民ハ民団ノ消滅ト共ニ全然既得ノ権利位置ヲ失ヒ有司専制ノ状態ニ復帰セサルヘカラス……日韓併合ノ趣意ハ遍ナク鮮人ヲシテ一視同仁ノ治ニ浴セシメントスルニアルモ彼等ノ多数ハ依然トシテ依ラシムヘク知ラシムヘカラサルノ民也。与フルニ自治制度ヲ以テスルカ如キハ前途尚歳月ヲ要ス。今彼等ノ眼前ニ於テ独リ母国人ニ大対シテノミ特殊ノ制度ヲ設クルカ如キハ徒ラニ彼等ノ誤解ヲ招キ新附ノ国民ヲ悦服セシムル所以ニアラサレハ或ル時期ニ達スル迄民団制度ノ撤廃ハ政策上已ムヲ得サルナリト由来ノ別ハ民度ノ同シカラサルヨリ起ル。優越ノ民ニハ優越ノ制度ヲ要シ未開ノ民ニハ未開ノ制度ヲ要ス。現ニ日鮮人ノ間ニハ其能力性情習慣ノ遽カニ一致シ難キ懸隔アリ。漠然二者ヲ混淆シテ同一ノ制度ノ下ニ立タシメントスル如キハ公平ヲ衒フテ乱階ヲ招クノ嫌ナシトセス[*127]。

請願書の主旨は、「優越ノ民ニハ優越ノ制度ヲ要シ未開ノ民ニハ未開ノ制度ヲ要ス」という主張に集約的に表れている。これまで、居留民が享有していた「既得ノ権利位置」の喪失に懸念を示しながら、「一視同仁」を掲げている総督府の真意を問うたのである。また、朝鮮人が日本人同様の自治制度を施すには

[*126] 『朝鮮新聞』、1912年9月25日、「民団聯合会決議」。『朝鮮新聞』、1912年9月25日、「聯合会と統監訪問」。

[*127] 同上。「外務省記録」3-12-2-36「韓国各地各国居留地規則制定一件」、1913年10月6日、京城居留民団議員より外務大臣牧野伸顕宛の請願書の附属書。外務省記録の日付は1912年11月25日となっているが、新聞・雑誌記事と照らしあわせると、9月が正しいとみられる。

歳月を要すると述べ、民族別の行政分離を主張している。陳情書の最後には、居留民は「単純ナル移民若クハ出稼人ノ種類」ではなく、「大陸経営ノ先駆者」であることを強調し、居留民団解散の不当性を訴えていた。

なお、1913年10月に京城居留民団議員が作成した建議書には、植民地における居留民の責務が喚起されていた。居留民には、「誘導扶掖シテ以テ新附ノ領民ノ政治的能力ヲ昂上セシムヘキ責務」を有することが強調されていた[128]。総督府側に自治権の存続を納得させる為に、朝鮮人に対する「誘導扶掖」の役割を強調する論理が動員されたのである。このような「自治」制度への請願は、居留民団の解散が確実となった時期にも続いた。

一方、1913年1月の議員選挙は、居留民団の解散を控えていたにもかかわらず、選挙熱は以前と変わらなかった[129]。県人会、質商組合、京城医会の同業組合の会合が開かれ、候補者の推薦が公表された[130]。選挙運動が活発化するにつれて、選挙熱による社会秩序の紊乱が問題視された。総督府は、「当分の内政治に関する集合或いは屋外に於ける多衆の集合は之れを禁」じること発布し、違反する人は拘留又は科料処分を下していた[131]。

選挙の結果、【表2-8】の人物が当選した。職業からみると、商人・実業家に加えて、言論人・弁護士・医師の人物が当選しており、議員構成も多様化していた。「従来民会の中枢点は常に資産家に依りて掌握せられ無識なれとも多少の富を有する」者が、「民団の施設を左右する情態」にも変化が起きていたのである[132]。「多くの恆産を有せざるも、活ける恆産を有する新撰議員」が確実に増え、運営にも「時勢の進歩」がみられた。また、同資料には、資産者よ

---

[128] 同上の「外務省記録」3-12-2-36「韓国各地各国居留地規則制定一件」。
[129] 『朝鮮新聞』、1913年1月17日、「京龍の逐鹿界」。
[130] 「…競争は次第に激烈となり、何々県人会春季懇親会の名の下に、此処の料亭、彼処の旗亭に会合を為る平素は兎角我から疎遠勝ちの甲乙丙へ、遽かに改まつて御機嫌取りの御挨拶に及ぶ、名刺の雨、辻ビラの風、シルクハットの各戸訪問も始まれば、京城日報対朝鮮新聞の小喧嘩も開始される、本町通りの要所々々候補者推薦の辻ビラを張つて歩く男があれば、後から一々夫れを剝いで行く男もある」『朝鮮及満州』1913年2月号、101頁、「京城民団議員選挙雑観」。「…引き札大の名刺に自家を吹聴して之を戸口に配り平身抵頭して投票を歎願し、甚だしきは車を以て選挙人を迎へて投票を強請すると云ふの狂態を演出して恥とせず」『朝鮮及満州』1913年2月号、6頁、「愚にもつかぬ居留民団議員選挙熱」など。
[131] 『朝鮮新聞』、1913年1月28日、「議員選挙と取締」及び「運動者は注意すべし」。
[132] 大村友之丞、『京城回顧録』朝鮮研究会、1922年、268頁。

表2-8　1913年1月の京城居留民団議員当選者

氏名	得票	出身	入京年度	経歴及び職業	戸別税額
海津三雄	1,682	静岡	1885年	沼津兵学校卒業。統監府鉄道局。龍山居留民団議長。	25
田中半四郎	1,639	京都	1904年	東京成城学校卒業。中央気象台朝鮮特派員として韓国に渡る。土木建築業。	30
小川勝平	1,560	大分	1906年	訴訟代理業。商業会議所議員。特許弁護士。	20
梶原末太郎	1,473	大分	1888年	貿易商。十友合資会社設立。京城銀行取締役。	380
池田長次郎	1,354	福岡	1904年	軍属として韓国に渡る。商業会議所議員。質屋業・米商組合の組合長。	40
古城管堂（海渓）	1,354	大分	1886年	大分県立医学校卒。居留地医。賛化医院を設立。	260
深水清	1,315	熊本	1903年	日本法律学校卒。漢城新聞主幹。1907年韓国殖産会社取締役。	13
清水繁太郎	1,274	山口	1892年	質屋。清水商店経営。材木商。	160
秋吉富太郎	1,185	福岡	1887年	金物商。	235
牧山耕蔵	1,129	長崎	1906年	早稲田大学政治経済科卒業。京城日報入社。日本電報通信支局長。	20
竹内菊太郎	1,090	新潟	1907年	1907年統監府鉄道官吏局事務官補。1912年鉄道局副参事高等官。	40
中村再造	1,077	福岡	1885年	日清戦争時に陸軍御用達。京城銀行・日の丸水産会社を設立。貿易商。	1,000
新田耕市	1,069	山口	1907年	下関商業学校卒業。三井物産職員。1912年大正館設立。貸家業。	40
工藤武城	1,019	熊本	1905年	1905年に漢城病院産婦人科部長として京城に入る。京城婦人病院長。	120
関繁太郎	1,015	佐賀	1889年	質屋、人参取引、御用達。関商店を経営。京城銀行専務取締役。	260
高橋章之助	976	群馬	1905年	明治法律学校卒業。元群馬県代議士（立憲政友会）。弁護士。	45
青柳綱太郎	964	佐賀	1901年	東京哲学館卒業。朝鮮研究会主幹。著述出版業。	13
小林藤右衛門	957	和歌山	1906年	御用達。黄海道楽山金鉱を経営。商業会議所議員。	45
宇都宮高三郎	943	愛媛	1908年	英利法律学校卒業。元新聞記者。1908年に京城通信社を設立。	15
天日常次郎	916	東京	1906年	精米業。	100
増田三穂	895	福岡	1896年	京城商業会議所議員。家具製造販売業。	120
近藤佐五郎	869	佐賀	1897年	福岡薬学校卒業。書画骨董商。	80
久保田虎介	835	山口	1891年	朝鮮新報営業監督。質屋・人参輸出に従事。十友合資会社を設立。	80
井上貞傳	817	東京	1908年	関西大学法律科卒業。元警察。土地賃貸業。	50
鍋島宇吉	809	大阪	1907年	鍋島商店（雑貨商）を経営。	50

第 2 章　居留民団体の変容と在朝日本人社会の「自治」

大村友之丞	781	島根	1907年	元大阪朝日新聞記者。日露戦争従軍記者。朝鮮新聞社記者。	10
田中三郎	704	福岡	−	龍山駐在師団経理部長。小柳津式天理農法研究所を設立。	25
木谷安吉	682	大阪	1906年	土木建築請負業。	40
兼古礼三（礼蔵）	675	新潟	1905年	酒造商。1913年に宇恵喜醬油株式会社を設立。	100
松本彌三	658	山口	−	−	−

出典　『朝鮮新聞』1913年1月10日。京城府編『京城府史』第2巻、976〜978頁。『朝鮮在住内地人実業家人名辞典』第1編、朝鮮実業新聞社、1913年。朝鮮公論社編『在朝鮮内地人紳士名鑑』、1917年より整理。
注　太字は新人議員を示す。戸別税金額は1913年度基準である。不明あるいは確定できない場合は「−」をもって表示した。

り「中産有識階級の実権」を認めるようになったと記述しているが、居留民社会の指導者層に変化が生じていたことは注目すべき点であろう。

第3項　「一視同仁」と「民度ノ差」のあいだ

　居留民団の解散が延期となったのは、各国居留地や清国居留地の撤廃問題が残っていたからである。当時、朝鮮には各国居留地6ヵ所（仁川、馬山、群山、鎮南浦、木浦、城津）、清国居留地3ヵ所（仁川、釜山、元山）が存続していた[133]。外務省は1912月3月に各国との交渉方針を決め、寺内総督に通知していたが、その交渉方法とは、「総督府ヨリ在京城領事館ト内談ヲ遂ケ大体ノ決定ヲ為シタル上更ニ外務省ヨリ在東京各国代表者ニ交渉スル」というものであった[134]。外務省と在東京の各国領事の交渉に先立ち、現地の居留民状況に詳しい総督府と各国領事との交渉が行われたのである。この時期に作成された「各国居留地整理方針」によると、主な内容は①各国居留地を撤廃し、新定の地方区域に編入する、②居留地の共有資金・財産は地方区域の官吏に引き継ぐ、③永代借地権を有する者は自己の選択により、その権利を所有権に変更する、などであった[135]。

---

[133] 朝鮮総督府総務部外事局編『外国居留地統計』、1911年。
[134] 「外務省記録」3-12-2-58「朝鮮ニ於ケル各国及清国居留地整理一件」第一巻、1912年3月4日、外務大臣内田康哉より朝鮮総督府寺内正毅宛の機密第11号、「外国居留地整理ニ関スル件」。
[135] 朝鮮総督府外事局「在鮮外国居留地整理ニ関スル下協議会議事概要参考書類」（韓国国家記録院所蔵、管理番号：CJA0002269）。

その後、総督府と在朝鮮各国領事との交渉は1912年8月に開始する。当初、各国居留地は1913年3月末をもって廃止する計画であったが、交渉は延ばされる。同年2月に、ドイツ・アメリカ・ロシア・フランス・イギリス（イタリア代表を兼ねる）・ベルギーの領事らが参加する下会議が開始し、8回にわたって行われた[*136]。第一回の会議において、総督府外事局長の小松緑は、「新地方行政庁ハ自治ノ市制トセス府制度タルヘキコト。並右府制ノ下ニ於テハ総テノ住民——日本国臣民（朝鮮人ヲ含ム）支那人及西洋人共——ハ同一ノ位地ヲ有スヘキコト」と述べている。つまるところ、総督府は居留民団と各国居留地を同時に撤廃することで、治外法権の撤廃と地方制度の統一を計画していた。

各国領事との議定書は、1913年4月21日に調印されるが[*137]、各国領事が特に注意を払ったのは、居留地撤廃後の土地・家屋の所有権とこれに賦課される税金であった。議定書には、「右所有権ハ在朝鮮日本国臣民ノ有スルモノト同一ノ位置ニ在ルモノトス」（第4項）、「土地及家屋ニ対スル賦課金租税及公課ニ関スル事項ニ付帝国臣民及最恵国民ト同一ノ取扱ヲ受クヘシ」（第5項）という規定が加わった。外国領事は、居留地撤廃を控え、地方行政の変動が予想されるなかで、日本人居留民と同一の地位を明記することにこだわっていたのである。議定書の調印を受けて、寺内総督は同年4月末に行われた道長官会議において居留民団の解散を明言していた[*138]。

他方、清国居留地の廃止に関しては、当時建国した中華民国が「未タ帝国其他列国政府ノ承認スル所トナラサル今日支那領事館カ他国領事館ト同様ノ地位ニ置カルルノ不能」であるとされ[*139]、中国代表は参加しなかった。清国居留地に関しては、別途の協議を経て、廃止に関する覚書が同年11月22日に締結さ

[*136] 英文の議事録は、朝鮮総督府外事局「在鮮外国居留地整理ニ関スル下協議会議事概要参考書類」（韓国国家記録院所蔵、管理番号：CJA0002269）。訳文は、「外務省記録」3-12-2-58「朝鮮ニ於ケル各国及清国居留地整理一件」第二巻、1913年5月9日、朝鮮総督寺内正毅より外務大臣牧野伸顕宛の官秘第22号、「在鮮外国居留地整理ニ関スル件」の附属書。

[*137] 「外務省記録」3-12-2-58「朝鮮ニ於ケル各国及清国居留地整理一件」第二巻、1913年5月9日、朝鮮総督寺内正毅より外務大臣牧野伸顕宛の官秘第22号、「在鮮外国居留地整理ニ関スル件」。

[*138] 『朝鮮総督府官報』、1913年5月27日。『朝鮮及満州』1913年5月号、8頁、「時事寸言」。

[*139] 「外務省記録」3-12-2-58「朝鮮ニ於ケル各国及清国居留地整理一件」第三巻、1913年8月28日発遣、外務大臣牧野伸顕より朝鮮総督寺内正毅宛の送第104号、「朝鮮各国居留地整理ニ関スル件」の附属書。

れた*140。こうして、各国・清国居留地の撤廃問題が解決されると、居留民団の解散も現実に近づいてきていた。

　この過程を経て、1913年10月30日に「府制」（総督府制令第7号）が公布される。これにより、世話掛りとして出発した居留民団体は、長年の歴史に終止符を打った。「府制」の施行を控えていた1914年3月31日に、京城居留民団では京城ホテルで記念会を開催するとともに、京城神社において「京城居留民団解体奉告祭」と「自治制玉砕報告祭」を行った*141。その場では、「偶ま円満着実に経営せられつつある文明の自治機関を滅却して直に日鮮人を同一摸型（ママ）の中に鋳冶せんとす」との奉告文が謡われた*142。また群山では、最後の会議において「在鮮内地人自治権の廃滅に帰したるは実に千歳の恨事なりとす。我々は異日更に優良なる自治制度の実施せられん事を希望し適当なる努力を為さん事を期す」という決議文が朗読された*143。このような催しからは、居留民の「自治」への執念が読み取れよう。

　1914年4月1日に「府制」の実施と同時に「在朝鮮各国居留地制度廃止ニ関スル朝鮮総督府外事局長及当該締約国領事官協議会議定書」並びに「在朝鮮支那共和国居留地廃止ニ関スル協定」が総督府告示をもって公布された*144。これにより、府制が12か所の地域において施行された。清津を除く、殆んどの地域は（京城・釜山・仁川・元山・群山・木浦・大邱・馬山・平壌・鎮南浦・新義州）は、かつて居留民団が設立されていた地域であった。表面的に府制は地方制度の統一を目的としていたが、民族の分布図から考えると、日本人の居住を基準にした地方制度の整理という側面もあったのである。開城・全州・海州・咸興・光州などの在来都市において、その都市規模と人口にかかわらず、府制が施行されなかったことがこれを裏付けている。その意味において、府は大多数の朝鮮人の居住地域から日本人の集団居住地域を切り離し、地方行政団体とし

---

*140 「外務省記録」3-12-2-58「朝鮮ニ於ケル各国及清国居留地整理一件」第三巻、1913年11月22日、朝鮮総督寺内正毅より外務大臣牧野伸顕宛の官秘第22号、「在鮮外国居留地整理ニ関スル件」。
*141 『朝鮮公論』通巻14号、1914年5月、51～52頁。前掲書、『京城回顧録』、291～295頁。ちなみに平壌でも同様の奉告祭が行われた。
*142 前掲書、『平壌発展史』、82頁。
*143 前掲書、『群山開港史』、129～130頁。
*144 『朝鮮総督府官報』1914年4月1日（号外）、朝鮮総督府令告示第103号・104号。

第Ⅰ部　在朝日本人社会の形成と社会様態

写真2-2　1914年の京城居留民団解散当時の議員
出典　大村友之丞『京城回顧録』朝鮮研究会、1922年。

て独立させたとみることもできよう。

　それでは、居留民社会の反対運動に対して、総督府はどのように認識していたのであろうか。まず、総督府は居留民団の存続と日本人のみの自治制度施行は、総督府の統治方針と合致しないことを挙げていた。総督府が掲げていた「一視同仁」と「同化」の方針と矛盾するという主張であった。寺内総督は、「内地人と朝鮮人を同一の行政の下に置くべきを以て、両者の融合、同化の実績を挙ぐる」と述べ[145]、「一視同仁」と「同化」を一つの志向すべき到達点として強調していた。総督府政治3年間の統治方針と成果をまとめた報告書においても同様の論理が展開されている。

　　　総督府ハ新領土同化ノ目的ヲ達セムカ為メ朝鮮人ノ指導啓発ヲ計ルニ於

---

[145] 『朝鮮公論』通巻第4号、1913年7月、7～9頁、「朝鮮統治の経過及施政の方針」。

テ遺憾ナキヲ期セリト雖モ其ノ完全ナル効果ヲ収ムルニハ各地ニ散在シテ日常土著人民ト接触スル内地人ノ協力斡旋ニ俟タサルヘカラス幸ニシテ内地人ノ朝鮮ニ移住スル者併合以降益々多ヲ加ヘ……併合以前ニ於テハ内地人中動モスレハ驕慢ノ態度ヲ持シ朝鮮人ヲ侮蔑スル者少カラス斯クテハ徒ラニ彼等ノ悪感ヲ招キ両者ノ接近上支障アルヘキヲ念ヒ本総督ハ屢々内地人ノ居住者ニ訓誡ヲ与ヘ朝鮮人ハ既ニ我カ〔欠字〕天皇陛下ノ赤子トナリ皆我カ同胞ナルヲ以テ之ニ接スルニ同情ヲ以テシ之ヲ待ツニ親誼ヲ以テシ相提携シテ処世ノ事ニ従フヘキ旨ヲ諭示セリ。爾来内地人ノ気風漸ク一変シ永住ノ覚悟ヲ為シ朝鮮人ノ誘掖ニ務ムル者多ク又其ノ事業ヲ経営スルニ方リ必スシモ目前ノ私利ニ走ラス永遠ノ公益ヲモ考量スルノ傾向ヲ呈スルニ至レリ[*146]。

　この報告書には、朝鮮人に対する居留民の「驕慢ノ態度」が朝鮮人の反感を呼んでいたことについて触れた上で、その風潮が3年間の総督府統治によって改善されたことが述べられている。この引用文から確認できるのは、総督府が設定していた「内地人」の役割である。日常的に朝鮮人と接している「内地人」には朝鮮人を指導する役目が与えられ、「朝鮮人ノ誘掖」に努めることが要請されていたのである。
　では、このような総督府の役割設定に対し、居留民社会はどのように認識していたのであろうか。京城居留民団民長の古城管堂は、「人情風俗及び習慣を異にし又文化の程度に多大の相違ある鮮人」と同一の取り扱いを受けることになり、「府制は姑息的のもので玉石を混合して一時を統一せんとするに過ぬ」と非難していた[*147]。また、居留民団の解散問題と、「一視同仁」「同化」は、論理の次元が異なる問題であり、これらの美名を利用した説明は、総督府側の口実に過ぎないと主張していた。他の居留民団関係者も解散によって朝鮮人と同一の行政下に置かれることを危惧し、反対を表明していた。

　　殊に納税に於て、兵役に於て、其の他国家に対する諸般の義務に於て、

[*146] 朝鮮総督府『朝鮮統治三年間成績』、1914 年、11 〜 12 頁。
[*147] 『朝鮮及満州』1913 年 7 月号、27 頁、「法令の活用と其至難」。

> 　我母国人の負担する所は、之を鮮(ママ)人と同一日に論ずべきものにあらず。随って其享受すべき権利に於て、新附鮮人と列伍を同了すべきものに非ざるや論無し。然り均しく、陛下の赤子也。然り斉しく帝国の同胞也。而も鮮(ママ)人は未だ低級下位の新附民たるを免れず。文化民度に於て後輩たるを免れず。之に反して母国人は新進文明の化育を受け、立憲帝国の治下に成長し、義務権利の思想に厚く、自助自治の観念に富み、優に文明国民としての能力を具有す。恁の著しき相違ある別格両個の民を以て、徒らに一視同仁の美名に囚はれ、形式的同化の空想に追はれて、同視混淆せんとする当局官憲の見解は、本末軽重を弁へざる顚倒矛盾の政策と謂はざるべからず[*148]。

　納税・兵役の義務を負わない朝鮮人と同様の権利を享有するのは言語道断であるとの主張であった。朝鮮人を「陛下の赤子」と認めながらも、その本意は「低級下位の新附民」という言葉に縮約的に表れていた。両民族が同一の地方自治制度の下に置かれることは、「文明国民」である日本人と「文化民度」が低い朝鮮人を「同視混淆」する行為であるとの非難であった。また、総督府は「一視同仁」という美名に囚われていると指摘し、「朝鮮人を本位とする所謂、鮮主日従の愚劣策」だとする批判が展開されていた[*149]。

　『朝鮮新聞』にも同様の主張がみられる。両民族の間には、「能力性情習慣の遥かに一致し難き懸隔」があることを挙げ、「漫然二者を混淆して同一制度の下に立たしめんとする如きは公平を衒ふて乱階を招く」と述べていた[*150]。そして、方法として「平等の内に差別を立て民度に応じて制度」を定めることを主張していた。この他、『大邱民団史』にも同様の記述がみられる。まず、「朝鮮人は未た内地人と共に自治制を運用するの能力」がないことが挙げられ、「旧韓民文化の程度」からみて、日本人と一緒に自治制を運用するのは不可能であるとされた[*151]。朝鮮人の「自治」能力を否定し、両民族共同の「自治」を時期尚早とみる主張であった。

[*148] 『朝鮮公論』通巻第8号、1913年11月、4〜5頁、「在鮮母国人の自治制存廃問題を論ず」。
[*149] 同上、5頁。
[*150] 『朝鮮新聞』、1913年11月9日、「府制令に対する安立」。
[*151] 前掲書、『大邱民団史』、20〜21・223頁。

以上のように、日本人社会が反対の根拠として示していたのは、「民度ノ差」という論理であった。これは自治の運用能力における格差を示しつつ、民族間の差別を正当化する論理であった。日本人社会にとって、府制の施行は長年の「自治」の歴史を破壊する行為であり、「民度ノ差」が存在する現状に反するものであった。なお、この議論において多用される「自治」の意味にも変化がみられる。ここでいう「自治」は、本来の地方自治の意味から変化しており、日本人社会が主張する「自治」には、朝鮮人社会に対する排除意識が強く込められていた。

第5節　府協議会と学校組合への承継

「府制」の施行とともに、居留民団業務は原則として府に承継された。ただし、教育分野は学校組合へ承継された。そして、府の諮問機関として府協議会が設置され、地域の有力人物が委員として任命された。この節では、居留民団の解散後に設立された学校組合と府協議会について、居留民団との連続・断絶という側面から、人的構成を中心に考察する。

まず、府協議会は、日本人と朝鮮人の有力人物によって構成される諮問機関であった。府協議会には議決権がなく、議長の府尹による会議運営という限界があった。また、委員の任命は、「府住民中ヨリ朝鮮総督ノ認可ヲ受ケ道長官之ヲ命ス」（第13条）と定められ、官選制が採られていた。この官選制について、総督府内務部長官の宇佐美勝夫は次のように述べている。

> 府協議会の選任に就ては矢張り従来の選挙制度を維持したい考で、種々研究を重ねてたのであるが、若し之を選挙制度にすれば選挙人の数に於て、鮮人（ママ）の方が内地人に比して遥かに多数を占めて居るが故に、選挙の結果は必ず内地人が圧倒せられる事になる。さりとて選挙資格に階級を設けて其弊を防ぐこととすれば、鮮人（ママ）の感情が面白くない。そこで已むを得ず選挙制度を廃して官選制度にした次第である[152]。

---

[152] 『朝鮮公論』通巻第13号、1914年4月、19〜20頁、「府制施行と内地人」。

つまり、府協議会委員の官選制は議論を経て決められたものであった。当初、検討中であった府制案を見ると、協議会員は「朝鮮総督ノ定ムル規程ニ依リ内地人及朝鮮人ヨリ各別ニ選出」するとの条文があり、公選形式も考慮されていたことがわかる[*153]。しかし、実際には、「協議会ノ定員ハ朝鮮総督之ヲ定ム」(第11条)、「府住民中ヨリ朝鮮総督ノ認可ヲ受ケ道長官之ヲ命ス」(第13条)と規定された。ある総督府官吏は、協議会員の定員又は民族の比率を明記しなかった理由について、あえて民族別の定員を規定しなかったと述べており[*154]、宇佐美と同様の返答をしている。つまるところ、公選制にした場合、朝鮮人が協議会員の過半数を占める可能性が高く、人口における日本人の劣勢を考慮した結果、官選制が採択されたのである。

【表2-9】から1914年の京城府協議会の事例をみると、日本人8名・朝鮮人8名の同数構成であった[*155]。日本人の府協議会員の面々を見ると、地域の有力人物が任命されていた。朝鮮人会員は、官民界から有力人物が選定されており、その経歴は韓国時代の官吏、銀行経営者、教育家など様々であった。比較的名が知られていない人物の場合は、日本語学校卒業者または日本滞在歴を有する人物であった。これらの朝鮮人はいずれも総督府統治に理解を示す、または協力的な人物であった。議員の履歴からすると、同数の民族構成は一見「一視同仁」の実現にも見えるが、その裏をみると数字上の同数であったといえよう。

なお、京城府協議会員の人的構成は、大久保雅彦を除く7人はなんらかの形で居留民団に関わった人物であり、居留民団と連続性が見られる。これは府協議会の設置目的に起因していると考えられる。総督府は、居留民団において中

[*153]「府制案関係書類」(韓国国家記録院所蔵、管理番号：CJA0002541)。
[*154]「新府制に依って協議会が組織された時、尤も之は一つの諮問機関であって決議権は無いが然し協議会として会の意見は発表し得る事になっている以上、諮問事項の提出された際若し協議員中日人に対する鮮人が過半数を占むるが如き場合があっては鮮人の意見が齎て会其者の意見となる虞れを免れぬから当局予め其意を含まれむことを求めた所、そは無論の事であって府制に日鮮人数を規定せぬはこれが為めであるとの答を得た」。『朝鮮及満州』第77号、1913年12月、32頁、「当局の意向と協議員に対する希望」。
[*155] 1914年4月7日に12ヵ所の府協議会の委員が任命されており、日本人66名、朝鮮人46名、合計112人の構成であった。「府制施行規則」第2条。京城府16人、仁川府10人、群山府6人、木浦府8人、大邱府10人、釜山府12人、馬山府8人、平壌府12人、鎮南浦府8人、新義州府6人、元山府10人、清津府6人、計112人であった。

第 2 章　居留民団体の変容と在朝日本人社会の「自治」

表2-9　1914年の京城府協議会委員

氏名	生年（年齢）	経歴・職業
古城管堂	1857年（57歳）	元京城民長、元仁川公立病院長、元京城医会長、元京城起業株式会社社長
和田常市	1863年（51歳）	元京城民長、貿易商、和田商店経営、京城銀行取締役、温陽温泉・宇恵喜醬油社長
山口太兵衛	1865年（49歳）	元京城民長、日韓瓦斯・日ノ丸水産・京城銀行重役歴任、山口呉服店経営
大久保雅彦	1870年（44歳）	中央大学卒業、元衆議員議員、1906年京城にて弁護士開業、京城弁護士組合会長
徳久米藏	1867年（47歳）	鉄道局・岡山県庁勤務、元大邱民長、元龍山民団民会議長、煉瓦製造業・土木建築業
中村再造	1855年（59歳）	元京城民長、京城銀行頭取、日ノ丸水産・満州殖産会社重役
原勝一	1856年（58歳）	元赤間関市長、朝鮮勧農株式会社専務取締役、京城商業会議所議員
兼古礼三（礼蔵）	1872年（42歳）	龍山で酒造業、宇恵喜醬油専務取締役
朴齊斌	1858年（56歳）	元全羅北道巡察使、元中枢院賛議、朝鮮貴族令により男爵授与
俞吉濬	1856年（58歳）	日本・アメリカ留学。『西遊見聞』の執筆者。内閣書記官長、内部大臣を歴任したが、甲午改革の失敗で日本に亡命。1907年帰国後は、興士団団長・漢城府民会会長を歴任。
韓相龍	1880年（54歳）	元韓国銀行設立委員、元漢城府民会創立委員、東洋拓殖理事、漢城銀行取締役
趙鎭泰	1852年（62歳）	元中枢院議官、元一進会会員、元漢城府民会副会長、漢城銀行取締役、東洋拓殖監事
芮宗錫	1871年（43歳）	元一進会会員、漢城府民会庶務主任、東洋用達合資会社総務
安商浩	1874年（40歳）	漢城日語学校第1回卒業者、東京慈恵医学校、漢城外国語学校・漢城官立医学校校官
嚴達煥	1866年（48歳）	漢城日語学校卒業、岡山県で朝鮮語教授を経て、寧越公立普通学校学務委員
金鎔濟	1867年（47歳）	元宮内部主事、元帝室制度整理局委員、元臨時皇室有及び国有財産調査局委員

出典　『朝鮮公論』通巻第14号、1914年5月、「任命されたる府協議会員」、42～45頁。朝鮮公論社編『在朝鮮内地人紳士名鑑』、1917年より整理。

核をなしていた有力人物を任命することで、居留民団の廃止をめぐる居留民の反対世論を抑えようとしたとみられる。有力人物が参加する場をつくり、世論を鎮静化する効果を狙ったのであろう。このような背景と、議決権がないことがあいまって、府協議会が地域の行政や利害関係に及ぼす影響力は格段に薄くなっていたと考えられる。

　次に、児童の教育を担当する法人として導入されたのが学校組合であった。

最初、学校組合制度が導入されたのは統監府時代であった。主に居留民人口が少なく、学校設立のための財政基盤が弱い地域に学校組合が設立された。要するに、1909年12月に公布された「学校組合令」（統監府令第71号）は[*156]、小規模の居留民社会に相応しい制度であった。

それ以来、居留民団体のほとんどは学校組合として設立された。以前設立された日本人会・総代役場も学校組合へ切り替わった。総督府は「内地人」の移住を促すために、居留民教育の整備を図っており、それが契機となり、居留民団の解散後、法人格を有する学校組合は幅広く日本人社会に導入された。

なお、【表2-10】は、1914年の京城学校組合の組合会に当選した議員である。当選者の職業をみると、官吏5名[*157]、会社役員4名、弁護士2名、医者2名などであった。以前の京城居留民団議員の構成と比較すると、官吏・会社役員の増加が確認される。また議員18名のうち、京城居留民団議員を歴任した人物は5名に留まっていた。居留民団と学校組合の間には、それほどの人的連続性は見られない。その背景には、学校組合の活動領域が教育事業に限定されたこと[*158]、居留民団に比すると学校組合議員の権限は大幅に縮小されたことが挙げられよう。また教育事業は地域の利害関係とは離れており、既存の居留民団議員から関心を得られなかったのであろう。

小結

本章では、居留地の公共事業を行っていた居留民団体に着目し、その設立から解散までの過程とその後の変容を考察した。

居留地に世話掛り・総代役場が設置されて以来、居留民社会では領事館から委任を受ける形で、居留地の公共事業を行っていた。居留民団体は、居留民社会の世論を調整しながら、居留地の公共事業を行う組織であった。開港期の居留地には村の掟のようなものが無く、生活秩序を守る目的で居留地規則が作られた。これらの規則は、後に市町村制に倣った形の規則へ発展していった。

[*156] 『統監府公報』号外、1909年12月27日。
[*157] 郵便所長を兼任していた曾我勉・池田長兵衛は官吏として区分した。
[*158] ただ、地域の学校組合では教育以外に衛生事業を引続き行う例もあった。

表2-10　1914年6月の京城学校組合会議員当選者

氏名	得票	年齢	出身地・族籍	職業
遠山熙	408	39歳	北海道平民	商業銀行支配人
石川真三	405	40歳	東京府士族	官吏（総督府鉄道局技師）
馬詰次男	350	40歳	高知県士族	元官吏、東亜煙草株式会社理事
安住時太郎	318	43歳	高知県士族	元総督府裁判所検事、弁護士
吉本潤亮	308	49歳	山口県平民	医師
牧山耕蔵	297	33歳	長野県士族	日本電報通信支局長、後に朝鮮公論社社長
岡正矣	274	60歳	東京府士族	元総督府鉄道局営業課長、日韓瓦斯電気株式会社専務
大村百蔵	268	45歳	福井県平民	元新聞記者、大間生命相談役
吉田英三郎	267	41歳	東京府平民	官吏（総督府総務局）
山岡元一	230	39歳	茨城県士族	官吏（総督府土木局技師）
小川亀太郎	199	49歳	大分県平民	医師（獣医）
山口太兵衛	171	49歳	鹿児島県平民	呉服商、京城府協議会委員
田中半四郎	168	44歳	京都府士族	元総督府官吏、朝鮮土木組
須々木幸次郎	165	43歳	岡山県平民	土木請負業
池田長兵衛	161	46歳	大阪府平民	官吏（郵便局長）、糸商
大和与次郎	161	44歳	石川県平民	運送業
中村時章	153	40歳	山口県士族	弁護士
曾我勉	153	51歳	東京府平民	官吏（郵便局長）、商業

出典　『朝鮮公論』通巻第16号、1914年7月、38頁・46〜50頁。『朝鮮及満洲』第84号、1914年7月、113頁。『(朝鮮在住内地人)実業家人名辞典』第1編、朝鮮実業新聞社、1913年。朝鮮総督府職員録より作成。

注　太字は以前民団議員の経歴を持たない議員である。

　かくして、日本の町村のように運営されていた居留民団体は、法律的根拠が無く、法律の主体になれない限界があった。この問題から公債発行や強制納付ができず、賦課金の滞納者が増える問題を抱えていた。この問題に対する居留民社会の陳情と、外務省の在外居留地支援の方針があいまって制定に及んだのが、1905年の「居留民団法」であった。この法律は、居留民が以前享有していた治外法権を超える性格のものであり、海外の居留地において本国の法律が適用される行政団体を設立する内容になっていた。この点は、滞在国である韓国の主権を侵害する内容であったが、保護国化による韓国の外交権剝奪の過程で問題視されることはなかった。

　なお、本章では居留民団の運営とその実態を考察するため、主に京城居留民団を事例として取り上げた。それを通して確認できるのは、統監府の設置後に

おける日本人社会の変容であった。以前の「草分け」的な商人階層が主導する社会から官公吏が主導する社会へ変貌していた。その後、急進的に断行された「韓国併合」は、地方制度の整備を伴わず、暫定的な措置がとられた[*159]。「韓国併合」後に居留民団は撤廃されるべき存在と見なされていたが、即座に解散されることなく、各国居留地や清国居留地の撤廃まで存続した。この間、総督府側と日本人社会との間に「自治」の存続をめぐる対立が存在した。この時期、日本人社会では朝鮮人に対する同化策・教育策が頻繁に議論されたが、日本人の既得権の喪失につながるような完全なる「一視同仁」には一貫して反対を表明していた。

そして、居留民団体の法人化に対する陳情運動、居留民団の解散過程とその後を追うことは、居留民社会が追求していた「自治」の意味を探る作業でもあった。日本人社会において「自治」の意味は一定していたわけではなく、時期によって変容していた。法人化運動時に「自治」は市町村に倣った地方自治を意味したが、居留民団の解散が議論された時の「自治」は、それに加えて朝鮮人社会との分離を意味していた。居留民社会では「民度の差」を理由に、朝鮮人社会との区別を主張しつつ、朝鮮人排除論を正当化していた。このように日本人社会における「自治」議論の根柢には、朝鮮人社会に対する排外意識があった。日本人社会が頻繁に主張していた「自治」論からは、植民者社会の成長に伴う意識の形成も読み取れるといえよう。

[*159] 児玉秀雄は、「韓国併合」に対する伊藤博文と山県有朋の方針を漸進と急進をもって評価している。「韓国の保護政策なるものは、統監政治に由りて確立したのであったが、伊藤公は、世界に於ける我が国際的地位を尊重し、急に韓国併合の根本政策を断行するには頗る躊躇したやうであった。公は李王の韓国内地巡行を機として勇退されたのであったが、此間に於ける伊藤公と山縣老公等との主張には、急進と漸進との差があった」。徳富猪一郎『素空山縣公伝』山縣公爵伝記編纂会、1929年、258頁。

第3章
在朝日本人児童教育の展開
―― 居留民教育から「内地人」教育へ ――

写真3-1　1910年頃の京城の日本人小学校
出典　『朝鮮』、1910年3月号。

はじめに

本章では、在朝日本人の教育を担っていた団体を取り上げ、児童教育をめぐる日本人社会の動向を考察する。

従来の植民地朝鮮の教育史研究は、朝鮮人に対する教育政策に重点が置かれていた。主に朝鮮人に対する同化教育・皇民化教育が議論の争点となってきたが、これは植民地支配の本質を問う植民地教育史の研究視角からすれば必然の結果であった。しかしながら、その一方で植民者として君臨した在朝日本人の教育は長い間研究対象にならなかった。在朝日本人は植民地統治権力と同一視され、日本人児童の教育は植民地のヒエラルキーと民族差別を浮き彫りにする資料として活用される場合が多かった[*1]。なかんずく、就学・進学率における格差、教育財政や施設における格差がその根拠として提示された。

しかし、後述するように統監府期以前の在朝日本人の教育事業をみると、このような評価は断片的な事実に過ぎないことがわかる。居留民団体は居留民から賦課金を徴収し、「自治」の方法で学校を運営していた。学齢児童が急増するなかで、校舎新築や教員確保の問題が浮上した。加えて、海外の居留地において児童をどのように教育するかという課題に直面していた。

同時期の日本の状況をみると、地域の教育事業は地方行政制度の影響を受けていた。とくに市町村制度の発布と町村合併という動向のなかで教育事業は展開していた。また、明治末から地方改良運動期にかけては、学校と地域の共同体との関係性は地方制度の変容によって規定されていた[*2]。この過程を経ながら、地域社会では学校教育に対する共同体意識が形成されつつあった[*3]。在朝日本人の教育も日本の状況とそれほど変わらなかった。居留地に設立された居留民団体は日本の市町村と同様の機能を果たしていた。日本の状況を踏まえる

[*1] 例えば、呉成哲『식민지 초등 교육의 형성』교육과학사、2000年、124〜131頁。金富子『植民地期朝鮮の教育とジェンダー――就学・不就学をめぐる権力関係』世織書房、2005年、第2章第2節。

[*2] 大石嘉一郎『近代日本の地方自治』東京大学出版会、1990年。坂本紀子『明治前期の小学校と地域社会』梓出版社、2003年。

[*3] 花井信『近代日本地域教育の展開――学校と民衆の地域史』梓出版社、1986年。

と、教育をめぐる在朝日本人の意識は居留民団体の変容に規定されつつ形成されていたと考えられる。そのため、在朝日本人の教育をめぐる共同体意識を探るには学校のみではなく、教育を担っていた居留民団体の動向を考察する必要がある。だが、在朝日本人教育に関する研究はこのような点が看過されてきたといえる。

在朝日本人の教育に関する研究の中で、まず日本学界での研究成果をみると、学校の事例研究と教員研究が中心であった。稲葉継雄は、学校の沿革、教員の構成、学校文化、朝鮮社会との関連を中心に各学校の事例研究を行ってきた[*4]。これらの研究によって日本人学校の歴史や学校教員に関するデータが蓄積された。本間千景は「韓国併合」前後に朝鮮の普通学校に招用された日本人教員について、聘用手続き、法的枠組み、待遇の側面から考察した[*5]。劣悪な環境に置かれていた日本国内の教員にとって、朝鮮における手厚い待遇は朝鮮への移動を促す要因になったことを論じた。山下達也は、教員を植民地教育の「担い手」としての側面のみではなく、植民地支配における「不安要素」であったことを論じ、教員の位置づけへの再考を試みた[*6]。山下は、「外地」の朝鮮においては、あらゆる面で「内地」が準ずるべき基準とされたことや、教員にとって「内地」に対する知見が重要視されたと分析している。

他方、韓国学界では在朝日本人の教育自体より、財政を担っていた学校組合に関する研究が行われた[*7]。朝鮮人の教育財政を担っていた学校費との比較対象として学校組合が取り上げられ、民族差別という枠組みで論じられる傾向があった[*8]。このような研究動向の中で、居留民教育を担っていた居留民団体と、それを受け継いだ学校組合への連続性が検討されることはなかった。開港期か

[*4] 稲葉継雄『旧韓国——朝鮮の「内地人」教育』九州大学出版会、2005年。同「大邱中学校について——在朝「内地人」学校の事例研究」(『大学院教育学研究紀要』第10号、九州大学、2007年)及び一連の事例研究。
[*5] 本間千景「韓国「併合」前後の普通学校日本人教員聘用」(『朝鮮史研究会論文集』第43集、2005年)。
[*6] 山下達也『植民地朝鮮の学校教員——初等教育集団と植民地支配』九州大学出版会、2011年。
[*7] 趙美恩「일제강점기 재조선 일본인학교와 학교조합 연구」成均館大学大学院史学科博士論文、2010年。
[*8] 강재순「1910년대 부산학교조합의 형성과 성격」(洪淳權 외『부산의 도시형성과 일본인』선인、2008년)。송지영「일제시기 부산부의 학교비와 학교조합의 재정」(『역사와 경계』55、2005년)。

ら居留民団体が学校を運営してきたことを考えると、教育団体の変容への着目は重要である。在朝日本人の教育も地方行政に該当する居留民団と学校組合制度に規定されつつ、児童教育をめぐる共同体意識が形成されたと考えられるからである。

このような観点から、本章では日本人教育を担っていた団体と教育制度の変遷を中心に、在朝日本人教育の変容を考察する。第2章で考察したように、居留民「自治」団体は、総代役場（又は日本人会）から始まり、「居留民団法」の制定によって法人化し、「韓国併合」後は学校組合へ受け継がれた。この過程と関連して、学校組合制度が導入された経緯、居留民団から学校組合へ承継される過程についてまだ明らかにされていない点が少なくない。また、教育団体の変遷と、これをめぐる議論からは児童教育に対する在朝日本人の意識が垣間見られる。そこで、本章では教育団体の変遷を追いながらも、その行間にみられる在朝日本人の意識にも注目してみたい。

第1節　居留地の教育事業の展開

第1項　初期の居留民学校の状況

初期の居留地では、児童の教育を寺に委託する場合が多かった。例えば、元山では「本願寺説教所主任僧石川馨ナル者二三有志者ノ助力ニ頼リ寺内ノ倉庫中ニ数人ノ子弟ヲ集メテ読書習字ヲ教授」したのが、居留民教育の始まりだった[*9]。他の居留地でも、浄土宗大谷派の東本願寺に児童教育を委託した例が多数確認される。要するに、各地で「寺子屋風の教育」が行われていたのである[*10]。だが、居留民が増加するにつれ、居留民団体が直接学校を運営するようになる。次は、初期の釜山の居留民学校の状況である。

[*9]　「外務省記録」3-10-2-2「在外国各日本居留地共立学校関係雑件」第一巻、1899年7月1日、元山二等領事小川盛重より外務大臣青木周蔵宛の送第83号、「元山公立小学校ニ関スル報告ノ件」の附属書。

[*10]　平壌民団役所編『平壌発展史』民友社、1914年、149頁。

在当港共立小学校ノ義ハ明治十三年中居留人民協議之上創設シタルモノニ係リ専ラ日本人ノ子弟女妹ヲ教育シ来リ漸次改良ヲ加エ当今ニ至リテ男女生徒已ニ三百ノ多数ニ上リ一般人口ノ繁殖ニ随ヒ年ヲ逐フテ益々盛大ノ域ニ赴キ状勢ニ有之候。其学科ハ尋常、高等ノ二科ニ分チ本邦諸学校同様ノ教科書ヲ参用シ其程度ニ於テ敢テ一歩ヲ譲ルコトナシ。其教員ハ校長以下本邦相当ノ教育免状ヲ携有スルモノニシテ……其経費ハ当港居留地会ノ決議認可ヲ経年々支出スルモノニシテ豪モ他ノ補助ヲ仰カズ。之ヲ総言スレバ全体ノ成立組織我市町村立小学校ト同一視ス可キモノト思考致候[*11]。

　釜山の居留地では開港からまもない時期に小学教育が始まっていた。本国からの支援金無しに居留民からの賦課金のみで運営されており、共立学校という名称が付けられた[*12]。開港から十余年が経過した時点に、学校児童は300人に達していたが、このような児童の急増は他の居留地でも確認される。仁川の場合、1890年に81人だった卒業生は1901年には340人に増加した[*13]。学齢児童の増加は続き、1903年頃の在韓居留民学校の児童数（【表3-1】）は2000人を超えていた。児童数と学級数からみると、釜山・仁川・京城の小学校は相当の規模であったことがわかる。とりわけ、釜山では学校の編制・教科書・教員の項目において市町村立小学校並みに成長していた。就学率は地域によってばらつきがあったものの、全体的に9割に近かった。

　なお、居留民学校の体制は、日本とそれほど変わりはなかった。居留民学校の編制は、概ね尋常（4年）と高等（4年）の二科で構成されており、日本から教員免許を有する者が招聘され、日本から取り寄せられた教科書をもって授業が行われた。例外といえば、韓語という教科があり、実用会話を中心に教えることくらいだった。

---

*11 「外務省記録」3-10-2-2「在外国各日本居留地共立学校関係雑件」第一巻、1890年11月15日、釜山領事立田革より外務次官岡部長職宛の送第135号、「共立小学校ヲ市村立学校ニ準シ教員退隠料遺族扶助料法施行之件」。
*12 京城の小学校も共立と呼ばれていた。京城居留団役所編『京城発達史』、1912年、49頁。
*13 尋常科と高等科卒業生の合計は、1890年81名、1895年127名、1901年340名であった。「外務省記録」3-10-2-2「在外国各日本居留地共立学校関係雑件」第二巻、1902年2月7日、仁川領事加藤本四郎より外務大臣小村寿太郎宛の公第26号、「居留地小学校ニ内地ノ小学校ト同等ノ取扱ヲ与ヘラレ度儀ニ付稟請ノ件」の附属書。

表3-1　1903年における居留民学校の状況

	居留民人口	生徒数（尋常＋高等）			不就学児童	就学率	学校数	学級数	教員数
		男	女	計					
釜山	9,799	522	405	927	135	87.3%	1	19	26
仁川	5,136	242	196	438	22	95.2%	1	8	11
京城	3,034	177	135	*315	31	91%	1	7	10
元山	1,668	88	96	184	なし	100%	1	*8	6
木浦	1,045	−	−	87	18	82.9%	1	3	3
群山	684	−	−	42	なし	100%	1	*6	2
鎮南浦	547	15	22	37	なし	100%	1	1	2
馬山	333	−	−	12	なし	100%	1	*3	2
平壌	210	−	−	8	なし	100%	1	1	1
合計	22,456	−	−	2,050	206	90.9%	9	56	63

出典　学校関係のデータは、「外務省記録」3-10-2-55「韓国各居留地小学校教育費国庫補助雑件」による。人口（1903年の統計は不明であり、1902年末の統計を利用）は、「外務省記録」7-1-5-4「海外在留本邦人職業別人口調査一件　第四巻」による。

注　京城の生徒数の合計には誤差がみられるが、原文のままである。馬山の教員は僧侶1名（知恩院派遣）、助教員1名である。鎮南浦の教員は僧侶2名（大谷派本願寺出張所主任僧外1名）である。学級数はその基準が定まっておらず、学年の学級数と教室数に基づいた学級数が混用されているとみられる。*が付いている所は、学年の学級数である可能性が高い。

　教育制度も基本的に日本の「小学校令」（1890年勅令第215号）に準拠していた。「仁川居留民教育規程」を含むほとんどの居留民学校の規定には、「小学校令第一条ノ旨趣ヲ遵守スヘシ」と明記されていた[*14]。釜山居留地の「小学校校則」や「職員採用内規」も、日本の例に倣って制定されたものだった[*15]。居留民学校では、本国の教育制度が準用される形で小学教育が行われていたのである。

　しかし、財政面からすると、居留民学校が処している状況は異なった。国家補助を受ける市町村立学校とは異なり、居留民学校は居留民がすべての学校経費を負担した。居留民団体が居留民から徴収する賦課金と授業料が主な収入源であった。このような居留民に対する教育費負担は居留民団体が制定した規則

[*14] 仁川居留民教育規程の条文は、「外務省記録」3-10-2-15「韓国各居留地小学校教育費国費補助雑件」、1902年3月15日、仁川領事加藤本四郎より外務大臣小村寿太郎宛の公第44号の附属書による。

[*15] 「外務省記録」3-10-2-7「朝鮮国釜山公立小学校生徒ニシテ本邦小学校へ転校等ノ節ハ一般小学校生徒同様便宜供与一件」、1894年10月30日、釜山総領事室田義文より外務次官林董宛の公第256号の附属書。

に明示されていた場合もあった。前述した「仁川居留民教育規程」の第1条には、「仁川居留ノ帝国臣民ハ本規定ノ定ムル所ニヨリ学齢児童教育及ビ小学校設置維持ニ関スル負担ノ義務アルモノトス」と定められていた。この規定は居留民団体が任意に制定したものであり、厳密にいえば、法的強制力を持つとは言い難いが、居留民社会が教育費徴収に関する規定を設けようとした一つの試みとみることができよう。

以上、初期の居留民学校の状況を整理すると、学齢児童が急増していた点、日本の教育制度に準拠し学校が運営されていた点、教育費に関しては自己負担の原則が適用されていた点が確認される。

第2項　居留民教育の懸案と領事館の対応

学齢児童が急増するなかで、居留民社会では海外の居留地でどのように児童を教育するかが課題となっていた。基本的に居留民社会では、「本邦小学校同様ノ取扱ニ附セラレンコトヲ希望」していたが[*16]、現実はそれほど簡単ではなかった。当時、居留民学校が抱えていた課題は三点にまとめられる。

一点目は、教育費の国家補助問題である。居留民学校は居留民の賦課金によって運営されたが、これに関して、外務省記録の「韓国各居留地小学校教育費国費補助雑件」には、釜山・京城・木浦・群山の居留民役所の代表が提出した陳情書が収められている。1900年に釜山の居留民代表は、「居留地経常費ノ四分ノ一ハ教育費ニ充用サレ敢テ他ノ補助奨励ヲ受クルコトナク唯居留民タルハ国家ニ対スル奉公ノ務トシテ負担額ヲ甘諾」してきたと主張し、国庫補助金の支援を請願していた。国庫補助を必要とする理由については、次のように述べている。

　　凡ソ我国民ノ海外ニ在ル者欧米諸国ニ於テハ処在国ノ整頓セル学制ノ許ニ教育ヲ受クルノ便アリト雖トモ清韓両国ニ在リテハ教育制度ノ見ルヘキモノナク勢ヒ在留民ニ於テ自テ相当ノ設備ヲナシ居留地ノ教育ニ務メサル

---

*16 「外務省記録」3-12-2-43「清韓両国ニ於ケル居留地制ニ関スル法律並日本専管居留地経営中租税ノ徴収ニ関スル法律制定一件」、1899年11月8日、仁川領事伊集院彦吉より外務大臣青木周蔵宛の公第190号の附属書。

ヘカラズ。加之進ンテ処在国民ニ対シテモ模範ヲ示スヘキ責任アルニ係ハラス単ニ之ヲ居留民ノ自治ニ放任スルカ如キハ国民教育ノ本旨ニアラス……居留地ハ専管居留地タリ萬般ノ制度本邦ニ則ラサルナリ。居留地団体ハ自治ノ体ヲ為セリト雖トモ本邦市町村ノ如ク法人トシテ行動スルモノニアラス。従テ設備上秩序的ノ進歩ヲ欠クモアリ……居留民ハ居留地ヲ以テ永住埋骨ノ地トナシ子弟ノ此地ニ生育スル者ハ釜山アルヲ知テ本国アルヲ知ラサルカ如シ。加フルニ日々未開ノ韓国人ニ接スル外何等ノ刺激ナキヲ以テ先ツ教育制度ヲ確立シ指導誘腋(ママ)ニ務メサレハ忠君愛国ノ思想ハ不知不識ノ間ニ消散シ日本人タルノ性格ヲ失フニ至リ又人智ノ発達ハ得テ望ムヘカラス[*17]。

　当時、居留民学校は学齢児童が増加したことにより、規模の面で成長していた。しかし、居留民団体の法的根拠は曖昧であり、限界もあった。そのため、居留民代表は学校運営を「居留民ノ自治ニ放任」している現状を指摘し、改善を要請していた。現在の状況が「国民教育ノ本旨」に背くというのが理由と挙げられた。また、滞在している国の人々への模範提示、「忠君愛国」思想の薄弱化という根拠を挙げ、国庫補助金制度の施行を請願していた。

　このような国庫補助金に関する請願書は、1900〜1901年の間に多数提出されているが、その背景には1900年3月に施行された「市町村立小学校教育費国庫補助法」（法律第63号）の影響が大きかったとみられる。法律の制定以前、小学校経費は市町村が負担していたが、制定以降は国庫から補助金が支給された。結局、居留民社会では補助法の在外居留地への適用に期待を寄せ、請願書を提出していたのである。この請願を受けた外務省では、文部省との協議を経て、国庫補助に関する法律案を検討しはじめていた。法律案第1条には、「在韓国本邦居留地小学校教育費ヲ補助スルカ為国庫ヨリ毎年補助金ヲ交付ス」と規定されていた[*18]。しかし、この法律案は様々な事情が重なり、帝国議会に提

[*17]「外務省記録」3-10-2-15「韓国各居留地小学校教育費国費補助雑件」、1900年11月28日、釜山領事能勢辰五郎より外務大臣加藤高明宛の公第191号の附属書、「居留民教育保護ニ関スル請願」。
[*18]「外務省記録3-10-2-15「韓国各居留地小学校教育費国費補助雑件」、1901年2月19日発遣、外務大臣加藤高明より釜山領事能勢辰五郎宛の送第14号の附属書。

出されることなく、実現に至らなかった。

　二点目は、教員招聘の問題である。居留民学校では、日本の学校を辞職した教員又は休職中の教員を招聘する方法を採っていた[19]。ところが、日本の退隠料規定は居留民学校の教員には適用されず、教員招聘の妨げとなっていた。退隠料は周知のとおり、退職後の教員年金であり、教員にとって老後の生活を保障する制度である。「市町村立小学校教員退隠料及遺族扶助料法」（1890年法律第90号）には、在職満15年以上の者に終身支給されると規定されていた。ただし、自分の意思による退職者は除外するという項目（第6条）があり、これによると居留民学校への転勤者は受給資格を喪失することとなった。このような理由から居留民学校へ転勤を希望する教員がなかなか見つからず、日本より招聘する際は「知己朋友ニ介シテ招聘ノ労ヲ依頼」する方法が採られた[20]。また、相当の給料を保証しない限り、招聘に応じる者はいなかった。仁川居留民長の富田耕司によると、日本から「教員ノ資格アル者ヲ得ントスレハ普通本邦ヨリ倍額以上ノ俸給ヲ支給」するのが普通であったという[21]。

　三点目は、日本の学校との連絡問題である。居留民学校の尋常科を卒業した者が、「本邦ニ帰リ進ンテ高等ノ学科ヲ修メントスルモ無資格ナルノ故ヲ以テ蹉跌スルモノ少ナカラズ」という問題があった[22]。居留民学校は日本で学校として認定されず、生徒は無資格者として取り扱われるのが現状であった。日本の学校への転校又は進学を希望する者は、別途の試験を受けなければならない問題があったのである[23]。

---

[19] 「外務省記録」3-10-2-2「在外国各日本居留地共立学校関係雑件」第二巻、1901年11月29日、元山領事瀬川浅之進より外務大臣小村寿太郎宛の機密137号、「居留地公立小学校聘用ノ教員ニ対シ退隠料ヲ受クル資格ノ件ニ付上申」。

[20] 「外務省記録」3-10-2-15「韓国各居留地小学校教育費国費補助雑件」、1900年12月27日、木浦領事森川季四郎より外務大臣加藤高明宛の第199号の附属書、「居留民教育保護ニ関スル請願」。

[21] 「外務省記録」3-12-2-43「清韓両国ニ於ケル居留地制ニ関スル法律並日本専管居留地経営中租税ノ徴収ニ関スル法律制定一件」、1899年11月8日、仁川領事伊集院彦吉より外務大臣青木周蔵宛の公第190号の附属書。

[22] 「外務省記録」3-10-2-15「韓国各居留地小学校教育費国費補助雑件」、1900年12月27日、木浦領事森川季四郎より外務大臣加藤高明宛の第199号の附属書、「居留民教育保護ニ関スル請願」。

[23] 「外務省記録」3-10-2-7「朝鮮国釜山公立小学校生徒ニシテ本邦小学校ヘ転校等ノ節ハ一般小学校生徒同様便宜供与一件」、1894年10月30日、釜山総領事室田義文より外務次官林董宛の公第256号。

第Ⅰ部　在朝日本人社会の形成と社会様態

　以上の居留民学校の課題は、各居留地の懸案を議論する居留民長会議においても重要問題として議論された。1904年の第一回の会議で決議された13項目のうち、教育関連の項目は5項目であった。その内容をみると、教員の供給及び待遇改善、国庫補助、文部省視学官の視察、国定教科書の供給が優先課題として議決された[*24]。その他、中等教育機関の設立、実業学校国庫補助法の実施が今後の課題として選定された。翌年の二回目の居留民長会議でも、教員確保、財政改善、中等教育、巡回教育の実施などが議論された[*25]。具体的には、日本で施行されている「実業教育費国庫補助法」及び「教育基金令」を朝鮮の居留地に施行することを要求する請願書が提出された[*26]。1899年に制定された「教育基金令」（勅令第435号）の条文には、北海道及び府県が対象地域と定められていたが、海外居留地への拡大施行を請願していた。1906年に京城で開かれた小学校長会議においても類似の議論がなされている[*27]。これらの居留民代表の会議内容をまとめると、本国同様の教育を目標に日本で施行されていた各種支援制度の在外居留地への適用を請願していたことがわかる。

　では、居留民社会の陳情に対し、領事館側はどのように対応していたのであろうか。この点を考察するために、外務省記録で確認できる二つの事例を紹介しよう。1902年2月に仁川領事の加藤本四郎は、外務大臣小村寿太郎に宛てた意見書において、「帝国臣民ガ海外ニ出デ出テ劇甚ナル人種的競争ニ触着シ国民ノ品性ヲ保持シ主張セントスルニ当リ必ズ教育ノ貴重ナルヲ感シ到ル処其子弟ノ為メニ先ヅ小学校ヲ設クルコト縦彼ノ欧米人ガ到ル処先ヅ教会堂ヲ設ケ僧

[*24] 民長代表の請願書は次の資料に収められている。「外務省記録」3-8-2-193「居留民団法並同施行規則制定一件」、1904年7月6日、在韓臨時代理公使萩原守一より小村寿太郎外務大臣宛の発第73号、「在韓居留民長会議ノ建議請願書進達ノ件」の附属書。前掲書、『京城発達史』、133～135頁にも同様の記述がある。

[*25] 一、実業教育国庫補助法及教育基金令を韓国居留地へも実施ある様其筋へ請願すること。一、韓国内地に在る日本児童の為巡回教授法を設けられん事を其筋へ請願すること。一、全国各府県師範学校卒業生の義務年限中に在る者を韓国居留地小学校教員に採用し得らるる様其筋へ請願する事。一、日韓条約に規定せる学術用器具並其使用品の輸入免税は厳正に履行ある様韓国政府へ交渉方を其筋へ請願する事。一、韓国居留地に官立中学校官立実業学校を設立ある様其筋へ請願する事。『教育時論』第729号、開発社、1905年7月15日、「韓国居留民決議」。前掲書、『京城発達史』、153～155頁。

[*26] 前掲書、『京城発達史』、163頁。

[*27] 『朝鮮新報』、1906年11月15日、「小学校長会議案」。

侶ヲ聘スルト同様」であると述べている[*28]。居留民学校を西洋の植民地における教会に比喩しているのは興味深い。彼は居留民学校の役割を児童教育に限定せず、現地社会に対する教化施設としての可能性を見出していたわけであるが、これは前述の釜山居留民代表の「在国民ニ対シテモ模範ヲ示スヘキ責任アル」云々の認識、つまり居留民教育を「文明化の使命」と繋げる論理と通じるものがある。さらに、加藤領事は学校の設立は、「国民ノ勢力ヲ海外ニ樹立スルニ於テ強大ナル要素」であるとし、可能な限りの援助と便宜を提供することは「開国進取ノ国是トシテ当然ノ措置」であると主張し、関連制度の改善を上申していた。

　他方、1902年に釜山領事の幣原喜重郎は、居留民学校の規則に関して具申している[*29]。幣原は、「居留地公立小学校ニ関スル規定」(全8条)を作成し添付しているが、その内容は、①小学校令・小学校令施行細則を居留地に施行すること、②日本で府県知事に属する職務は領事が行い、市長に属する職務は居留民長が行うこと、③居留民学校の教員には特別加俸を給することの3点であった。その趣旨は、日本の小学校令を居留民学校に適用することにあった。この具申に対し、外務省はひとまず領事館の命令をもって対処するように回訓しているが、その理由は、在外居留地への適用問題は慎重な法理的検討を要する問題であったからである。

　居留民代表の請願と同様に、領事館側が提出した意見書にも、日本で施行されている各種支援制度の在外居留地への適用問題が議論されていた。小学校令の在外居留地への適用問題は、第2章でみた「居留民団法」の制定によって変化を迎える。これと同時に、統監府の設置後に、居留民学校に対する権限が文部省から統監府へ移管され、教育制度の在外居留地への適用問題は解決されていく。

[*28]「外務省記録」3-10-2-2「在外国各日本居留地共立学校関係雑件」第二巻、1902年2月7日、仁川領事加藤本四郎より外務大臣小村寿太郎宛の公第26号。
[*29]「外務省記録」3-10-2-2「在外国各日本居留地共立学校関係雑件」第二巻、1902年2月28日、釜山領事幣原喜重郎より外務大臣小村寿太郎宛の公第22号、「居留地小学校規程制定ニ関スル件」。

第2節　居留民教育の整備と児童教育をめぐる認識

第1項　中等教育機関の設立

　統監府の設置以前、居留民学校は居留民団体が運営する公立学校として位置づけられていたものの、結局「本邦政府ヨリ見ルトキハ私立小学校ニ外ナラズ」の状態であった[*30]。このような状況に変化をもたらしたのが、「居留民団法」の制定であった。これによって法律的根拠が曖昧であった居留民団体は法人化し、居留民団は実質的に「外国の領土内に設置された属人的行政機関」と機能するようになった[*31]。居留民団法の制定によって、居留民団は市町村と同様に地方行政機関と見なされ、居留民団経営の学校は公立学校と認識されていたのである。

　さらに、居留民学校に対する管理・監督業務は、文部省から統監府へ移管される。統監府は居留民学校への補助金附与を開始したが、これは本国の国庫補助金制度と同様の性格を有していた。1906年に1万5000円だった補助金は増額され、1911年には9万1800円が日本人学校へ支給された[*32]。居留民教育の課題であった国庫補助金問題はこれによって解決された。

　中等教育機関の設立問題も解決された。以前、進学を希望する居留民学校の卒業者は、縁故のある九州や中国地方の学校に進学していた[*33]。卒業生にとって日本への「留学」は避けられない選択肢であった。この時期、中等教育の設立に関する議論がなされ、まず高等女学校が設立された。1906年の釜山高等女学校を皮切りに京城・仁川高等女学校が設立された。男子生徒が通う中学校

[*30] 「外務省記録」3-8-2-201「居留民団法並ニ同施行規則制定資料雑纂」、1905年1月27日、仁川領事加藤本四郎より外務大臣小村寿太郎宛の機密第1号、「専管居留地及居留民団法案ニ対スル意見上申」の附属書「専管居留地及居留民団体法案ニ関スル調査事項」。

[*31] 中内二郎『居留民団の研究』三通書局、1941年、2〜4頁。

[*32] 統監府が支給する補助金は、1906年の1万5000円から1911年には9万1800円へ増額される。補助金制度は続き、1910年代半ばには約30万円に、1920年には約84万円に達する。朝鮮総督府学務局『内地人教育の状況』、1921年、21〜22頁。

[*33] 例えば、1899年3月の元山小学校高等科の卒業生6人のうち3人は、長崎・山口県商業学校、熊本県女学校に進学している。「外務省記録」3-10-2-2「在外国各日本居留地共立学校関係雑件」第一巻、1899年7月1日、元山二等領事小川盛重より外務大臣青木周蔵宛の送第83号、「元山公立小学校ニ関スル報告ノ件」の附属書。

に先立ち、高等女学校が設立されたのは女子生徒の父母から「父兄の膝下を離れて遊学せしむるの不便に忍びず」という声があったからである[*34]。このような事情から、居留民社会において高等女学校の設立は慶祝すべき出来事であった。1908年5月の開校式には韓国統監伊藤博文や朝鮮駐剳軍司令官長谷川好道らが貴賓として参席したことからも、居留民社会にとって高等女学校の設立が有する意味がうかがわれる[*35]。

なお、高等女学校が設立されたことからは居留意識の変化も読み取れる。朝鮮半島において帝国日本の影響力が大きくなるにつれ、定住を意識するようになった居留民社会の投資とみることができよう。高等女学校の設立目的からも、このような定住意識の拡散が垣間見られる。京城理事官の三浦弥五郎は開校式の祝辞において、「韓国に於て本邦女子教育を目的とする当校の如きは他日の良妻賢母として又海外発展を永遠に確実にするの援助者として耻るなきの良婦人を養成」することを学校設立の目的と述べていた[*36]。単なる進学校としてではなく、日本人の「海外発展」という目標の下で行われた学校設立であり、女学生にはそれを支える役割が設定されていたのである[*37]。

なお、中学校設置を要求する世論も広がっていた。これはやがて官立の統監府立中学校の設立を要求する運動へ発展していく。1907年に京城居留民長の熊谷頼太郎は東京の関連省庁と学校を訪問し、官立中学校の設立を訴えた。また、京城居留民団では、「性質上統監府立を以て設立するの寧ろ至当」と記した請願書を理事官に提出し、官立中学校の設立運動を展開した[*38]。しかし、統監府からは肯定的な返答は得られなかった。これを受けて、居留民団では「自治」的に中学校を設立することを決議し、1909年4月に居留民団立の京城中学校を設立した[*39]。小学校と同様に、京城中学校の編制も日本とほぼ変わらな

[*34] 前掲書、『京城発達史』、221頁。
[*35] 『朝鮮』1908年7月号、73頁、「時事日誌」。
[*36] 『京城新報』、1908年5月26日、「三浦理事官祝辞」。
[*37] ちなみに、高等女学校には日本国内から教員が招聘された。学監には京都女学校に勤務していた教員が招聘された。日本留学の経験を有する韓国人教員も採用されており、韓国語授業を担当していたとみられる。『京城新報』、1908年4月26日、「韓国高等女学校」。
[*38] 前掲書、『京城発達史』、208頁。
[*39] 『京城新報』、1909年3月7日、「中学校案可決」。

った[*40]。

　その後も、中学校の官立化運動は続いた。居留民団側は、「今日の民団力に於て統監府の補助無くして完全なる中学校を見んとするは到底不可能」という理由を挙げ、官立化を主張しつづけた[*41]。居留民社会が官立にこだわった背景には、居留地賦課金に頼っている居留民団の財政問題があった。また日本における官立の高等中学校の設立が少なからず影響していたとみられる。その後、詳細な設立過程は確認できないものの、統監府は居留民側の陳情を受け入れ、官立中学校は実現する。1910年における京城中学校の統監府立中学校への変身は、当時の「韓国併合」の機運と無関係ではなかったといえよう。

　なお、京城中学校の官立化以来、学校設立の形態は3種類に変化する。居留民学校の形態は、官立（統監府立）、公立（居留民団立）、私立の3種類に分類されたが、この体系は「韓国併合」後に、官立（総督府）、公立（居留民団・学校組合）、私立の構成へつながっていく。

第2項　居留民学校に対する支援策と教育制度の整備

　まず、教員に関する制度が改善された。前述した退隠料規定と関連して、文部省は1904年9月に居留民学校から招聘があった場合、「小学校施行規則」第127条の休職処分が適用できるようにした。居留民学校における在職期間中は休職と認められ、退隠料の資格喪失には至らない措置が採られたのである。

　また、文部省は1905年3月に在外指定学校制度を施行した[*42]。在外指定学校制度とは、「在外指定学校職員退隠料及遺族扶助料法」（法律第64号）と同年11月の「在外指定学校ニ関スル規定」（文部省令第20号）によるものであり、指定を受けた在外学校の職員に国庫からの退隠料の支給を決めた制度である。主に韓国と清国の居留民学校に在職している教員の身分を保証することによって、在外の居留地にも「内国ニ於ケルト同様ノ教育」を提供することが制定の趣旨

[*40]　前掲書、『京城発達史』、225頁。
[*41]　『朝鮮』1909年4月号、7頁、「時事評論：京城民団立中学校の新設」。
[*42]　在外指定学校に関しては、渡部宗助「在外指定学校一覧（1906〜1945）」在外指定学校関係資料1、国立教育研究所、1982年。同「在外指定学校40年の歴史について」『研究集録』第4号、国立教育研究所、1982年。同「在外指定学校に関する法制度と諸調査」在外指定学校関係資料2、国立教育研究所、1983年を参照。

であった。さらに、在留する国において「邦人ヲシテ安ンシテ外国ニ居住スルノ念ヲ起サシメ其居住者ノ数ヲ増加シ国力ヲ海外ニ伸張スル所以」であったことが確認される[*43]。これによって指定学校の教員は日本の公立学校の教員に準じて待遇されが、これは文部省の在外学校に対する最初の本格的な支援策であった。

また、文部省は1906年6月に大阪府及び九州・中国地方の七県に対し、師範学校卒後に服務義務年限中の教員が居留民学校へ招聘できるよう訓令を発している[*44]。さらに、居留民学校の在職期間を加算する制度も設けられた。1907年4月に、「韓国ニ在勤スル居留民団立在外指定学校教員ノ退隠料及遺族扶助料ニ関スル法律」（法律第44号）が制定され、在職3年以上の職員に対し、在職年数を50％加算する措置がとられた。統監府の提出書には、「特殊の待遇」を与えるべき理由として、「衛生保健ノ設備欠如シ民俗未タ開ケ」ない韓国の現状が挙げられていた[*45]。

在外指定学校制度の施行後、1906年8月に仁川居留民団立尋常高等小学校が第一号として指定を受けた。制定当時の指定権者は外務大臣又は文部大臣であったが、統監府の設置後に指定権限は韓国統監に移管された（1906年6月勅令167号）。このため、仁川小学校は韓国統監である伊藤博文の名で指定を受けている。

その後の1910年4月末の統計によると、朝鮮全体の居留民学校129校のうち、指定を受けた学校は21校であった[*46]。ある程度の規模を有する学校、主に居留民団立の学校が指定を受けており、指定率は16％に留まっていた。このよう

[*43] 文部省の閣議提出書の一部分である。「外務省記録」3-10-2-55「韓国各居留地小学校教育費国庫補助雑件」、1904年10月27日、文部大臣久保田譲より外務大臣小村寿太郎宛の文部省文書課辰発普247号の附属書。

[*44] 七県は、山口・長崎・福岡・佐賀・広島・大分・熊本県である。「外務省記録」3-10-2-2「在外国各日本居留地共立学校関係雑件」第三巻、1906年6月6日、文部次官心得文部省専門学務局長福原鐐二郎より外務次官珍田捨巳宛の文部省文書課午発第178号。前掲書、『京城発達史』、165頁。

[*45] これは台湾在勤の官吏に対する制度を参考にし、統監府が作成・提出した法律案であった。「台湾ニ在勤スル官吏ノ恩給及遺族扶助料」（明治33年3月法律第75号）の第1条に50％加算が規定されている。JACAR（アジア歴史資料センター）Ref.A01200026200、公文類聚・第三十一編・明治四十年・第十八巻・警察・行政警察、社寺・教規・神社、賞恤・褒賞・恩給・賑恤、「韓国ニ在勤スル居留民団立在外指定学校職員ノ退隠料及遺族扶助法ヲ定ム」。

[*46] 統監府編『在韓国本邦人学事概況（明治43年4月調）』、1910年。

な状況を受け、1910年6月に統監府は「在外指定学校規定」(統監府令第23号)を公布し*47、支援対象を居留民学校全体へ拡大した*48。これによって、指定学校以外の職員にも同一の待遇を与える措置が採られた。

加えて、日本の学校との連絡問題も改善された。1907年3月に文部省は居留民団立小学校に在籍中の児童及び卒業者に対して、市町村立小学校と同等の地位を認めた(文部省告示第73号)。居留民団立の学校に限定された処置であったが、居留民学校から日本の同一学校への転学を認めたことに意義があった。

なお、教育制度に関する整備も行われた。1909年2月に制定された「小学校規則」(統監府令第3号)は、居留民教育を定めた最初の法律であった*49。基本的に日本の「小学校令」(1900年8月20日勅令第344号)、いわゆる第三次小学校令と呼ばれる規則に準拠して制定された。「小学校規則」第一条には「小学校ハ児童身体ノ発達ニ留意シテ道徳教育及国民教育ノ基礎並其ノ生活ニ必須ナル普通ノ智識技能ヲ授クルヲ以テ本旨トス」との条文があったが、これは「小学校令」と同様であった。また、授業年限・教科目・教則・編制などの規則類も、日本の「小学校令」及び「小学校令施行規則」を準用していた。全体25条で構成された「小学校規則」は、全体73条の「小学校令」に比すると簡略な法令であり、詳細の規定は日本の法令を準用する方式が採られた。各居留地の事情に合わせて、柔軟に対応する必要があったからであろう。

一方、「小学校規則」と「小学校令」とを比較すると、相違点もみられる。「小学校令」の場合、1900年に全面改正され、小学教育の無償化が実現したが、「小学校規則」には授業料の規定が存在した。授業料は尋常小学校が1ヵ月に40銭以下、高等小学校が80銭以下と、金額の上限が設けられていた(第25条)。賦課金・授業料に依存している居留民団の財政状況からすると、無償化は実現しがたい課題であった。

次に、統監府期における教育制度の整備として、1910年3月には「統監府中学校規則」(統監府令第9号)が制定された*50。京城中学校の官立化に合わせる

---

*47 『統監府公報』第155号、1910年6月4日。
*48 朝鮮総督府学務局学務課「法令関係書類」(韓国国家記録院所蔵、管理番号:CJA0004671)、1910年4月15日(記載が鮮明ではないが「起案」と推定される)、「在外指定学校規定制定ノ件」。
*49 『統監府公報』第88号、1909年2月13日。
*50 『統監府公報』号外、1910年3月30日。

形で、「統監府中学校官制」(勅令第99号)とともに制定された。条文をみると、授業年限は5年と定められ、日本とほぼ変わらなかった。

　ところが、統監府中学校の学校編制は日本と異なり、第一部と第二部で構成されていた。第一部の教科目は日本の「中学校令施行規則」(1901年文部省令第3号)に準拠していたが、第二部はそうではなかった。第二部は、実業教育を中心に教科目が編成されており、とくに4年生以上の生徒には韓語・経済・簿記などが設置されていた。その後、1910年6月に統監府立中学校を日本の府県立中学校と同等に取り扱う処置(文部省告示第163号)[*51]がなされるが、これは第二部の生徒には適用されなかった。この点からは、第二部が韓国事情に合わせた編制であったことが確認される。

　以上、統監府期に採られた居留民学校に対する支援策と教育制度の改善を考察した。その過程をみると、日本政府が発した勅令及び法律、文部省令及び告示、それに統監府令が混ざり合っていることが確認される。統監府期は、居留民学校に対する業務が文部省から統監府に移管される過渡期であり、その権限が微妙に二重体系であったことがわかる。この過程で、本国日本の教育制度の在外居留地へ適用する問題は、概ね統監府令の制定を以って解決された。代表的に「小学校規則」と「統監府中学校規則」をみると、基本的に日本の制度を準用する形式が採られたが、それと同時に韓国の実情も一定反映されていたことがわかる。

第3項　「内地」を知らない児童という言説

　さて、居留民教育が整備される過程で、日本人社会では児童教育をめぐってどのような議論がなされていたのであろうか。最も顕著だったのは、母国を知らない児童に対する憂慮であった。これに関しては実際に児童に対する意識調査も行われた。1914年に京城内の小学校生徒約6000人を対象とした調査において、約2000人が「内地を知らない」という結果が出された[*52]。また、総督府

[*51] 第二部生には適用されなかった。『統監府公報』第156号、1910年6月11日。宋炳基編『統監府法令資料集』下編、大韓民国国会図書館、1973年、562頁。
[*52] 総督府立中学校が行った調査である。幣原坦は大韓帝国の学部において学政参与官を務めた人物である。幣原坦『朝鮮教育論』六盟館、1919年、303頁。

中学校の生徒を対象とした調査では、「内地に関する的確なる経験的及び実際的の知識を持って居ると認むべき者」が51％に過ぎないという結果が出た。当時全体生徒588人のうち、「内地」生まれは524人（89％）であり、朝鮮生まれの児童は1割弱に過ぎなかった。したがって、詳細な調査内容は不詳であるものの、その基準が出生地ではなく、実際の経験や知識に基づいていたことは確認できる。

　教育現場でも児童に母国日本をどのように教えるかが課題と認識されていた[*53]。総督府学務局の官吏や教育界においても、母国観念が希薄になることを憂慮する声があった。学務局長の関屋貞三郎は、1911年8月の小学校教員対象の夏季講習会において「朝鮮ヲ知リテ日本内地ヲ知ラサルモノ多シ……日本母国ニ対スル観念ヲ薄弱ナラシムル憂ナシトセス」と述べ、「教授訓練ノ祭常ニ此ニ意ヲ注キ忠君愛国ノ精神」を育成することに努めるよう訓示している[*54]。また、朝鮮総督の寺内正毅は講習会に参加した教員を官邸に迎え、「母国ヲ離レテ新開地ニ渡来スルモノハ動モスレハ母国ノ感化薄弱ナル傾向」があると述べ、「母国ヲ愛シ〔欠字〕天皇陛下ニ対スル奉公ノ念ヲ養成スルハ内地ニ比シ一段ノ努力ト工夫トヲ要」すると注意が喚起された。さらに、寺内総督は、「陛下及国家ニ対スル観念」「朝鮮人ヲ指導スル意思」に触れ、植民地に暮らす児童の精神育成を強調した。

　これらの議論を経て、母国を知らない児童という言説と憂慮が交差するなかで、日本と同様の教育を提供するという居留民教育にも変化が生じていた。教育課程において、「内地」に関する観念と忠君愛国の精神涵養が強調されると同時に、朝鮮人を指導する役割が新たに加えられていた。これは「韓国併合」後、既存の居留民教育が植民地のヒエラルキーにおいて上位に位置する「内地人」教育へ変容したことを意味した。この点は、次節でみる学校組合の導入過程においても確認できる。

＊53　1918年頃の仁川尋常高等小学校の調査によると、「内地」生まれの児童は735人、朝鮮生まれの児童は897人であったという。同上、304頁。
＊54　『朝鮮総督府官報』第314号、1911年9月13日。

第3章　在朝日本人児童教育の展開

第3節　学校組合制度の導入と承継問題

第1項　学校組合制度の導入

　居留民教育の財政を担う組織として、学校組合という制度が韓国に導入される過程は、二期に分けて説明できる。第一期は、1909年12月の「学校組合令」（統監府令第71号）の公布から、1914年4月の改正令の施行までである。【表3-2】からうかがわれるように、1909年当時、学校組合は小規模の居留民社会の「自治」団体として導入された制度であった。改正後に学校組合制度は全体の日本人社会に拡大適用される。

　学校組合制度の立案過程を示す一次史料は管見の限り見当たらないものの、制度自体は日本における町村学校組合を参考にしたものと推測される。1888年公布の市町村制をみると、町村組合に関する条文が存在する。第116条には「数町村ノ事務ヲ共同処分スル為メ其協議ニ依リ監督官庁ノ許可ヲ得テ其町村ノ組合ヲ設クルコトヲ得」と定められており、町村組合は複数の町村が共同で行政を行うための制度であったことがわかる。

　もっと具体的な町村学校組合に関する規定は、1890年10月に公布された「地方学事通則」（法律第89号）と1890年・1900年に改正された「小学校令」にみられる。その中でも、1900年の小学校令をみると、「一町村ノ資力尋常小学校設置ニ関スル費用ノ負担ニ堪ヘス」の場合（第7条）と「一町村ニ於テ就学セシムヘキ児童ノ数一尋常小学校ヲ構成スルニ足ラス」又は「適度ノ通学路程内ニ於テ一尋常小学校ヲ構成スルニ足ルヘキ数ヲ得ルコト能ハス」の場合（第8条）に、尋常小学校を設置するために他の町村と学校組合を設けることができるように規定されていた。つまり、町村学校組合は財政基盤が弱い地域、又は学齢児童が少ない町村において、他の町村と共同で組合を結成し、小学校を設立するようにした制度であった。

　このような趣旨の「学校組合令」（統監府令第71号）が韓国で制定されたのは1909年末であった[*55]。第1条は、「学校組合ハ法人トシ官ノ監督ヲ受ケ法令

---

*55 『統監府公報』号外、1909年12月27日。

表3-2 「韓国併合」前後における京畿道内の居留民団体の状況

1909年末				1913年末			
団体名	設立許年月日	戸数	人口	団体名	設立許年月日	戸数	人口
京城居留団	1906年8月15日	7,581	25,296	京城居留団	1906年8月15日	15,098	55,628
仁川居留団	1906年8月15日	2,358	7,566	仁川居留団	1906年8月15日	3,033	11,44
				江華学校組合	1910年3月18日	30	8
水原居留民総代役場	1906年8月30日	350	1,247	水原学校組合	1910年5月31日	423	1,62
永登浦居留民総代役場	1905年4月24日	171	520	永登浦学校組合	1910年6月9日	315	1,17
				汶山学校組合	1911年3月31日	35	12
開城居留民総代役場	1900年6月17日	336	1,085	開城学校組合	1911年6月8日	404	1,47
安城日本人会	1909年10月25日	43	113	安城学校組合	1911年7月26日	58	21
烏山日本人会	1907年5月06日	27	89	烏山学校組合	1911年10月25日	74	28
驪州日本人会	1909年6月23日	29	77	驪州学校組合	1911年11月06日	40	12
平澤居留民総代役場	1908年5月5日	38	112	平澤学校組合	1911年11月9日	80	25
				議政府学校組合	1911年11月20日	34	11
				金浦学校組合	1912年4月4日	22	5
				漣川学校組合	1912年4月6日	63	17
				長湖院学校組合	1912年7月18日	49	12
				利川学校組合	1912年7月24日	55	17
				交河学校組合	1912年11月2日	35	11
				龍仁学校組合	1913年4月4日	25	8
				楊平学校組合	1913年7月24日	28	4

出典 1909年末は、朝鮮総督府編『第四次朝鮮総督府統計年報』、1911年、147〜155頁。1913年末は、『朝鮮総督府統計年報』1913年度版、32〜33頁による。
注 1913年末の状況を基準とし、同地域の変遷が確認できるように整列した。

ノ範囲内ニ於テ専ラ教育事務ヲ処理スルヲ目的トス」と定められていた。学校組合はもっぱら教育事業を主とする組織であったが、地域によっては衛生事業を兼ねる場合もあった。組合の設立を希望する居留民は組合規約を決め、統監の認可を受ける必要があった。

1910年3月に京畿道の江華学校組合と忠清南道の端山学校組合、平安南道の広梁湾学校組合を皮切りに[*56]、各地において学校組合が設立された。新設のみではなく、従来の居留民団体が学校組合へ切り換わる例も少なくなかった。【表3-2】は、「韓国併合」前後における京畿道内の居留民団体の状況である。既存の日本人会又は総代役場が学校組合へ切り換わったことと、1911年末以

[*56] 『統監府公報』第145号、1910年3月26日。

降に新設された居留民団体はすべて学校組合として設立されていることがわかる。この背景には以下のような総督府の方針があったとみられる。

　　学校組合令発布後内地人団体ノ経営ニ係ル小学校ノ大多数ハ漸次学校組合立ニ変更致候ヘ共猶多少日本人会又ハ居留民会等ノ設立ニ係ルモノアリ。将又本年度ニ於テ設立セントスルモノモ何々日本人会又ハ何々学校維持会等ノ名ヲ以テセントスルモノアリ。斯リテハ維持ノ確実ヲ期シ難キノミナラズ団体財政等ノ監督上ニモ差支不尠……＊57。

　このような判断から総督府は、「今後新ニ小学校ヲ設立セントスル場合ハ必学校組合立トシ猶従来日本人会又ハ居留民会等ノ設立ニ係ルモノモ出際可成学校組合立ニ変更」するという旨の案を作成し、各道長官に通牒した＊58。法人格がない日本人会のような任意団体は、「其ノ規模施設完全ナラス。之カ管理監督モ又区々ニ渉リテ統一ヲ欠」くという理由から＊59、学校組合の設立を奨励していたのである＊60。

　とりわけ、組合制度を利用した学校設立の形態は、小規模の集団居住地が散在する居留民社会に合う制度と認識されていたとみられる。このような点は、日本の町村組合の規定と通じる点である。つまり、財政基盤が弱い地域、又は学齢児童が少ない地域に組合を設立し、共同で小学校を設立する方式が居留民学校に適用されたといえよう。これにより、小規模の居住地においても法人が設立できる道が開かれたのであり、その後、総督府の学校組合一元化の方針とあいまって、各地において学校組合の設立が相次いだ。

＊57　「法令関係書類」（韓国国家記録院所蔵、管理番号：CJA0004671）、1911年4月26日、朝鮮総督府より各道長官宛の第31号、「学校組合設置ノ件」。
＊58　同上の付属書。
＊59　朝鮮総督府編『朝鮮統治三年間成績』、1914年、61頁。
＊60　このような方針は新聞記事からも確認できる。「地方ニ居住する内地人は統監府令に基き学校組合を設け居れるが中には依然日本人会と称する名の下に小なる民団を組織せるもの少なからず。而して法令に拠らざる組織は種々不備の点多きのみならず。学校経営等の場合に於て完全なる教員を得る能はず。且普通教育の統一上幾多の弊害あるを以て当局者成るべく学校組合に改設せしむべく居り」。『京城新報』、1911年3月5日。

第2項　居留民団から学校組合へ

「韓国併合」後、総督府では新しい地方制度案が議論されていた。当初三つの案が存在し、①総督府取調局の原案に総督官房総務局および拓殖局が修正を加えた案、②総督府官房外事局長の小松緑の案、③朝鮮総督府内務部の案が議論されていた[61]。論点の一つは、両民族の教育財政をどのようにするかにあった。①②の案は府が教育事務を管掌すると規定するかたわら、民族別に教育費を賦課し、特別会計にする構想であった。教育費の会計は民族別に区分するが、府が教育事業を統轄する案であった。これに対し、③の案は、教育事務を府の業務とせず、民族別に地方団体を運営する案であった。結果的に③の案が採択され、1912年秋になると、府地域における日本人の教育事業を学校組合へ承継する案はほぼ確定していた[62]。

その後、1913年10月に新しい地方制度の「府制」が公布された。これに合わせる形で、既存の「学校組合令」は改正（制令第8号）されるが、これ以降を学校組合の第二期と位置づけられる。改正の主旨は、組合会の権限の縮小と管理者の権能強化にあった[63]。総督府は学校組合の議決事項を教育に限定し、学校組合の管理者には専決処分権や議決取消権を与えた。例えば、京城学校組合の組合会で議決された事項に対して、管理者の京城府尹は監督権を行使し、取り消すことが可能であった。総督府では学校組合というモデルを府の日本人社会に適用するにあたって、制限を加える処置を採ったのである。

1914年4月における「府制」の施行後、教育事業を除くすべての行政業務は、居留民団から府へ引き継がれた。これに先立ち、同年1月の総督府通牒「居留民団ノ事務及権利義務ノ移属処分ニ関スル標準」により、居留民団の財

---

[61] これは第2章でも触れたが、重要であるため改めて記述する。「府制案関係書類」（韓国国家記録院所蔵、管理番号：CJA0002541）。3つの案は、姜再鎬『植民地朝鮮の地方制度』東京大学出版会、2001年、143〜155頁。
[62] 『朝鮮新聞』、1912年8月16日、「民団廃止案決す」。『朝鮮新聞』、1912年8月20日、「民団廃止後の組織」。『朝鮮新聞』、1912年9月21日、「民団廃止と当局」。
[63] 詳述すると、①学校組合の中で、府の区域を包含するものは、府尹が管理者として職務にあたる、②組合の監督庁を明記し、府の区域を包含する組合は道長官・総督が、その他の組合は郡守・道長官・総督が監督する、③従来学校組合は衛生事業も行うことが可能であったが、その範囲を教育事業に局限する、④組合の設置・廃止・境界変更は特定の資格ある組合員3分の2以上の同意又は組合会の特別決議を要する、⑤組合会の組織・職務・権限、組合員の選挙に関する事項が明記され、制度の統一が図られた。京城府編『京城府史』第2巻、371頁。

産はその用途・目的によって移転先が区分された。教育関連は学校組合へ、その他の財産は府へ受け継がれた。借金も同様に区分され、京城居留民団の未返済額26万6809円のうち19万4684円（73％）は、京城学校組合に承継された。これに対し、京城民団の議員たちは内務部長官の宇佐美勝夫を訪問し、教育財政問題を陳情した。この場では、官財産の払下げ、学校の官立・公立化に対する請願が行われた[*64]。また同年2月に開かれた居留民長会議においても同様の意見が出された[*65]。このような請願は実を結び、前述の総督府通牒には、「特定ノ目的ヲ有セサル基本財産及一切ノ収益財産ハ学校組合ニ移属セシムル」という条項が設けられた。教育関係の財産のみではなく、特定できない財産は学校組合に承継された。京城では、新町の宅地（遊廓）、吉野町の畑・墓地などの財産が京城学校組合に引き継がれた。

第3項　学校組合への承継をめぐる議論

　府の業務から日本人の教育部門を除外した背景には、居留民団の慢性的な財政難があった。多くの居留民団は学校の新築に追われており、資金調達のために債券を発行していた。1908年に京城居留民団は経費節約に取り組んでいたものの、校舎新築のための起債はやむを得ないと判断していた[*66]。校舎新築による財政難は、居留民団共通の問題であったが、これは自然増加では見られない、急激な学齢児童の増加が原因であった。加えて、居留民団の収入源にも構造的な問題があった。特別な収益事業を持たない居留民団では、収入源の60％以上を居留民団税に頼っていた。

　では、ここで居留民団の予算において教育費が占める比率を確認してみよう。京城居留民団の1910年代の3年間の予算をみると、教育費は全体予算の約40

[*64] 基本財産として100万円以上の官有物を下付するよう総督府に交渉すること、学校職員の任免権は政府が専有し、職員は国家の官吏として俸給は政府負担、居留民は設備に就て責任を有すること、高等女学校は総督府の経費を以て支出することが建議された。大村友之丞、『京城回顧録』、朝鮮研究会、1922年、177～178頁。
[*65] 前掲書、『平壌発展史』、69～71頁。
[*66] 「歳入出予算は不急の事業は総て之を避け、尚経費の節約及び削減し得べきものは殆んど其極度迄の減額をなしたるも、是等教育事業の為め金四万円の民団債を起すの止むなきに至る」。前掲書、『京城発達史』、222頁。

〜60％を占めていた*67。校舎2棟の新築が行われ、多額の臨時予算が計上された1911年度を除いても、教育費は予算の約40〜50％を占めていた。このような居留民団の財政状況について総督府側も把握していた。総督府外事局の調査によると、1911年の居留民団の教育事業関係の財産（土地、建物、基本金）は149万円であり、負債は約33万円であった*68。負債額の多くは、京城（12万円）と釜山（11万円）の校舎新築が要因であった。特に京城では1906年から1914年にかけて8ヵ所の校舎が新築されていた*69。

なお、1914年の朝鮮全体の居留民団の負債総額は約289万円に及んでいた*70。京城居留民団の全体負債額（27万6750円）は、京城府の1年予算（1914年に41万0330円）の67％に及ぶ金額であった。この状況を踏まえ、総督府では緊急事業以外の起債は認可しない方針を立てていた*71。こうして居留民団の財政状況を把握していた総督府は、地方行政から日本人の教育事業を分離する案を採択したのであった。要するに、居留民団から学校組合への承継は、教育部門の財政負担を居留民社会に転嫁する一面もあったのである。

一方、教育事業の学校組合へ承継は日本人社会にとって教育における「自治」の存続を意味することでもあった。居留民団の解散後に、教育事業を議論する場であった学校組合の議会は、朝鮮において唯一の議決機関であったからである。

だが、日本人の教育事業を別にするのは、総督府が掲げていた「同化」や「一視同仁」という建前と相反するものでもあった。この矛盾は、日本人社会の批判の的となった。

---

*67 年度別の比率は、57.1％（1911年）、48.5％（1912年）、39.8％（1913年）であった。1911〜1912年は、『朝鮮総督府統計年報』1911年度版、296〜300頁。1913年は、『朝鮮総督府統計年報』1912年度版、271〜272頁。
*68 朝鮮総督府外事局「居留地関係書類（民団関係調査ノ分）」（韓国国家記録院所蔵、CJA0002273）、「府管内朝鮮人戸口調」。
*69 日出尋常小学校（1906年）、南大門尋常小学校（1908年）、龍山尋常高等小学校（1909年）、桜井尋常小学校（1910年）、京城高等女学校（1910年）、元町尋常・鐘路尋常高等小学校（1911年）、西大門尋常高等小学校（1914年）が竣工された。前掲書、『京城回顧録』、193頁。
*70 『朝鮮総督府統計年報』1913年度版、815〜816頁。
*71 『朝鮮新聞』、1913年5月12日、「各地民団債」、『朝鮮公論』通巻第3号、1913年6月、64頁、「朝鮮時事記要」。

同化策の為に民団制を撤廃すべしと云ふは拙し。同化の為にせむとならば、何よりも同化に大効果あるべき教育を一緒にすること最も急要なり。殊に況んや学校組合のみを残存しての同化呼ばはるは聊か見当を外れずや。然れども是れ併しながら、斯くの如くに主張するは、美名を術ふて渡りに船を藉る表面上の辞令のみ。誰か此甘言に乗せらるる者あらむや……従来の民団所在地及び学校組合所在地共に、才に新学校組合の名義の下に漸くに自治の一部を存置せられたり。斯くの如く、帯とも附かず襷とも附かざる施設を為さむよりは、一層の事何故に教育事務をも府の下に移さざりしや。当局及び御用紙は府統一の利益を主張せるが如し。然らば教育事務をも何すれぞ。之を府に一括統一せざりしや[*72]。

居留民団の廃止に反対する日本人社会を前に、総督府は決まって「同化」と「一視同仁」の論理をもって対応していた。しかし、居留民社会は総督府のこの方針に矛盾を見出していた。総督府が掲げるモットーは美名に過ぎず、その真意は別にあることを察知していた。京城居留民団議員の一人は、「在住民には有り難くない処置と云はねばならぬ。今民団の費用の大半以上は此処学校経費に要して居るのである。其学校組合丈を残して民団を廃すると云ふは、自治機関は取り上げるが、費用の多い学校はお前の方で行れ、それ丈は許すと云ふ事に成る」と批判していた[*73]。総督府の真意は、費用問題にあると把握していたのである。

元居留民団議員だった牧山耕蔵も、自身が経営する『朝鮮公論』の社説において、「児童教育上毎年一校宛を増築せざる可らず」という状況に触れ、「市民が之を負担し得るや否や亦十分に講究せざる可らず。是れ官憲万能の総督府も特に学校組合令を設けて或程度に於ける自治を母国人に与えたる所以なり」と批評している[*74]。一見、総督府が居留民社会に「自治」を一部認めたかのように見えるが、その真意は「自治」の温存にあるのではなく、財政負担の回避にあるとの主張であった。すなわち、日本人社会では総督府が掲げたモットーの

[*72]『朝鮮新聞』、1913年11月8日、「府制の発布と学校組合令の改正（三）」。
[*73]『朝鮮及満洲』第51号、1912年5月号、17頁、「時事所感二則」。
[*74]『朝鮮公論』通巻第15号、1914年6月号、53頁、「令語熱舌」。

矛盾や、その裏にある真意を看破していたのである。

第4節　学校組合の運営状況

1914年末に学校組合は252ヵ所に設立されており、日本人の組合加入率は約84％に及んでいた。加入率はさらに増加し、1920年には94％に増加した[*75]。居留民団の解散後、学校組合は日本人社会の中心的機関になりつつあった。

学校組合の運営を議決する組合会の議員選挙をめぐっては、選挙戦が繰り広げられた。第2章でみたように、1914年の京城学校組合会は、官吏・会社役員・実業家などの有力人物で構成されていた（【表2-10】、169頁）。その後の1920年の議員構成をみると、かなりの変化がみられる。議員18名のうち、郵便所長、京城日報社の理事、総督府視学出身者を官吏側の人物に分類すると、半数は官側の人物であった（【表3-3】）。このような官吏側の組合会進出について民間側は懸念を示していた[*76]。官吏側に有利な方向への運営に警戒を示していたわけであるが、問題の焦点は学校組合費の負担にあった。

学校組合費負担の背景には、居留民団時代から受け継がれた財政問題があった。学校組合の収入源は、主に組合費と授業料であった。1914〜1918年の間、京城学校組合の歳入をみると、組合費は予算全体の約50〜60％を占めてい

[*75] 組合員数は、朝鮮総督府内務局編『大正十二年度学校組合財政状況要覧』、1923年。人口は、『朝鮮総督府統計年報』各年度版。

[*76] 「…各町共に殆んど混戦の状態にあり。殊に最も目立ち来れるは官吏側の運動振りにて初めは頗る鳴りを鎮めて名刺さへも配付せざりしが一日よりは官吏並に学校関係者一斉に立ちて猛烈なる運動を開始せり。民間側にても県人其他の縁故を辿りて各官舎に入り込み居る事とて官吏側候補者にありても悠々として安心して居られざる状態にあり…。本年の学校組合費割当は概して官吏側は民間側に比して高率となり居れり。次期に於ては一層其率を増すの虞あれば此際官吏側を多く出すは即ち自己を擁護するものなりといふに在りて暗に民間側に対して挑戦的態度に出でつつあり。総督府に於ては票数七百数十票ありて之れを二分するも当選疑ひなきに属僚は勿論出入商人其他にまで半命令的に投票を促しつつあるより雇員傭人等は頗る反感を懐き居るものの如く之れに対し民間の有力なる一団は非常に憤慨して曰く、学校組合費は国庫の支出を仰ぐにあらざれば市民として組合費の負担は到底免れ難き所にして官吏の課税を安くすれば勢ひ民間の負担を重からしむる所以なり」。『朝鮮新聞』、1920年6月2日、2面、「剰す処一週日耳──京城学議逐鹿戦」。

第3章　在朝日本人児童教育の展開

表3-3　1920年の京城学校組合議員

氏名	得票	渡航時期（年齢）	職業	出身地及び履歴
大内要	358	1910年頃	総督府鉄道局副参事	兵庫県。東京商業学校卒業。統監府鉄道局事務官。
田中半四郎	322	1904年	土木建築請負業	京都府下船井郡。東京成城学校卒業。中央気象台朝鮮派遣員として仁川に渡る。統監府会計局嘱託。1913年に京城居留民団議員。
高山孝行	321	1907年	牧畜業	富山県。村吏出身。荒井牧場主任。
大垣丈夫	308	1904年	言論人	石川県金沢市。石川県第一師範学校卒業。教員を経て、京都新報社に入社。石川日日新聞・東京さくら新聞を創刊。1904年に朝鮮に渡り、大韓協会を創設。1914年に京城通信社を承継する。1917年より満鮮評論雑誌社長を兼ねる。
小杉彦治	308	1902年	教育者	栃木県。韓国政府学部事務官。総督府学務課視学。淑明女学校校長。
黒岩覚一	306	1907年	総督府高等法院書記課書記長	佐賀県。1907年佐賀県地方裁判所より統監府地方法院監督書記となる。総督府司法部嘱託。
土井一義	296	－	豆腐製造業	岡山県。古市町総代。南大門外金融組合幹事。
橋本茂雄	287	1909年	質屋経営	群馬県。1909年に朝鮮に渡る。質屋組合長。
若曽根当五	284	1905年	総督府鉄道局参事補	岐阜県。1897年横浜地方裁判所書記。1905年統監府鉄道建設部に招聘され、朝鮮に渡る。
望月勉	282	1904年	町総代	京都府。小学校教員を経て、1904年大林組社員となり仁川・龍山で勤務。龍山漢江通第1区町総代。龍山地域推薦議員。
兼古礼蔵	269	1904年	酒造業	新潟県。1904年に一家を挙げて朝鮮に渡る。龍山で酒造・醬油醸造業を始める。1906年龍山居留民団議員。1913年宇恵喜醬油株式会社を設立、専務取締役を務める。1914年に府協議会委員に任命される。龍山地域推薦議員。
戸部巌	268	1907年又は1910年	印刷業	岡山県。質屋経営を経て、戸部印刷所（石版印刷業）を経営。
今村武志	250	1910頃	総督府財務局専売課長	東京帝国大学卒業。総督府内務部地方局で居留民団解散・学校組合関連の業務に携わる。1919年に総督府専売課長。
川津玉留	249	1907年	総督府総督官房。庶務部会計課嘱託	山口県。1907年韓国財政顧問附として招聘され朝鮮に渡る。総督府会計課に勤務。
曾我勉	248	1884年	郵便所長	東京市。明治法律学校卒業。日清戦争時に召集されて参戦。1885年に韓国政府の招聘により、韓国軍顧問及び補佐官兼武官学校助教に任じられる。1896年京城居留民会議員。1912年郵便所長。

藤村忠助	237	1894年	京城日報社理事。経理課長・営業局長	山口県。1894年に朝鮮に渡り、仁川日本人商業会議所書記となる。1904年に辞職し、韓国勧農会を設立。仁川居留民団議員。1909年京城日報社仁川支局長を兼任。1915年に本社転勤となる。
片桐要治	231	1910年頃	総督府為替貯金管理所主計課長（事務官補）	宮城県。東京郵便通信学校卒業。通信省為替貯金局勤務を経て、朝鮮総督府通信局に転じる。1918年以降、為替貯金管理所主計課長。京城在郷軍人分会副長。
犬島新作	227	1904年又は1905年	土木建築請負業	富山県。仁川で土木請負業を営む。

出典 『朝鮮新聞』、1920年6月11日、「学議選挙の結果」。朝鮮公論社編『在朝鮮内地人紳士名鑑』、1917年。『朝鮮総督府職員録』（韓国国史編纂委員会ウェブサイトのデータ検索による）より整理。
注 渡航年度が不明な場合は「－」をもって、確定できない場合は年度を併記するか「頃」に表記した。

た[77]。1918年度の組合費への依存度は特に高かった[78]。組合費と授業料に頼っている構造的問題があったのである。他方、支出の内訳をみると、小学校教育費が全体歳出の約65％を占めていた。このような理由から、総督府地方局長の小原新三は、京畿道の学校組合管理者が集まる会議において、経費節約の重要性を強調していた[79]。

　1910年代における学齢児童の急増は、学校組合の財政にさらに負担をかけた。1915年の調査によると、20学級以上を有する小学校が相当あり[80]、教育環境を改善するには、校舎の増築又は新築が求められていた。ところが、この問題を解決するための起債は、組合費の引上げにつながる悪循環を繰り返していた。例えば、京城学校組合の一戸当りの平均組合費は8円（1914年）から21円（1918年）に増加した。

　このような学校組合の財政状況から、教育費負担の是正と居留民団制度の改善を求める声が止まなかった。とりわけ、「文化政治」期に入った1920年の議

---

[77] 京城府編『京城府史』第3巻、1941年、75〜76、216〜217、368〜369、464〜465、601〜602頁。
[78] 京城府編『京城府史』第3巻、1941年、601〜602頁。
[79] 『朝鮮彙報』1914年5月号、21〜29頁、「学校組合の管理に就て」。京城日報社編『府及学校組合法規提要』、1914年にも速記録が掲載されている。
[80] 日出公立尋常小学校（20学級）、南大門公立尋常小学校（20学級）、桜井公立尋常小学校（19学級）、仁川公立尋常高等小学校（27学級）、大邱公立尋常高等小学校（20学級）。朝鮮総督府内務部学務局「（大正四年）例規」（韓国国家記録院所蔵、管理番号：CJA0004678）、「公立小学校学級編成ニ関スル件」。

員選挙時に様々な意見が出された。まず、学校組合費と関連して、授業料を免除し、小学教育の義務教育を主張する意見があった。その反面、反対意見も存在した。授業料の徴収を廃止すると、組合費が一戸当り平均3円50銭増加すると指摘し、「組合員の負担といふ事を離れては名論も卓説も一の空論に過ぎぬ」という現実論であった*81。

なお、小学校教員給料の国庫支弁を主張する意見もあった。弁護士の安住時太郎は*82、日本の国庫支弁に触れながら、次のように主張していた。

> 朝鮮に於ける教育殊に国民に強る処の義務教育なるものは国家の政策の上から日本内地のそれよりもどの位人民が国家的に犠牲を払うて居るかと云ふ事を考へて御覧なさい。為したい事でも云ひたい事でも朝鮮人の統御上に顧みて又当局の施政方針に順応すべく考へてそこにどの位の犠牲を払はせられて居るかと云ふ事は内地に於ける教育者の想像も及ばぬ処があるであらう。其上朝鮮の教員は純官吏であって当局官憲の意によりて自由勝手に任免もされ移動もさせられて居る今日の制度ではないか。この様な制度は教育其ものから見て決してよい制度とは云はれないだらう。こんな制度の下に教員を小役人式に機械の如く動かして居て而かも其給料を学校組合費の負担に任じて置くと云ふやうな矛盾が天下何れの地にあるだらうか*83。

在朝日本人学校の運営は、基本的に受給者負担の原則に従っており、一部の補助金を除き、日本人社会が教育費を負担する構造であった。安住は教員人事などの権限はすべて総督府が握っている点に触れ、その不当を指摘していた。なかんずく、安住の意見のなかで目を引くのは、日本人学校の状況を朝鮮人を支配するための「犠牲」と表現している点である。朝鮮では「内地人」の義務教育が施行できないのは、朝鮮人と暮らす植民地の環境に起因するという論理

---

*81 『朝鮮新聞』、1920年6月5日、「学校組合改造の叫び（続）——理論より実行」。
*82 安住は1907年に韓国政府法部民事局長として招聘され、総督府司法部民事課長・高等法院検事を経て、辞職後は弁護士事務所を開いていた。朝鮮公論社編『在朝鮮内地人紳士名鑑』、1917年、427〜428頁。
*83 『朝鮮新聞』、1920年6月1日、「学校組合改造の叫び—新選出議員は須らく大局に着眼せよ」。

であった。このように、児童教育をめる「犠牲」という認識からは、被害者としての意識構造がうかがわれる。

小結

本章では、在朝日本人の教育を担っていた団体と教育制度を中心に、統監府期と「韓国併合」を経て居留民教育が変容する過程を考察した。

居留民社会では早い時期から児童教育を重要課題と認識しており、居留地賦課金を利用し、「自治」的に居留民学校を設立・運営していた。日露戦争を経て学齢児童が増加すると、教育事業は居留民の定着と海外進出と関連する問題として、さらに重要視された。

教育制度の面では、本国日本の教育制度をどのように居留地の児童に適用するかが議論された。なかんずく、国庫補助、教員の確保、日本の学校との連絡問題が課題として浮上した。これらの課題は、後に文部省の在外学校支援策と統監府の政策があいまって改善されていく。

統監府期は居留民学校に関する業務が文部省から統監府へ移管される過渡期であり、主な教育制度は概ね統監府令を以って解決された。統監府は日本の教育制度を準用しながらも、一定程度韓国の事情に合わせる形で教育制度を整備した。そして、「韓国併合」後に居留民社会の存在意義が見直される中で、教育事業も変化を迎えた。朝鮮生まれの児童が増加し、「内地」を知らない児童の増加を懸念する声が広がり、彼らをどのように「日本人」として教育するかが懸案として台頭した。これにより「内地」に関する観念と忠君愛国の精神涵養が強調されるとともに、朝鮮人を指導する役割が日本人に付与された。この過程で既存の居留民教育は、被支配民族を指導する「内地人」教育へ変容していった。

他方、居留民の教育事業を担う団体として導入されたのが学校組合であった。財政基盤が弱い地域又は学齢児童が少ない地域において組合を設立し、学校を運営する方式が導入された。当初、学校組合は小規模の集団居住地に相応しいモデルとして導入されたものだった。だが、「韓国併合」後に地方制度が整備される過程で、学校組合は日本人の教育財政を担う団体として朝鮮全体に採用

された。学校組合は居留民人口の規模を問わず、日本人教育を担う「自治」団体として機能するようになった。

　児童教育をめぐる議論からは、日本人社会の意識を読み取ることができた。居留民団の解散と学校組合への承継問題と関連して、在朝日本人は総督府統治が虚構であることをいち早く認知するようになった。総督府が提示した「同化」と「一視同仁」という統治方針は表面的なスローガンに過ぎないことを日本人社会は看破していたのである。

　また、教育費の受益者負担の原則が続いた朝鮮では、「文化政治」期に入り、財政負担に対する不満が噴出した。在朝日本人は、植民地における児童教育の現状を「犠牲」として捉え、その改善を要求していた。この点からは、植民者として君臨しながらも、被害者としての自己認識を有する、植民者の意識構造が垣間見られる。

第Ⅱ部
在朝日本人社会と植民地空間

第4章
「始政五年記念朝鮮物産共進会」と植民地空間

写真4-1　朝鮮物産共進会場内に設置された養殖池を眺める観覧客
出典　朝鮮総督府『始政五年記念朝鮮物産共進会報告書』第3巻、1916年。

第Ⅱ部　在朝日本人社会と植民地空間

はじめに

　本章では、在朝日本人の植民地空間への関わりを考察する題材として、1915（大正4）年の秋に京城で開催された「始政五年記念朝鮮物産共進会」（以下、「朝鮮物産共進会」と略す）を取り上げる。朝鮮物産共進会は、後に「総督政治の初期に一区画をなすもの」「寺内総督時代に於ける掉尾の一大施設」と高く評価されたものであり、「武断政治」下における最大のイベントであった[*1]。
　帝国日本は、西洋の帝国とは異なり、植民地において博覧会を開催した経験を持っていると指摘される[*2]。植民地の定義によって議論の余地はあるにせよ、植民地で博覧会を開催したことは帝国日本の植民地支配の特質の一つである。もっとも、厳密に言えば、共進会は一般的な博覧会と趣旨や開催目的を異にする。しかし、後述するように、朝鮮物産共進会は博覧会の性格をも併せ持っていた。帝国日本の植民地で行われた博覧会の嚆矢として位置づけられる朝鮮物産共進会は[*3]、日本の朝鮮統治の特質を表す題材であると同時に、1910年代の植民地朝鮮における「武断政治」の一面が浮き彫りになる題材でもある。
　共進会は、フランスで開催されていたコンクールを模倣したものである。日本では地域や出品種類を限定して開設されたので、小規模で運営費が低く、村単位でも開催が可能であった[*4]。日本国内では地域の殖産興業を開催目的に、主に府県あるいは府県連合によって開催されるようになった。他方、西洋で開催されていた万国博覧会が国内版にアレンジされたのが内国勧業博覧会であった。明治政府が富国強兵策の一環として導入した内国勧業博覧会は、開催が重なるにつれ次第にお祭りや大衆娯楽へと変質していった。

---

*1　朝鮮総督府『施政二十五年史』、1935年、14・121頁。
*2　山路勝彦『近代日本の植民地博覧会』風響社、2008年、3〜4頁。
*3　植民地台湾では、1916年に始政20年を記念する台湾勧業共進会が台北で開催された。朝鮮内では、朝鮮物産共進会の開催以前に、1906年に釜山にて韓日博覧会が、1907年に京城にて京城博覧会が開催されたが、これらは小規模なものであった。このほか、1910年代初期に大邱にて慶北物産共進会、鎮南浦にて西朝鮮物産共進会が開かれるなど、小規模の共進会が開催されたことがある。『大韓毎日申報』『毎日申報』の記事より整理。
*4　國雄行『博覧会の時代──明治政府の博覧会政策』岩田書院、2005年、85〜87頁。同『博覧会と明治の日本』吉川弘文館、2010年、201頁。

このように、西洋で考案された近代の催しは、日本国内の事情に合わせた形で発展を遂げていた。かくして、日本化された近代の催しは、「韓国併合」後間もない時期に植民地朝鮮にも導入されることになる。

　概して、朝鮮物産共進会は総督府の施政五年間の成果を帝国内外に公表する場であった。それと同時に、朝鮮王朝の旧王宮である景福宮が会場として使用されたことで、観覧客に歴史の転換を実感させる空間でもあった。このような観点から、メディアとして朝鮮物産共進会に着目する研究がなされ[*5]、植民地支配のプロパガンダ装置として共進会を論じる視点が主流であった。総督府善政の宣伝する装置としての機能が注目され、参観に動員された朝鮮人の体験や朝鮮人社会への影響が論じられたのである[*6]。

　しかし、総督府の支配政策のみで朝物産共進会を論じるのは一面的な評価に過ぎない。博覧会は、一般的に国家権力や資本によって演出されるものであるが[*7]、資本主義の形成が初期段階にあった植民地朝鮮では、総督府だけではなく国策会社や日本人社会が共進会の開催に関わったからである。共進会は官民共同の形で行われ、日本人社会が共進会の運営や演出に関わっていたのである。この理由から、共進会は総督府の支配政策のみではなく、それに関わった在朝日本人社会の協賛活動を検討する必要がある。

　それでは、1910年代半ばに総督府は在朝日本人社会をどのように位置づけていたのであろうか。この問いへの手がかりとして、1916年1月に行われた寺内正毅総督の諭告を取り上げよう。寺内総督はその冒頭において、「内地人ハ学術技能又ハ経歴ニ於テ能ク他ノ儀表タルヘキ」と述べた上で、「後進ノ朝鮮人ヲ指導シ又ハ之ト提携スルニ於テハ全土ノ開発ヲ促進シ内鮮人ノ融合同化ヲ円滑ナラシムル」ことに勉めるよう訓示している[*8]。朝鮮物産共進会の成功を

[*5] 山路勝彦、前掲書、114〜123頁。李泰文「1915年「朝鮮物産共進会」の構成と内容」(『慶應義塾大学日吉紀要言語・文化・コミュニケーション』第30号、2003年)。金泰雄「1915년 京城府物産共進会와 日帝의 政治宣伝」『서울학연구』18号、2002年。박성진「일제 초기「朝鮮物産共進会」연구」(수요역사연구회편『식민지 조선과 매일신보 1910년대』신서원、2003年)。權泰檍『일제의 한국 식민지화와 문명화 (1904〜1919)』서울대학교출판문화원、2014年、第3章。

[*6] 博覧会と関連して、大衆の体験とまなざしに注目した吉見俊哉の研究からの影響であろう。吉見俊哉『博覧会の政治学——まなざしの近代』中央公論社、1992年、序章。

[*7] 同上、21頁。

[*8] 1916年1月6日付の「諭告」である。朝鮮総督府編『総督訓示集　第2輯』、1916年、10頁。

踏まえ、五年間の成果と将来に対する希望を述べるのが主旨であったこの諭告からは、「内地人」に「指導」の役割や「同化」への協力が想定されていたことがわかる。これは有色人種に対する「白人の責務」（White man's burden）に匹敵する「内地人の責務」であった。しかしながら、朝鮮の「内地人」社会に対し「指導」「同化」を繰り返し強調する総督訓示を裏返すと、この役割論とは程遠い日本人社会の様態・意識があったことが垣間見られる。

　第2章で考察したように、「韓国併合」後に総督府と日本人社会の間には反目が存在した。「武断政治」の抑圧は日本人社会にも及んでおり、総督府政治に対する日本人社会の態度は冷淡だった。加えて、居留民団の解散、会社の設立に許可主義を採用した「会社令」の発布、言論弾圧などの総督府統治は日本人社会の反発を招いた。かくして、総督府と日本人社会の間に反目が続くなかで発表されたのが朝鮮物産共進会の計画だったのである。このような背景から、当初共進会の計画に対する日本人社会の反応は冷淡だった[*9]。

　ところが、共進会の計画は総督府と日本人社会の関係において、一つの転機として機能した。共進会というイベントは朝鮮人社会のみではなく、日本人社会にも包摂の装置として働いたのである。その様子は、共進会を支援するために日本人有力者が設立した協賛会の活動によく表れている。このような観点から、本章では共進会の開催過程や展示内容に加えて、協賛会の人的構成や活動を取り上げる。そして、朝鮮を訪れた「内地」新聞記者団の報道、共進会の活用策をめぐる日本人社会の議論を考察する。これらの検討を通して、帝国日本の朝鮮支配の特質として朝鮮物産共進会を捉えなおすとともに、「武断政治」期における共進会開催の意味を日本人社会との関連性のなかで考察するのが、本章の狙いである。

[*9]　「回顧すれば昨大正三年当局が、共進会開催を世間に発表するや、世人は争って今は其の時期に非ずとして反対したり、何となれば現今の朝鮮は、経済界の不振其の極に達し、在鮮内地人の思潮は極端に沈静萎縮して、意気の振ざること、朝鮮に日本人ありて以来未だ曾て見ざるの奇現象を呈し、加之官民相反目し一致協力を缺ぐの嫌ひあるを以て、此の際に於ける共進会は、其の失敗に終るべきを憂慮したり」。青柳綱太郎『総督政治史論』京城新聞社、1928年、356頁。

第1節 「始政五年記念朝鮮物産共進会」について

第1項 朝鮮物産共進会の計画

　朝鮮物産共進会の計画は、1913年における寺内総督の発議にその端を発し、1914年3月の第31回帝国議会において予算約50万円の承認を得て実現することになった。同年6月には、総督府訓令によって事務章程が公布され、事務総長と事務委員長に政務総監の山県伊三郎と農商工部長官の石塚英蔵が各々任命された[*10]。「施政」ではなく、「始政」と冠された名称からは、「韓国併合」後の五年間の治績を強調する意図が見て取れる。同年8月には官報において開催が告示され、共進会規則が定められた[*11]。政務総監の山県ら総督府官僚が本格的に関連業務に携わるようになるのもこの時期である。

　寺内総督の共進会開催の発議に対して、総督府内において異論はなかったものの、共進会ではなく博覧会を主張する意見は存在したようである。これに対して寺内総督は、1914年8月の共進会委員に対する訓示において、博覧会などの催しは、「精細ニ物産ヲ蒐集シテ人民ニ示シ之レガ改良発達ヲ企画シ兼ネテ人民ノ間ニ勤勉力行ノ美風ヲ養成セム」とするものと、「催ニ依リテ其ノ土地ヲ賑盛ナラシメ多クノ人ヲ集メル」ことを目的とするものがあるが、共進会開催の目的は言うまでもなく前者にあると述べている[*12]。この点を理由に、寺内総督は博覧会論に「絶対に反対」し、共進会論を貫いた[*13]。博覧会は「必しも陳列されたる物品の品質迄も審査研究して将来の発達を促すと云ふことを趣旨とするものではない」と考えたからである[*14]。要するに、寺内総督は明治政府が国家主導で開催した内国勧業博覧会型の博覧会と、府県による物産陳列型の共進会を、その開催目的や展示物から区別し、共進会論を展開していたと考えられる。

　結局、先進の文物を広く集め展示する一般的な博覧会ではなく、朝鮮内の生

[*10] 『朝鮮総督府官報』第572・574号、1914年6月29日・30日。
[*11] 『朝鮮総督府官報』第604・611号、1914年8月6日・14日。
[*12] 朝鮮総督府編『始政五年記念朝鮮物産共進会報告書』第1巻、1916年、10頁。
[*13] 同上。黒田甲子郎編『元帥寺内伯爵傳』元帥寺内伯爵伝記編纂所、1920年、773～774頁。
[*14] 前掲書、『始政五年記念朝鮮物産共進会報告書』第1巻、10頁。

産品を蒐集・展示し、優劣を競う品評会形式の共進会が計画された。朝鮮で生産された物産に限定し、比較的小規模で運営することによって、費用を節約するという狙いがあったとみられる。しかし、実際には共進会と博覧会が融合された形で開催された。単なる物産品の展示・表彰に止まらず、博覧会の要素が加わったのである。「内地」の物産を展示する参考館や機械館、遺物及び美術品を展示する美術館、鉄道局特設館の巡回列車や演芸館のような娯楽施設、夜間入場やイルミネーションのような内容は、朝鮮の物産品に限定した当初の共進会の構想に、「内地」で定着していた博覧会の要素を接ぎ木した形である。開場を1ヵ月後に控えていた1915年の8月に至って、急遽夜間入場が公表されたのは、当初計画の修正過程を裏付けるものとしてみることができよう[*15]。

朝鮮物産共進会がその実質において、博覧会に近い規模・形態であったことは、『京城日報』の論説からも確認できる。共進会の開催目的と性質に関し、「之れを彼の従前内地到処に催ほされたる共進会とは自づから異なれるもの」であり、「其名称は簡単にして有り触れたる共進会なれど、其実は朝鮮そのものを展示するところの博覧会なりと謂ふも敢て誇張の言に非ざるなり」と、評価されていたのである[*16]。さらに、総督府工業伝習所の豊永真里所長も、その名称は共進会であるが、「実質朝鮮第一回博覧会」であるとみていた[*17]。この点は、朝鮮物産共進会の英文表記からもうかがわれる。ポスターにおける「The Chosen Industrial Exhibition」の英文表記は、日本で開催された内国勧業博覧会のそれと同様である。これは、結局朝鮮物産共進会の性質が博覧会と大きく異ならないことを表している。これに関しては、西洋から導入された博覧会と共進会が日本化される過程において、その性質の混合・変形が起きていたとみることができよう。

さて、総督府内にあった「共進会論」と「博覧会論」の議論に戻ると、共進会の形式が朝鮮に適するという寺内総督の認識は重要である。寺内総督は、日本において娯楽施設化していた博覧会には否定的であり、実物を展示し、表彰

[*15] 午後5時から10時までの夜間入場の項目が設けられた。『朝鮮総督府官報』第907号、1915年8月11日。
[*16] 『京城日報』、1915年9月4日、1面、「朝鮮開発の五年」。
[*17] 『毎日申報』、1915年1月1日、3面、「来秋開催의 共進会는」。

第4章　「始政五年記念朝鮮物産共進会」と植民地空間

する共進会が適切であると判断していた。このような寺内総督の方針は、「一に去華就実の四字に在って、勗めて軽佻浮華を避け、着実真摯を旨」*18としていると代弁している総務局長の児玉秀雄の発言からもうかがえる。これに加えて、「既往五年の間多少の治績を挙ぐるを得たるは予の光栄」*19という記述から垣間見られるように、初代総督としての治績を公表し、記録として残すことも意識されていた。要するに、寺内総督の博覧会に対する否定的認識、治績への欲求があいまって、共進会の開催に繋がったのである。

　それでは、朝鮮物産共進会の開催目的を見てみよう。総督府が編纂した『始政五年記念朝鮮物産共進会報告書』(以下、『報告書』) には、次のように記述されている。

　　新政施行以来年ヲ閲スルコト五年諸般ノ施設経営基礎漸ク確立シ産業其ノ他文物ノ改善進歩ノ績見ルヘキモノアリ。此秋ニ方リ共進会ヲ開設シ普ク朝鮮各地ノ物産ヲ蒐集陳列シ諸般ノ施設状況ヲ展示シ且ツ新旧施政ノ比較対照ヲ明カニシ以テ一面ニ於テハ生産品並生産事業ノ優劣得失ヲ審査考覈シテ当業者ヲ鼓舞振作シ一面ニ於テハ朝鮮民衆ヲシテ新政ノ恵沢ヲ自覚セシムルニ努メ尚此機会ニ於テ成ルヘク多クノ内地人ヲ招待シテ朝鮮ノ実状ヲ視察セシムルノ途ヲ講スルハ向後朝鮮ノ開発上著シキ効果アルヲ疑ハス。恰モ大正四年ハ新政施行満五周年ニ相当シ本会ヲ開設スルニ極メテ好適ノ機会ナリ*20。

　つまり、物産品を表彰し生産者を奨励するのが朝鮮物産共進会の本来の目的であった。加えて、朝鮮人に「新政ノ恵沢ヲ自覚」させることと、「内地」の人々に朝鮮を視察させ、朝鮮の「開発」を図ることが二次的な目的であったことがわかる。すなわち朝鮮物産共進会は、「内は鮮人を啓発し外は母国民を警醒」するよう期待されていたのである*21。そして、その展示方法として「新旧

＊18　『朝鮮公論』通巻第31号、1915年10月、24頁、「共進会利用論」。
＊19　『京城日報』、1915年9月3日、1面、「共進会開催の目的——寺内総督談」。
＊20　前掲書、『始政五年記念朝鮮物産共進会報告書』第1巻、9頁。
＊21　『釜山日報』、1915年10月17日、1面、「共進会褒章授与式」。

施政ノ比較対照」が用いられていることに注目する必要があるが、この点については後述する。

第2項　景福宮という空間

　共進会の開催期間は、1915年9月11日から10月31日までの50日間であった。入場人員は、合計116万4000人を超えている。関係者の予想を2〜3倍上回る数値であった*22。入場者のうち、朝鮮人は70％を占める約82万人で、日本人は29％の約34万人だったと推測される*23。最後の3日間は会場を無料開放しており、1日に11万〜15万人の観覧客が入場していた。1915年末京城の人口が約24万人であり、その内日本人が約6万人であった点を合わせて考えると、期間中の京城の賑わいぶりは十分想像できる*24。特に開場初日は、光化門通りは白衣を着た朝鮮人によって埋められ、共進会会場は「戦場のやうな大騒ぎ」であったという（【写真4-2】）*25。

　会場としては選ばれたのは、1860年代に大院君が再建した景福宮であった。その理由について、『報告書』には、「其地位、風致、規模並交通の諸点」*26が優れていることが挙げられている。さらには、「古宮殿及旧苑池等の依然存在し自然に会場諸般の設備を幇助せるあり以て多大の資用を節約」できる点、「観覧者に対しては一場の内に是等の旧跡を併せて遊覧するの機会を与ふる」点を選定の理由としている*27。交通が便利であることや、旧王宮を展示施設として利用できることで経費節減にもなるという理由が挙げられている。だが、これらの理由に止まらず、景福宮という空間が持つ象徴性は、総督府側も十分認識していたと考えられる。

　実際、会場が与えるインパクトは強かった。『釜山日報』の記者は、「内鮮両

---

*22　東洋拓殖の理事であり、京城協賛会の理事長であった井上孝哉によると、35万〜50万人が予想されていたという。『朝鮮及満洲』第101号、1915年12月、110頁、「共進会の与へし京城の利益」。
*23　一般観覧客の民族別の割合から、無料入場者の民族別の人員を推量し、算出した数字である。ちなみに、観覧客には1％弱の中国人・外国人がいた。京城協賛会残務取扱所『始政五年記念朝鮮物産共進会京城協賛会報告』、1916年、165〜168頁。
*24　同時期に京城日報社主催の家庭博覧会が開催された。
*25　『京城日報』、1915年9月10日（夕刊）、2面、「歓声の巷よ」。
*26　前掲書、『始政五年記念朝鮮物産共進会報告書』第1巻、53頁。
*27　同上。

第4章 「始政五年記念朝鮮物産共進会」と植民地空間

写真4-2　朝鮮物産共進会開場当日の光化門前広場の様子
出典　『朝鮮公論』通巻第31号、1915年10月。
注　1915年9月11日午前10時頃撮影。

民は単に光化門を潜るのみにて既に無限の感興に打たれ甚大の教訓を受くる」と述べ、館内の陳列品を一々詳細に見る必要を感じないほど「絶好の会場」であると感嘆していた[*28]。また別の記者は、このような会場の位置は「内地」にもなかろうと評し、「大院君が全道の巨材を集め金と手間とに糸目を附けず築上げた旧王城景福宮を其儘使ったところ実に何とも云へぬ一種の感興を禁ぜしめぬ」[*29]と述べ、会場選定を高く評価していた。

　なお、会場が持つ意味を考える材料として、景福宮の勤政殿で行われた開会式の様子をみてみよう。

　　勤政殿前に出づれば長き年月を閉鎖されたるままなりし勤政殿は総ての障子を押し開かれて元の玉座上に朱丹の衛立新らしき光輝を帯びて式の開

[*28] 『釜山日報』、1915年10月5日、1面、「共進会雑感（二）」。
[*29] 『釜山日報』、1915年10月10日、5面、「三面から見た京城（三）」。

かるるを待つ。軈て九時定刻となるや、寺内総督は自動車を駆つて来場門前より徒歩にて白井武官、森武官、大藤副官を随へて徐ろに歩を運び勤政殿へ入る……勤政殿の高座を中央に東に朝鮮貴族、西に山県政務総監以下の勅任官、その他共進会役員、審査部長、審査官、審査員、評議員協賛会長以下悪役員、軍司令官、参謀長、師団長、李王職、中枢院の各高等官五百餘名両側に居並ぶや児玉事務係長の案内にて寺内総督は東側の階段より高座に登り白井、森両武官、大藤副官之れに随ふ。山県政務総監は事務総長として正面の階段より壇上に上り寺内総督に相ひ対して立ち事務報告書を朗読して開場の許可あらん事を乞ふ。之に対し寺内総督開場の宣言の辞を朗読し、山県政務総監一□して下れば、寺内総督つづいて壇を下る。式は之れにて終り…*30

　この場にいた朝鮮及満洲社の社長釋尾春芿が、「場所は半島過去の宮殿なり玉座は旧の如し」と伝えているように、勤政殿は滅びた朝鮮王朝を肌で感じる空間であった。元玉座があった高座に登り、開場宣言の辞を朗読する寺内総督の姿は、時代の転換を象徴するものであった。式が行われる30分の間、「吾人の感興は高潮に達せり」と、釋尾が述べているのもそのような理由からであろう*31。このように、会場を訪れた日本人は景福宮が持つ象徴性を感じ感興を禁じえなかったのである。つまるところ、景福宮は単に共進会の会場のみならず、新領土の獲得を祝賀・記念する象徴的空間として機能していたのである*32。

第2節　「文明化」の可視化

第1項　視覚化された展示

　前述の『報告書』において、共進会開催の目的の一つが朝鮮人に「新政ノ恵沢ヲ自覚」させることにあったことは確認した。では、具体的にどのような方

---

*30 『京城日報』、1915年9月11日（夕刊）、2面、「勤政殿上の光彩」。
*31 『朝鮮及満洲』第99号、1915年10月、1頁、「勤政殿の三十分間」。
*32 この他、例外的ではあるものの、「王妃事件の活劇を演ぜし場所」と紹介する新聞社もあった。『中外商業新報』、1915年10月4日、3面、「朝鮮記念共進会（三）」。

法で実現を目指したのだろうか。その方法は、朝鮮王朝（大韓帝国）と総督府の施政を比較し、総督府の施政がいかに優れているのかを視覚化し、対比することにあった。その展示方法を施設ごとに見ていこう。共進会の主な展示館は、1号館（1495坪）、2号館（769坪）、参考館（583坪）、審勢館（236坪）であり、この他に機械館、美術館、鉄道局特設館、東洋拓殖会社特設館、営林廠特設館などの展示施設があった。

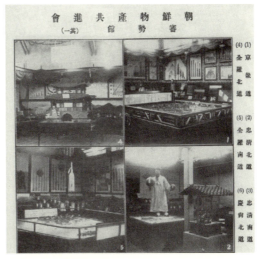

写真4-3　審勢館の内部
　　（左上：全羅北道　右上：京畿道　左下：全羅南道　右下：忠清北道）
出典　『朝鮮公論』通巻第31号、1915年10月。

　光化門を潜り抜けると正面に見える1号館は、農業・拓殖・林業・鉱業・水産・工業の産物を展示する施設であった。一番広い面積を占める農業部門の展示には、朝鮮の主要産物である米、綿花、高麗人参、牛皮の実物が陳列されていた。2号館は、臨時恩賜金事業、教育、土木及び交通、経済、衛生などの分野を展示していた。参考館は、朝鮮の産業上必要と認める物品や日常必需の物品の中で、主に「内地」で生産された品物を展示する施設であった[33]。審勢館は、各道別に五年間の施政の成果を展示する施設だった。これらの展示施設は、図表・模型・写真・生産品の実物などを利用し、「多衆観覧者の目前に髣髴たらしむるを主眼」とした展示方法を用いていた[34]。このような陳列について、徳富猪一郎は、配置・陳列が秩序整然にして乱れがなく、「頗る寺内式を発揮して居る」と評していた[35]。そして、共進会の陳列は、「勧工場的でなく、研

---

[33] 前掲書、『始政五年記念朝鮮物産共進会報告書』第1巻、79頁。
[34] 同上、113頁。
[35] 『京城日報』、1915年10月11日、1面、「共進会瞥見」。

究的、説明的、実物標本的」であると高く評価された。

　「文明化」の可視化は夜間にも続いた。共進会の期間中に会場はもちろん、府内各所にイルミネーションが施された。南大門と鍾路の普信閣には、「全身火の点線で画かれた」ように電灯が飾られていた[*36]。夜に共進会の正門前の光化門通りに出ると、両側の五重塔や春日灯籠に飾られている電灯が光の空間を演出していた。これを通り過ぎ、光化門に近づくと、その門と城壁も光を発していた。入場すると、場内の広告塔には「東亜煙草株式会社」の文字が輝き、サーチライトが放たれていた[*37]。夜の共進会会場は、まさに「光の世界」として演出されていたのである[*38]。

第2項　日本人のまなざし

　では、会場を訪れた日本の観覧客はどのような感想を持ったのだろうか。日本人はメイン展示施設である1号館よりも、審勢館に強い印象を受けていた。審勢館は過去五年間における産業の進歩、各種施設の成績を示す物品を、「比較的小面積に一見明瞭なる方法を以て道毎に出品陳列」させた施設であった[*39]。その陳列や装飾に、「十三道の各庁が、互に意匠を凝」らしており、「各道競ふて趣向を凝し人目の集注に努めた」施設であった[*40]。例えば、京畿道の展示施設は、図表・図案・印刷物・写真・模型・実物の生産品などで構成されていた。京畿道地域の模型を中央に置き、周囲の壁に戸数、地積、納税成績などの累年比較を図表で示していた[*41]。このように審勢館は施政5年間の変化を視覚的に展示した空間であったが、展示の特徴は「新旧の比較」にあった。例えば、道路改修の模型は、「険悪な坂路に車を押し上げていた以前と現今の新道に依って馬車や人力車が自由に走っていたり、川には橋が架せられている様」を対比して、見せていた[*42]。この他、農家一戸当りの生産量増加の状況、

[*36] 『朝鮮公論』通巻第31号、1915年10月、115頁、「夜の共進会」。
[*37] 前掲書、『始政五年記念朝鮮物産共進会京城協賛会報告』、118頁。
[*38] 『朝鮮公論』通巻第31号、1915年10月、116頁、「夜の共進会」。
[*39] 同上、79頁。
[*40] 『太陽』第21巻13号、1915年11月、181頁、「朝鮮見物記」。前掲書、『始政五年記念朝鮮物産共進会報告書』第1巻、124頁。
[*41] 『朝鮮公論』通巻第31号、1915年10月、125～127頁、「十三道苦心談」。
[*42] 『朝鮮及満洲』第99号、1915年10月、67頁、「共進会場巡覧記」。

改良井戸と在来井戸との比較、硝子瓶に大豆を盛り累年の生産を比較するという方法を用い、「改良改善」の結果を視覚的に示していた。

　日本人にも審勢館の展示意図は明確に伝わり、最も感心した施設として審勢館を挙げる日本人が少なくなかった。会場を訪れた徳富猪一郎は、「何れの館も皆足を停めて見るべきであるが、其中で最も著明」なのは審勢館であり、「過去の朝鮮、現在の朝鮮、将来の朝鮮を比較し、併せて朝鮮各道の物資生産及び文化の程度を比較し得る」展示であると述べていた[*43]。審勢館が「朝鮮現勢の縮図」であると評価する記者がいるほか、奉天から訪れた記者は、「朝鮮十三道の五年間の経営を手に執る如く一目直ちに説明」していると感想を述べていた[*44]。外部から訪れた日本人観覧客の多くは、主要な展示品である朝鮮の物産品よりは、植民地経営の5年間の成果を展示した施設に強い印象を受けていたのである。

　ところが、一般産物を出品した人々は展示方法に関して不平を訴えていた。それは、1号館や勤政殿の回廊に展示されている朝鮮物産品の場合は、「雑然として排列しあるので観覧者の視線を引くに足らざるのみならず本会は殆ど之を継子視せるやの観がある」という理由からであった[*45]。また、『釜山日報』の記者は「吾等は本会を称して朝鮮各道始政五年間の施設経営事業成績展覧会と謂ふ」と批評しながら、「物産共進会は其附属物たりとの感は会場内の出品物を実地に目撃して爾か云ふ」と、その感想を述べている[*46]。記者の目には、本来の開催目的である朝鮮の物産品より、施政5年間の事業成績に力点が置かれているように映っていたのである。

　一方、朝鮮人観覧客はどのような印象を受けたのであろうか。『京城日報』や各種雑誌に掲載された記事をみるかぎり、賞賛一色であった。「異口同音に曰く隔世之感」だったという朝鮮人の反応や、「新政の恩沢」云々の内容がほとんどであった[*47]。そこで、ここでは視点を変え朝鮮人観覧客に対する日本人の視点から、朝鮮人の共進会体験を考えてみることにしたい。会場において白

[*43] 『京城日報』、1915年10月11日、1面、「共進会瞥見」。
[*44] 『朝鮮公論』通巻第32号、1915年11月、36・39頁、「名士の観たる朝鮮及共進会」。
[*45] 『釜山日報』、1915年10月27日、附録4面、「共進会雑感記」。
[*46] 同上。
[*47] 『京城日報』、1915年10月11日（夕刊）、2面、「朝鮮人のうけた印象」。

衣の朝鮮人団体が、「物珍らしそうにぞろぞろと行列」を成している姿は目に留まる光景であった*48。地方からの朝鮮人団体を見かけた東京からの訪問者は、「彼等が廊下を練り行く時、彼等の総ては崇厳、厳粛の気に打たれたる如く、恰も、朝鮮人形の電気作用により進み進むに似たり」とその光景を描写している*49。博覧会を娯楽として楽しむ日本人に比すれば、朝鮮人の態度はあまりにも「厳粛」であり、嘲笑を誘っていたのである。この他に朝鮮人観覧客の態度が受身的であり、「幼稚」であると見る視線も散見される。

　　多数鮮人（ママ）が今尚ほ頗る幼稚にして初めて地方より京城に出で旧王城に入りて共進会を見るや其宏壮華麗なるに一驚を喫し館内の陳列品よりも先づ庭前の噴水に肝を潰し夜間のイルミネーションに腰を脱かさん許りにて或は蜃気楼と叫び或は阿房宮と称へ或は又不夜城とは真に是かと感嘆之を久しうし所謂開いた口の塞がらざるもの殆ど比々皆是れなり*50。

　このように、共進会は日本人にとって、朝鮮人を改めて「幼稚」な存在と認識する場でもあった。前述した東京からの訪問者の感想は、「可憐なる朝鮮の新同胞よ……寛大なる寺内総督の襟度に対し、百年の迷夢より覚めよ」との助言へと続く*51。このように、多くの日本人は朝鮮人が「迷夢」から目覚める「文明化」の機会として共進会を位置づけており、朝鮮人を眺める日本人の視線は優越意識に満ちていたのである。

　以上の日本人のまなざしから垣間見られるように、「文明化」を視覚化した展示、「近代」の光の空間が演出された共進会は、日本人にとって朝鮮人を他者として再認識する場所であった。共進会観覧を通して、朝鮮人との境界はより明確になり、そして他者認識は一層強固なものになっていたといえよう。

＊48 『朝鮮及満洲』第99号、1915年10月、65頁、「共進会場巡覧記」。
＊49 『朝鮮及満洲』第100号、1915年11月、103頁、「印象的に視たる京城と人物」。
＊50 『釜山日報』、1915年10月17日、1面、「共進会褒章授与式」。
＊51 『朝鮮及満洲』第100号、1915年11月号、103頁、「印象的に視たる京城と人物」。

第3節　京城協賛会の構成

　共進会の開催を機に、咸鏡北道を除くすべての道で協賛会が組織された[*52]。朝鮮人人口が圧倒的に多い道部の協賛会でも代表は日本人であり、日本人主導の組織であった。地方の協賛会では、観覧の勧誘や団体観覧団の組織、地元の宣伝活動を行っていた。その中でも京城協賛会は中心的な役割を果たしており、共進会運営の一部が任されていた[*53]。募金された寄附金20万円は、次節で述べる協賛活動に使用された。

　京城協賛会の発起人総会は1915年1月に開かれた。発起人は京城府の有志者154名で構成されており、この場で会長及び副会長、商議員が選任された[*54]。京城協賛会の経費は、「会員ノ醵出金、寄付金、補助金及雑収入ヲ以テ之ニ充ツ」と決められ[*55]、総督府から補助金（1万2800円）と李王家からの下賜金（6200円）があったものの、概ね会員からの拠出金（約8万2000円）が主たる収入源であった[*56]。同年2月頃より京城府内の町・洞から委員約100人を選定し、会員募集を行った結果、2228名が会員となった。協賛会の会員は、拠出金の金額によって7等級に分類された[*57]。500円以上の名誉会員、250円以上の特別有功会員、100円以上の有功会員と分類され、入場券などが特典として与えられた。

　会員構成を見ると、企業会員としては、東洋拓殖、朝鮮銀行、朝鮮郵船を除くと「内地」の会社が多かった（【別添資料1】、343頁を参照）[*58]。これら会社の中では日韓瓦斯電気株式会社のように本社は東京に置いているが、実質的に朝鮮で経営を展開している会社もあった。また東亜煙草株式会社（京城に製造所）、

[*52] 12府のうち、京城・仁川・釜山・馬山・群山・木浦・鎮南浦・元山・平壌・新義州で協賛会が組織された（大邱・清津を除く）。加えて、水原・開城・高陽・清州・忠州・光州において協賛会が組織された。前掲書、『始政五年記念朝鮮物産共進会報告書』第1巻、319〜393頁。
[*53] 京城のほか、仁川協賛会では水族館を運営していた。
[*54] 前掲書、『始政五年記念朝鮮物産共進会京城協賛会報告』、1頁。
[*55] 同上、5頁。
[*56] 京城協賛会の全体収入額は約15万円であった。同上、171頁。
[*57] 「京城協賛会規則」第11条。会員名簿は、同上、19〜64頁。
[*58] 三井合名会社、三菱合資会社、古川合名会社、合資会社高田商会など。同上、19〜21頁。

久原鉱業（鎮南浦に製錬所）、大倉組（京城に出張所）のように朝鮮に工場や出張所を置いている会社もあった[*59]。朝鮮で事業を展開している「内地」の会社が共進会を後援していたのである。

個人会員には、総督府政務総監、東洋拓殖総裁、朝鮮銀行総裁など官の人物が参加していた。また民間からは滞在歴が長い人物、成功者と目されていた人物が名を連ねている[*60]。そして特別有功会員の中では、新町遊郭からの寄付が目を引く[*61]。朝鮮人側からは700円を寄付した李完用を含め、中枢院議長閔泳徽、天道教の指導者朴寅浩が名誉会員であった。とりわけ、「朝鮮貴族令」によって爵位を受けた人物の多数が参加していることが確認される[*62]。この他、官吏・実業家・教員などが参加していた。すなわち、京城協賛会は朝鮮内外の資本や「内鮮」の有力人物によって支えられていたことがわかる。

なお、京城協賛会の役員は、会長・副会長・理事長・理事・委員・常議員・商議員から構成されており、すべての役員は名誉職であった（【別添資料2】、344頁を参照）[*63]。主要幹部は、会長・副会長・理事長・理事であったが、会長と理事長は日本人であり、副会長は日本人2名と朝鮮人2名、理事は日本人6名と朝鮮人4名から構成されていた。

京城協賛会の会長は、内務官僚出身であり、東洋拓殖株式会社総裁の吉原三郎であった。副会長には京城府尹と京城日本人商業会議所会頭が選任された。朝鮮人幹部には、朝鮮総督府中枢院顧問であった子爵の趙重応、東洋拓殖株式会社の設立委員であり、伊藤博文追悼会・一進会の「合邦請願運動」に関わった実業家の白完爀など、総督府の施政に協力的な人物から構成されていた。その他にも、東洋拓殖の役員が協賛会の理事長を務めていた。東洋拓殖は場内に特別展示館を設置し、経営内容と移民事業の成果を宣伝する場として活用するなど、東洋拓殖は共進会に深く係わっていた。

[*59] 久原鉱業の鎮南浦製錬所が落成するのは1915年10月である。田内竹葉・清野秋光編纂『新朝鮮成業銘鑑』朝鮮研究会、1917年、86頁。
[*60] たとえば、中村再造や森勝次のような人物である。前掲書、『始政五年記念朝鮮物産共進会京城協賛会報告』、19〜21頁。朝鮮公論社編『在朝鮮内地人紳士名鑑』、1917年。
[*61] 前掲書、『始政五年記念朝鮮物産共進会京城協賛会報告』、19〜21頁。
[*62] 李載完、朴泳孝、尹沢栄（以上、侯爵）。李完用（伯爵）。閔泳徽、趙重応、宋秉畯、高永喜、閔丙奭、朴齊純、尹德栄（以上、子爵）。趙東潤（男爵）。同上。
[*63] 前掲書、『始政五年記念朝鮮物産共進会京城協賛会報告』、7・9〜14頁。

日本人理事の面々をみると、総督府や京城府の官僚もいれば、建築専門家・会社役員・実業家もいた。これは朝鮮人理事も同様であった。官からは、総督府中枢院賛議や京畿道の官吏が選任されており、民間側からは実業家の芮宗錫、明月館オーナーの安淳煥が理事として参加していた。その職業からも推測できるように、彼らは共進会について格段の知識を持っている人物ではなかった。

　以上の顔ぶれからわかるように、協賛会は日本人と朝鮮人社会の各界における著名人で構成されていた。要するに、京城協賛会は両民族の有力人物で構成された官民共同の団体であったのである。

第4節　京城協賛会の活動

　共進会の開会を2ヵ月後に控えていた1915年7月に、寺内総督は「府協賛会評議員ヲ招待シ茶菓ヲ饗シ将来ノ会務ニ就キ依頼」した[*64]。ここでいう「将来の会務」は、京城協賛会の主な任務の「勧誘」・「接待」「余興」であったが、その中で重要視されたのは余興であった[*65]。余興は共進会期間中の殷賑に関わるものであり、京城府内を活気づけてにぎやかにする任務であった。

　京城協賛会では、期間中の殷賑のために、開場の一角に舞台公演や活動写真の上映を行う演芸館を運営していた。演芸館には、日本人芸妓と朝鮮人妓生が日本と朝鮮の舞踊を公演して、人気を集めた。日本人検番である京城検番・中検番から芸妓が、朝鮮人側の廣橋・茶洞組合から妓生が参加していた。京城協賛会理事であり、余興を担当していた釘本藤次郎は、観覧客の大多数を占める朝鮮人の「喝采を博する事が極めて必要」であると強調し、「彼等の好奇心を挑発」するために「嬋妍たる妓生に日本の優婉な踊りを演らせる」ことを考慮していた[*66]。実際に妓生が三味線を演奏するなど、演芸館では朝鮮人観覧客の

[*64]　1915年7月12日付の寺内正毅の日記である。山本四郎編『寺内正毅日記：1900～1918』京都女子大学、1980年、679頁。
[*65]　勧誘は、会員・寄附金の募集、個人や団体に対する観覧の勧誘、各種大会の開催に関するものである。接待は、交通・宿泊の手配、観光地に関する案内、会員に対する優待、外国人観覧客に対する案内など、観覧の便宜を図る支援であった。このような京城協賛会の活動内容は、協賛会の支出内訳からもうかがえる。支出項目の内、余興費、設備及び装飾費、電灯、印刷の順に支出が多かった。前掲書、『始政五年記念朝鮮物産共進会京城協賛会報告』、171～172頁。
[*66]　『朝鮮新聞』、1915年3月30日、2面、「始政五年記念朝鮮物産共進会」。

写真4-4　京城協賛会運営の演芸館（絵はがきより）

関心を引くことが考慮され、演目の選定が行われた。

　また、府内の各所に共進会の宣伝物が設置された。本町商店街の入口に、共進会開催を祝賀する門が立てられ、その通りには傘や万国旗で飾られた。「祝共進会」と飾られた花電車が府内を走り回り、夜には学校生徒が参加した提灯行列が行われた。京城協賛会の主催で様々なイベントも計画された。京城・龍山間の山野横断競走会、自転車競走会、仮装行列、宝探しが行われた[67]。帝国飛行協会から飛行機「三重号」が招待され、会場の上空を飛行するイベントも行われた。この他に、婦人デーや子供デーなどのイベントが開催され、より多くの入場者を引き寄せるための工夫がなされた。このような協賛会の活動があったため、寺内総督の伝記には、「京城協賛会は更に之に添ふるに諸種の演芸館、接待所等を以てし人をして連日場内に徘徊して殆んど飽くを知らざらし

---

[67] 『京城日報』、1915年10月19日（夕刊）、2面、「壮快なる山野横断競走」。『京城日報』、1915年10月21日（夕刊）、2面、「一時間一分」。『京城日報』、1915年10月24日（夕刊）、2面、「出た出た素晴らしい人出だ」。

む」と、高く評価されている*68。

その一方で、地方では地元の地域を「内地」に紹介する活動が行われた。「案内記」や絵葉書の宣伝物が製作され、共進会観覧客や地域を訪れた訪問客に配られた。京釜鉄道沿線の駅では、「内地」の記者団が乗る汽車が止まるたびに、「官民有志や小学児童の歓迎が盛んで、車窓の外から、案内記や、絵葉書や、菓子や、麦酒や、花籠など、貸切り車中へ頻りに贈られ」る光景が繰り広げられた*69。また、大邱では「内地」からの訪問客に対する接待が企画され、地域に立ち寄る観光団・視察団に対し、妓生の歌舞や朝鮮風俗の紹介が準備された*70。これら接待の主な目的は「大邱の紹介」にあり、「慶北の産業に着目して起業心を催ふす」ことにあった。

なお、地域の協賛会・商業会議所・道庁・個人によって、「案内記」が出版された*71。「案内記」は「内地」の人々に朝鮮を紹介することを目的に製作されたものであり、図表を利用し地域情報をコンパクトにまとめた実用書であった。例えば、『群山案内』には「未だ群山を知らざる人々に、正しく群山」を紹介することが刊行目的であることが*72、『馬山案内』には「馬山を視察する外来客」に配られることが記されている*73。その内容も醤油や味噌の値段にいたるまでの情報を網羅しており、移住案内書的な性格が強かったものの、地域の歴史や名勝旧跡を紹介するなど、地誌・観光パンフレット的な性格も備えていた。

他方、『京城案内』は、京城府事務官の石原留吉が執筆したものであるが、京城の沿革から始まり、「発展せる京城」の現況が綴られていた*74。そして、地域の経済界・衛生・交通・教育・産業に関する情報を提供していた。また

---

*68 前掲書、『元帥寺内伯爵傳』、777頁。
*69 『太陽』第21巻13号、1915年11月、179頁、「朝鮮見物記」。
*70 『朝鮮時報』、1915年9月15日、面数不明、「観覧団接待に就て」。
*71 岡庸一編『馬山案内』馬山商業会議所馬山協賛会、1915年。酒井政之助編『華城の影』酒井出版部、1915年。始政五年記念共進会開城協賛会偏『開城案内記』、1915年。始政五年記念朝鮮物産共進会慶尚南道協賛会『慶尚南道案内』秀英舎（東京）、1915年。始政五年記念朝鮮物産共進会群山協賛会編『群山案内』、1915年。忠清南道庁編『忠清南道案内』湖南日報社（大田）、1915年。
*72 始政五年記念朝鮮物産共進会群山協賛会編『群山案内』、1915年。
*73 岡庸一編『馬山案内』馬山商業会議所馬山協賛会、1915年。
*74 石原留吉『京城案内』京城協賛会、1915年。

「案内記」のなかには、全羅北道協賛会刊行の『実業手引草』のように、地域の有望な事業を重点的に紹介するものもあった[*75]。その内容をみると、農業・精米業・日本酒醸造業・製紙業などの地元産業の現状や展望について記述されていた。その一つ、日本酒醸造業の項目をみると、従来日本人によって消費されていた日本酒について、将来朝鮮人の需要を引き出す調査研究と覚悟が必要であるとの助言がなされていた。

以上の「案内記」の記述内容からは、地域に対するある種の「愛着」「郷土愛」が在朝日本人社会において芽生えはじめていたことがうかがわれる。

第5節　全国新聞記者団が見た「武断政治」下の朝鮮

第1項　全国新聞記者大会の京城開催

共進会の期間中には、「内地」を始め、「満洲樺太台湾の主なる官民団体」に合計5000通の案内状が送られたこともあり[*76]、各地からの訪問客が相次いだ。また、「朝鮮鉄道一千哩記念祝賀会」をはじめ、赤十字社・愛国婦人会・全道神職大会・朝鮮商業会議所連合会の総会などが開かれた[*77]。共進会開催を機に、各種大会が京城で開かれたわけであるが、朝鮮新聞協会主催の全国新聞記者大会もその一つであった。この大会には朝鮮内の記者39名を含め、「内地」から80名、満洲・青島から6名、合計125名の言論人が参加していた[*78]。参加記者を地域別に見ると、関東・近畿地域の参加者が多かった[*79]。

[*75] 始政五年記念朝鮮物産共進会全羅北道協賛会編『実業手引草』全北日々新聞社（全州）、1915年。
[*76] 『京城日報』、1915年9月11日（夕刊）、1面、「共進会開会式──案内状五千通」。
[*77] 前掲書、『始政五年記念朝鮮物産共進会報告書』第1巻、287〜318頁。
[*78] 同上、288頁。ちなみに、『京城日報』には150余名の記録がある。1915年9月23日、3面、「全国記者団の入京」。
[*79] 確認できる新聞・雑誌社は67社であり、関東19社、近畿17社、中部14社、九州9社、中国5社、東北1社、北海道1社、不明1社である。次は、記者団の名簿である（掲載順）。広島新聞社長池田哲夫、横須賀相模中央社長飯塚竹治、佐賀新聞社記者家永盛種、千葉毎日新聞社長五十嵐重郎、東京萬朝報記者石川安次郎、富山高岡新聞主筆井上忠雄、東京時事新報経済部長羽ань幾次郎、大阪毎日新聞通信部長春秋原在文、紀伊毎日新聞聞筆西村鉄骨、広島中国新聞社編集長西川一郎、長崎プレス新聞社記者二宮義蔵、愛知県知多新聞主筆西川文雄、長野中央鷺糸新社主筆堀江起志郎、東京やまと新聞理事大野薫行、名古屋東海新聞主筆奥村哲次郎、奈良朝□新聞記者岡本震、愛知新三河新聞主筆小田庄三郎、山梨甲斐新聞記者川手甫雄、長崎島原時報社長金森安次郎、前橋群馬新聞支配人香川豊、神戸日本貿易新聞社長横山徳、奈良大和

第4章　「始政五年記念朝鮮物産共進会」と植民地空間

　全国新聞記者の訪問が決まると、日本人社会では商業会議所を中心に記者団を迎える態勢を整えた。「内地」に朝鮮を知らせる好機会として受け止められたのである。特に、「半島の玄関口」を自負していた釜山では、記者団を歓迎するムードが高まっていた。9月21日午前9時に記者団を乗せた新羅丸が釜山港の桟橋に繋留されると、「官民有志の万歳の声」が記者団員一行を迎えた[*80]。「当地近来の大珍客」という記事からもその歓迎振りはうかがえる。当日釜山商品陳列館で行われた歓迎会において、釜山日報社長の芥川正は釜山記者団を代表して、全国記者大会が朝鮮で開かれるようになった経緯と開催目的について語った。芥川は朝鮮物産共進会を期して、全国新聞記者大会を開くことを要請した理由について次のように述べている。

　　近頃我同胞の朝鮮に移住するもの至って少ない。元来私は日清、日露の
　　両大戦役を経、且つ我国幾多雋傑の生命を失ふて漸くにして我国に併合し
　　たる朝鮮を経営するには我が同胞の最大多数が朝鮮に移住するを根本戦と
　　信じて居るのである故に私は全国新聞記者諸君が百聞一見に若かずの原則
　　に従ひ親しく朝鮮を視察して後、誠意を傾注して朝鮮の現状を紙上に記載
　　し紹介せらるるあらば是れこそ我同胞最大多数の渡鮮者を得る捷路であら

　　新聞社長吉田雄熊、福井新聞記者瀧澤豊、福岡八幡新報社長田中隣蔵、大阪朝日新聞経済部長高原操、姫路鷺城新聞社長高橋金治、名古屋商況新聞社長竹内邦吉、東京博文太陽記者坪谷善四郎、愛知三陽新報社記者中西謙蔵、名古屋新愛知編集長中根栄、東京日日新聞記者中西淳亮、和歌山実業新聞副社長中井動、東京中外商業新聞記者波津久衛、東京日本通信社長漆間真学、舞鶴丹爬時報社長植村鍵次郎、山口防長新聞主筆野原祐三郎、日本電報通信社大阪支局長能島進、東京世界新聞編集長野澤枕城、下野日日新聞社長金澤広吉、松江山陰新聞社長山本誠兵衛、和歌山新報主筆安江稲城、上野新聞記者山口松之助、愛知岡崎時報記者松井弘、福島福新聞編集長松山伝三郎、奈良新聞記者藤原恒太郎、岐阜日日新聞社務監督郷雄太郎、名古屋市寺澤鎮、鹿児島新聞記者東幸治、淡路新□社長安部長太郎、呉日日新聞編集長浅井清党、佐賀毎日新聞理事愛野文次郎、岩井新聞社長阪本安孝、和歌山タイムス主筆雑崎一郎、山田吃驚新聞社長桜尚二、若松新聞社長畢三司、東京報知新聞記者三浦勝太郎、熊本九州新聞理事篠原叶、前橋上毛新聞社長宮城喜康、長崎島原新聞記者清水治代、小樽新聞主筆平野文安、和歌山牟婁新□社長毛利清雄、四日市勢州毎日社長森永村四郎、新潟新聞交部長須藤鎧太郎、国民新聞参事中島気峭、経済雑誌塩島仁吉、長崎通信社主山本静也、神戸又新日報社長渡邊尚、神戸又新日報記者芝山武陵。（□は解読不能の字である）。『釜山日報』、1915年9月22日、2面、「全国記者団の来釜」。『釜山日報』、1915年9月23日、2面、「全国記者団歓迎会」。『京城日報』、1915年9月22日（夕刊）、3面、「記者大会出席者」。

[*80] 『釜山日報』、1915年9月22日、2面、「全国記者団の来釜」。

うと信じ乃ち共進会を期して多数新聞記者諸君の御渡鮮を切望した次第である*81。

　芥川は、朝鮮の現状を「内地」の新聞で紹介することが移住者の増加に繋がることを強調していた。記者大会の開催を主張した目的は、「渡鮮者」の誘引にあったのである。新聞記者に対する歓迎会に参加した木浦新報社主筆の長野虎太郎は、記者団一行が湖南線の沿線地方を視察するよう勧誘していたが、これにも同様の目的があったと見られる*82。

　同日午後、釜山駅構内に設けられた歓迎宴会は、釜山の府尹、法院長、検事正、警察署長、郵便局長など、釜山の有力者が揃って参加する大盛況をなしていた*83。その場で釜山協賛会会長の迫間房太郎は、「朝鮮の開発は目覚しきものがあります。之を併合前に比較すれば実に隔世の感に堪えない」との感想を述べながら、「今後ヨリ以上朝鮮の開発を図らんには是非共資金の必要がある」という旨の演説を行った*84。朝鮮の産業開発と殖産興業が容易に行われていないのは「畢竟ずるに資本の乏しい為め」であるとの認識を示したのである。

第2項　記者団の目に映った「半島の真相」

　9月23日に京城の朝鮮ホテルで行われた大会で、寺内総督は記者団に対し朝鮮の現状を説明し、協力を求める旨の演説を行った。寺内総督は、「朝鮮併合の宏謨は洵に高遠にして荒廃の邦土を開発し貧弱の民衆を撫養し以て帝国の不基を固し東洋の治平を永久に保障」することにあると述べ、総督府の当面課題は「秩序を混沌の裡に整へ生命財産の安固を図り尋で力を富源の開発と生民の教化」にあると説明した*85。続けて寺内総督は次のように述べている。

　　朝鮮統治の方針は欧米諸国の所謂植民地の発展に対する政策と大に趣を異にし時運に遅れたる人民を左提右撕して其改善向上を促かし以て之を融

---

*81　同上。
*82　同上。
*83　『釜山日報』、1915年9月23日、2面、「全国記者団歓迎会」。
*84　同上。
*85　『釜山日報』、1915年9月26日、1面、「寺内総督の演説」。

合同化するに在り。其目的を遂行するの困難なるは内外識者の倶瞻する所ならん。殊に無智の群衆中には政府が誠意を以て企画する施設に対しても時に或は猜疑の念を抱くものあり為めに意外の障碍を醸す事なきを保せず*86。

　ちなみに、この演説は総督府編纂の『訓示集』に掲載されていないものである。新聞記者によって記録された記事ではあるものの、寺内総督が普段行う訓示や諭告に比べると、その言葉遣いや口調が多少異なる点がわかる。公的な演説において寺内総督が朝鮮人を「貧弱の民衆」「無智の群衆」と表現することは希有なことであるが、この演説の聴衆が「内地」の記者団であった点がその要因の一つであろう。寺内総督は朝鮮統治の目標が朝鮮人を助け「同化」へと導く点を挙げ、西洋の帝国とは異なることを強調しているが、その一方で統治の困難さを吐露している。この演説は、朝鮮人や朝鮮の現状に関する寺内総督の本音が垣間見られる数少ない演説の一つといえよう。

　寺内総督は演説の最後に、「的確の判断と慎重の態度」を以て「半島の真相」を世間に紹介するよう要請したが、「内地」記者団は朝鮮の現状をどのように見ていたのだろうか。共進会については概ね成功として報道されており、「五十万円の経費は、朝鮮開発の広告料としては廉い」という評価や*87、「内地のお祭り騒ぎ的の共進会と稍々趣きを異にせるの快感」を覚えたとの肯定的な評価があった*88。記者以外にも共進会を視察した日本人の中には、「成功せる共進会」とみる意見が多数であった。東京商業会議所副会頭の杉原栄三郎は、「其設備の完全」にして、「近く五年の進歩は実に驚くべく」であり、「鮮人の風俗亦一変し怠情漸く地を払はん」としていると、その感想を述べていた*89。

　その一方、朝鮮の変化に驚きながらも「始政五年」の成績に関する宣伝には違和感を覚える記者もいた。東京博文館の主幹である坪谷善四郎は「朝鮮併合の功は、先輩の幾多の尽力が、積って成たもので、寺内伯は、他人の蒔た種子

---

*86　同上。
*87　『太陽』第21巻13号、1915年11月、181頁、「朝鮮見物記」。
*88　『朝鮮公論』通巻第32号、1915年11月、44頁、「名士の観たる朝鮮及共進会」。
*89　『京城日報』、1915年10月31日、2面、「共進会の反響──杉原氏の復命」。

を収穫時期に刈り取たに過ぎぬとも謂はれる」*90という世論に触れている。総督府の当局者があまりに「始政僅五年」(傍点は筆者)を誇示することは、「統治者としての手前味噌に過ぎない」という訳である*91。今の総督政治は統監府時代があったからこそ可能なものであり、「併合後の政蹟とのみ見るは短縮に過ぎたり」という批評も見られる*92。

なお、朝鮮新聞協会の狙い通り、朝鮮への移住を奨励する社説も数多く掲載された。しかしながら、それと同時に「武断政治」に対する批判もなされていた。その一つの事例を紹介しよう。

> 我輩は此の際日本人の盛に朝鮮に移住せんことを望む者だ。朝鮮の面積は日本の半分有て、其の人口は四分の一に過ぎないから、少くも一千万人は移住する余地の有るワケだ。然るに今日日本人の朝鮮に居る者は、僅かに三十万人に過ぎない。此の上に五十万人や百万人を容れても決して窮屈に感ずる事は無い……寺内総督が京城に於て如何に金光燦爛たる軍服を輝かし、如何にサアベルを振り廻しても、それで朝鮮併合の実は挙がらない。十三道に多くの官吏を配置したるばかりでは併合の実は挙がらない。警視や憲兵を配置すれば、暴動を鎮圧することは出来ても、それだけでは併合の実は挙がらない。苟くも日鮮併合の実を挙げんと欲せば、健全なる日本人の多数が朝鮮に移住して十三道に鞏固なる基礎を築く事だ*93。

『萬朝報』の社説は、軍人や警察による「武断政治」では植民地経営は困難であり、「健全な日本人」の移住が必要であるとの内容であった。「一千万人移住論」はともかく、このような「朝鮮移住論」の記事においても「武断政治」批判が滲み出ていた点は重要である。共進会の展示から目にする「文明化」「改良進歩」とは裏腹に、朝鮮を訪れた記者団の目に留まったのは「武断政治」の抑圧を受けている朝鮮の現状であったといえよう。短時間滞在した記者の目

---

*90 『朝鮮公論』通巻第32号、1915年11月、54頁、「朝鮮の今昔」。
*91 『日本及日本人』第667号、1915年11月1日、59頁、「朝鮮共進会見聞記」。
*92 『中外商業新報』、1915年10月2日、2面、「朝鮮記念共進会(一)」。
*93 『萬朝報』、1915年10月7日、「朝鮮移住論」。

には、「文官が洋刀を帯せる」「去勢されたる新聞記者の多き事」「鮮人に臨む内地人の態度のベラボウに傲慢なる事」のような社会風潮が印象に残った[*94]。総督府の統治宣伝に加えて、「武断政治」の実情が記者団の脳裡に刻まれたのである。この結果、朝鮮物産共進会の成功的開催に関する記事に混じる形で、「武断政治」下に置かれた「半島の真相」が「内地」へ伝わるようになっていた。

第6節　共進会の活用策をめぐる議論

第1項　日本人社会の「継子根性」

　協賛会の活動を見る限り、日本人社会は共進会に積極的に協力したように見える。しかし、最初から協力の姿勢を見せた訳ではなかった。長年朝鮮に在留していた著述家・言論人である青柳綱太郎の回顧によると、「事毎に寺内伯の施政に反対の気勢を挙げたる在鮮内地人は、共進会開催の発表と共に冷笑」で迎えていたという[*95]。また1915年3月の京城協賛会の様子を伝える記事の中で、「港間区々の批判をなすものありて市民不平の声漸く高し」という文面からも[*96]、民間からの参加者が不満を持っていた様子がうかがわれる。

　こうした官民の間における反目は、「内地」記者も感知していた。記者団の目には、「総督府の役人は盛に景気の善いこと計り言ふて居るが、一般の民間は近来儲けが無い仕事が無いと不景気の声が盛ん」なことが異様に映ったのである[*97]。朝鮮の現状について、青柳は「経済界の不振其の極に達し、在鮮内地人の思潮は極端に沈静萎縮して、意気の振はざること、朝鮮に日本人ありて以来未だ曾て見ざるの奇現象を呈し、加之官民相反目し一致協力を缺ぐの嫌ひある」と、みていた[*98]。このような官民の間における反目状態を根拠に、青柳は共進会が失敗に終わるだろうと予想していたのである。

　共進会の開催を間近に迎えていた時期にも否定的な論調は散見される。『朝

[*94] 『朝鮮公論』通巻第32号、1915年11月、40・43・44頁、「名士の観たる朝鮮及共進会」。
[*95] 前掲書、『総督政治史論』、355頁。
[*96] 『朝鮮新聞』、1915年3月2日、3面、「京城より」。
[*97] 『朝鮮及満洲』第99号、1915年10月、81頁、「全国新聞記者団は如何に朝鮮を見しか」。
[*98] 青柳が1915年に掲載した新聞論説である。前掲書、『総督政治史論』、356頁。

鮮及満洲』では「役所の共進会だ。官業品陳列の共進会だ。寺内総督の五箇年の成績表陳列会だ。我々民間側は其お相判たるに過ぎず」と、批判を加えていた。その原因については、「寺内総督が常に民間（日本人方面）の意向と輿情に耳を暇さず、民業の発達に対して干渉はするも保護と便益を与ふるに吝にして、餘りに官僚本位、官業本位主義なる其反感も大に原因する」と論評していた[*99]。これまで「官権本位」の下で、民間を無視してきた結果、「民間側の方では頓と乗り気が無い」という訳だったのである[*100]。

なお、官民間の反目を感じた貴族院議員の阿部浩は、寺内総督の統治は厳格すぎると指摘していた。統監府が総督府に変わって「俄かに厳格と緊縮とを方針にしてやると民間の経済界が沈静して所謂一般不景気になっては居らないか」と述べ、寺内総督はあまりにも厳格であり、「一般の気受けが宜しくない」と総督政治に批判を加えていた[*101]。このように、朝鮮を視察した「内地」官僚の耳には「総督が朝鮮人を可愛がって内地人を疎外する」という批難の声が入るのであった[*102]。寺内総督の統治が「官権本位」であり、「朝鮮人本位」であるとする批判は、当時日本人社会の一般的な世論であった。

このような民間社会の不満に対応しながら、総督府では共進会への協力を呼びかけていた。総務局長の児玉秀雄は、「不景気不景気と泣いて居っては金儲けは出来ない」と述べながら、共進会は「最も善き景気挽回策」であると強調し、共進会の経済的効果を宣伝していた[*103]。『京城日報』社長の阿部充家も、世論づくりに奔走していた。阿部は、「寝食を忘れて南船北馬、操觚界にも地方の有志にも接触し、感情を棄てて帝国的に一致協力すべき」ことを力説し、民間社会に対する説得に出かけていた[*104]。また共進会期間中の『京城日報』では、徳富猪一郎（蘇峰）の「朝鮮統治の成績」や「朝鮮開発の五年」という論説が連日連載され、5年間の成果と将来への発展策が議論された。京城府尹の

[*99] 『朝鮮及満洲』第95号、1915年6月、11頁、「編集室より」。
[*100] 『朝鮮及満洲』第97号、1915年8月、121頁、「風聞駄話」。
[*101] 『朝鮮及満洲』第100号、1915年11月、97頁、「寺内総督の統治は厳に過ぎざる歟」。
[*102] 広島県知事寺田祐之に対するインタビューである。『朝鮮及満洲』第99号、1915年10月、73頁、「総督政治は中央集権」。
[*103] 『朝鮮及満洲』第98号、1915年9月、68頁、「共進会に就て」。
[*104] 前掲書、『総督政治史論』、355～356頁。

金谷充は、「官民一致」で訪問客の便宜を図ることが重要であると述べ、共進会へ協賛を呼びかけていた[*105]。

　こうした官民の間における反目に関わるとても興味深い批評がある。雑誌『朝鮮及満洲』では、朝鮮人本位の政策を展開している総督府を「継母根性」の官界と表現し、民間側の態度は「継子根性」だと指摘していた[*106]。自己の発展の機会を活用しないことは愚かな行為であり、日本人社会は「継子根性」から脱却せよとの主張であった。これは共進会を成功へ導くために、日本人社会は総督政治に対する「感情」「私情」を棄て、総督府の施政に協力すべきだという議論であった。ある種の日本人社会の自己規制的な動きが起きていたのである。前述の青柳も、「我有志が私情を放棄して、国家的事業に全力を捧ぐるの美なる心情」が必要であると述べ、共進会が失敗に終わることは「朝鮮経営を双肩に荷ふて努力奮闘しつつある日本人」の忍ぶ所ではないと述べていた[*107]。このような世論に影響されつつ、日本人社会は対立姿勢を棄て、協力する方向へ転換していったとみられる。しかしながら、これは「武断政治」の統治方針に対する賛同を意味するものではなく、共進会をきっかけとした景気改善、すなわち実利を優先した妥協であった。

第2項　「内地」資本の流入と「会社令」

　9月11日に共進会が開会され、たちまち大盛況をなすと、民間言論の論調も変わりはじめた。批判的な態度を固持していた『朝鮮及満洲』の社長釋尾は、今回の共進会開催は成功であると評価しながら、「京城市民も貧乏神の寺内さんを以て福の神とするに吝ならざるべし」と述べ、皮肉な口調ではあるものの、共進会の経済的効果に期待を寄せていた[*108]。寺内総督に対する評価が変わった点は、寺内総督の伝記にも見られる。以前寺内総督に対して、「不倶戴天の仇なりと思惟したる頑民等も翻然として昨の非なるを悟り亦伯を狙ふもの無し」という状況になっていたのである[*109]。

[*105]　『朝鮮及満洲』第98号、1915年9月、68頁、「官民一致して遠来の客に満足を与ふるが第一です」。
[*106]　『朝鮮及満洲』第99号、1915年10月、28頁、「東京より」。
[*107]　青柳が共進会開会日に『京城新聞』に掲載した社説である。前掲書、『総督政治史論』、357頁。
[*108]　『朝鮮及満洲』第99号、1915年10月、10〜11頁、「編集室より」。
[*109]　前掲書、『元帥寺内伯爵傳』、791頁。

結局、寺内総督の共進会開催の計画に対する評価を一変させたのは、景気改善への期待感であった。ここでは、東亜煙草会社の総販売所長の馬詰次男の話を通して、共進会と景気への影響に関する認識を探ってみよう。

　　内地より資金を引くには今度の共進会が好機会と思ふ。一体内地に於て朝鮮の殖産興業の内容が能く分って居ない。夫れで内地の資本家に朝鮮の事情を能く紹介して周知せしめることが前提である。夫れには共進会が尤も時期を得て居る。私は朝鮮の事情を内地人に周知せしむる方法は共進会は唯一の良方法とし従って其効果の偉大なるものあるべきを信ずるのである。先程から実業団体が内地より来るが其の人々の話に共進会を見て感じたことは内地に居て考へて居たよりも予想以上の成績を挙げつつことを初めて知ったと言って朝鮮産業の発達には全く驚いて居ったのである。夫れで益々内地の資本家をよび寄せて事情を周知させることが緊急である。朝鮮の仕事が分ればいくらも資金は注入されることと思ふ[*110]。

つまり、馬詰は共進会の開催と「内地」資本の流入とを結び付け、「内地」資本による朝鮮の殖産興業に期待を寄せていた。このような「内地」資本流入への期待は他の資料にも散見される。『朝鮮公論』の社長牧山耕蔵は社説において、「母国同胞をして不安なく嫌気なく、唯一の楽土として自由に快濶に各其事業を起さしめ、其資金を流入」させることが重要であると述べていた[*111]。加えて牧山は、より「寛大なる産業政策」への転換を主張した。また『釜山日報』の社説では、朝鮮半島は資本に乏しいため「朝鮮に於て各種各方面に於ける事業を挙げんと欲せば必ず本邦の資本に頼らざる可らず」と力説し、さらに本邦の資本によって各種各方面の事業を起こすことが「吾人が理想にして亦朝鮮経営上の最大急務」であると強調していた[*112]。以上のように、日本人社会では朝鮮経営のためには「内地」資本の流入が先決問題であり、共進会の開催をきっかけに朝鮮を「内地」へ紹介することが重要であるとの認識が共有されて

[*110]『朝鮮及満洲』第99号、1915年10月、94〜95頁、「有利なる煙草製造業」。
[*111]『朝鮮公論』通巻第31号、1915年10月、11頁、「始政五年の治績を評す」。
[*112]『釜山日報』、1916年1月21日、1面、「朝鮮企業の好時機」。

いた。

　しかし、内地資本の流入には「会社令」という制度上のハードルが残っていた。「会社令」は1911年1月に施行されたもので、朝鮮で会社を設立する場合や、朝鮮外において設立された会社の本店・支店を朝鮮に設置する場合に、総督府の許可が義務付けられた法令である[113]。会社設立の際に、「内地」の準則主義（法律で一定の要件を定めておき、それを備えると会社の設立を認める主義）とは違い、許可主義が採られていたため、企業や朝鮮在住の実業家から反発があった。「内地」資本を進出させるために、総督府は「先づ第一着手に朝鮮の会社令を改正し本邦実業界をして信頼安意」させる必要があるとの新聞社説からもうかがえるように、「会社令」の撤廃を主張する声が高まっていた[114]。

　以上のように、共進会の活用策や朝鮮経営をめぐる議論からは、利権や利害関係をめぐって敏感に対応する日本人社会の様態が見て取れる。日本人社会をして、総督府に対する反官意識から協力へと向かわしめたのは、景気改善を重視する生活者としての意識が底辺にあった。在朝日本人の意識には、「指導」の役割や「同化」のような大義名分よりは、実利を重視する植民者の意識構造が内在していたのである。

小結

　同じ時期に「内地」で行われた博覧会は大衆娯楽・消費文化の場として定着しつつあった。しかし、植民地朝鮮の事情は異なっており、朝鮮人にとって朝鮮物産共進会は初めて体験する「近代」の空間であった。朝鮮物産共進会はその名称自体は共進会と称されたものの、準備過程において部分的に修正され、「内地」で定着している博覧会の要素を併せ持つようになっていた。

　寺内総督は多くの訓示において、朝鮮統治の方針は欧米諸国の植民地政策とその趣を異にする点や、朝鮮人に対する「同化」や「指導」を強調していた。その意味において、朝鮮物産共進会はその建前的なスローガンに相応しい催しであった。「内地」で大衆娯楽化していた内国勧業博覧会型の博覧会ではなく、

---

[113] 小林英夫編『植民地への企業進出──朝鮮会社令の分析』柏書房、1994年。
[114] 『釜山日報』、1916年1月22日、1面、「事業家を招け」。

朝鮮内で生産された産物を展示・表彰し、その改良を目指す共進会の形式が選択された理由はここにあった。これは、一見「武断政治」とは相応しない催しが「韓国併合」後間もない時期に朝鮮で開催される背景にもなった。この過程で、施政五年間の「進歩改善」を可視化することで、植民地支配の正当性を帝国内外に宣伝する装置として、共進会計画は実現したのである。

共進会の会場を訪れた日本人の多くは、本来の開催目的である朝鮮の物産品より、施政五年間の成績を視覚化した展示施設に魅了されていた。優秀な産物を表彰し、朝鮮の殖産興業を図るという共進会本来の主旨とはかけ離れた総督府施政の成果に日本人は強い印象を受けていたのである。これには言うまでもなく、「新旧の比較」によって日本帝国の朝鮮支配の正当性をその目で確認したいという、欲望の視線が働いていた。

なお、共進会に対する日本人社会の協賛活動は、朝鮮人に対する「同化」や「指導」といった「内地人の責務」からは程遠い、共進会を梃子にした景気改善への期待感がその背景にあった。協賛会の活動は、必ずしも総督府の統治方針に対する日本人社会の賛同を意味するものではなく、実利を重視した選択であったのである。

第5章
植民都市仁川の港湾「開発」と植民者社会

写真5-1 仁川港の閘門と閘門扉
出典　朝鮮総督官房土木局仁川出張所『仁川築港工事図譜』、1919年。
注　1917年11月12日に撮影されたものである。

第Ⅱ部　在朝日本人社会と植民地空間

はじめに

　本章では、帝国日本が朝鮮半島に建設した植民地都市[*1]の形成・変容過程を植民者社会との関連で考察する。日本によって建設された植民都市の典型的な例であり、植民地期を通して対外貿易港として確固たる地位を占めていた仁川港を事例として取り上げる。
　一般的に植民地都市は、植民地化の過程で宗主国によって植えつけられた都市と定義できる。又は、「ある集団が土着の集団を政治的、経済的、社会的、文化的に支配するために建設する都市」とされ、支配・被支配の関係が重視される場合もある[*2]。西洋の帝国がアジア・アフリカ大陸に建設した植民地都市はいくつかの共通点を有する。ほとんどの場合、本国とのネットワークが重視され、海岸地域に建設され、植民者と被支配民の間における居住空間の分離、いわゆる二重都市（dual city）の現象がみられた。
　だが、植民地都市の事例を詳しくみると、宗主国・建設時期・位置する大陸によって様々な事例がみられる。この背景から、多様な植民地都市を体系的に整理するために類型化が試みられ[*3]、植民地都市は現地社会の存在、在来都市との関係、都市機能を基準に分類されてきた。帝国日本がアジアの諸地域に建設した植民地都市についても同様の類型化がなされた。第1章で述べたように橋谷弘は、既存の在来都市の有無とそれとの関係性を基準に、植民地都市を三

[*1] 植民地都市とは、西洋の植民地研究で論じられてきた「colonial city」の訳語である。日本と韓国では一般的に「植民地都市」又は「植民都市」と訳されるが、二つの訳語の使い分けはかならずしも明確ではない。概して、「植民都市」は植民者の移住によって新たに建設された都市を意味する狭義の概念を表し、「植民地都市」は、在来都市から都市へ成長した例、植民者の移住によって新たに建設された都市などを包括する広義の概念を表している。本章で考察する仁川は前者の特徴を持っており、以下で仁川を論じる際は狭義の概念を表す「植民都市」を使用する（以下、括弧を省略す）。植民地都市・植民都市の概念については、金白永『지배와 공간: 식민지도시 경성과 제국 일본』문학과지성사、2009年、73頁。
[*2] 布野修司編『近代世界システムと植民都市』京都大学学術出版会、2005年、2頁。
[*3] 代表的なものとして、Anthony D. King, "Colonial cities: global pivots of change," in *Colonial cities: Essays on Urbanism in a Colonial Context*, ed. Robert J. Ross and Gerald Telkamp (Dordrecht: Martinus nijhoff, 1985), 1-24。布野修司編、前掲書。

第5章　植民都市仁川の港湾「開発」と植民者社会

つの類型に分類した[*4]。そのうち、第1類型（日本による新たな都市形成の類型）は、港湾都市にみられる典型的な例であり、開港場から港湾都市へ成長した仁川もこれに該当する。

　第1類型の植民地都市を取り上げた研究において重要視されるのは、植民地経営をめぐる宗主国日本の植民地経営の方針である。例えば、大連を対象とした研究において、植民都市は「宗主国による植民地経営にあたって、政治・経済上、植民地の中枢としての機能を与えるべくして新たに生まれた都市」[*5]と定義されている。宗主国日本の植民地経営の方針と都市に付与した機能が都市形成の主要な要因として挙げられている。しかし、朝鮮に植え付けられた植民地都市からは、異なる様態がみられる。後述するが、仁川港の事例をみると「韓国併合」以前に居留民社会はすでに相当の規模で形成されており、居留民社会の活動が植民地経営に無視できない影響力を及ぼしていた。このような背景から、植民地台湾と「満洲」の地域と同様に、宗主国日本の経営方針のみを以って朝鮮半島における植民地都市の形成を描くことは難しい。なによりも植民地権力を植民地都市の形成におけるオールマイティー（almighty）的な存在と見做す観点からの脱却が必要である。地域社会の動向を含む複数の要因があいまって都市形成が行われたとみるのが妥当であろう。

　さて、これまで朝鮮半島の植民地都市に関する研究は、事例研究の蓄積がある。そのうち、釜山と京城に関する研究が代表的である[*6]。開港場から植民地都市へ成長した地域が主な研究対象となってきたが[*7]、近年では研究範囲が在来都市や北朝鮮地域まで広がっている[*8]。これらの研究では宗主国日本によっ

[*4]　第1類型（日本による新たな都市形成）、第2類型（伝統的都市と植民地都市の二重構造）、第3類型（既存の都市と植民地都市の並存）。橋谷弘『帝国日本と植民地都市』吉川弘文館、2004年。

[*5]　水内俊雄「植民地都市大連の都市形成―1899〜1945年」（『人文地理』第37‐5号、人文地理学会、1985年）。

[*6]　木村健二・坂本悠一『近代植民地都市釜山』桜井書店、2007年。洪淳権外『부산의 도시형성과 일본인』선인、2008年。金白永、前掲書。

[*7]　孫禎睦『韓国開港期都市変化過程研究――開港場・開市場・租界・居留地』一志社、1982年（a）。同『韓国開港期都市社会経済史研究』一志社、1982年（b）。木村健二・坂本悠一、同上。洪淳権外、同上。

[*8]　在来都市を取り上げた研究としては、金白永「일제하 식민지도시 수원의 시기별 성격 변화」（『도시연구』8、2012年）。金慶南「1894‐1930년 '전통도시' 전주의 식민지적 도시개발과 사회경제 구조 변용」（『한일관계사연구』51、2015年）。北朝鮮を対象として研究としては、송규진「일

第Ⅱ部　在朝日本人社会と植民地空間

て都市「開発」がどのように行われ、これによって地域社会がどのように変容したのか、またその過程に表れている植民地的な性格をどのように解釈するかが争点となっている[*9]。

このような研究動向の中で、地域史・都市史の観点から注目されているのが在朝日本人社会である。仁川を対象とした研究においても、居留地の設定過程と日本人社会の形成過程が論じられ[*10]、商業会議所を中心とする日本人社会の動向[*11]や海岸埋め立て事業を含む居留地の拡散に関する研究がなされている[*12]。多くの研究において、在朝日本人の侵略性と違法行為に焦点が当てられ、朝鮮人社会が受けた被害が論点になっていた。このような研究史の中で、日本人社会で議論されていた港湾「開発」論は侵略性を裏付ける材料として用いられてきた。

だが、在朝日本人社会を多角的に分析するには、彼らが議論していた港湾「開発」論の内容を分析し、解剖することによって、植民者社会で共有されていた論理と意識を浮き彫りにする作業が必要であろう。植民地期を経て、仁川港が対外貿易港として確固たる地位を占めた背景には、1910年代に行われた築港工事の影響が大きかった。仁川の近代史において築港事業が重要な転換点であったのはよく知られているが、日本人の請願活動を整理した研究のほかに[*13]、築港事業を取り上げた研究は見当たらない。

　　　제강점기 '식민도시' 청진 발전의 실상」(『사학연구』第110号、2013年)。加藤圭木『植民地期朝鮮の地域変容——日本の大陸進出と咸鏡北道』吉川弘文館、2017年。
* 9　鄭然泰「日帝の地域支配・開発と植民地的近代性——浦口商業都市・江景地域の事例」(宮嶋博史・金容徳編『近代交流史と相互認識Ⅱ——日帝支配期』慶應義塾大学出版会、2005年)。加藤圭木、前掲書。
* 10　孫禎睦、前掲書、1982年 (a)。同、前掲書、1982年 (b)。橋谷弘「釜山・仁川の形成」(大江志乃夫ほか編『岩波講座近代日本と植民地』第3巻、岩波書店、1993年)。李圭洙「개항장 인천 (1883〜1910):재조일본인과 도시의 식민지화」『仁川学研究』6、2007年)。
* 11　문영주「20세기 전반기 인천 지역경제와 식민지근대성: 인천상업회의소 (1916〜1929) 와 在朝日本人」『仁川学研究』10、2009年。
* 12　西野玄「仁川居留地に関する一考察——仁川日本居留地埋立問題を中心に」(『朝鮮学報』194輯、2005年)。박진한「개항기 인천의 해안매립사업과 시가지 확장」(『도시연구』12、도시사학회、2014年)。同「1900년대 인천 해안매립사업의 전개와 의의」(『도시연구』15、도시사학회、2016年 (a))。同「인천의 일본인 묘지 부지 이전과 일본인 시가지 확장 과정」(『仁川学研究』24、2016年 (b))。
* 13　추교찬「제2기 (1908.10-1910.12) 인천 일본인 거류민단의 운영과 활동」『한국학연구』37、인하대학교 한국학연구소、2015年。

以上の研究状況を踏まえ、本章では仁川港の築港工事を事例に、在朝日本人社会の港湾「開発」論と築港論がどのように展開され、これが植民都市仁川にどのような影響を及ぼしたのかを考察する。歴史学的な観点から、築港問題がどのような過程で浮上し、「韓国併合」後にどう施行されたのか、そして築港工事によって仁川の都市空間がどのように変容したのかに注目する。まず、統監府期以前の港湾「開発」論を概観してから、仁川港の築港をめぐる日本人社会の議論と築港工事の展開を分析する。この作業を通じて、仁川港の築港工事と植民地空間の変容が、植民地都市史という観点からどのように解釈できるのかについても考えてみたい。

第1節　築港工事以前の仁川港

第1項　居留民社会の港湾「開発」論

　釜山に引き続き、二港を開港する際に日本政府はどのような意図から済物浦（後の仁川港）を選定したのであろうか。「日朝修好条規」の第5款には「通商ニ便利ナル港口二箇所」の開港が規定されており、後に東海岸では元山が、西海岸では仁川が選定された。当初、西海岸においては「全羅道木浦沃溝ノ辺又ハ京圻道ニテ江華ヨリ仁川迄ノ所」が候補地として挙がっていた[14]。外務省では沿岸測量で得た情報を基に、「仁川ハ泥州遠ク海中ニ延ヒ船ト陸トノ通路極メテ便ナラス共ニ良港ナラサルハ曽テ諸人ノ見ル所ノ如シ。唯仁川ハ海岸洲渚ノ趣稍品川ト相似タルヲ以テ不得已ハ可用ノ地ナシトモ其海岸僅ニ十数軒ノ茅屋ナルノミナルヲ以テ一時タリトモ開港場トナスニハ多少ノ造営ヲ要スルナルヘク……」と判断していた[15]。要するに、地形的に天然の良港として認められ、仁川が選定されたわけではなかった。むしろ、「水路京城ニ往来スルノ門戸ニシテ船艦時々繋泊セサルヘカラサルノ地ナリ。先ツ此地ヲ以テ当分通商ノ地トシ他ニ求メ更ニ良港ナル所ヲ得テ当ニ之ヲ移ヘキヲ約スヘシ」と判断しており[16]、都の漢城に近いという点と貿易港としての立地条件が高く評価されてい

---

[14]　外務省編『日本外交文書』第10巻、1949年、294頁。
[15]　外務省編『日本外交文書』第10巻、1949年、295頁。
[16]　外務省編『日本外交文書』第12巻、1949年、212頁。

た。

　こうして開港場と選定された仁川港は、開港後に海水面が浅く、船舶の碇泊が難しい問題を抱えていた。さらに、日本専管居留地が比較的に小さい規模で設定されたため、空間の狭小問題があった。1883年に日本専管居留地が設置され、翌年4月に日本専管居留地の西側に清国居留地が、同年11月に日本専管居留地の東側と背後地に各国居留地が設置された。これらの居留地が日本専管居留地を囲むように設置され、居留地の拡張は最初から限界があった。したがって、空間問題を解消するには居留地前の海面を埋め立てる案が唯一の解決案であった。

　居留地の拡張と関連しては、日本と朝鮮政府が結んだ「借入約書」には、居留地の拡張に関する条文があった[17]。第1条には、「若シ後来右居留地充塞スルニ至レハ朝鮮政府ハ更ニ居留地ヲ拡開ス可シ」と定められており、第3条には「都テノ居留地内ノ道路溝渠橋梁及ヒ海岸埋立石垣等ハ朝鮮政府ニテ設置ス可シ。其設置ノ方法ハ朝鮮監理官ヨリ日本領事館ト商議ス可シ」と規定されていた[18]。加えて、第4・5条には宅地税・競貸金の一部分を居留地積金となし、居留地修繕事業の費用に充てるという具体的な資金の調達方法も定められた。

　一方で、「仁川各国居留地約書」には、海面の埋め立てに関する規定があった[19]。第7条に、「現在満潮ノ時海水ヲ被ル処並ニ今後沙尾島ヲ地均シテ生出スベキ地区」を埋地と称し、この地は「将来議定スヘキ図面ニ従ヒ買主ノ自費ヲ以テ施行スヘシ」と規定された[20]。また、約書に附属する「地券雛形」第6条は、「朝鮮政府ハ居留地ヲ拡張スル為メ此地所ノ前面ヲ埋立ルノ権ヲ有ス」[21]と規定された。これら条文をまとめてみると、居留地拡張について朝鮮政府は優先権を有するが、公売によって購買した者がいる場合、購買者が費用を負担するという内容であった。ところが、後述するように、実際に居留地前の埋立

＊17　朝鮮側の表記は、「仁川口租界約書」である。
＊18　統監府編『韓国ニ関スル条約及法令』、1906年、454～458頁。統監府編『韓国条約類纂―附各国関税対照表』、1908年、643～648頁。JACAR（アジア歴史資料センター）Ref.B13091010200、「朝鮮国仁川港に於て居留地借入約定」（外務省外交史料館）。
＊19　朝鮮側の表記は、「仁川済物浦各国租界章程」である。
＊20　統監府編『韓国ニ関スル条約及法令』、1906年、468～469頁。
＊21　同上、473頁。

工事は朝鮮政府や購買者ではなく、日本人居留民によって行われる。

　日本専管居留地前の埋立については、すでに詳細な研究があるので、ここでは主要な内容を整理しておこう。埋立に関して居留民社会の議論が確認できるのは1889年頃からである。当時居留地は、「人家既ニ充満致シ尺寸ノ餘地無之為牛皮牛骨大豆等ノ如キ商品ハ不得止街上ニテ荷積致候ノミナラス当海関ニ於テモ石炭油等危険物ヲ貯蔵スヘキ物品ノ上屋或ハ倉庫等ノ設無之」の状況であった[*22]。そこで、居留地の狭隘問題への対策として、居留地海岸から南へ50メートルの地区を埋め立てる計画が立てられる。この案に対し、仁川領事館副領事の林権助は、「借入約書」に基づき、「朝鮮政府ハ更ニ居留地ヲ拡開スルノ義務ヲ有」するとしながらも、満潮の時に海水に被われる地であり、「通常一般ノ土地ト異ナル」と解釈し、「借入約書」の第3条の規定を適用し、「朝鮮政府ノ負担トナスニ於テハ幾分カ過般ノ感アリ」と判断していた[*23]。このような判断に基づき、仁川領事館では「我商民自費」での建設を目論んだのである。その後、林は費用調達に対する方針を変え、国費下付について外務省へ打診したが却下される[*24]。

　その後、埋立計画は朝鮮政府と日本公使館との間で協議が進んでいた。同じ時期に、各国居留地会議においては、「日本租界前面ノ海岸ハ果シテ日本ニ属スルヤ将タ外国居留地ニ属スルヤ否」かが争点となっていた[*25]。自国民の利益を重視するドイツ領事の対応や、防穀令などの外交摩擦があいまって議論は長引いた[*26]。他の開港場と異なり、仁川は西洋領事館の影響力が強く、各国居留地会議の合意が得られない限り、工事の実施は困難であった。

　その後、埋立案は歳月が経過した1897年11月に至ってようやく妥結をみる。反対を固持していたドイツ領事から合意を得て、埋立は実現したのであるが、各国の外交使節が集まる使臣会議において次の事項が決定された。主要な内容

[*22]「外務省記録」3-12-2-24「仁川日本居留地地先埋立一件（居留地取拡之件）」、1889年4月27日、朝鮮代理公使近藤真鋤より外務大臣大隈重信宛の第26号。
[*23] 同上、1899年4月30日、仁川領事館副領事林権助より外務次官青木周蔵宛の機密第10号の附属書。
[*24] 同上、1890年2月21日、仁川領事館領事林権助より外務大臣青木周蔵宛の機密第2号。
[*25] 同上、1891年1月10日、朝鮮代理公使近藤真鋤より外務大臣青木周蔵宛の機密第2号、「仁川我租界前面埋立ノ義ニ付各国会議ノ顛末上申」。
[*26] 埋立工事の過程と朝鮮政府の居留地観に関しては、前掲稿、西野玄を参照。

をまとめると、①海岸線（258m）から南へ57mの海面を埋め立てる、②費用は日本側が全額負担する、③埋立地は日本居留地に帰属することが決定された*27。

　工事費は、「政府ヨリ資金下附ヲ仰クカ又ハ第二居留地ニ於テ之ヲ負担スルカノ二途」*28 が考慮されていたが、政府下付案は実現されず、「我居留民進ムテ自営ノ途ヲ講スルコト」となった。経費5万円は、居留民団体が債権発行し、第一銀行・第十八銀行・第五十八銀行仁川支店から資金を借り入れることで調達された*29。その後、埋立工事は1899年5月に完了するが、計画から竣工までおよそ10年の歳月を要した。

　同時期に仁川港では、停車場埋立工事（1900年竣工）をはじめ、仁川税関埋立（1907年第1期竣工、1908年第2期竣工）、各国居留地前灘埋立（1909年竣工）の工事が引き続き行われた*30。居留民個人による歌舞伎座通り（1905年に加来栄太郎）・萬石洞（1906年に稲田勝彦）・濱町（1906年に福島真夫）の埋立工事も行われた。

　20世紀初頭から統監府期にかけて、海岸埋立が活発に行われたが、海面埋立の計画と実施過程は一様ではなかった。なによりも、埋立の土地が誰に帰属するのかが問題であった。例えば、仁川停車場埋立の場合は、各国使臣会議において埋立地を各国居留地に編入することを主張し、これを受け容れた韓国政府が京仁鉄道会社に埋立を許可したことで実現した*31。仁川税関の埋立は、使臣会議において議論されることなく、各国居留地会と韓国政府側との間で埋立地の使用及び設備に関する条件が調整された。また、居留民個人が施行した埋立工事の場合、不法のルートで権利を取得した者によって工事が行われる場合も少なくなかった*32。

---

*27　前掲書『韓国ニ関スル条約及法令』、459頁。
*28　「外務省記録」3-12-2-24「仁川日本居留地先埋立一件（居留地取拡之件）」、1898年8月26日、仁川領事館一等領事石井菊次郎より外務次官小村寿太郎宛の機密第21号、「埋立工事着手ノ為メ居留地債ヲ起シタル件」。
*29　同上。前掲書『仁川府史』、206～210頁。
*30　前掲書『仁川府史』、210～217頁。
*31　「外務省記録」3-12-2-54「仁川各国居留地先埋築一件」、1908年9月30日、統監府総務長官代理石塚英蔵より外務次官石井菊次郎宛の機密統発第1268号。
*32　박진한、前掲論文、2016（a）。

第5章　植民都市仁川の港湾「開発」と植民者社会

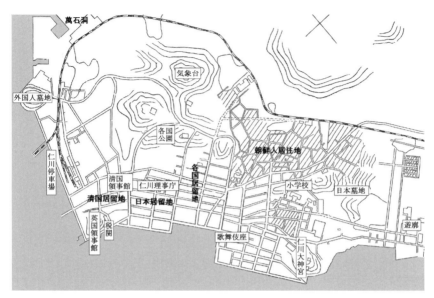

図5-1　1908年頃の仁川港
出典　「外務省記録」3-12-2-54「仁川各国居留地地先埋築一件」、1908年4月3日、仁川理事官信夫淳平より統監府総務長官代理石塚英蔵宛の機密第12号、「仁川各国居留地々先埋築請願ニ関スル件」の附属書所収の仁川市街図より作成。
注　満潮時の海岸線である。斜線の部分は朝鮮人居住地である。

　これらの例とは異なり、各国居留地前灘の埋立は各国居留地会議の介入なしに、日本人社会の主導で施行された。1908年3月に穎原修一郎、奥田貞次郎、加来栄太郎ら居留民8名は、【図5-1】にみられる各国居留地前の凹形の海面を埋め立てる計画を立て、仁川理事庁に請願書を提出した。埋立工事の目的は、「一ハ貿易ノ発展ニ資シ一ハ船舶碇繋ニ利便」を与えることとされ[33]、その理由として各国居留地前の沿海線が不規則であり、船舶の碇繋に不便が生じている点、貨物貯蔵空間の不足が挙げられた。この計画に対し、仁川居留民団が先願権を主張するなどの摩擦も生じたが、同年6月の居留民団会議において落成土地5000坪の一部を居留民団に譲与することで問題は落着した[34]。統監府の設

---

[33]　「外務省記録」3-12-2-54「仁川各国居留地地先埋築一件」、1908年4月3日、仁川理事官信夫淳平より統監府総務長官代理石塚英蔵宛の機密第12号、「仁川各国居留地々先埋築請願ニ関スル件」の附属書。

[34]　前掲書、『仁川府史』、216頁。

置後に、各国居留地会の影響力が弱まったことで、異論なしに埋立事業は実現に至ったのである*35。

以上で概略的にみたように、「韓国併合」前の港湾「開発」は居留民団体又は個人が海岸埋立の必要性を主張し、世論を主導し、領事館の協調を得ることで行われた。また、各国居留地前の埋立の場合、居留民団体ではなく、仁川の有力人物によって主導されたことは注目に値する。

第2項　対外貿易港の仁川

19世紀末、仁川港は輸入が輸出を遥かに上回る貿易港であった。当時刊行された案内冊子には、「晩近仁川の繁栄は、一に貿易隆盛の結果と云ふべく、其都市的発達も亦此繁栄の餘響」であると評価されるほど*36、仁川経済の原動力は対外貿易にあった。1883年から1898年までの仁川港の貿易統計をみると、輸入額では清国が日本を上回り、清国商人と日本商人が拮抗する状態であった*37。その後朝鮮半島における日本の影響力が増大するにつれ、貿易量における日本の比重は増加した。

初期、仁川港の主な輸入品は綿製品であり、輸出品は牛皮・牛骨・大豆・米などが中心であった。仁川港において日本への米輸出が本格化するのは1890年頃からである。1889年の日本における米凶作をきっかけに、居留民は「思ひ切ってドシドシ朝鮮米」の輸出を試み、「朝鮮米の品質が日本産に左迄劣らぬとの評判」となり、盛んに輸出するようになったという*38。朝鮮内の米相場は白米一石当り5円40～50銭であり、居留民はこれを日本の米市場で7～8円で販売することで利益を得た*39。日本との貿易額のなかで阪神地域は約7割を占めており、仁川と阪神地域の間には穀物貿易のルートが形成されていたこと

---

*35 「外務省記録」3-12-2-54「仁川各国居留地先埋築一件」、1908年4月3日、仁川理事官信夫淳平より統監府総務長官代理石塚英蔵宛の機密第12号、「仁川各国居留地々先埋築請願ニ関スル件」。
*36 小川雄三『新撰仁川事情』朝鮮新報社、1898年、9頁。
*37 清国商人の活動については、信夫淳平『韓半島』東京堂書店、1901年、16～31頁。貿易額は、同、648～649頁。
*38 小川雄三『仁川繁昌記』朝鮮新報社、1903年、14頁。
*39 秋山満夫『株式会社仁川米豆取引所沿革』仁川米豆取引所、1923年、1頁。

が確認できる[*40]。

その後、1907 〜 1908年の間に、仁川港の貿易統計をみると、仁川港の主な輸出相手国は日本が約60％であり、中国は約40％であった。以前と同様に輸入中心の港であり、主要な輸入品は、綿布、生金巾、晒金巾、綿糸、絹布、煙草などであった[*41]。一方、主な輸出品目は米（51％）と大豆（29％）の穀物が多く、その次が牛皮（8％）であった[*42]。輸出額の80％を占める米と大豆が仁川港の経済を動かす商品であった。

なお、穀物集散地へと発展した仁川には、早い時期から米穀貿易関連の団体が設立されていた。居留民は、輸出穀物組合（1902年10月設立、組合員16名）、仁川穀物協会（1903年11月設立、組合員43名）、精米販売組合（1905年9月設立、組合員18名）などを設立した[*43]。なお、米穀取引と関連しては、穀物の品質・価格の標準化、穀物乾燥過程の改良などを目的に設立された仁川米豆取引所も重要な拠点であった[*44]。1910年代半ばの状況をみると、仁川米豆取引所仲買人組合をはじめ、仁川精米業組合・仁川米商組合・仁川輸入貿易商組合が新しく設立されていた[*45]。これらの組合は、同業者の利益を代弁し、利害関係を調整する利益団体であった。穀物貿易が仁川経済を動かす産業になったことで、穀物貿易業者を中心に貿易の活性化をもたらす港湾「開発」が議論されるようになった。

[*40] 信夫淳平『韓半島』東京堂書店、1901年、13頁。
[*41] 仁川日本人商業会議所編『明治四十年仁川日本人商業会議所報告』、1908年。仁川日本人商業会議所編『仁川港外国貿易年報』、1909年。
[*42] 仁川日本人商業会議所編『明治四十年仁川日本人商業会議所報告』、1908年、143 〜 160頁。
[*43] これら団体代表はすべて奥田貞次郎であった。仁川開港二十五年記念会編『仁川開港二十五年史』、1908年、52頁。
[*44] 当時、水分を含んだ粗悪な穀物の流通によるトラブルが多発していた。米豆取引所の設立によって、①米豆の品質や価格の標準化、②米豆の品質改良・乾燥過程の改良、③奥地に穀物購入に出かける行商人の便益などが図られた。ちなみに仁川米豆取引所は、1931年まで朝鮮唯一の取引所であった。秋山満夫『株式会社仁川米豆取引所沿革』仁川米豆取引所、1922年、1 〜 12頁。阿部薫『朝鮮取引所史』民衆時論社、1935年、1 〜 7頁。朝鮮における取引所の沿革に関しては、荒井秀夫編『社史で見る日本経済史』植民地編第26巻、ゆまに書房、2004年に所収された木村健二の解題を参照。
[*45] 仁川穀物協会（1903年7月、奥田貞次郎）、仁川米豆取引所仲買人組合（1912年11月、浅松太郎）、仁川輸入貿易商組合（1913年7月、河野竹之助）、仁川精米業組合（1915年9月、奥田貞次郎）、仁川客主団会所（1896年、崔応三）、仁川米商組合（1914年11月、松林里）。仁川商業会議所編『仁川商工案内付商工人名録』仁川商業会議所、1916年、133 〜 134頁。

第2節　築港問題の浮上

第1項　居留民社会の形成と築港問題の浮上

　19世紀末に仁川の日本人人口は約4000～6000人であったが、日露戦争をきっかけに1万人を超える[*46]。人口の急増に伴い、日本人の居住地域は各国居留地や朝鮮人居住地へ拡散した。1904年9月末の日本人人口は、日本居留地（330戸、2238人）、各国居留地（578戸、3126人）、清国居留地（59戸、276人）、居留地の外（595戸、2788人）、合計（1562戸、8428人）であった[*47]。それが1905年6月末になると居留地外の朝鮮人町（1017戸、7362人）を中心に人口が急増し、「各町をして純然たる日本居留地に化せしむる観」をみせるようになる[*48]。

　居留民社会の職業をみると、貿易商・雑貨商が多数を占めていた。1907年の仁川商業会議所の議員構成も、貿易商・雑貨商・運送業を営む商工業者が大半を占めており、それに銀行支店の支配人や会社役人が加わっていた[*49]。米穀貿易中心の仁川経済を考えると、貿易関連の人物が商業会議所の世論をリードしていたとみられる。

　このような状況で、築港問題が台頭しはじめたのは日露戦争後であった。当時仁川港は、「土砂沈澱して水底浅き為め干潮時は小蒸気船の通航すら困難に

[*46] 仁川の人口推移は、前掲書『仁川府史』、6～10頁。

[*47] 「外務省記録」3-8-2-201「居留民団法並同施行規則制定資料雑纂」第二巻、1905年1月27日、仁川領事加藤本四郎より外務大臣小村寿太郎宛の機密第1号、「専管居留地及居留民団法案ニ対スル意見上申」。

[*48] 日本居留地（321戸、2234人）、各国居留地（600戸、3155人）、清国居留地（57戸、251人）、朝鮮人町（1017戸、7362人）であり、合計1995戸、1万1996名であった。相沢仁助『韓国二大港実勢』日韓昌文社、1905年、11～12頁。

[*49] 足立瀧二郎（株式会社十八銀行仁川支店代表）、宇治原志郎（呉服太物商）、町田文次郎（雑貨・書籍商）、河野竹之助（雑貨商）、村谷吉蔵（船具商）、河津利三郎（雑貨商）、穎原修一郎（日英貿易合資会社代表）、高田常三郎（貿易商）、奥田貞次郎（貿易商・精米業）、井上和三郎（雑貨商）、加来栄太郎（貿易商）、大田三郎（株式会社第一銀行仁川支店代表）、市川武吉（乾物商）、郡金三郎（運送業）、平山松太郎（牛肉商）、慶田利吉（運送業）、美濃谷栄次郎（金物商）、青木一葉（宅合名会社仁川支店代表）、篠木伊勢松（日本醤油株式会社代表）、兵須久（株式会社五十八銀行仁川支店代表）、末永省二（呉服太物商）、播磨米三（雑貨商）、伊東武彦（雑貨商）、田中佐七郎（貿易商・焼酎製造業）。仁川日本人商業会議所編『明治四十年仁川日本人商業会議所報告』、1908年、89～90頁。

第5章 植民都市仁川の港湾「開発」と植民者社会

して千噸以上の蒸気船は常に内港入る能はず千噸以下の汽船にても満潮に乗して出入せざれば膠砂の惧あり」の状況であった*50。そのため、大型汽船はもちろん500〜600トンの汽船も沖合に碇泊し、外港で荷役を行うのが常であった。

　仁川港は干満の差は大きく、内港における土砂の沈澱により、船舶の荷役に時間が掛かるなど、貿易港として欠点があった。居留民社会において、仁川港発展の第一歩は港湾の整備にあるとの認識が共有されていた。1906年には築港問題を議論する組織として築港期成会が組織され、韓国政府財政顧問の目賀田種太郎と元海軍中将の肝付兼行に諮問を求めるなどの活動を行った*51。しかし、成果を出せないまま、有耶無耶になってしまう*52。

　1906年に築港問題が浮上した背景としては、大韓帝国の保護国化と統監府の設置という政治的変化があった。そのほか、日露戦争後の不景気と鉄道の開通もまた築港論を促す要因であった。1905年の京釜鉄道と1906年の京義鉄道の開通は、居留民社会において仁川港の将来に対する危機感を増幅させる出来事であった。開港25年を記念する書籍の序文において、「日露平和の局を結び韓国の我保護に帰するや、京釜京城両鉄道は韓国を縦貫して運輸交通の設備なり、群山南浦も独立するに至りて仁川をして発達繁栄せしめつつありし要素の大半は他に移転」したとの記述からも推測できるように、日本人社会では危機感を募らせていた*53。実際に、「海陸運輸の競争に基因する鉄道政策は痛く仁川の発展を阻害」し、仁川の経済に打撃を与えていた*54。本店を仁川から京城へ移転する会社が増え、その影響で芸妓税・車税の税収が減少するなどの影響も出ていた。都から近いという地理的条件は貿易港として仁川を成長させた要因であったが、同時に成長を阻害する要因でもあった。

　その後、築港問題が本格的に議論されるのは、1908年に二度目の築港期成会が結成されてからである。期成会のメンバーは、「築港問題は実に仁川の死活問題」であると訴え、仁川港は「生存の必須第一条件として築港」に着手せ

---

*50 『朝鮮新報』、1909年9月10日、「仁川築港の必要（一）」。
*51 『朝鮮新報』、1906年9月27日〜9月30日。
*52 日本人社会の活動については、裵教賛、前掲論文、118〜120頁。
*53 加瀬和三郎『仁川開港二十五年史』玉鳴館（大阪）、1908年、序。
*54 前掲書、『仁川府史』、606頁。

ねばならないと主張した*55。居留民社会において築港問題は、「大仁川か小仁川か」を決める懸案であり、費用に関しては自己負担も辞さないとの姿勢も表していた*56。当時世論を結集させ、当局に請願するために製作された冊子にも同様の議論がみられる。

　　今ヤ韓国ハ我帝国ノ保護国トナレリ。我政府ハ韓国ノ富強ヲ図ル為メニ統監府ヲ京城ニ置カレ韓国政府部内ニハ済々タル我邦有識ノ士充満シ韓国ノ発展ニ要スル資ハ日韓両国ノ利害ニ鑑ミテ母国ヨリ多大ノ援助ヲ与フルコトトナレリ。之ヲ単言セハ時代ハ全ク一変シタル。韓国政府専権ノ当時ニ於テハ仁川港民ハ已ムヲ得ズ怨ヲ呑ンテ常ニ沈黙ヲ守リシト雖モ韓国ノ形勢全ク一変シタル…*57。

　この冊子を刊行した仁川経済研究会は、居留民団や商業会議所の主要人物の発議によって組織されたものである。彼らは保護国化と統監府の設置により、韓国の情勢が全く一変しており、築港の実現可能性は増したと認識していた。かくして、仁川の居留民社会は政治的変化に対応しながら、築港を計画し、これを当局に建議していたのである。当時、地域新聞には個人の設計による築港私案が発表されるなど、築港をめぐる世論は盛り上がりを見せていた*58。

---

*55 「築港問題は仁川全体の死活問題なるが故に居留民全体一致の行動を採り其費用の如きは居留民全体にて負担し如何程の運動費を要するも決して辞せざるの大決心を為すべきなり」、『朝鮮新報』、1908年2月20日、「仁川を如何にする」。
*56 「言ふ迄もなく仁川の生命は海にありて陸ではない。船舶にありて汽車ではない。然らば鉄道賃率問題などは寧ろ消極的自術手段の一で積極的繁栄策ではない。然り仁川人士の協力大声すべき問題は一に□で此港湾の設備改良即ち築港問題である。築港で大改善が出来れば鉄道問題や航路問題などは自然に解決され、大仁川の足場は此処に確立して動かぬこととなる。仁川今日の大急務は何を言ても大築港の他ないのである……居留民全体一致の行動を採り其費用の如きは居留民全体にて負担し如何程の運動費を要するも決して辞せざるの大決心を為すべき……」（□は解読不能）『朝鮮新聞』、1909年1月1日、「仁川港の大懸案──大仁川か小仁川か」。
*57 仁川経済研究会『仁川港ノ築港ヲ要スル理由書』、1909年、2〜3頁。
*58 『朝鮮新報』、1909年5月1日、「仁川築港私案略図（一）」。同、同年8月18日、「仁川築港私案略図並に工事概算」。

第 2 項　「国家事業」としての築港

　仁川居留民の請願活動を受けて、統監府は一つの対策として、1909 年に仁川港沖の浚渫工事を行った。事業公表に先立ち、1908 年 9 月に仁川を訪問した韓国統監の曽祢荒助は、浚渫工事が検討されていることを明らかにする[*59]。しかし、工事は工費 12 万円の 3 年継続事業で行われた小規模の浚渫は根本的対策にはなりえなかった。

　そこに釜山港・鎮南浦港の港湾修築事業が始まると、仁川の居留民社会では異議を唱える世論が噴出する。ただちに全戸主の調印を採り、韓国政府へ築港請願書を提出することが決定された[*60]。請願書の内容をみると、釜山港や鎮南浦港に比し、「我仁川港は韓国の玄関なり。釜山は裏門に過ぎず」[*61]という主張からうかがわれるように、対外貿易港としての仁川港の重要性がアピールされた。「韓国首都の関門にして唯一の世界的貿易港」である仁川より、釜山や鎮南浦を優先することは、「冠履顛倒」であるとの主張であった[*62]。対外貿易港としての地位を強調する主張に加えて、仁川港は「韓国の国港」であるという主張もなされた[*63]。

　このような世論から、1909 年 4 月には仁川築港期成大会が歌舞伎座で開催された。この場では有力人物の演説が行われたが、演壇に上がった木塚常三は、「国民的殖民地の経営に豈に官民の区別あらんや」と述べ、「官民一致」「官民融和」の態度を維持してきた仁川居留民の努力を評価した[*64]。在韓居留民社会の反発を招いた居留民団民長の官選問題をめぐっても、仁川の有力商人は政治には関与しない態度を堅持し、反対運動を控えていた[*65]。統監府の一方的な措置に対し、内心反対しながらも、築港問題を優先する立場から「仁川の築港と

[*59] 『朝鮮新報』、1908 年 9 月 8 日、「築港と移民」及び「築港改良に就て」。
[*60] 『朝鮮新聞』、1909 年 4 月 10 日。岡本保誠編『仁川商工会議所五十年史』仁川商工会議所、1934 年、65 頁。前掲書『仁川府史』、712 〜 715 頁。全体戸数 3025 の内、1296 戸が調印した。
[*61] 『朝鮮新聞』、1909 年 4 月 10 日、「仁川市民の奮起」。
[*62] 『朝鮮新聞』、1909 年 4 月 11 日、「仁川市民の奮起（続）──築港期成大会、飽迄素思を貫く」。
[*63] 『朝鮮新聞』、1909 年 4 月 14 日、「仁川市民の奮起（続）」。
[*64] 『朝鮮新聞』、1909 年 4 月 22 日、「仁川築港期成大会──演説筆記」。
[*65] 「嘗て民長官選令の発布さるるや在韓居留地の大半は猛然起って悉く反対の声を挙げたる内、独り我仁川居留地は他の輩に倣はず至極穏健静粛の態度を採り毅然として毀誉褒貶の真只中に突立って曰く、我等は商人なり商人たる我等は基本分を守りて政治に深入りせず其筋に於て已むを得ずとあらば暫く容認の美徳を守らん」。前掲書、『仁川府史』、712 頁。

交換の心的言明を当てにして沈黙」したのであった*66。

期成大会を経て作成された請願書は、同年5月初旬に仁川理事官を経由し、韓国政府（度支部と内部）と統監府に提出される。稲田勝彦の外1295名の連署で提出された請願書には、居留民の認識がよく表れている。

> 謹で惟ふに仁川港は韓国唯一の世界的要港にして実に内外貿易の中心市場たり。仁川港の位置を以て海陸の関係に照して観察すれば他港湾に比し優越の地歩を占むるは蓋し何人も争はざる所にして其隆替盛衰は韓国の国運にも至大の影響を及ぼす儀と思料仕候…夫れ某等は仁川を以て憤墓の地とし二十年来居留地の経営に当り一意専心居留地の発展を企画する者にして築港の成否が韓国の国運に関するは言ふ迄もなく延ては某等の浮沈に関し遂に某等が築成せる居留地を頽廃に帰せしむる虞あるに想到し黙して已むべからざるものあり*67。

この請願書に対し、仁川理事官の信夫淳平は1000万円以上の費用が予想されることや、韓国政府の財政が厳しいことを挙げ、微温的な姿勢を見せた。この反応に屈せず、居留民社会は築港と関連して、日本の先例を調査した。翌年2月に横浜・神戸・名古屋・大阪の先例に関する報告会が開かれるなど、築港案ますます具体化していく。

請願書の論旨をみると、前述の「韓国の国港」論と同様に築港を「韓国の国運」と結びつけ、論理を展開している点が注目に値する。このような居留民の「国港」論は、「韓国併合」後にも続く。『朝鮮新聞』に掲載された社説の中で、「仁川の仁川港に非ずして韓国の仁川港たる以上、仁川築港は決して地方的観念を以て之を論ずべからず……仁川築港の国家事業として完成せしむべき」との記述*68、または「仁川港の振不振は仁川居留民の死活を制するに止まらずして朝鮮の経済的運命問題に多大の影響を及ぼす」*69という主張からもうかがわ

---

*66 『朝鮮新報』、1909年4月22日、「仁川築港期成大会──演説筆記」。
*67 『朝鮮新聞』、1909年5月8日、「築港請願書提出」。前掲書、『仁川府史』、713頁。
*68 『朝鮮新聞』、1910年3月25日、「仁川築港と築港の地点（六）」。
*69 『朝鮮新聞』、1910年12月4日、「仁川築港と公債」。

第5章　植民都市仁川の港湾「開発」と植民者社会

れるように、築港論をより大きい枠組みで拡張していく主張がなされた。

　文面的に「国港」「国運」での国は韓国を意味したが、仁川新聞において、「来れ、来れ、朝鮮へ。要するに晩かれ早かれ、朝鮮は第二の日本とならねばならない国なのだ」*70 という論調の記事がしばしば掲載されたことを考えると、これは表面的に過ぎなかった。日本人の築港論は植民地化以降の帝国日本を念頭に入れた構想でもあったといえよう。後に、居留民社会の築港論は「朝鮮の仁川港として大規模なる国家的施設に俟つべきものであると云ふ正論」*71 であったと評価されるが、「国港」論は結局牽強付会の論理であった。前述の仁川経済界の冊子でも確認したように、居留民社会が政治的変化に迅速に対応する形で築港論を持ち出したのであり、当局から協調を得るために考案されたのが「国家的事業」という論理であった。

　このような築港論に対し、伊藤博文ら統監府官吏は港湾整備の必要について肯定的な反応を示した。これにより、港湾の測量調査や工事設計が行われた*72。1908年9月に仁川を訪れた曽祢統監は、桟橋よりは船渠の建設が適切であると意見を示したことがあるが、この点からみると統監府内で議論が進んでいたようである。その後設計案は1909年末に具体化し、築港費用は350万～400万円と予測された*73。詳細な内容は不明であるものの、統監府の築港計画は寺内正毅統監に受け継がれ、築港が内部決定されるのは「韓国併合」後まもない時期であったとみられる。

　1911年1月に仁川を訪問した寺内総督は、「政府にては門戸開放の前途として仁川の築港をなし之と同時に諸般の施設をなす事に決定し…」と述べ、築港計画を仁川居留民に伝えている*74。さらに、寺内総督は「朝鮮の統治を内地人にてなす以上上下一般極めて真面目に事に当り…」と述べ、植民地経営におけ

---

*70 『朝鮮新報』、1906年12月4日、「在韓邦人の増加」。
*71 前掲書、『仁川府史』、703頁。
*72 前掲書、『仁川府史』、714頁。
*73 『朝鮮新聞』、1910年12月22日、「仁川築港の福音」。
*74 「仁川人士は将来も亦能く奮闘して一は以て仁川港を盛大にし一は以て国家の為め大に尽す所なかるべからず…朝鮮の統治を内地人にてなす以上上下一般極めて真面目に事に当り苟も投機的の事を企てて以て人心を煽動し一時の利を博せんとするが如きは誠に嫌避すべき事なれば極めて着実に極めて真面目に商工業の発達を期すべく…」。『朝鮮新聞』、1911年1月8日、「総督の仁川視察」。

る「内地人」の役割に注意を喚起し、民間社会の協力を求めていた。

　その後、1911年3月に朝鮮総督府の予算案は帝国議会において可決され、築港の実施は確定する。海関工事費の項目で約203万円が計上されたが、その大部分は仁川・釜山港の港湾築造費用であった[*75]。総督府と日本政府の間に行われた協議過程については考察の必要があるが、残念ながら、築港が決定された過程を直接示す行政文書は見当たらない。ただ、一緒に港湾築造が決定された釜山港関連の資料から、間接的ではあるものの、総督府の方針が垣間見られる。

　1914年8月に作成された「釜山港設備一班」という資料をみると、釜山港に計画された海面の埋立や突堤・桟橋の築造は、統監府時代から引き継がれた事業であることがわかる[*76]。この資料には総督府のビジョンも示されており、「鴨緑江ノ架橋将ニ成ラントシ朝鮮鉄道ハ欧亜ノ最捷路ニ当リ釜山港ハ実ニ其ノ関門トシテ世界的港湾タルヘキノ事実益明カナル」と記述されている。つまり、日本と朝鮮半島、「満洲」さらにはヨーロッパを結ぶ交通網を整備するという計画から、釜山港の港湾開発が位置づけられていた。こうした計画は「韓国併合」後に具体化した「鮮満一体化」と結び付けて考えることができよう。「鮮満一体化」とは軍部と朝鮮総督府が主張したものであり、朝鮮半島と中国の東北部を連結する構想であった。この計画によって、朝鮮鉄道と安奉線を結ぶルートが鞏固なものとなり、経済的に両地域は結ばれた。

　仁川港の築港もこのような文脈から解釈できよう。仁川港の対外貿易港としての性格と地理的位置を考えると、仁川港には日本と大連及び満鉄の間を結ぶ港としての価値が認められたとみられる。総督府の方針は、度支部長官の荒井賢太郎のインタビュー記事からもうかがわれる。荒井は、「仁川築港問題は居留港民が久しく絶叫したる熱望の声」であったと述べ、「朝鮮の開発は先づ道路鉄道の如き交通機関を完備せしむるの、最も急務」であると強調した[*77]。また、輸出入を行う港湾設備の重要性に触れ、朝鮮半島の門戸である仁川・釜山の二大港を修築することに決めたという説明を加えている。この言及からは、

[*75] 『朝鮮新聞』、1910年12月22日、「仁川築港の福音」。
[*76] JACAR（アジア歴史資料センター）Ref.A09050060500、「目賀田家文書」第10号、「釜山港設備一班」（国立公文書館）。
[*77] 『朝鮮新聞』、1911年6月11日、「発展の曙光」。

本国日本とのネットワークを視野に入れた貿易拠点としての仁川港に対する評価が確認できる。

　一方、日本人社会の積極的な陳情活動で実現した仁川港の事例は、他港の日本人社会にも影響を及ぼしたとみられる。1912年5月に群山居留民団議員4名は寺内総督を訪問し、築港に関する陳情を行っているが[*78]、仁川港の請願活動が一つの成功例として認識されていたと考えられる。

第3節　築港工事と植民地空間、そして意識

第1項　築港工事の概要

　1911年6月に総督府6ヵ年継続事業（予算算定時に348万円）として築港工事が始まった[*79]。当初の6ヵ年の計画は、途中10ヵ年・12ヵ年の継続事業へと変更され、総工費は主要施設である船渠の築造費255万円を含む約566万円（10ヵ年継続事業費）であった。堤防施設と埋立地の整備などすべての工事が完了するのは1923年であった。

　仁川港の潮位干満の差をなくす方法として採用されたのは二重閘門（こうもん）式の船渠であった。二重閘門式（又は複門式閘船渠）とは、外閘門と内閘門の間の間渠において水位を調整することによって、干満の差に左右されず船舶の出入りを可能にする施設である[*80]。満潮の前後数時間には外閘門を開放し、船舶を間渠に出入りさせるが、退潮時には外閘門を閉じ、内閘門を開き、ある一定の水面に達すると、船舶を本渠に出入りさせる仕組みである。日本国内では、福岡県大牟田市の三池港が閘門式船渠の唯一の先例であった。三池港の船渠は、三井鉱山の石炭を積出す目的で建設された単門式閘船渠であり、仁川港は二重閘

[*78]　寺内総督の1912年5月17日付の日記である。山本四郎編『寺内正毅日記：1900～1918』京都女子大学、1980年、548頁

[*79]　以下、築港工事の概要に関しては、前掲書、『仁川府史』、699～761頁。朝鮮総督官房土木局仁川出張所編『仁川築港工事図譜解説』、1919年。出版者不明『仁川築港工事概要』、出版年度不明（東京大学総合図書館所蔵）に基づく。ちなみに、釜山港の場合は5ヵ年継続事業であり、予算約382万の規模であった。前掲、「目賀田家文書」第10号、「釜山港設備一班」。

[*80]　廣井勇『築港』後編（改訂増補第3版）、丸善、1921年、19～34頁。同、『築港』後編（改訂増補第4版）、丸善、1925年、1～82頁。廣井勇は統監府期に港湾設備に関する実地調査を委託された経験のある人物である。

第Ⅱ部　在朝日本人社会と植民地空間

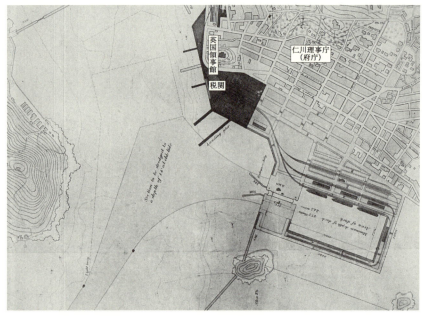

図5-2　仁川築港の平面図
出典　朝鮮総督官房土木局仁川出張所『仁川築港工事図譜』、1919年。

門式船渠として最初の試みであった。

【図5-2】は、築港計画の平面図である。船舶が繋留し貨物の積み卸しを行う本渠は、長さ約455m、幅約218mであり、面積は約3万坪であった。本渠の水深は常に約8.3m〜10.6mに維持され、4500トン級の汽船三隻が同時に入港可能な規模であった。船舶が停留する間に水位の調整が行われる間渠（前後の閘門の間）は約129m、幅約18m、側壁高は約14.5mであり、すべてコンクリートで築造された。閘門の上下には4ヵ所の扉があり、閘門扉を開閉することで間渠の水位は調整された。閘門扉の構造及び開閉装置は、「米国パナマ運河ニ於ケル閘門扉ト同一ノ様式」であり、直径4.2mの鋳鋼製大車を電力で作動し、扉を開閉する仕組みであった。船が間渠を通過するには約30分を要した。

船渠のほか、外港より外閘門までの航路に対する浚渫が行われ、干潮時の水面が約4.2m以上に維持できるようになった。これに合わせ、内港の静穏を維

持し、土砂の浸入を塞ぐ馴導提（全長約1605m）、仁川停車場と月尾島を繋ぐ突堤（約925m）の堤防施設が築造された。また、【図5-1】（243頁）と【図5-2】の間における海岸線の変化からも分かるように、約8万6000坪の埋立が行われ、鉄道線・上屋・倉庫などの港湾施設が整備された。

第2項　起工式と永住意識の拡散

　起工式を控えた日本人社会では祝賀ムードが高まっていた。仁川港の街路では、「芸妓は一同伊達奴姿にて仲居一同は青海波の揃ひにて附き添ひ市中を練り歩く」姿がしばしば見られた[*81]。起工式の数日前から、素人相撲・提灯行列・煙火の催しが開催された。日本人だけではなく、中国人が変装行列に参加し、朝鮮人も提灯行列に参加した。地域の新聞はお祭り同様の様子を伝えながら、「開港以来未曽有の大盛況」を呈していると評していた[*82]。

　築港起工式は1911年6月11日に仁川税関で行われた。同日の午前中には、仁川大神宮（後の仁川神社）において荒井度支部長官らの関係者が参観するなかで、神前報告祭と地鎮祭が挙行された。また、「朝鮮総督府寺内正毅鎮護」という寺内総督の揮毫が刻まれた基石を馴導堤の基礎に沈奠（ちんてん）する儀式が行われた[*83]。両方とも築港の無事竣工を祈願する日本人社会の儀式であった。起工式後に日本公園で開かれた祝賀会には、岩崎民長の式辞、寺内総督の祝辞及び演説が行われた。祝賀会の最後には、「寺内総督の発声にて天皇陛下の万歳を大久保大将の発声にて仁川港の万歳を岩崎民長の発声にて寺内総督の万歳」を叫ぶ時間が設けられた[*84]。

　なお、祝賀式の舞台には、仁川芸妓の伊達奴に扮した「築港踊り」が披露された。この踊りに合わせて唄う地唄も作られた。少し長いが歌詞を紹介しよう。

[*81]『朝鮮新聞』、1911年5月25日、「仁川築港の祝典（開港以来の大盛況ならん）」。
[*82] 起工式当日の様子については、『朝鮮新聞』、1911年6月11日、「本日の起工式と祝賀会」。『朝鮮新聞』、1911年6月12日、「昨日の起工式と祝賀会」及び「仁川築港祝賀会彙報」。
[*83] 近年新しく公開された寺内総督関係資料には、基石の拓本が収められていた。資料集には年代不詳と紹介されているが、仁川築港時に沈奠された基石である可能性が高い。伊藤幸司・永島広紀・日比野利信編『寺内正毅と帝国日本――桜圃寺内文庫が語る新たな歴史像』勉誠出版、2015年、134頁。
[*84]『朝鮮新聞』、1911年6月11日、「本日の起工式と祝賀会」。

幸先もよしや蘆辺は事古りて、今ぞ賑ふ済物の、浦輪に築く大港。
　千舟百船寄りつどひ、絶へぬ黒煙の天を覆ふ、其の繁昌を漕ぎ囃す、節面白き歓乃の、浪の皷に櫓拍子の音も豊かな、大君が御代の恵みは半島にも漏れで、待てば海路の上日和。
　あても渚とみなとの人が愁ひの眉をよりよりに、寄せては返すあら浪も今は過ぎにし昔の夢と、茲に治まる時津風、千尋の底に千代かけて、深きおもひの礎を目出たく据えて祝ふなり、猶千萬代の末迄も、堅き根ざしの神かけて、目出たく築港くなり。
　その歓びの挙行を、眼のあたり見る嬉しさに、つれてさす手や引く手の汐と、拙なき舞踊も顧みず、目出たく此処に舞ひ納む[*85]。

　この地唄は三味線に合わせて唄う地唄であるが、起工式を迎えた居留民の意識が表れている。前半の「蘆辺は事古りて」は、開港初期を回想する部分であり、今は発展した仁川港との対比が語られている。居留民が経験した苦難は「あら浪」と比喩されており、今の仁川港の繁昌は「時津風」と表現されている。築港の実現を明治天皇の恩恵として感謝を表しながら、仁川港の繁栄を祈願するのが主な内容である。歌の後半の「千萬代の末迄も、堅き根ざしの神かけて…」の節からは、居留民の定住、さらには永住に対する期待と意志表明が垣間見られる。この地唄には仁川港の繁昌と子孫代々の繁栄を祈る祈願が込められており、当時日本人社会で共有されていた意識が凝縮されているといえよう。

第3項　「東洋唯一」の二重閘門式船渠の竣工

　主要施設である閘門式の船渠工事が完了するのは1918年である。同年8月5日に総督府土木局長の宇佐美勝夫が参席するなかで、「通水ノ奉告祭」が挙行された。第二閘門扉閾上を式場とし、船渠に海水を入れる行事であった。同年10月27日には竣工式が開かれ、長谷川好道総督を含む多くの官民が仁川を訪れた[*86]。

---

*85 『朝鮮新聞』、1911年5月25日、「仁川築港の祝典（開港以来の大盛況ならん）」。
*86 『仁川商業会議所月報』第104号、1918年11月、4頁。

築港の竣工により、「潮位干満ノ差ハ東洋無比ニシテ最大三十三尺」[87]という仁川港の弱点は克服され、竣工式後に「少ナキモ三四隻多キトキハ十隻ノ汽船ハ常ニ船渠内ニ繋留スルノ盛況」をなした[88]。また、外港における荷役作業の不便も改善された。貨物取扱手数料も格段に下がり、貨物主の負担額は半分近く軽減した。穀物の入った縄叺(かます)一個に対する貨物取扱賃は、船渠外では22銭掛かったが、船渠内では12銭掛かったからである[89]。

二重閘門式船渠の建設は、当時イギリスのロンドン・リバプール・マンチェスター港などにその先例があったものの、東洋では初めてであった[90]。この点は竣工後以降にも強調され、仁川港を紹介するフレーズには必ず「東洋唯一二重閘門式船渠」という修飾語が付いた。その以降、「東洋唯一」という言葉は、仁川港を象徴するフレーズとなり、仁川府民の矜持と愛郷心を煽る言葉として定着していく。

築港後に仁川港の貿易量は順調に増えつづけ、第一次世界大戦による貿易量の増加も加わり、1922年には貿易額1億円を超える[91]。1918年の港別の輸出入額をみると、仁川港は釜山港に次ぐ貿易港であり、輸入額では1位であった[92]。1910年代半ば以降、新義州・群山・鎮南浦港の成長が目立つ中で、港湾整備が早かった鎮南浦港に抜かれることなく、仁川港は対外貿易港として確固たる地位を維持できたのある[93]。

---

[87] 前掲書、『仁川築港工事図譜解説』、1頁。
[88] 『仁川商業会議所月報』第106号、1919年1月、10頁。
[89] 『仁川商業会議所月報』第106号、1919年1月、4～8頁。
[90] 前掲書、『築港』、1921年、19～34頁。
[91] 仁川港の貿易額は、1916年(2453万3007円)、1917年(3116万2360円)、1918年(4473万7808円)、1919年(9098万8053円)、1920年(7586万9069円)、1921年(9524万9691円)、1922年(1億198万7672円)であった。前掲書、『仁川府史』、6～10頁。
[92] 『朝鮮総督府統計年報』1925年度版、1927年、264～265頁。
[93] 鎮南浦港の船渠設備は1915年3月に竣工したが、計画通りの水深が確保できず、汽船が入港困難な状態であった。『大阪朝日新聞』、1916年1月7日、鮮満附録1面、「失敗せる鎮南浦築港」。

第4節　築港工事と仁川港の変容

第1項　仁川商業会議所の議員構成と活動

　ここでは、築港期間中の仁川商業会議所の変容を取り上げよう。居留民団の解散後、商業会議所の役割はさらに増し、地域の世論を取りまとめる役割を果たしていた。従来、仁川には日本人と朝鮮人の商業会議所が各々存在したが、1915年7月に「朝鮮商業会議所令」（制令第4号）が制定され、両方の組織は統合された[*94]。この制令は、任意団体であった商業会議所に法的根拠を付与する法律であったが、それと同時に商業会議所に対する総督府の監督権を強化する結果にもなった[*95]。

　統合後の議員構成からは、築港期間中の1910年代半ばにおける有力人物の面々が確認できる。【表5-1】は、1916年の仁川商業会議所の議員リストであるが、民族別にみると日本人23名と朝鮮人7名の構成であった。役員は、会頭（日本人1名）、副会頭（日本人1名、朝鮮人1名）、常務委員（日本人4名、朝鮮人1名）の構成であった。民族別の議員比率は、名目的には会員数から割り出したものであった。ところが、商業会議所の会員資格をみると、税5円以上という制限が設けられており、経済力を有する日本人に有利であった。「朝鮮商業会議所令」の方針は、「一地区一商業会議所」にあり[*96]、民族別の組織を統合する意味があったが、商業会議所の組織を日本人主導に再編する狙いもあった。商業会議所の会議録には、税額基準を切り上げる議論も行われたが、この背景には朝鮮人人口が急増するなかで、日本人優位の組織にしようとする意図があ

[*94] 『朝鮮総督府官報』第885号、1915年7月15日。
[*95] 実際、総督府は認可権を行使し、1919年に選挙を経て当選した会頭を不認可としたこともあった。総督府は会頭として当選した加来栄太郎の経歴を問題視した。米豆取引所の廃止論が浮上した時に、領事館の方針に反対する運動を展開したのが原因であったとみられる。総督府の決定に従い、仁川商業会議所では会頭を再選出した。加来栄太郎は、1860年福岡県築上郡生まれで、1894年11月朝鮮に渡った。仁川米豆取引所理事長、商業会議所会頭、魚市場監査役、仁川民団議員を歴任し、米豆取引所復興事業に尽力した。仁川学校組合議員、商業会議所常務委員、水産会社重役などを務めた。『仁川商業会議所月報』第113号、1919年9月、5～12頁。
[*96] JACAR（アジア歴史資料センター）Ref. A01200118100、公文類聚・第39編・大正4年・第15巻（国立公文書館）。

第5章 植民都市仁川の港湾「開発」と植民者社会

表5-1 1916年の仁川商業会議所役員

職名	氏名	移住時期	出身地	経歴
会頭	奥田貞次郎	1888年	長崎	1856年生まれ。1888年に朝鮮に渡り、穀物貿易業・精米業を営む。1911年～1919年、仁川商業会議所会頭。仁川居留民団議員。仁川府協議会委員。仁川米豆取引所社長。穀物移入税撤廃運動に尽力。
副会頭	稲田勝彦	1894年	長崎	1861年肥前島原生まれ。1897年に土木請負業を始め、京仁鉄道敷設を請負する。仁川商業会議所副会頭。仁川学校組合議員。
副会頭	丁致国	－	仁川	1865年仁川生まれ。協同郵船会社社長。1903年中枢院議官。皇太子韓国訪問の時、奉迎委員を務める。日露戦役に勲六等。1908年に仁川朝鮮人商業会議所会頭、仁川米豆取引所監査役を歴任。「篤学にして又た日語を解すること在仁鮮人中第一」。
常務委員	加来栄太郎	1894年	福岡	1860年福岡県築上郡生まれ。1894年に朝鮮に渡る。仁川米豆取引所理事長、仁川居留民団議員を歴任。1909～1911年仁川商業会議所会頭。仁川米豆取引所社長・取締役。米豆取引所復興事業に尽力。仁川学校組合議員、商業会議所常務委員、水産会社重役を務める。
常務委員	河野竹之助	1895年	山口	1867年山口県熊毛郡生まれ。貿易雑貨商。仁川居留民団議員、仁川学校組合議員、仁川商業会議所評議員、仁川米豆取引所取締役を務める。
常務委員	田中佐七郎	1883年	鹿児島	1861年生まれ。薩南平佐白和の人。慶田組店員として仁川へ渡る。1893年に帆船を購入し韓国沿岸貿易を始めるが、1897年独立して貿易商を営む。仁川居留民団議員、仁川学校組合議員。
常務委員	白神専一	1907年	岡山	1878年岡山県都窪郡生まれ。1896年に大阪金物商朝日商社に入社。1907年に仁川へ渡り、機械金物類輸入商を開く。仁川米豆取引所監査役を務める。
常務委員	崔応三	－	仁川	1868年仁川生まれ。仁川普通学校学務委員、仁川客主団合所長、仁川府協議会委員、仁川信用組合理事を務める。「世々穀物委託問屋を業とし取引の確実にして大なる鮮人穀物商中第一流と称す」。
評議員	大石季吉	1904年	長崎	1869年生まれ。1901年に旅順・大連で洋雑貨商を営むが、戦争時に被害を受け帰国。1904年3月仁川に渡り、洋品雑貨商を営む。仁川学校組合議員、仁川商業会議所評議員。
評議員	武田近次郎	1914年	兵庫	1875年兵庫県津名郡生まれ。1897年に東京高等商業学校卒業。大阪商船株式会社に入社、1914年に仁川支店長。
評議員	末永省二	1893年	兵庫	1868年兵庫県明石郡生まれ。1893年6月仁川に渡り、呉服商を開く。1912年黄海道落野湖干潮地600町歩を開拓。仁川電燈会社取締役、勧農会取締役。
評議員	坂倉伊平	1897年	三重	1867年三重県三郡生まれ。代々醤油醸造業を営む。1897年三重県庁の嘱託を受け清国・韓国を視察。同年仁川に渡り、質屋・薬種業を開く。仁川質商組合長、仁川居留民団議員、仁川学校組合議員を務める。
評議員	平山松太郎	1887年	長崎	1887年に朝鮮に渡り、米穀商を営む。日清戦争時に陸軍用達。農園、仁川炭酸水製造所を経営。仁川学校組合議員。

第Ⅱ部　在朝日本人社会と植民地空間

氏名	渡航年	出身地	経歴
川添三次	1900年	鹿児島	1855年鹿児島県薩摩郡生まれ。1900年朝鮮に渡り、仁川慶田組支配人。運送業。仁川運送組合長。朝鮮鉄道運輸連合会理事。仁川居留民団議員、仁川学校組合議員。
安保富蔵	1904年	兵庫	1871年播州神崎郡生まれ。1904年仁川に渡り、雑貨商を営む。
浅松太郎	1906年	石川	1906年に朝鮮に渡り、荒井組に入る。仁川米豆取引所仲買業、土木請負業を営む。仁川学校組合議員。
川井田彌二郎	1904年	鹿児島	1873年鹿児島生まれ。1893年東京高等商業学校卒業。1897年大蔵省鑑定官補。1904年仁川に渡り、海陸運送業を開始。朝鮮通運合資会社代表、朝鮮鉄道運輸連合会副会長、仁川運送組合会計役。
藤木利右衛門	1894年	東京	1869年東京生まれ。17歳の時に西洋雑貨商の家業を継ぐ。1894年11月仁川に渡り、店舗を開く。仁川学校組合議員。
下田騰七郎	1909年	長崎	1868年長崎市生まれ。1901年十八銀行に入社。1909年に木浦支店長として朝鮮に渡り、1911年に釜山支店長を経て仁川に転勤する。
二木万蔵	1911年	長野	1884年長野県生まれ。1898年長崎高等商業学校卒業後、百三十銀行に入社。1911年京城支店詰を経て、仁川支店長となる。
高津新二	1906年頃	広島	広島県生まれ。1906年頃に朝鮮に渡り、鉱山用品販売、銃砲修理免許商を営む。基督教青年幹事。
美濃谷栄次郎	1892年	兵庫	1864年神戸生まれ。1892年にタウンゼンド精米所の設立に際し、仁川に渡る。1895年に和洋金物・器械類付属品販売の店を開く。仁川居留民団議員、仁川府協議会委員を務める。
林慶太郎	1907年	三重	1906年京都帝大法科卒業。1907年韓国政府財政顧問。1909年に咸鏡農工銀行支配人。漢城共同倉庫株式会社支配人、朝鮮商業銀行南大門支店長。1914年日韓瓦斯電気株式会社総務課参事を経て仁川支店代表。
北嶋岱三郎	1896年	東京	1867年東京生まれ。1896年朝鮮に渡り、薬種業を開始。仁川居留民団議員、仁川学校組合議員。
茂木和三郎	1906年	千葉	1877年生まれ。1900年東京高等農学校卒業後、東京農科大学に進学。1904年野田醤油醸造試験所技師となる。1906年日本醤油株式会社支配人。仁川府協議会委員、仁川基督教青年会副会長。
朱明瑞	—	平安道義州	1877年平安道義州生まれ。呉服商、雑貨商を営む。仁川普通学校学務委員。「仁川鮮人側商人中模範的人物として重視せらる」。
全文和	1884年	慶尚南道釜山	1874年釜山生まれ。日清戦争時に仁川に移住し、穀物仲介業を開始。勧業所副所長、米商副組合長。
孫星七	1906年	京畿道開城	1855年開城生まれ。1906年仁川に移住し、客主業を開始。仁川紳商会社副社長、仁川信用組合理事、仁川客主団合所長、仁川府協議会委員を務める。
沈能徳	1888年	京畿道広州	1865年広州郡生まれ。1888年仁川に移住し、穀物客主業を営む。1912年仁川客主団合所評議員。
具昌祖	—	仁川	1882年仁川生まれ。1896年仁川日語学校卒業後に、日本各地を巡遊。1903年に帰国。精米業・米糠輸出販売商を営む。

出典　仁川商業会議所編『仁川商工案内——付商工人名録』仁川商業会議所、1916年、151～185頁。岡本保誠編『仁川商工会議所五十年史』仁川商工会議所、1934年、118～124頁。秋山満夫『株式会社仁川米豆取引所沿革』仁川米豆取引所、1923年、35頁より整理。

った。1910年代を通して日本人優勢の議員構成は続いた[*97]。

　日本人議員の履歴をみると、穀物貿易関連の人物が多数であった。会頭の奥田貞次郎は穀物貿易業・精米業を営んでおり、1911年から1919年にかけて仁川商業会議所会頭を務めた人物である。常務委員の加来栄太郎は仁川米豆取引所の設立に係わった人物であり、1909年から1911年まで仁川商業会議所の会頭を務めた。彼は、米豆取引所の廃止論が浮上した時に反対運動を展開し、取引所の再建に努めた人物である。この他、浅松太郎のように穀物仲買業を営む議員もいた。

　この傾向は朝鮮人議員にも確認できる。常務委員の崔応三は、朝鮮人客主の組合である仁川客主団合所の代表であった。客主とは、資料において日本の問屋と同一視される場合もあるが、その業務は異なる。卸売業・仲買業・銀行業・宿泊業・両替業などを営む商人であり、取り扱う業務は問屋より広範囲に及んでいた[*98]。商工人名録の職業欄に穀物仲介業・穀物委託問屋・穀物貿易・客主などの項目が見られるが、これらは客主の定義に入るものとみられる。他方、評議員の全文和・沈能徳も、穀物仲介業・販売業を営んでおり、具昌祖も精米業や米糠輸出販売業を営んでいた。つまり、多くの朝鮮人評議員も同様に穀物仲介業及び穀物貿易に携わっていた[*99]。

　なお、議員の職業からも十分予想できるように、仁川商業会議所は穀物貿易と関連する建議・請願活動を活発に行っていた[*100]。その中でも、「韓国併合」

[*97] その後、議員構成は日本人19名、朝鮮人5名へ変更された。『仁川商業会議所月報』第111号、1919年7月、10〜12頁。同、第114号、1919年10月、6〜10頁。

[*98] 朝鮮人の「客主ハ自己ノ計算ニ於テ各地ノ産物ヲ蒐集シテ之ヲ小商人ニ卸シ或ハ他人ノ計算ニ於テ物品ヲ販売シ又ハ貨物売買ノ周旋ヲナシ或ハ又タ手形ヲ発行引受割引若シクハ預金貸附其他貨幣ノ交換等ヲ営ム。而シテ商用ノ為メ来ルモノハ特ニ自家ニ宿泊セシムルノ風アリ」。「外務省記録」1-6-1-17-1「韓国各港駐在帝国領事官管轄内情況取調一件／京城、釜山、馬山」、1904年11月12日、京城領事三増久米吉より外務大臣小村寿太郎宛の公信第184号、「管内情況調査報告」。

[*99] 朝鮮人議員の日本語能力も高かった。丁致国は「日語ヲ解スルコト在仁鮮人中第一」と称されており、具昌祖は仁川日語学校を卒業した後に日本各地を巡遊した経験を持っていた。経歴に関しては、仁川商業会議所編『仁川商工案内——付商工人名録』仁川商業会議所、1916年、151〜185頁。

[*100] 穀物貿易と関連する活動を整理すると次の通りである。1905年：穀物俵装を4斗入に改める件、京釜鉄道京仁大貨物取扱廃止反対の件。1906年：米穀本邦輸入税撤廃に関する請願、韓国輸出税全廃の件請願。1907年：税関貨物暫貯期間伸長について請願、韓国各地延取引の習慣におけ

後の移入税撤廃運動が代表的である。奥田貞次郎会頭を中心とする商業会議所関係者は、日本の関連省庁に働きかけ、朝鮮米に対する移入税撤廃運動を行った。その成果が表れ、1913年3月制定の「米及糠移入税廃止ニ関スル法律」(法律第17号)によって移入税が廃止された。このほか、間接的な運動として定期航路の開設、船渠の増設に関する請願運動を展開した。請願の対象は、総督府に留まらず、日本の総理大臣や関連省庁の大臣に及んでいた[101]。例えば、朝鮮西海岸定期航路に関する請願書は、総理大臣原敬を含め、逓信大臣野田卯太郎、農商務大臣山本達雄、大蔵大臣高橋是清に提出された。これは、朝鮮米の主な取引先である阪神地域と仁川港を結ぶ定期船の運航開始を請願したものであった。以上のように、穀物貿易港としての地位を維持するために仁川商業会議所が展開した各種の請願活動によって仁川港の米穀貿易港としての性格は一層強くなっていった。

第2項　朝鮮人労働者の流入

築港工事は仁川の植民地空間にも変容をもたらした。特徴的なのは朝鮮人労働者の流入と朝鮮人居住地の拡散であった。

築港以前、船舶の荷役作業はすべて人夫によって行われた。1897年11月に大阪商船の船で仁川に着いた信夫淳平は埠頭でみた光景について、「海岸埠頭には結髪白衣の人夫、其蝟集囂々するもの勝て計ふべからず。荷客の到るあらは交々走りて用運の労を相競ふこと蒼蝿の臭に群かるか如く」と描写している[102]。当時、仁川港の荷役作業が髪の毛を結んだチョンガーによって行われていた様子がうかがえる。

貿易量が増えるにつれ、船舶の荷役に従事する労働者の需要も増えたが、その大多数は朝鮮人であった。1905年に1万人に達した朝鮮人人口は、1918年に

　　る支払い期日を一定する件。1912年：朝鮮米検査規則発布の件請願、政府の1913年度予算編成前において朝鮮米移入税撤廃の為極力運動する件、朝鮮における輸出品全部の関税撤廃請願の件。1913年：鮮台米代用制度廃止反対の件農商務大臣へ請願。1916年：露西亜へ白米輸出援助方請願。1919年：穀類に対する特定運賃継続方意見書開申。1920年代以降は省略する。岡本保誠編『仁川商工会議所五十年史』仁川商工会議所、1934年、47〜55頁。

[101]　『仁川商業会議所月報』第106号、1919年1月、10〜11頁。

[102]　前掲書、『韓半島』、3頁。

2万人に及び、1920年代半ばには4万人を超える。このような増加推移は、1910年代に低迷を見せていた日本人人口とは対照的であった[103]。

　朝鮮人の職業構成をみると、その多くは日雇い労働者であった。1908年の統計によると、貨物を運搬する労働者[104]、一般労働者、被雇業の日雇労働者の戸数は1422戸であり、全体朝鮮人戸数の約41％を占めていた[105]。このような朝鮮人労働者の流入に伴い、居留地の東側には朝鮮人町が形成されていく（【図5-1】、243頁）。

　築港工事が始まる1910年代に朝鮮人人口は更に増加し、居住地域も京仁線の線路を越え、東側の外郭地域へ広がった。花平町・新花水里・松峴里・松林里に居住する朝鮮人の多くは、港湾労働者又は日本人が経営する精米所・工場・商店に働く労働者であったとみられる。ここで確認できるのは、旧居留地に日本人が居住し、都市の外郭に朝鮮人居住地が形成される現象、すなわち民族別の居住地の分離現象である。

　経済活動の区域も民族別に分離されていた。1918年の「仁川商工人名録」には、仁川の商工業者の人物情報が掲載されている[106]。まず、日本人商工業者（個人又は会社）の所在地をみると、本町・新町・宮町・海岸町・濱町・仲町などの旧居留地に集中していた。業種別にみると、貿易商・雑貨商の順に多かった。他方、朝鮮人商工人の多くは内里・外里・龍里に居住していた。もちろん、日本人商工業者の中では、朝鮮人居住地域において朝鮮人向けの雑貨商、菓子商、金物商、金銭貸付業を営む日本人もいたし、旧居住地において綿糸布商、客主、糘摺、雑貨商を営む朝鮮人もいた[107]。だが、一部の例外を除くと、日本人と朝鮮人の経済活動の区域は分離されていた。

　民族別の居住地及び経済区域の分離現象は支配―被支配の構造、つまり植民地のヒエラルキーを明確に示す材料である。仁川港の港湾「開発」と貿易量の

---

[103] 1911年に日本人人口は1万5000人を超えるが、その後1910年代は1万2000人前後に留まっていた。
[104] チケックン（지게꾼）であると考えられる。原資料の表記は担負業である。
[105] 人口比率でいうと、39％を占める5402名が日雇い労働者と集計されている。その次は、酒商人、雑貨商、乗船業の順であり、その次が客主業、米穀商であった。前掲書、『仁川港外国貿易年報』、73〜74頁。
[106] 『仁川商業会議所月報』第100号、1918年7月、「仁川商工人名録（大正7年7月現在）」。
[107] 綿糸布商6名、客主（問屋）5名、糘摺5名、雑貨商5名、穀物商4名、薪炭商3名の順であった。

増加は朝鮮人下層労働者の移住を促す要因であり、これによって都市東部の外郭に朝鮮人居住地が形成された。彼らの多くは、港湾施設又は日本人経営の会社に雇用され、労働力を供給していた。このように都市外郭の朝鮮人居住地が仁川港の労働力供給地として機能していたのは、支配─被支配の植民地の社会構造が都市空間に具現されたことを意味するものであった。

小結

　最後に、その後の仁川港船渠の歴史を簡単にまとめておこう。築港後に貿易量が急増したことで、1920年代に港湾拡張が議論され、計画案が帝国議会の本会議を通過する[108]。だが、第二築港事業はすぐには実現できなかった。資金問題などによって延期となった第二船渠工事は、1935年に至って着工をみるが、太平洋戦争後の建築材料の不足により中断となる。その後、韓国政府が仁川港第二閘門船渠に着工するのは1966年に至ってからである[109]。この拡張工事によって二重閘門の設備は撤去されたが、第一船渠の形は現在も残っている。

　築港の過程を追いながら再認識させられるのは、植民地期に行われた港湾「開発」が仁川の近現代史に深く刻まれていることである。築港は仁川の歴史において重要な分岐点であり、様々な面で影響を残した。これは、仁川港を象徴していた「東洋唯一」という修飾語からも確認できる。「東洋唯一」という言葉は、第二閘門の完成後に「東洋最大」というフレーズに入れ替わり[110]、仁川港を表す言葉として定着した。港湾開発を推進した主体は韓国政府へ変わったが、仁川港の発展を祝う形は承継されていたのである。

　それでは、はじめにのところで触れたように、植民地都市史という観点から仁川港の築港について考えてみよう。築港期間中の仁川港における植民地空間の変容はどのように解釈できるだろうか。まず、遠隔地の植民地においてエリート官僚中心の植民者社会を形成していた西洋の帝国に比し、朝鮮は近接植民地であり、早い時期から大量の民間人の移住が可能であった。植民地台湾と

---

*108　『官報』号外、1923年3月10日・27日。前掲書、『仁川商工会議所五十年史』、58頁。
*109　仁川直轄史編纂委員会編『仁川開港100年史』、1983年。
*110　同上、356頁。『毎日経済』、1969年5月3日。『京郷新聞』、1974年1月21日及び5月10日など。

「満洲」と比較しても、朝鮮は植民統治権力が渡来する以前にすでに大規模の植民者社会が形成されていたという特徴がある。これを受けて、帝国日本が建設した植民地都市の特質の一つは、植民者社会が都市の形成と変容に及ぼした影響力にあった。

「韓国併合」直後に仁川港の築港事業が実現した背景には仁川港の将来に対し危機感を募らせた日本人社会の活動があった。植民者社会の港湾「開発」論が先行し、それが以降渡来した統治権力の植民地政策に影響を及ぼしたことは、世界の植民地都市史においても注目に値する。要するに、朝鮮半島の植民都市の形成過程に見られる特質の一つは、宗主国日本が与えた都市機能だけではなく、植民者社会の港湾「開発」論と当局の植民地経営策が絡み合い複合的に展開した点であろう。

第6章
居留民創建神社の変容と地域社会

写真6-1　仁川港東公園の大神宮（絵はがきより）

第Ⅱ部　在朝日本人社会と植民地空間

はじめに

　本章では、日本人居留地を象徴する空間として居留民創建神社を取り上げ、創建過程と「韓国併合」後の変容を考察する。

　大陸神道連盟代表の岩下伝四郎が1941年に刊行した『大陸神社大観』は、朝鮮や「満洲」に創建された神社情報を網羅しており、いわゆる「植民地神社」研究に欠かせない文献である。その序文において、岩下は「日本民族の偉大なる大陸発展」とともに展開された神社創建は、「我が民族の海外発展と、海外に於ける神社奉斎が常に表裏一体」をなしたと述べている[*1]。この記述からは、神社創建が帝国日本の大陸侵略と密接に係わっていたことに加えて、神社の役割に対する高い評価がうかがわれる。

　そのほかの資料を提示しなくても、帝国日本の大陸侵略と神社がその運命を共にしていたことはよく知られている[*2]。日本人の植民によって形成された居留地には欠かさず神社が設置されたからである。開港初期には開港場の居留地に小さい祠が建てられる場合が多かったが、これらの施設は海上安全や商売繁盛を祈る私的祈願の場所であった。

　日清戦争と日露戦争を経て居留民人口が増加し、植民者社会が形成されるにつれ、居留民神社にも変化がみられた。皇祖神の天照大神を奉斎する神社が各地に創建された。その後の植民地期、とりわけ日中戦争期以降の戦時期においては朝鮮人に対する神社参拝が強要されるなど、神社は被支配民に対する支配と包摂の空間として機能した。当初、居留民の私的祈願の場所であった神社が、植民地期にその時代の要請に応じ、変貌を重ねていたのである。

　これまで植民地朝鮮に創建された神社の中で分析対象となってきたのは官幣大社朝鮮神宮である。植民地支配政策という枠組みの中で神社が考察されたため、朝鮮の総鎮守である朝鮮神宮が注目されたのである。朝鮮神宮を中心に朝鮮と台湾に創建された神社の祭神に着目した菅浩二は、植民地によって特徴的

　＊1　岩下伝四郎編『大陸神社大観』大陸神道連盟、1941年、序詞。
　＊2　帝国日本がアジア諸国に建設した都市に必ず見える空間として神社と遊廓が挙げられる。橋谷弘『帝国日本と植民地都市』吉川弘文館、2004年。

な祭神群があることを明らかにした*³。また北海道・台湾・樺太の例とは異なり、朝鮮神宮では天照大神と明治天皇の皇祖神が祭神として祀られた背景を分析した*⁴。これを通して、天皇制イデオロギーに基づく「領土開拓」という性格が重視されたことを論じた。他方、青井哲人は都市施設として神社を捉え、都市計画という側面から朝鮮神宮の鎮座過程を分析した*⁵。朝鮮神宮の鎮座計画を京城の都市計画の一環として捉え、これに見える日本的な空間配置論や植民都市計画の特徴を考察した。

　これらの研究成果からうかがわれるように、1925年の朝鮮神宮の創建は一つの大きな出来事として捉えられてきた。朝鮮神宮を中心に神社研究が進められたため、居留地に建てられた神社に関する研究はあまり進展がなかった。居留民創建神社が議論されるようになったのは近年のことである。前述の菅は、居留民創建神社に祀られた祭神を分析した*⁶。神職連合会で議論された内容を分析し、「韓国併合」以前の居留民神社は天照大神に代表される皇祖神の奉斎が中心であったことを明らかにした。他方、総督府の支配政策の一環として神社政策を考察してきたのが山口公一は、「元々居留民社会に立脚していた神社神道がなぜ朝鮮の植民地支配政策上重要視されるに至り、朝鮮人への神社参拝強要という事態を引き起こしたのか」と述べ、居留民創建神社に関する研究の必要性を指摘した*⁷。このような視点から、山口は「韓国併合」以前の居留民神社の創建過程とその性格を概観した*⁸。その後の論文では、1910年代における神社政策を「国家祭祀」の整備過程と位置づけ、大正天皇の即位礼を控えて

---

*3　菅浩二『日本統治下の海外神社――朝鮮神宮・台湾神社と祭神』弘文堂、2004年。
*4　「外地」に創建された神社の中で朝鮮神宮はその祭神を異にしているため、「異変」とみる見解もある。札幌神社（1871年鎮座）、台湾神社（1901年鎮座）、樺太神社（1911年鎮座）の祭神は、開拓三神（大国魂命、大己貴命、少彦名命）であった。開拓した国土を天孫に譲る神話の大国魂命を祀る神学である。青野正明『帝国神道の形成――植民地朝鮮と国家神道の論理』岩波書店、2015年、序章。菅浩二、前掲書、序論。
*5　青井哲人『植民地神社と帝国日本』吉川弘文館、2005年。
*6　菅浩二「併合以前の「韓国の神社」創建論――御祭神論を中心に」（『神道宗教』第167、神道宗教学会、1997年）。
*7　山口公一「植民地期朝鮮における神社政策と宗教管理統制秩序――「文化政治」期を中心に」（『朝鮮史研究会論文集』第43集、2005年）、58〜59頁。
*8　山口公一「「韓国併合」以前における在朝日本人創建神社の性格について」（『日韓相互認識』第2号、2009年）。

整備された神社関連法令に準拠する形で朝鮮においても神社法規の整備が行われたことを論じている*9。

一方、韓国の学界では神社の事例研究が行われた。金大鎬は京城神社を事例として、創建から1920年代までを考察し、朝鮮人を含む氏子が組織される過程にみられる民族間の葛藤を考察した*10。また、釜山の龍頭山及び龍尾山神社の造営過程を空間の変化という側面から考察した研究、「韓国併合」前後における仁川神社の変容過程を植民統治機構への編入過程として捉えた研究がなされた*11。

ところが、居留民創建神社に関してはまだ明らかになっていない点が少なくない。とりわけ、初期の設立過程と1910年代における創建過程は不詳のままである。以上の研究成果を踏まえながら、本章では開港期と統監府期を経て1910年代における居留民創建神社の変容を考察する。

居留民創建神社の変容を考察するためには、同時期の日本の状況と比較対照する観点も必要である。日露戦争後の時期は「国家神道」の形成期であり、神社の国家機関としての性格が強められる時期であった*12。これにより、一般の宗教と神社とが異なる法的地位にあることが行政組織上にも明確に示され、民間団体としての諸宗教と国家の祭祀機関としての神社が分けられる体制が確立する時期であった*13。地域レベルでみると、明治末から始まった地方改良運動

---

*9 山口公一「植民地朝鮮における「国家祭祀」の整備過程」（君島和彦編『近代の日本と朝鮮——「された側」からの視座』本郷書房、2014年）。

*10 金大鎬「1910～1930년대 초 경성신사와 지역사회와의 관계: 경성신사의 운영과 한국인과의 관계를 중심으로」（李昇一外『일본의 식민지 지배와 식민지적 근대』동북아역사재단연구총서39、동북아역사재단、2009년）。日本語訳は、李昇一ほか編『日本の朝鮮植民地支配と植民地的近代』明石書店、2012年。

*11 김승『근대 부산의 일본인 사회와 문화변용』선인、2014년、第7章。박진한「식민지시기 '인천대신궁'의 공간 변용과 재인천 일본인：유락과 기념의 장소에서 식민지배의 동원장으로」『東方学誌』162、2013년。

*12「国家神道」は、「神社を通して天皇制ナショナリズムを国民に教化しようとする戦前の社会体制」と定義される。戦後、神道の思想的・イデオロギー的な側面が強く意識されるなかで登場したものが「国家神道」論であった。「国家神道」の定義と研究史に関しては、阪本是丸「「国家神道」研究の40年」（『日本思想史学』第42号、2010年9月）。青野正明『帝国神道の形成——植民地朝鮮と国家神道の論理』岩波書店、2015年、序章。村上重良『国家神道』岩波書店、1970年。

*13 島薗進『国家神道と日本人』岩波書店、2010年、15～17頁。

の一環として神社合祀が各地で行われ、比較的に由緒のない小規模神社に対する統合・整理が行われた。植民地朝鮮にも「国家神道」の理念が伝わり、その実態は異なるものの、神社の整理が行われた。この側面からみると、本章で取り上げる時期は「国家神道」が植民地朝鮮に伝播・移植される過程であったといえる。

　「国家神道」が移植される過程で、居留民創建神社も植民地に相応する形態へ変容した。実際に、「韓国併合」後に神社関連の制度が制定され、既存の居留民創建神社は制度の枠内に編入され、新しく形成された集団居住地では制度に準ずる形で神社が創建された。本章では、この類型をみせる二つの事例を取り上げ、居留民神社の変容過程を考察する。

　ただし、資料上の問題として、1910年代の「武断政治」期は資料が比較的に少ない。したがって、神社創建に関連する些細な記述も取り集め、モザイクのように組み合わせる作業が必要である。本章では新聞・雑誌をはじめ、韓国国家記録院所蔵の資料及び日本人刊行の朝鮮地誌などを活用した。この作業を通じて、居留民神社の全体的な動向を追いながらも、類型別に居留民神社が変容する軌跡を描くことにする。

第1節　海を渡った神社

第1項　初期の居留民神社

　朝鮮半島における最初の神社は、釜山の倭館に建てられた弁財天堂であった[*14]。弁財天堂は1678年（延宝6）に倭館に在留する対馬商人の出資によって建てられたものであり、財宝の神の弁財天が祀られていた[*15]。このほか、龍頭山の麓には対馬藩の三代藩主宗義真によって建てられた金刀比羅神社、稲荷神社、玉垂神社があった。これらの施設は概ね「四尺四方の石造の小祀」であり、縦横1.2メートルの小規模であった。その以降、金刀比羅神社には、住吉大神（明和2年）、菅原大神（明和2年）、天照大神（慶応元年）、八幡大神（明治13年）、

[*14] 龍頭山神社の沿革については、大曲美太郎編『龍頭山神社史料』龍頭山神社社務所、1936年。김승、前掲書を参照。
[*15] 田代和生『新・倭館――鎖国時代の日本人町』ゆまに書房、2011年、69頁。

弘国大神（明治29年）、素戔嗚大神・神功皇后大神・豊国大神（明治32年）を次々と合祀していく*16。

　1877年の開港後は、居留民団体が神社の運営にあたるようになり、寄附金をもって社殿の改築が行われた。その後、1899年には居留地神社へ改称され、さらに龍頭山神社へ改称される*17。かくして倭館時代に建てられ、龍頭山神社へ変貌した沿革は、居留民創建神社の一般的な例というよりは、特殊な事例と位置づけられる。

　それでは、釜山に続き開港した元山・仁川に建てられた神社の沿革を通して、一般的な居留民神社の創建過程を概観しよう。まず、元山では開港後間もない1882（明治15）年に天照大神宮*18 が建てられた。居留民総代役所が、「元山居留民の守護神として皇大神宮〔伊勢神宮〕より天照大神の御神霊を拝受」し、その維持経営にあたっていた*19。この大神宮は居留地内の小山に鎮座されたが、「夏季に至れば其樹下は昼夜を分たず朝鮮人が眠りの床となり其の賽銭は彼等の腹を肥す財となり不敬を極むる」ことが生じたため、総代役場の境内に遷座した時もあったという*20。1898年には同地の小山に「間口四間奥行二間」規模の拝殿が建てられた。その後、小学校後方の地を鎮座地と卜して、大神宮の建築が居留民会で決議されたのは1908年のことであった*21。

　仁川でも早い時期から神社創建が進められた。当時、居留民人口は約1300人であり、第一銀行仁川支店長、日本郵船会社仁川支店長、居留民総代、仁川病院長の有力人物が神社創建を主導した。彼らが作成した「仁川大神宮御創立ニ関スル趣意書」からは、創建当時に行われた議論が垣間見られる。記述内容をみると、「一場ノ霊境ヲトシ、神社ヲ創設シ我国神ナル天照大神ヲ奉斎」することによって、「第一ニ敬神ノ素願ヲ貫キ第二ニ吾人カ労働ノ餘情ヲ慰メ心ヲ怡バシムルノ勝地ヲ造出」すとの趣旨が述べられている*22。加えて、「百種

---

*16　前掲書、『龍頭山神社史料』、59～60・137～138頁。
*17　同上、63～64頁。
*18　大（太）神宮の表記は原資料の表記を除き、大神宮に統一した。以下、同様。
*19　前掲書、『大陸神社大観』、428頁。
*20　高尾新右衛門編『元山発展史』啓文社（大阪）、1916年、255頁。
*21　同上、488頁。
*22　原文には「主意書」又は「趣意書」と表記されているが、ここでは「趣意書」に統一した。仁川府庁編『仁川府史』、1933年、1347～1348頁。

ノ樹木草花」を植える計画からは、公園のような機能が期待されていたことがわかる。

　仁川大神宮の創建費用は、仁川・京城の有力者をはじめ、仁川港と日本を往復する帆船の船長からの寄附金をもって調達された[*23]。このような計画に対し、仁川領事の林権助は理解を示し、奉斎の霊代を伊勢神宮から奉戴することを支援した。神霊を乗せた船が仁川港に上陸すると、官民は波止場まで赴き、その到着を奉迎した。こうして、1890年10月に日本公園を鎮座地として遷宮と祭礼の儀式が挙行された。当初、仁川大神宮は「居留地共有物として永世保存」する計画で建てられたが、後にその所有は総代役場へ引き継がれた。この過程で大神宮の運営・維持は、居留民団体の重要業務の一つとなった。以来大神宮祭と大祭日は小学校の休業日として定められ、居留地内の重要行事として行われた[*24]。

　一方、雑居地での神社創建は開港場に比し比較的に遅かった。京城の例をみると、1892（明治25）年頃に天照大神奉斎の議論があり、一時期遙拝所が設けられた。居留民会の決議を経て本格的に社殿の建築が進められたのは1898（明治31）年のことであった[*25]。居留民会では代表を伊勢神宮へ派遣し、特別大麻や神宝の授与を受けた。また、伊勢神宮用材の払下を受け、伊勢神宮の正殿の100分の12規模の神殿が造営された。専門的な神職が雇われ、元始祭・紀元節・神宮大祭典・天長節が例祭日と定められた。

　同じく内陸部の大邱において大神宮遙拝殿が建てられたのは日露戦争期の1905年（明治38年）であった。京釜鉄道建設の影響から移住者が増加すると、「伝統的敬神崇祖の念止み難く神祇を奉祀して朝夕親しく敬拝し以て報本反始

[*23] 仁川居留民から1274円、京城居留民から318円55銭、日本と仁川を往復する帆船の船長たちから110円の寄附があった。同上、1348頁。
[*24] 「外務省記録」3-12-2-43「清韓両国ニ於ケル居留地制ニ関スル法律並日本専管居留地経営中租税ノ徴収ニ関スル法律制定一件」、1899年11月8日、仁川領事伊集院彦吉より外務大臣青木周蔵宛の公第190号の附属書、「仁川居留民教育規程」第32条。元山でも大祭日は休業日と定められた。「外務省記録」3-10-2-2「在外国各日本居留地共立学校関係雑件」第一巻、1899年7月1日、元山二等領事小川盛重より外務大臣青木周蔵宛の送第83号、「元山公立小学校ニ関スル報告ノ件」の附属書、「元山公立小学校校則」。
[*25] 以下、京城神社の沿革については、前掲書、『大陸神社大観』、319～320頁。京城居留民団役所編『京城発達史』、1912年、451～453頁。

の礼を致さむとする」議論がなされたという*26。そこで、居留民代表が統監府の斡旋や守備隊の助力を得て、観察使の李容翊と交渉した結果、「日韓共同の公園」と為すことで承認を得た。鎮座地として選定されたのは、「古来土俗間に特殊の信仰あって城惶壇として畏敬せられたる達城山」であった*27。神殿は寄付金をもって造営され、翌年11月3日の天長節に落成された。1907年（明治40年）には、計画通りに公園が造成された。

　大邱の例において注目に値するのは、朝鮮人の土俗信仰の場所が鎮座地として選定されたことである。その理由については、「往昔より土俗間に特殊の信仰ありて只に墳墓の構築をば許さざるのみならず神秘的霊場として久しく民間に畏敬」されてきた場所であるとの理由が述べられている*28。こうして朝鮮人にとって畏敬の空間が神社の鎮座地と選定された点に加えて、「日韓共同の公園」という交渉内容からは雑居地の地域性が反映された妥協結果であるといえよう。

　以上のように、「韓国併合」以前から各居留地に神社が建てられた。神社は居留民団体が運営にあたっていたが、釜山を除くと関連制度は整備されていなかった*29。唯一、釜山の居留地において氏子制度が施行されていた。氏子とは産土神の鎮守する土地に住んでいて、神の守護を受け、それを祭る人々を指す。村では住民の中から総代を選び、神社の維持に助力するのが慣習であったが、これが釜山の居留民社会に移植されたのである。

　釜山居留民団では1906年から1909年にかけて、氏子総代・神職関連の規則を制定している*30。最初に定められたのが1906年の「神職奉務規則」である。

---

*26 以下、大神宮遙拝所の沿革については、大邱府編『大邱民団史』秀英舎、1915年、178〜179頁。前掲書、『大陸神社大観』、45・385〜386頁。JACAR（アジア歴史資料センター）Ref. B02031402700、帝国議会関係雑件／説明資料関係 第三十四巻（外務省外交史料館）。

*27 前掲書、『大陸神社大観』、385〜386頁。

*28 JACAR（アジア歴史資料センター）Ref. B02031402700、帝国議会関係雑件／説明資料関係 第三十四巻（外務省外交史料館）。

*29 以下の資料には神社関連の規則が見当たらない。二口美久編『在朝鮮国元山港領事館制定諸規則便覧』、1896年。釜山領事館編『釜山領事館制定諸規則』、発行年度不明。（釜山市民図書館所蔵、1905年頃と推定）。釜山理事庁編『（明治四十二年六月三十日現行）釜山理事庁法規類集』、1909年。京城居留民団役所編『現行京城居留民団規則類集』、1911年。

*30 『釜山居留民団例規集』には、「神社経費供進規則」（1908年）、「神職ニ於テ供進金品取扱方ノ件」（1908年）、「神職奉務規則」（1906年）、「神職奉務及給与規定」（1907年）、「神社氏子総代規

この規則には神職の任務に加え、居留地例祭日（4月21日・22日）と臨時祭の日程が定められた。また、「神職奉務及給与規定」（1907年）と「神職ニ於テ供進金品取扱方ノ件」（1908年）によって神職関連の規則が定められた。これらの規則によると、神職は居留民団民長の管理・監督を受ける存在であり、実質において居留民団所属の吏員として位置づけられていた。

なお、1908年制定の「神社経費供進規則」の第1条には、「龍頭山及龍尾山神社経費ハ民団ヨリ之レヲ供進ス」と規定され、居留民団による神社運営が明文化された。さらに、「神社氏子総代規則」（1908年）、「氏子総代服務規定」（1908年）、「氏子総代選挙手続」（1909年）によって、氏子総代関連の規則が定められた。氏子総代は区域ごとに2名を選挙する仕組みであり、定員は18名であった。氏子総代には、居留期間2年以上と民団税年額5円以上の資格制限があった。

以上のように、開港期を経て統監府期までの居留民神社の動向を概括した。開港初期は、世俗的願望を祈願する小規模の祠が建てられたが、居留民社会が形成されるにつれ、天照大神を祭神とする神社が各居留地に建てられていく。神社は居留民団体によって「自治」的に運営されており、信仰と慰安の空間として機能していた。居留地の歴史が最も長い釜山では、日本の氏子制度が導入され、氏子総代や神職関連の規定が設けられていた。

第2項　祀られた神々

それでは、「韓国併合」以前に建てられた居留民神社にはどのような神々が祀られたのであろうか。神社別の祭神をみると、植民地都市の類型別に多少異なっていたことがわかる。まず、開港場の居留地では金刀比羅神を祀る祠が多く建てられた。金刀比羅宮の設置は、釜山・元山・仁川・群山・清津・木浦で確認される。ひろく「こんぴらさん」と呼ばれ、民衆に馴染まれてきた金刀比羅神は海上守護・航海安全の神として信仰されてきた神である[*31]。この信仰は

則」（1908年）、「氏子総代選挙手続」（1909年）、「氏子総代服務規定」（1908年）の順に掲載されている。釜山居留民団役所『釜山居留民団例規集』、1909年。
[*31] 國學院大學日本文化研究所編『（縮刷版）神道事典』弘文堂、1999年、638頁。以下、信仰・神社に関しては同書による。

香川県が発祥地であるが、近世以降、北海航路が開かれるなど海運技術の進展により、信仰地域が全国的に広がった。居留地に渡った九州・中国・四国出身の居留民、とりわけ朝鮮を船で往来していた人々、又は通漁していた漁民にとって馴染みのある信仰であった。

　金刀比羅宮に次いで多かったのが稲荷神社である。稲荷神社は、釜山・仁川・羅南・清津・密陽・兼二浦で確認できる。稲荷信仰は、米作を含む農耕をはじめ、諸産業に関する信仰のほか多義にわたり、信仰の範囲は日本全国に及ぶ。商業の繁栄を約束する神として、又は漁業の神として信仰され、各々地域的に特色がある。こうした稲荷信仰の多様性は民衆のあらゆる願いに応じるためといわれており、居留地における稲荷神社の設置も同様に解釈できる。

　その他、学問の神である菅原道真を祀る天満宮（菅原神社）が仁川・京城で確認される。また、一部の地域で住吉神社、八幡宮の創建もみられる。慶尚南道の鎮海には生業を守り、福をもたらす恵比寿神社が[*32]、仁川の月尾島には火防の神として信仰される愛宕神社が建てられた。このような多様な神社の存在からは、居留民の世俗的な祈願がうかがわれる。

　開港場と内陸部の雑居地を問わず、最も多いのは皇祖神の天照大神であった。朝鮮では、多くの神社で天照大神が祭神として祀られたが、これは台湾出征中に現地で死亡した北白川宮能久親王を祭神とする神社が多かった台湾とは比較される点である[*33]。朝鮮では開港後の早い時期から天照大神を祭神とする傾向が強かったのである。

　【表6-1】は開港期から「韓国併合」期までに建てられた居留民神社を整理したものであるが、その多くが天照大神を祭神としていた。例えば、釜山の龍頭山神社に天照大神が合祀されるのは1865年（慶応元年）である。その経緯は不詳であるものの、「当時居留民ハ悉ク対馬厳原人ナリシガ故ニ敬神ノ念溢レ故ニ縁故アル此神霊ヲ勧請セシナリ」[*34]との記録がある。出身地の対馬厳原における信仰が反映された結果であった。また、前述した仁川の「趣意書」をみ

[*32] 『全国神職会会報』第97号、1906年12月、「韓国に恵比寿神社建立」。
[*33] 菅浩二、前掲書。
[*34] 長崎県立対馬歴史民俗資料館蔵宗家文庫本の『龍頭山神社御祭神記』の対校表である。徳竹由明「『龍頭山神社御祭神記』について」『巡礼記研究』第6集、巡礼記研究会、2009年、97頁。

第6章　居留民創建神社の変容と地域社会

表6-1　「韓国併合」以前における居留民創建神社

神社名 (後の神社名)	①所在地　②鎮座時期　③創建時の祭神　④創建主体　⑤状況
弁天社／弁天神社 (龍頭山神社)	①慶尚南道釜山府龍頭山　②1678(延宝6)年3月 ③厳島大神(延宝6年)(文献D・61頁) ④在留商人　⑤龍頭山の麓に、「弁財天堂」がある。財宝の神、弁財天を祀る弁天神社(祭神は安芸の厳島大神)で、倭館に在留する商人たちの出資による(文献G・69頁)。
金刀比羅神社→居留地神社→龍頭山神社 (龍頭山神社)	①慶尚南道釜山府龍頭山　②1678(延宝6)年3月 ③金刀比羅(延宝6年)住吉大神(不詳・明和2年)菅原大神(明和2年)天照大神(慶応元年)八幡大神(明治13年)弘国大神(明治29年)素盞鳴大神・神功皇后大神・豊国大神(明治32年)(文献D・59～60頁、137～138頁) ④対馬藩宗義真 ⑤海上安全の守護神即ち金刀比羅神を崇敬せられし故に延宝6年和館を釜山鎮より釜山浦に移すと同時に龍頭山に金刀比羅神社弁天神社祠尾山に玉垂神社の三社を創立せられたり……其の建築は四尺四方の石造の小祀なり……釜山も次第に発展し遂に明治13年9月居留民保長頭取阿比留護助等祠宇の哀頽を嘆き時の領事近藤真鋤に稟請し居留民の義捐金壱千餘円を以て改造建築を為し神職永瀬永に奉仕を托せり……明治32年2月4日釜山居留地会議して金刀比羅神社の称号を改め居留地神社の称号を奉る……明治30年10月神職永瀬永居留地議会議員福田増兵衛等龍頭山神社祠古損して壮観ならさるを慨し居留地総代佐原純一議会議長古藤昇一郎坂田与市矢橋寛一郎保家貞八黒岩邦太郎抔手土井仲等の有志と議り時の領事伊集院彦吉に稟議し宗伯爵重正其の他居留民の義捐金一万円餘を募集し神社改築の業を起し明治31年9月8日起工同32年5月28日落成を告げ同7月遷宮式其他の祭典執行……茲に於て神祠の壮観略ヾ整ふ。此日居留地会議して居留地神社の称号を改めて龍頭山神社の称号を奉る(文献D・63～64頁)。
玉垂神社→龍尾山神社 (龍尾山神社)	①慶尚南道釜山府本町一丁目龍尾山　②1678(延宝6)年3月 ③玉垂大神(延宝6年)・加藤大神・朝比奈大神(文政2年)(文献D・61～62頁) ④対馬藩宗義真 ⑤龍尾山は松樹鬱然眺望絶佳の進境にして釜山居留地の東南隅に屹立せり抑延宝6年3月倭館移転の当時社殿を設けて武内宿禰公を奉祀し「玉垂神社と称へ」(原案になし)其後文政2年3月加藤清正公を合祀し明治初年に至り朝比奈義秀公の祠宇朽壊せるを以て又合祀する事とは為れり……同27年釜山居留地会議に於て居留地神社の称号を奉り同32年2月龍尾山神社と改称し龍頭山神社と相並て居留地の産土神と仰かれたり。然るに社殿追年哀頽の度を進め……改建の不可止に陥れり。爰に敬神会は痛く之を慨し同38年の夏会長矢橋寛一郎幹事古藤昇一郎等主唱者となり大に会員諸氏と造営の計画を議し尚民長石原半右衛門協議の結果遂に居留地会の承諾を得て細川公爵宗伯爵を始め普く寄附金を募集し凡5500餘円の金額を得て同39年11月地鎮祭執行同40年3月起工し同年7月粗景落成を告しに依り神職心得の者を置き41年2月6日を以て正遷宮祭を執行し毎年10月2日夜3日を例祭日と定められ尚引続き民団役所は金8百餘円を投して地形の工事をせらる(文献D・76～78頁)。
東・西稲荷神社 (龍頭山神社)	①慶尚南道釜山府龍頭山　②年月不詳　③稲荷大神 ④不詳　⑤東稲荷神社：本社ハ参尺四方位ノ小祠ニシテ古昔町代官在勤者ノ勧請ニシテ其后ニ至リ……何ノ頃カ現在ノ龍頭山神社拝殿ノ右傍ニ在リシヲ

	明治35年中広ク信徒居留人民ノ寄附金ヲ募集シ時ノ領事ノ許可ヲ得テ本殿拝殿落成ヲ告ゲ同八月移霊ス。西稲荷神社：本社ハ参尺四方位ノ小祠ニシテ古昔取立役人ト唱フル役アリテ豊武七梯要助等信仰ノ人々カ建立シ……明治35年中広く居留人民ノ寄附金ヲ募集シ時ノ領事ノ許可ヲ得テ本殿拝殿落成シ同年八月移霊ス（文献E・97～98頁）。
天照大神宮／大神宮 （元山神社）	①咸鏡北道元山府 ②1882（明治15）年5月23日（文献A）、1881（明治14）年4月（文献B） ③天照大神　④居留民有志 ⑤明治13年5月日本総領事館ノ開設ヲ見ルヤ日本商人此ノ地ニ北鮮開発ノ第一歩ヲ占メ元山居留民ノ守護神トシテ皇大神宮ヨリ天照大神ノ御神霊ヲ拝受シ、明治15年5月23日頭洞山（今ノ仲町公園ノ小丘）ニ小祠ヲ建テ奉鎮シテ天照大神宮ト奉称シテ居留民団ニ於テコレガ維持経営ヲナシタ（文献A・428頁）。大神宮ハ其初頭洞山（現高等実科女学校裏ノ小山）ニ鎮座セシモ夏季ニ至レバ其樹下ハ昼夜ヲ分タズ朝鮮人ガ眠リノ床トナリ其ノ賽銭ハ彼等ノ腹ヲ肥ヤス財トナリ不敬ヲ極ムルヨリ曩ニ総代役所内ニ遷座奉祭シタルガ此年（1898年）4月頭洞山下ニ間口四間奥行二間ノ拝殿ヲ建テ其神殿ハ内地ニ於テ構造シ6月23日到着セルヲ以テ旧ノ如ク頭洞山上ニ奉祀シタリ…（文献K・255頁）。大神宮ハ其鎮座地タル公園ヲ市街地トナスニ当リ一時琴平神社ニ遷座合祀セラレタリガ本年（1908年）4月民会ニ於テ之ガ建築ニ決シタリ……琴平神社ノ後方高地ナル陸軍用地ニ相シ陸軍ニ交渉シテ之ガ貸借契約ヲ結ベリ……小学校後方ノ地ヲトシ此ニ鎮座スルコトトナリ（文献K・488頁）。
金刀比羅神社 （元山神社）	①咸鏡北道元山府　②1903年7月　③金刀比羅大神 ④不詳 ⑤琴平神社ハ明治32年2月有志者相謀リ公園内頭洞山（今ノ高等実科女学校裏ノ小山）ニ勧請奉祀シタリシガ此年1月今ノ琴平山上ニ鎮座セム事ヲ請フ之ヲ許シ11月28日遷座ス（文献K・330頁）。神職ハ太田儀三、金刀比羅神社ヲ分祀ス、個人経営（文献B）。
仁川大神宮 （仁川神社）	①京畿道仁川府　②1890（明治23）年10月10日 ③天照大神　④居留民有志 ⑤明治23年10月、朝鮮西海岸ノ要津仁川港ニ、同胞ノ手ニ依リ天照大神ヲ祀ル神祠ガ建立セラレタ。即チ明治23年10月社殿ヲ造営シテ、天照大神ヲ鎮祭シ、附属末社ト共ニ居留民ニ於テ維持崇敬セラレテ来タ（文献A・44頁）。仁川開港後在留邦人ノ増加スルヤ、内ハ忠君愛国ノ至誠ヲ涵養シ外ハ帝国ノ国威ヲ海外ニ発揚センコトヲ期シ特ニ天照大神ノ神霊ヲ奉斎セントスル帝国在留民ノ悃願切ナルモノガアッタノデ、明治23年時ノ仁川領事林権助ハ京城公使館並ニ外務省ヲ経テ、三重県知事ト往復交渉ノ結果、仁川大神宮創立ニ関スル神霊拝戴方ヲ神宮司庁ニ稟請シタ。神宮司庁当局並ニ内務省ニ於テハ皇大神宮ノ神霊ヲ海外ニ鎮斎セシコト、未ダ前例ヲ見ナイノ理由ヲ以テ事容易ニ許容セラレナカッタガ、時ノ神宮祭主久邇宮朝彦親王殿下ノ特別ノ御詮議ヲ蒙リ御神霊拝戴方御聴許ノ御沙汰ヲ賜ハル。茲ニ領事館員佐野誠之出迎接員トシテ出向シ、御神霊並ニ御神号ヲ奉戴シ、三重県警察官警護ノ許ニ大阪ニ至リ御用船敦賀丸ニ奉安シテ同年10月27日海路仁川港ニ御上陸、一時領事館ニ奉安シテ同月28日日本公園内造営ノ神殿ニ鎮斎シ奉ッタ……皇大神宮ノ神霊ヲ公式ノ手続ヲ以テ朝鮮半島ニ奉斎シタ嚆矢トスルノミデハナク、広ク我ガ海外ニ於テ鎮斎シ奉ッタ第一発祥デアル（文献A・325～326頁）。神職上原堅一、伊勢大神宮ヲ合祀シ仁川居留民団之ヲ主管ス（文献B）。
稲荷神社 （仁川神社）	①京畿道仁川府　②1894（明治27）年 ③稲荷大神　④不詳

第6章　居留民創建神社の変容と地域社会

	⑤明治27年に鎮座、大正11年に社殿改築（文献Ⅰ・1352頁）。
金刀比羅宮神社 （仁川神社）	①京畿道仁川府　②1897（明治30）年 ③金刀比羅神　④不詳 ⑤明治30年に鎮座、大正14年に社殿改築（文献Ⅰ・1352頁）。
天満宮／菅原神社 （仁川神社）	①京畿道仁川府　②1897（明治30）年12月 ③菅原大神　④不詳 ⑤明治30年に鎮座、大正15年に社殿改築（文献Ⅰ・1352頁）。大神宮の神職上原堅一、敬神信仰ノ為奉祀ス（文献B）。
愛宕神社 （仁川神社）	①京畿道仁川府月尾島　②1908（明治41）年 ③不詳　④不詳 ⑤明治41年に鎮座、昭和4年9月に社殿改築（文献Ⅰ・1352頁）。
南山大神宮 （京城神社）	①京畿道京城府　②1898（明治31）年11月3日 ③天照大神　④居留民 ⑤明治25年の頃より、京城居留民が皇祖天照大神奉斎の議を提唱し一時遥拝所を設け之を奉祭したが、後同31年に至って居留民会に於て之を決議し、伊勢神宮へ民会代表を差遣しめ、特別大麻並に御神宝の授与を受けて帰鮮し一時領事館内に奉安、同時に伊勢神宮御用材の払下を願ひ同神宮棟梁をして神宮正殿の100分の12に型れる正式神殿を造営し、境内を日本居留民公園倭城台南山の勝地にトし、同年10月3日神殿の落成を待って御鎮座祭を執行した（文献A・319～320頁）。我京城居留民か大神宮奉安の議を提唱したるは明治25年にして時の民会議員山口太兵衛、百田熊吉、田原虎松等京城有志の間に斡旋して若干の寄附金を醵集したるも醵金予期に達せず爾来幾年機会の到るを待てり。其後29年、30年に亘り山口太兵衛等専ら此問題に奔走し更に京仁間有志の寄附を募集して漸く予定の資金を得たり。是より先百田熊吉は其所有に属する寿町一丁目所在の土地三百坪を民団に寄附して、神社の敷地に提供したるも、土地低湿にして神宮建設地に適応せざるの憾ありしを以て、凝議の上南山公園内に適当の地を選定することとなり、時の帝国領事秋月左都夫及居留民総代に謀り、新に現今の土地を拓き、正南面して社殿建設の基地を作り、一面居留民会に誇り、社殿の落成奉安式の挙行後は、之を居留民団体に引継ぎ、公設の社殿として、永久に奉祀の事に決定すると共に、民会の決議を以て山口太兵衛を代表者とし、明治31年5月、伊勢山田に渡航せしめたり……御神霊として第一号太麻神鏡及御衣の授与を受け、神櫃に奉安して代表者之を奉護し、同年7月上旬無事仁川港に上陸したり……社殿の新築に就ては……材料は内宮御再建用材の一部を申受、御本殿100分の12に相当する正式の社殿を建築せしむることとし、屋根葺用の茅は、之を朝熊山の産品を用ひることとし……社殿の造営全く成るや、盛んなる上棟式を挙行し……爾後神職三宅意美をして専ら社務に従事せしめ毎年1月1日の元始祭、2月11日の紀元節、9月24日の神宮大祭典及天長節当日を以て、民団の例祭と定め引続き今日に至れり（文献J・451～453頁）。
大神宮／神籬神社 （鎮南浦神社）	①平安北道鎮南浦府 ②1900（明治33）年（文献A）、1904（明治37）年11月（文献B） ③天照大神　④居留民 ⑤明治33年中、鎮南浦在住居留民に拠って御慶事記念の為小祠を建て、天照大神を奉斎したのに始まる。爾後漸次規模を大にして今日に至る（文献A）。社宰古本喜□。伊勢大神宮ヲ分祀ス、居留民団主管ス（文献B）。
金刀比羅神社 （群山神社）	①全羅北道群山府　②1902年（文献A）、1903年9月（文献B）、1902年5月（文献P）　③金刀比羅神（文献A）、大国主神・崇仁天皇（文献B）、大国主命・崇徳天皇（文献P）

第Ⅱ部　在朝日本人社会と植民地空間

	④居留民・漁業者 ⑤明治35年中、居留民及漁業者協力して金刀比羅神社を創立したのに始まるが、金刀比羅社は現在の群山神社の末社となっている（文献A・44頁）。明治35年に至って在留邦人及び漁業者協力して金刀比羅神を奉斎して金刀比羅神社を鎮祭するに至った（文献A・347頁）。明治35年5月時の領事横田三郎氏の認可の下に本社より約二町南西の山頂に創建せられたのである（文献P、257～258頁）。神職は山本儀十郎、金刀比羅神社ヲ合祀シ個人経営ニ属ス（文献B）。
龍川神社 （龍川神社）	①平安北道龍川郡龍岩浦　②1905（明治38）年10月 ③天照大神　④居留民有志・日本陸軍 ⑤日露戦役の真只中に我が駐屯軍の援助のもとに天照大神を奉祀して創立された朝鮮に於ける最も異色ある神社である。即ち日露の役、明治37年龍岩浦陸軍の占領地内に内地人の居住が許され、同38年10月軍政署の許可を受けて陸軍軍用地内に神社が建立されたのである（文献A・417頁）。
金刀比羅社 （清津神社）	①咸鏡北道清津府日賀田町　②1905年頃 ③金刀比羅神　④居留民（漁民） ⑤日露の役の後、漁港清津の松林中に小祠を建立して金刀比羅神を奉斎したのが清津神社の起源を成すのである（文献A・433頁）。
大神宮遥拝所 （大邱神社）	①慶尚北道大邱府　②1906（明治39）年11月3日 ③天照大神　④居留民有志 ⑤明治38年4月大日本人居留民会副会長十倉十六氏は膝付益吉其他有志諸氏と図り、日高守備隊長の助力を得て時の観察使李容翊氏に交渉し、日韓共同の公園予定地と為すことを承認せしめたり。明治39年5月大神宮遥拝殿建立の設計を為し、其境内地積は観察署署理朴重陽氏之を公認し、寄付金を以て造営することに決して10月1日起工せり。而して11月3日天長節の佳辰落成の式を挙行したり。建築委員長は岡本副理事官、会計委員は岩瀬静氏にして其建築費は2千余円なりし。明治40年公園設計は愈々着手せられたり（文献F・178～179頁）。明治中葉以降日本人の此の地に移住するや其の伝統的敬神崇祖の念止み難く神祇を奉祀して朝夕親しく拝し以て報本反始の礼を致さむとするに至り、古来土俗間に特殊の信仰あって城隍壇として畏敬せられたる達城山を好適の地と定め、統監府の斡旋を仰ぎ韓国政府の諒解を得て皇祖遥拝所を設けて神社建設の意志を表明し、続いて社殿造営の計画を樹て建設費を募集して明治39年8月着工11月竣工した（文献A・385～386頁）。往昔より土俗間に特殊の信仰ありて只に墳墓の構築をば許さざるのみならず神秘的霊場として久しく民間に畏敬せられありし大邱府内達城山をして神祇奉斎に最適の地と認め同山中央高地に神殿を建設すべく居留民の総意を以て統監府の斡旋を仰ぎ韓国政府の諒解を得て皇祖遥拝殿建設地と大書せる。高標をば丘上に打建て神社創立の意を表明せり。時は明治38年11月3日なり。次で翌39年6月神殿造営費をば一般より募集し同年8月着工11月3日竣工せり（文献C）。皇祖遥拝殿を造営して民団経営の事業の一つとしたのに始まる（文献A・45頁）。
恵比寿神社 （鎮海神社）	①慶尚南道鎮海　②1906年12月頃　③恵比寿 ④漁民 ⑤韓国鎮海湾漁夫の都合に依り水産会社側の発起にて恵比寿神社を同港内に新建し去る5日官民有志を招き落成祭典を執行し相撲等の余興ありて盛なりしと…（文献H・38頁）。
大田大神宮 （大田神社）	①忠清南道大田府　②1907（明治40）年4月 ③天照大神　④居留民有志

第6章　居留民創建神社の変容と地域社会

	⑤当社は初め大田大神宮と称し、其の神殿及び拝殿は、明治40年居留民相謀り、敬神の美風を振興せんがために造修したものである（文献A・45頁）。明治37年以来内地人の此地に来り移住する者漸く其の数を増し、同40年4月初めて蘇堤山上に社殿を創立し皇祖の神霊を奉祀した（文献A・338頁）。明治40年9月18日蘇堤公園に太神宮の祠竣成す（文献N・24頁）。
遥拝所 （三浪津神社）	①慶尚南道密陽郡三浪津　②1907年 ③天照大神　④居留民有志 ⑤明治40年天照大神の遥拝所として設立せられたのに始まる（文献A・45頁）。
大神宮 （燕岐神社）	①忠清南道燕岐郡鳥致院面　②1907年 ③天照大神　④居留民有志 ⑤天照皇大神宮を奉祀す。明治41年夏鳥致院の有志奉建の議を決し同年10月建築落成し同年12月31日を以て伊勢大廟より御分霊を郊祀し奉り鳥致院鎮守神となし毎年6月1日を以て大例祭を執行す。神社境内には年々種々の樹木草花を植栽し北方は鳥致院公園と為し四季市民の清遊地たるなり（文献O・16頁）。明治40年頃在留内地人相図り我が国民道徳の根本たる敬神崇祖の大義を宣明し報本反始の至誠を捧げん為め現在地に天照大神を奉祀し単に大神宮と称し来ったが…（文献A・341頁、『朝鮮総督府官報』第2604号、1921年4月19日）。
大神宮 （江景神社）	①忠清南道恩津郡江景・論山郡江景面（1914年〜） ②1908年5月（文献A）／1909年5月（文献B） ③天照大神　④居留民有志 ⑤明治41年5月江景在住内地人崇敬の対象として神祇奉斎の議起り皇祖天照大神を祭神として、当時江景公園玉女峰の浄地に江景神社を奉斎、仮神殿及遥拝所を建設（文献A・340頁）。伊勢大神宮ヨリ分祀シ信仰者約80名ニテ維持ス（文献B）。
琴平神社／神籬神宮 （城津神社）	①咸鏡北道城津郡城津面？ ②1909年5月26日（文献A）／1910（明治43）年10月（文献B） ③天照大神　④居留民有志 ⑤明治42年5月26日、城津居住者内地人11名発起人となり、税関所有地の一部を借受け神社を創立せしに始まる（文献A・45頁）。在留日本人会之ヲ主管ス（文献B）。
金刀比羅社 （羅南神社）	①咸鏡北道清津府生駒町　②1909年8月　③金刀比羅神 ④居留民 ⑤明治42年8月時の第一師団長陸軍中将木越安綱閣下北鮮巡視の際、当地然も現在の神域内に於て、加藤清正公の招魂祭を執行せしより一般の住民はこの処を霊地と定め取敢へず些やかな金刀比羅社を建設し爾来氏神の如く崇敬する者多かった（文献A・432頁）。
大神宮 （馬山神社）	①慶尚南道馬山府桜町　②1909年10月（文献A）／1908年11月（文献B） ③天照大神　④居留民有志 ⑤明治42年7月馬山在住内地人で創建したものであって、翌43年には社務所を建設し、爾来年々建備を加へて今日に至る（文献A・46頁）。一夜弘氏は私嚢を開きて居留地各町の重立てる有志27名を料亭望月に請待し神社創建の急務なるべきを訴ふると共に、海外の居留民として祖廟愛護の念慮を固ふし尽忠報国の精神を発揚せしむるは一に神祖の霊祠を崇敬するに在りと述べ、会衆は待ち焦かれ居たりしこととて満腔の賛意を表し翌日両三名此の問題を提げて理事庁を訪問せるに、三増理事官も大に賛意を表し海関長舎宅予定地なる桜岡免租界を公園に造成せん意向なりしとて此の地に天照太神を奉斎すへく指示あり。神社創建の機運此に熟し全港の有志一百餘名は明治42

	年2月8日馬山小学校に会合し、凝議の結果正式に馬山神社創建委員十名を選挙し之を庶務、会計、寄附の三班に分ち、前田民長は委員長に局史郎は地鎮祭式の斎主に推されたり……創立予算額五千円の寄附を民団区域内に於て募集せんことを理事官に申請して直に認可を得大活動を起したり……神核は……一時理事庁に奉安し、釜山より社掌として招聘したる浅野四郎三郎氏は11月11日来着し其の15日盛大なる降神鎮座式を以て開殿し5月1日を例祭日と定めたり。翌年5月1日以降毎年二日間神輿は全港を巡廻し、又官民有志は社傍の公園に於て開港記念祝賀会を開き、青年及ひ店員は当日慰籍運動会を催すを例とせり(文献L・103～105頁)。伊勢大神宮ヲ分祀シ居留民団之ヲ主管ス、元主典浅野四郎三郎(文献B)。
金刀比羅神社 (松島神社)	①全羅南道木浦府　②1910年　③天照大神 ④居留民有志 ⑤明治43年木浦居留民団長が主となって社殿を造営し、天照大神を鎮祭したのに始まる(文献A・46頁)。開港後久しからざる時、登港に在りて帆船回漕に関係ある人々が、務安通地方法院北隣を登りたる所の中腹、即ち其頃中村伊八氏の私有地に小宇を作りて金比羅宮を祀りたるを最初とす。当時否な其後も多年居留地は金比羅宮以外に神社なく、敬神家は朝夕此小祠に礼拝し、児の生れたるときも凡て金比羅宮に初参りをなせしなり。左れば有志者間には、居留地神社として霊地を相し、荘厳なる社を建立し、天照大神を奉祀せんとの議多年なりしが、其設備を適当にするに非ざれば、敬神の念なき鮮人の徘徊を取締ること困難にして、却って恐れ多きことあるべきを慮り、久しく其議を実行するに至らざりき……韓国併合のことあり……此年木浦水道竣成し、第一水源配水池を松島公園の一部に置きしと共に……松島公園一帯は此機会に於て大に清掃せられたるより、茲に愈々松島神社建立の議は決せられ、有志の献金を以て直に工事を起し翌44年2月竣工、同年4月3日、三重県知事を経て伊勢の大廟より御分霊を勧請し、尚ほ副社として左に金比羅神社、右に稲荷神社を建立し、神官を置きて日々奉仕せしむることと為れり(文献M・224～225頁)。

出典　断りのない限り、主に文献Aを参考とし作成した。文献A：岩下伝四郎編『大陸神社大観』大陸神道連盟、1941年、29～51・87～98・319～437頁。文献B：「朝鮮ニ於ケル内地人経営ノ宗教情況」(警高機発第470号、明治44年1月調査)『社寺宗教(明治四十四年)』(韓国国家記録院所蔵、管理番号：ＣＪＡ0004741)。文献C：JACAR(アジア歴史資料センター) Ref.B02031402700、帝国議会関係雑件／説明資料関係　第三十四巻(外務省外交史料館)。文献D：大曲美太郎編『龍頭山神社史料』龍頭山神社社務所、1936年。文献E：徳竹由明「『龍頭山神社御祭神記』について」『巡礼記研究』第6集、巡礼記研究会、2009年(長崎県立対馬歴史民俗資料館蔵宗家文庫本の『龍頭山神社御祭神記』の対校表)。文献F：大邱府編『大邱民団史』秀英舎、1915年。文献G：田代和生『新・倭館——鎖国時代の日本人町』ゆまに書房、2011年。文献H：「韓国に恵比寿神社建立」『全国神職会会報』第97号、1906年12月。文献Ｉ：仁川府庁編『仁川府史』、1933年。文献Ｊ：京城居留民団役所編『京城発達史』、1912年。文献K：高尾新右衛門編『元山発展史』啓文社(大阪)、1916年。文献L：諏方良郎『馬山港誌』朝鮮史談会、1926年。文献M：木浦誌編纂会編『木浦誌』、1914年。文献N：田中市之助『大田発展誌』、1917年。文献O：酒井俊三郎『鳥致院発展誌』朝鮮新聞忠清総支社、1915年。文献P：保高正記・村松祐之『群山開港史』、1925年。

注　表の作成に当たり、山口公一の2009年論文の表1を参照した。表中の(太)神宮の表記は、原文の表記を除き、大神宮に統一した。基本的に鎮座時期順に並べたが、元山と仁川地域は地域別にまとめ、鎮座時期順に整理した。なお、仁川の金刀比羅宮・天満宮の祭日に関する記録は1891年に存在し、実際の鎮座時期は1897年より早かったとみられる(文献Ｉ・1353頁)。

ると、「忠君愛国の至誠を涵養し外は帝国の国威を海外に発揚」するとの記述がみられる。このような創建趣旨は鎮座過程にも確認できる。天照大神の神霊を奉戴するため、仁川領事の林権助は外務省を経由し、三重県にその手続を照会したが、地方の一神社が伊勢神宮より霊代を受け取った先例がなく、議論は難儀した。この問題に対し、伊勢神宮祭主の久邇宮朝彦親王が「事国内と異り、海外に於ける同胞邦人が敬神愛国の至誠を御感賞あらせられ、引いては皇威を海外に発揚する美挙なり」との反応を見せたこともあり、先例をやぶる形で神霊を受領することができた[*35]。

なお、京城でも早い時期から天照大神を祀る大神宮の創建が議論された。「京城神社御由緒記」という資料によると、神社創建は「朝鮮ガ未タ異邦タリシ明治二十五年ノ頃ヨリ京城居留民ガ我ガ帝国臣民特有ノ表徴トシテ皇祖天照皇大神奉斎ノ議ヲ提唱シ一時遥拝所」を設けたことにはじまるという[*36]。ここで名づけられた大（太）神宮という名称は、京城・大邱・三浪津の事例に表れているように、規模とは関係なく、伊勢神宮遥拝所という意味を持っていた。

以上のように、朝鮮半島に渡航した居留民は、早い時期から金比羅宮や稲荷神社を建て、海上安全や商売繁盛を祈願していた。また、神社が国民意識を形成する空間として認識されはじめたことから、伊勢神宮を遥拝する神社が各地に建てられた。皇祖神を祭神とする傾向は、なかんずく統監府期に入り一層明確になるが、天照大神を祭神とする神社は、居留民にとって帝国臣民としてのアイデンティティを育む場所として機能していた。このように、「韓国併合」以前の居留民創建神社は世俗的信仰と、天照大神に象徴される「国家神道」が共存する空間であった。

このような世俗的な神々と皇祖神の共存はどのように解釈できるだろうか。一般的には、「公」の国家神道と「私」の諸宗教が重なりあうことを、日本特有の信仰とみる島薗進の二重構造論を用いて説明される[*37]。二重構造論とは、天照大神を主祭神として祀りながら、他の私的神々を祀る構造を日本特有の信

[*35] 前掲書、『仁川府史』、1349頁。
[*36] 「国幣社関係綴」（韓国国家記録院所蔵、管理番号：CJA0003582）、「京城神社御由緒記」。1932年に作成されたものである。
[*37] 青野正明『帝国神道の形成――植民地朝鮮と国家神道の論理』岩波書店、2015年、終章。島薗進『国家神道と日本人』岩波書店、2010年、50～51頁。

仰としてみる観点である。これとは異なり、居留民の階層別に神社を必要とする理由が異なっていたとみる観点もある*38。居留民社会の上層部では「国民的一体性」の維持のために、中下層においては経済的な成功を祈願する目的で神社の創建が希望されていたとの説明である。両方とも説得力を有する。

　ただ、居留民創建神社の歴史を辿ると、これらの解釈では収まらない様態もみられることを記しておこう。日本と同様に居留民神社において公的信仰と私的信仰が衝突せずに共存したのは同様である。加えて、社会統合の装置として、神社の役割が設定された点も類似している。ところが、「韓国併合」後に公的信仰の神と私的信仰の神の間にヒエラルキーが明確になったのはすこし異なる点である。この点に関しては次節で取り上げる。

第2節　「韓国併合」後における神社制度の整備

第1項　「韓国併合」期の状況

　「韓国併合」期の神社創建の状況に関しては、概ね三つの統計が得られる。まず、【表6-1】の居留民神社を整理した表と、【表6-2】の1910年度の『朝鮮総督府統計年報』、1911年1月の警務総監部調査の「朝鮮ニ於ケル内地人経営ノ宗教情況」がそれである*39。これらの資料を比較すると、神社創建の状況はだいぶ異なる。まず、神社数に差がみられる理由は、調査方法と基準、すなわち神社神道と教派神道を区分するのか、私設の祠をどのように取り扱うのかなど、その基準が曖昧であったからであろう。加えて、総督府内務部では神社非宗教の方針を採っていたが、神社神道を宗教と集計した地域があるなど総督府の指針が地域まで伝達されていなかった。したがって、三つの資料を互いに照らし合わせることによって、実態に近い現況が得られると考えられる。

　まず、1910年度の『朝鮮総督府統計年報』によると、神社31ヵ所のうち、天照大神・神功皇后の皇祖神を祀るのは16ヵ所であった。皇祖神の奉斎は、

---

*38　山口公一、「「韓国併合」以前における在朝日本人創建神社の性格について」、54頁。
*39　朝鮮総督府編『朝鮮総督府統計年報』1910年度版、658頁。「社寺宗教（明治四十四年）」（韓国国家記録院所蔵、管理番号：CJA0004741）、「朝鮮ニ於ケル内地人経営ノ宗教情況」（警高機発第470号、明治44年1月調査）。

第6章　居留民創建神社の変容と地域社会

表6-2　『朝鮮総督府統計年報』の1910年版における神社統計

道	名称	所在地	神職	設立年月
京畿道	神籬神宮	京城倭城台	1名	1898年11月
	仁川皇大神宮	仁川宮町三丁目	1名	1890年10月
	菅原神社	同上		1897年12月
忠清北道	天照皇大神宮	報恩郡邑内面		1910年11月
忠清南道	江景大神宮	恩津郡江景		1909年5月
全羅北道	金刀比羅神社	群山府新興洞	1名	1903年10月
全羅南道	金刀比羅神社	木浦府務安通五丁目		1899年3月
慶尚北道	大神宮遥拝所	大邱府達城公園	1名	1908年10月
慶尚南道	金刀比羅神社	昆陽郡金陽面		1910年4月
	大神宮	密陽郡府内面		1904年5月
	稲荷神社	同上		1907年4月
	龍頭山神社	釜山府琴平町	1名	－
	龍尾山神社	釜山府本町一丁目	1名	－
	大神宮	馬山府桜町	1名	1909年11月
	金刀比羅神社	巨済郡長承浦		1907年10月
黄海道	稲荷神社	黄州郡兼二浦		1908年9月
平安南道	大神宮	鎮南浦府忠清町	1名	1904年11月
平安北道	大神宮	宣川郡宣川		1906年6月
	龍岩神社	龍川郡龍岩浦		1905年4月
江原道	琴平神社	蔚珍郡近北面		1910年10月
咸鏡南道	天照皇大神宮	元山府		1881年4月
	琴平神社	同上		1903年7月
	男山八幡宮	甲山郡恵山鎮		1909年4月
咸鏡北道	稲荷神社	清津府巴町二丁目		1908年1月
	住吉神社	清津府北星町		1909年11月
	金刀比羅神社	清津府魚市場指定地		1909年11月
	琴平神社	城津郡各国居留地		1910年9月
	大神宮	鏡城郡羅南吉野町		1907年3月
	金刀比羅神社	鏡城郡羅南春日町		1909年6月
	稲荷神社	鏡城郡羅南生駒町	1名	1910年11月
	大神宮	慶興郡慶興		1910年5月

出典　朝鮮総督府編『朝鮮総督府統計年報』1910年度版、658頁。
注　大(太)神宮の表記は大神宮に統一した。龍頭山神社・龍尾山神社の設立年月は原文のままである。

多様な出身者で構成される居留民社会の特質とも関連していた。例えば、1908年に平壌のある有志は、「皇祖神霊の奉祀を欠ぐは、日本人として一大欠点たる而已ならず、民心の統一、市況の発展に就ても亦た遺憾とする所少からず」と述べ*40、皇祖神霊の奉祀論を民長に提案していた。ここでいう「民心の統一」とは、九州・中国・四国・近畿・関東など多様な出身者で構成される居留民社会の統合が意識され、居留民社会をまとめる空間として神社が計画されたことを意味する。共同体はその性質上、統合のシステムを要するが、統合を導き出すものとして居留民社会が着目したのは皇祖神を奉斎する神社の創建であったといえよう。

一方、同時期の日本では、日露戦争後に神社の国家機関としての性格が強まり、皇祖皇宗思想が社会全般に広がった。居留民社会においても同様の傾向がみられる。これを裏付けるのが創建趣旨にしばしばみられる「報本反始」という言葉である。この四字熟語は、本に報い始にかえる意から、祖先の恩に報いることを意味する。帰するところ、皇祖神を祀る神社を創建する際に動員されたのが、祖先を敬う「報本反始」の論理であった。

他方、皇祖神のほかには、金刀比羅神、稲荷神、菅原神などが祀られていたが、渡航前から居留民にとって馴染みのある神々であった。だがこれらの神々を祀る神社は「韓国併合」後の制度整備に伴い、次々と統合・整理される。例えば、釜山・仁川の金刀比羅神社・稲荷神社・弁天神社は、天照大神を奉斎する神社の摂社・末社となる。結局、居留民の私的祈願の神々が公的「国家神道」に付属するように位置づけられ、神々の間にヒエラルキーが成立したのである。

このような再編過程を同時期の日本における神社合祀と比較すると、皇祖神を中核とする公的な信仰体制へ再編されたという意味で同様の方向性を持っていた。また、神社の体裁・設備に関する認可基準が提示された点も類似していた*41。しかし、その性格と実態は異なっていた。実際の神社に対する統合・整理が行われた日本に比し、朝鮮の再編過程は帳簿上の整理という性格が強かったとみられる。

---

*40 平壌民団役所編『平壌発展史』民友社、1914年、186頁。
*41 山口公一、前掲論文、「植民地朝鮮における「国家祭祀」の整備過程」、114頁、注60。

第2項　神社制度の整備と創建状況

　「韓国併合」の結果、居留民団が解散され、「府制」が施行された。これに伴い、従来居留民団が運営していた神社をどのように取り扱うかが問題となった。これに対し、総督府は「久しからずして社団法人組織と為すべき」との見解を示したこともあったものの、結局神社業務を掌る組織が出来るまで、神社経営は暫定的に府庁に移管された[*42]。このように府部における神社経営は概ね居留民団→府庁→氏子組織へ移管される経路をたどった。

　なお、神社に対する総督府の管理・監督権が強化された。1915年8月に制定された「神社寺院規則」（朝鮮総督府令第82号）の第1条には、「創立地ニ於テ崇敬者ト為ルヘキ者三十人以上連署シ朝鮮総督ノ許可ヲ受クヘシ」と定められた[*43]。神社創建において官庁の許可主義が採られたのである。創建を希望する地域では、創建の事由、神社の称号、地名、祭神、建物・境内地の坪数、図面、境内地周囲の状況、創建費用及び支弁方法、維持方法、崇敬者数などを記した申請書を提出し、許可を得る必要があった。

　「神社寺院規則」の制定趣旨は、神社運営の安定化を図ることにあった。1915年9月中旬頃に政務総監の山県伊三郎が各道長官宛に発した通牒には、「神社寺院ヲシテ必要ナル体制ヲ具備シ且維持ノ方法ヲ確実ナラシメ以テ其ノ尊厳ヲ保タシメムコト」が記述されていた[*44]。この主旨に基づき、山県は創立費用の支弁方法、神殿・拝殿の所有関係、出願者の地位・徳望・資産の状況まで詳細に調査するよう命じた[*45]。加えて、主務機関である総督府内務部は、「神社は我国体とも密接の関係あり之が設立維持に付ては特に慎重なる注意を要する」との立場から、神社の尊厳に失墜がないように、経営費の支弁・維持方法を重視していた[*46]。

　このような意図から、「神社寺院規則」の申請要件には崇敬者30人以上の連

[*42]『朝鮮新聞』、1915年6月9日、2面、「京城大神宮氏子組織決定」。
[*43]『朝鮮総督府官報』第911号、1915年8月16日。
[*44]「大正四年寺利関係書類」（韓国国家記録院所蔵、管理番号：CJA0004747）、「神社寺院規則施行ニ関スル件」。
[*45] 同上。及び朝鮮総督府慶尚南道庁「寺利郷校文廟其ノ他」（韓国国家記録院所蔵、管理番号：CJA0027590）、「神社寺院規則施行ニ関スル件」。
[*46]『朝鮮彙報』1916年1月号、54頁、「神社寺院規則及布教規則の要旨」。『毎日申報』、1915年8月20日、2面、「神社寺院規則」にも同様の記述がみられる。

署の提出が義務付けられた。神社に対する個人の私有化を防止するとともに[*47]、地域の有力者に参加を約束させる意味があった。また第3条には「神社ニハ神殿及拝殿ヲ備フヘシ」と規定され、施設要件が定められた。この要件には猶予条項が設けられ、創建許可を受けてから施設を完備することも可能であった。ただし、2年以内に神殿や拝殿を築造しなかった場合、許可は取り消された。新しく神社創建を計画する地域の住民には一定の猶予が与えられたのである。

「神社寺院規則」に引き続き、1916年には「神社ノ祭式恒例式及斎戒ニ関スル件」（朝鮮総督府令第49号）と「神職任用奉務及服装規則」（朝鮮総督府令第50号）が定められ、祭式・神職に関する制度が整備された[*48]。これらの規定は「内地」の神社法令を準用していたため、実質的に朝鮮の神社は府社県社以下の神社に準じて祭祀を行うこととされた[*49]。また、1917年3月には「神祠に関する件」（朝鮮総督府令第21号）が制定され、神社制度の整備は一段落した[*50]。神祠は、「神社ニ非スシテ公衆ニ参拝セシムル為神祇ヲ奉祀スルモノ」と定められたもので、小規模な日本人居住地に建てられた祠を公認する制度であった。神祠の創立にも神社と同様に許可主義が採られ、18人以上の連署を要件とした。以上のように、本国日本の制度を準用する形で、植民地朝鮮の神社制度は整備された。

なお「神社寺院規則」の施行から1919年末まで、36ヵ所の神社創建が確認される[*51]（【表6-3】）。この時期の神社創建は二つの類型に分類できる。開港場・開市場の居留地に建てられた既存の居留民神社が認可を受けた類型と、日本人の流入によって形成された集団居住地において新しく創建された類型がそれである。

祭神に関しては、天照大神と明治天皇を中心とする皇祖神を祀る体制が一層明確になった。例えば、晋州神社は朝鮮において明治天皇を祀る最初の神社であった。創建に際しては、朝鮮総督の長谷川好道からの配慮を受け、崇敬者総

---

*47　同上、『朝鮮彙報』1916年1月号。
*48　『朝鮮総督府官報』第1171号、1916年6月29日。
*49　山口公一、前掲論文、2014年、84〜85頁。
*50　『朝鮮総督府官報』第1387号、1917年3月22日。
*51　神祠を除いた神社数である。『朝鮮総督府官報』の彙報欄による。

表6-3 「神社規則」発布後の神社創建の状況（1915～1919年）

神社名 （創立許可年月日）	①所在地　②祭神　③出願主体　④出願代表の経歴　⑤創立前後の状況
水原神社 （1915.12.16）	①京畿道水原郡水原面　②天照大神　③近藤虎之助外48名 ④岡山県出身。新聞記者を経て、1897年に東京に移り、税務属となる。日露戦役の際に海軍軍属として旅順鎮守府に転ずる。横浜市吏員を経て、1906年漢城銀行水原支店設置に際し相談役に招聘され朝鮮に渡る。水原電気株式会社取締役、漢城銀行水原支店支配人代理、水原学校組合管理者（文献B・407頁）。 ⑤大正4年8月大正天皇御即位の御大典を行はせられたるを記念し奉る事業として水原八達会員に依り神社御造営を計画し同6年7月本殿・拝殿・社務所・神庫の上棟式を挙行同10年10月竣成をなす。因って同年5月崇敬者総代より神官神部署へ御霊代奉戴願を提出、同年6月20日神官神楽殿に於て右の旨厳粛に奏上御神楽奉納の上御下附せられ、同年10月29日御霊代を捧持盛大なる鎮座祭を執行した（文献A・328頁）。八達山の南中腹に厳然と位置し、伊勢大廟の分神にして大正6年10月29日に建立遷宮し奉ったものである。百餘の石段を登って社殿に詣で、目を転じて俯瞰すれば、一望の裡に水原の天地は展開しつつあるのである（文献L・87頁）。
開城神社 （1916.2.2）	①京畿道開城郡松都面池町511番地　②天照大神　③朴宇鉉外36名 ④1911～1912年開城郡守を歴任（文献C）。 ⑤大正3年御大典を記念し奉ると共に、開城郡松都面面民の氏神として崇敬すべき目的を以て一般内鮮人発起の下に……創立許可を受け、社殿及拝殿並に社務所を造営し、社号を開城神社と奉称し開城府の総氏神として今日に至る（文献A・327頁）。
大邱神社 （1916.4.22）	①慶尚北道大邱府達城町達城公園　②天照大神　③渋沢周蔵外41名 ④不詳 ⑤大正2年大邱神社と改称し更に大正4年神殿造営費を募集して改築し、同年公布の神社寺院規則に基き同5年4月22日付を以て創立を許可せらる。爾来御神威の発揚に伴い又社殿其の他附属建物の改築拡張の餘儀なきに至り、三度寄附金募集の上神殿拝殿社務所の再改築をなした（文献A・386頁）。大正2年に至り大邱神社と称し奉り大正4年神殿をば改築すると同時に参殿をも新築し漸次神社としての体裁をば具備するに至りしが……翌5年4月22日附を以て大邱神社創立件許可せられたり。かくて同10年11月2日許可を得て金参万円の寄附金を募集し神殿拝殿の改築並に社務所の移転改築を断行し同12年7月竣工するに及び全く従来の面目を一新するに至れり（文献O）。大神宮遥拝殿建立せられ神官詰所を置くに至りて岩崎田寅也氏之に任ぜられ、民団神社として氏子総代を選挙し、城戸唯次郎、岡田喜八、神谷豊功、斎藤芳造、須田三平、河井朝雄、杉原新吉、境萬次郎の諸氏当選せり。公園が次第に体裁を具へ、祭祝日には数万の群集を容るるに至り、遥拝殿の位置適当ならざるを以て、本年別に高地を選定し、且社厳を保たんが爲め拝殿新築の計画起り、更に正面高地に建築して参拝者の瞻仰する所と為れり。現神職として藤井勇次郎氏奉仕せり（文献R・182頁）。
仁川神社 （1916.4.24）	①京畿道仁川府宮町25番地　②天照大神　③久水三郎外41名 ④青森県出身。外務省外交見習生を経て、1882年京城勤務を命じられる。1883年領事代理として仁川に赴任する。元山・清国勤務を経て、1897年一等領事となり木浦の初代領事となる。その後、オーストラリア・シンガポールの海外領事館で勤務する。1908年大邱・元山理事庁の理事官を経て、1910年仁川府尹に任命される。1916年朝鮮総督府事務官に任命される（文

第Ⅱ部　在朝日本人社会と植民地空間

	献B・548頁)。 1910〜1916年仁川府尹、1916〜1919年朝鮮総督府総督官房外事課長（文献C)。 ⑤明治41年には御神幸祭を設定して今日の仁川府の殷賑を作り、大正4年現社殿に改築、同5年に至り朝鮮総督府神社規則の発布に伴ひ御社号を仁川神社と改め……大正11年10月明治天皇を合祀奉斎して御祭神を二座に改む。境内社（稲荷社、金刀比羅宮、天満宮、愛宕社）（文献A・326頁）。
松島神社 (1916.5.3)	①全羅南道木浦府松島町1番地　②天照大神　③橋本豊太郎（木浦府尹） ④新潟県出身。外務省書記生として京城領事館駐在を命じられ、1905年朝鮮に渡る。1907年に城津理事庁の清津支庁に勤務し、1908年理事庁副理事に任じられる。「仁川に転じて併合工作の為めに活躍」、併合後に木浦府の初代府尹に任命される。1922年に鎮南浦府尹を最後に退官した（文献D・357頁)。1910〜1919年木浦府尹を歴任（文献C)。 ⑤明治43年の創設であって、時の木浦居留民団団長が主となって社殿を造営し、天照大神を鎮祭したのに始まる。爾来木浦港の発展に伴ひ居住邦人の増加を見ると共に氏神崇敬の念愈々深まり社頭の繁栄日に月に篤くなって今日に至る。境内社（金刀比羅社、稲荷社）（文献A・360頁）。
統営神社 (1916.5.4)	①慶尚南道統営郡統営面朝日町　②天照大神　③瀬川禎司外29名 ④統営工業伝習所設備品として200円を寄附、大分県平民（『朝鮮総督府官報』第172号、1913年2月28日)。
平壌神社 (1916.5.4)	①平安南道平壌府慶上里光風亭　②天照大神　③宮川五郎三郎外46名 ④福岡県出身。1895年朝鮮に渡り、平壌において醬油醸造業を開始する。宮川商店主・平壌電気会社長（文献B・509頁)。 ⑤明治44年6月18日民団役所に於て有志協議の上平壌神宮奉効会を結成、明治45年8月25日現鎮座地に於て地鎮祭執行、大正元年12月17日伊勢神宮に参祇して御霊代を奉載、大正元年12月26日上棟祭執行、大正2年1月1日鎮座祭を執行、爾来祈年祭・新嘗祭・例祭並に春季大祭には平壌府より幣帛料を供進された（文献A・409〜410頁)。大正元年居留民団存立の当時居留民の団体より成る平壌神宮奉効会の設立に係るものにして大正元年12月17日伊勢神宮より御霊代を奉載し大正2年1月1日鎮座祭を執行……御鎮座以来例祭新嘗例祭の三大祭には平壌府より幣帛を供進し官国幣社以下神社の制に準じ府尹供進使として参向の例にして府民崇敬の中心となり神徳を景仰今日に至り…（文献O)。
京城神社 (1916.5.22)	①京畿道京城府倭城台町南山　②天照大神　③谷村頼尚外69名 ④三重県出身。東京第一中学校を経て国学院大学に入学、皇典を講究する。後に早稲田大学法政科に入学・卒業する。国学院大学の講師となり、古典祭式を研究する。1912年明治天皇の崩御時に朝鮮総督府の招聘により、副祭官として朝鮮に渡り、御大葬遥拝式を行う。同年12月に京城居留民団に招聘され京城神社の神職となる。「同氏赴任以来社運頓に揚り今や歳入赴任当時に十倍するに至れり」。1917年頃、京城神社の神職であった（文献B・208頁)。 ⑤大正2年日本居留民会の決議に依り、毎年神宮神嘗祭日を以て恒例大祭日と定め10月17・18日の両日共鳳輦渡御式を行ひ府内各町洞を巡行し龍山御旅所に御一泊、初め神輿を以てしたが、2年後に至り御輦に改め2日間略程9里に及び沿道の群集数10万内鮮人の区別なく、府民慶祝の年中大祝日となり、其盛んなること海外第一と称せらる。摂社（天満宮）（文献A・320〜322頁)。

第6章　居留民創建神社の変容と地域社会

鎮海神社 （1916.6.2）	①慶尚南道昌原郡鎮海面　②天照大神　③松尾重信外49名 ④石川県出身。1904年朝鮮に渡り、北陸土木会社京城出張所主任となる。その後北陸組を組織して社長となる。平壌居留民団議員、平壌商業会議所議員、統監府防疫委員などを歴任する。1910年に鎮海へ移住し、常磐商会（金物商、陶器製造、土木建築請負、海産物販売）を開く。鎮海学校組合議員、衛生組合長、鎮海繁栄会会長を歴任（文献B・354頁、文献D・118頁）。 ⑤大正4年6月鎮海繁栄会の主唱により御大典記念遥拝殿設置の議先づ決し、同年8月神社規則の制定を見て改めて神社を建設する事に変更し、時の要港部司令官は率先して水産会社鎮海支部委託金多額を建設資金として寄進し祖神崇敬の範を示された。大正5年6月2日建設許可を得大正5年10月21日伊勢神宮に於て特別大麻及御神鏡の授与を受け同24日鎮海小学校に仮奉安……三日午前1時30分御鎮座あらせられた（文献A・400〜401頁）。
龍川神社 （1916.7.18）	①平安北道龍川郡龍岩浦　②天照大神　③三浦義深外34名 ④1908年度支部灯台局。1910〜1912年通信局龍岩浦監視所勤務を経て、1912〜1915年通信局龍岩浦出張所通信技師（文献C）。 ⑤同地方民の崇敬篤く大正5年7月18日には神社令に依って公認神社として創立許可せられて今に至っている。尚境内社として稲荷社が奉祀されている（文献A・417頁）。
咸興神社 （1916.8.21）	①咸鏡南道咸興郡咸興面郷校里　②天照大神　③寺本幸太郎外39名 ④京都府出身。1892年に大阪の貿易商に入り、同商店の元山支店詰となる。以来、仁川や京城支店での勤務を経て、1898年再び元山支店に復帰する。1901年独立し貿易商を営む。寺元商店主（貿易、用達、印刷業）（文献B）。1914〜1918年咸鏡南道地方土地調査委員会臨時委員（文献C）。1908年3月咸興草分の時代に移住せられ貿易商を営み其の傍ら地方の開発に尽瘁す（文献E・80頁）。 ⑤明治の末期より大正の初めにかけ北鮮地方の発展と共に居住民の数百数十戸に達するや早くも神社創立を熱望する者次第に多きを加へ仍ち官民懇談会を開催し……官民より創立委員を推薦し専ら進めたる処大正5年8月21日附を以て神社創立の件許可せられ同年10月神殿を建設せしに始まり翌年大正6年10月拝殿を建設し其の翌大正7年9月16日には時の朝鮮総督府長谷川好道閣下当社の為めに親ら伊勢皇大神宮より御霊代を懇請し奉り一時朝鮮総督府に奉安し奉り同年10月1日当神殿に鎮斎せられたり。爾来神嘗祭当日を例祭日と定め奉斎景仰し奉りたり（文献N）。北鮮の雄都咸興の氏神として大正5年8月21日創立せられた咸興神社は天照大神を奉祀して今日に至っている（文献A・427頁）。
瑞穂神社 （1916.8.30）	①全羅北道沃溝郡瑞穂面外日里　②天照大神・豊受大神・市杵島姫命（文献A・355頁）　③川崎藤太郎外41名 ④新潟県出身。1905年4月に朝鮮に渡り、農業・植林に携わる。1914年の新嘗祭と1915年の大嘗祭時に供御献納米耕作を命じられる。全羅北道住民の代表として大正天皇の大礼に参列した。川崎農場経営、瑞穂学校組合管理者（文献B・164〜165頁）。 ⑤1919年3月に瑞穂里1275番地から822番地へ移転（『朝鮮総督府官報』第1981号、1919年3月19日）。
密陽神社 （1916.9.12）	①慶尚北道密陽郡府内面駕谷里　②天照大神・八幡大神・譽田別命・比賣神・長滯姫命　③松下定次郎外65名 ④岡山県出身。1901年に朝鮮に渡り、京釜鉄道工事に携わる。密陽郡上南面の平野において水田を開墾する（文献M・223頁）。1919年設立の密陽財興株式会社取締役社長（文献J・27〜28頁）。

291

	⑤神社の大正4年6月の創立にして、始め天照大神・八幡大神の遥拝所なりしが、崇敬者一同の希望に依り大正5年9月12日神社の創立を許可せられ祭神として天照大神・誉田別命・比売神・長滞姫命を奉祀して今日に至る（文献A・399頁）。
全州神社 (1916.9.27)	①全羅北道全州郡雨林面多佳山　②天照大神　③岩崎虎次郎外32名 ④福岡県出身。1904年7月東京帝国大学政治科を卒業後、大阪麦酒会社に勤める。1908年5月に朝鮮に渡り、度支部に勤める。1909年2月に全州農工銀行支配人となる。1918年10月朝鮮殖産銀行に入り、翌年5月に仁川支店に転ずるが、同年12月に朝鮮商業銀行の支配人となる（文献G・13頁）。 ⑤居住民も亦逐次増加し明治43年に住内地人多佳山の頂（前御鎮座地）に鳥居を建設し皇大神宮の遥拝所とし全州在住民の伊勢神宮遥拝の聖地とせしが大正3年在住官民の間に於て全州神社創立の議起り広く道内在住内鮮人の浄財を募り遥拝所の地に社地とし同年10月神殿其他の御造営を竣成し引続き諸設備の完成を遂げ大正5年2月天照皇大神を御祭神と仰ぐべき…（文献N）。全羅北道の総鎮守全州神社は、大正5年9月29日の創建で、最初天照大神を主神として奉祀したが、後明治天皇並に国魂大神を追祀して今日に至る（文献A・346頁）。
鎮南浦神社 (1916.9.25)	①平安南道鎮南浦府龍井町41番地　②天照大神　③岩本直太郎外73名 ④山口県出身。1892年志願兵として近衛氏団に入隊し、翌年軍曹となり、1907年中尉へ昇進する。その間日清戦争・日露戦争に従軍する。1910年3月に朝鮮に渡り、水産運送業を営む。鎮南浦電気会社監査役、鎮南浦学校組合議員、帝国在郷軍人会鎮南浦分会長（文献B・25〜26頁）。 ⑤明治37年3月碇泊場司令官榊原少将を始め官民有志熱心に神社建立の議を唱へたるため遂に市民の響応するところとなり、愈々神社建立に決し其の御造営費は一般敬神家の醵出に俟つ事となり、夫々委員を設け日本居留民より2500円を募集し、地所3640方米を買収し……神明造御本殿の上棟式を執行、同12月22日壮厳なる遷御式が執行せられた……明治43年9月神社地所を居留地界に返売し、現在の国有地1万428坪を神社境地として貸与を受け永久に其の特権を有するに至ったので、直ちに境内を開拓、神庫を新設し、続いて大正元年10月社務所の改造、拝殿の新設をなす等神社の進展を見つつ今日に至っている……神社令の制定に伴ひ更に内鮮民共に崇敬者となり改めて神社創立を出願して公認神社として許可せられるに至った（文献A・410〜411頁）。
群山神社 (1916.12.19)	①全羅北道群山府西濱町9番地　②天照大神　③磯部謙哉外40名 ④群山に於ける元老中の元老。1904年日露戦役中に、視察の為朝鮮に渡る。大阪の福田又商店群山支店の支配人となる。建築材料の販売、毛布の軍隊納入、葉銭の整理等に携わる。1907年群山商業会議所の設立を発起し、初代会頭となる。この他、居留民団議員、学校組合議員、府協議会委員などを歴任する（文献D・115頁）。三重県出身。明治37年……当時人心安定せず従って各地との取引にも危険を伴ふ時代にも不拘全南北忠南北地方に於て土木建築材料其の他鉄材の供給販売に従事し極力日本商品の販路を拡張し地方民の為便益を計り……大正4年群山神社の設立に当りては其の中心となり率先寄附を申出て之か建設を完成したり。150円寄附（文献F・985頁）。 ⑤大正4年11月10日大正天皇御登極の大典を永遠無窮に記念し奉る可く、新たに群山神社の創立を決議し、時の府尹天野喜五郎［喜之助］を神社創立委員長に、民間より7名の委員を挙げ外に通常委員12名を指名し、公会堂期成会金約2千餘円と、浄財約4千有餘円を得たるを以て、先づ本殿を伊勢神宮棟梁中川清右衛門に謹造を託し、拝殿・鳥居・土工・舎宅等は府内の営業者

第6章　居留民創建神社の変容と地域社会

	に建造せしめた。斯くして大正5年10月16日伊勢神宮神楽殿に於て祭儀を厳修の上拝戴したる御霊代を奉持して着群し一時府庁の御真影奉安殿内に仮安置し、一方竣工したる総白檜木神明型の木の香床しき神殿の清祓式を11月8日奉修し、翌9日正遷宮御鎮座祭を厳修し越へて御即位礼当日祭を執行し、16日には大嘗祭を奉仕し、茲に彌々皇上の御尊栄と国家の隆昌とを祈願し奉り、群山府の氏子府民並に崇敬者大衆の安全幸福とを守護在らせ給ふ霊域となり給ふのである（文献A・347～348頁）。群山神社奉安の議を提唱したのは実に大正四年六月であって時の群山府尹天野喜之助氏を神社建設委員長に群山警察署長原龍橘氏を副長に推薦し民間より磯貝謙哉、大澤藤十郎・樋口虎三・中柴萬吉・伊藤光三郎・千葉・守橋虎之助の七氏を選挙して委員と為し公会堂期成会より弐千五百五拾円五拾壱銭の引継ぎを受け更に群山府在住民より寄附金三千九百七円四拾五銭の募集を為し拝殿・鳥居・神殿住宅及び土工等は府内の営業者に請負はしめ御本殿は時の三重県宇治山田市長福地由廉氏の周旋に依り皇大神宮奉仕の棟梁中川清栄門氏に謹製せしめ畏くも伊勢皇太神宮御正殿の十二分の一に相当する正式の純神明造の檜の御社殿を現今の浄地に奉建したのである（文献S・255～256頁）。
元山神社 （1916.12.26）	①咸鏡南道元山府泉町一丁目　②天照大神　③渡邊半蔵外31名 ④不詳 ⑤市街地の発展に伴ひ境内狭隘を感じ、明治42年に至り泉町長徳山上に遷座し翌43年社地を拡張し社殿参道を改修し、大正3年に至り府制実施と共に神社の維持経営を居留民団より氏子組合の手に移した（文献A・428～429頁）。
光州神社 （1917.5.1）	①全羅南道光州郡光州面郷社里18番地　②天照大神　③下坂重行外29名 ④1911～1914年忠清南道内務部道書記、1915～1918年全羅南道第一部道書記（文献C）。1918年当時学務主任（『毎日申報』1918年8月25日）。 ⑤居住民の数亦逐次増加し大正元年には内地人戸数は716戸、人口3千餘人を数ふるに至る。茲に於て十餘年来神社の創立を熱望せる官民は市街地の西南光州を隔てたる亀岡公園地の丘陵一帯9700餘坪の浄地を卜し大正元年8月先づ伊勢神宮遥拝殿を建設した……許可を得るに至り同年11月吉日を選び伊勢神宮より天照大神の御霊代を拝戴し盛大なる鎮座祭を執行し茲に恭しく御神霊を鎮斎し奉る（文献A・358～359頁）（文献O）。
平安神社 （1917.5.7）	①平安北道新義州府桜町38・40番地　②天照大神　③祝出布太郎外41名 ④1913～1924年朝鮮総督府営林廠書記（文献C） ⑤明治43年朝鮮総督府営林廠官吏祝出布太郎氏官命に依り咸鏡南北道巡察の際神明の加護を痛感してこの新義州に神社建設を思ひ立ち、営林廠長陸軍工兵大佐時尾善三郎氏・新義州府尹深川伝次郎氏・鴨江日報加藤銕治郎氏・高橋種次郎氏・新義州民民役所桑原京太郎氏等と相謀って遂に建立を決定し、明治44年2月15日趣意書を発して浄財を求めたところ皇祖の御稜威輝く新領土の住民は欣然として金員を携行此の挙に賛した。よって委員を選定し事務を開始し、3月11日に地鎮祭を執行して萬代不滅の基礎を安定、北鮮国境の総鎮守神として永く鎮祭されて今日に至っている（文献A・414頁）。同地在留の営林廠員祝出布太郎氏深く之を遺憾とし、敬神家の同士を糾合して神社の事を謀りたるに、賛成者頗る多く、工兵大佐時尾善三郎氏を建立委員長に推し、委員十餘名を選んで寄附金を募集し、直に工事に着手したるが、敷地は民団役所誘致内千坪を卜し道名に因りて平安神社と名づけ、十五日神殿の工を竣へ、本年中に社務所まで全部落成せしめんと工事を急き居れり。此祠の祭神には天照大神を勧請し、相殿には八幡大神として男山八幡宮、生月大神の二座、天津児屋根命として春日神社を勧請し、神霊の着御を

待って、来月一二の両日上棟式神霊鎮座式の大典を施行する予定にて、当日は各町より一台宛の花車を出し、旗行列、提灯行列をも催さんと目下住民一同非常な意気込にて準備中なり…（文献Q・48頁）。

晋州神社 （1917.5.14）	①慶尚南道晋州郡晋州面内城洞　②明治天皇　③石井高暁外29名 ④1916年当時晋州学校組合管理人、天長節奉祝会会長（『毎日申報』、1916年5月12日・10月29日）1914〜1916年慶尚南道地方土地調査委員会臨時委員（文献C）。 ⑤内地人二千人、朝鮮人一万餘人を算するに至り愈々官民有志の間に神社奉祀の議が熟するに至った。そこで先づ施設の第一着手として将来神社に関する法令発布後、神社拝殿に充当するの見地から遥拝所建設の計画を樹て、大正四年一月、晋州神社奉祀会を組織し、晋州公園内の聖地を卜して同年9月13日に起工し、同年11月10日大正天皇御即位大礼の吉辰に落成式を挙行…（文献A・94頁）。朝鮮総督長谷川好道閣下の勧請にかかる神社であって、大正4年遥拝所を建設、同6年5月14日神社創立を許可せられた。御祭神明治天皇を奉祀するの例が鮮内になかったので総督は御裁可を仰いで後、神社創立を許可せられた。これを以て朝鮮鎮座の民社であって御裁可を仰いだ嚆矢とする。依って総督は御神慮を恢み、斎戒敬仰の厳儀を奉修すべく崇敬者総代を本府に出頭御霊代を奉戴拝受せしめ、大正6年5月14日御鎮座祭を執行せしめられた（文献A・396頁）。
清津神社 （1917.5.14）	①咸鏡北道清津府日賀町　②天照大神・明治天皇　③伊東荒吉外19名 ④広島県出身。1911年大阪右近商事会社所有の土地家屋の支配人として朝鮮に渡る。その後、中国において木材伐採業に従事し、朝鮮や日本に販路を開拓する。また、鉱業の許可を得る。伊東商会主（木材、穀物、セメント、縄叺商）（文献B・3頁）。1914〜1917年咸鏡北道地方土地調査委員会臨時委員（文献C）。 ⑤当時露領に最近接の開港場であって、既に私設の神社があり、天照大神に明治天皇を祀り創立を許可せられた……大正6年5月14日天照大神を奉祀し後、明治天皇を合祀して清津神社が公認神社として創立されるに及んで金刀比羅神社は境内社となって今日に至っている（文献A・89、433頁）。明治45年7月30日、明治天皇神去りましまして此に税関山々腹なる老松の附近に遥拝所を設けられたるが之を機として清津神社即ち明治大神宮を建設せんと爾来夫々準備中なりし所愈々当港三千の氏子醵金する所あり。大正4年10月遥拝所より稍々上方の高地を卜して建設することとなり、内地より神殿に要すべき檜材を取寄せ昼夜兼行造営を急ぎ11月9日落成遙宮式を行ふ。而して翌10日の御大典当日をもって第一回祭礼を行ひ爾後毎年4月1日の開港記念日及び10月31日天長の佳節を以て祭典恒例となす（文献T・55〜56頁）。
東山神社 （1917.5.18）	①全羅南道長城郡長城面上草里東山　②明治天皇・昭憲皇太后 ③井上宇忠外100名 ④不詳 ⑤明治45年7月30日明治天皇俄かに崩御あらせらるるや国民の驚愕哀悼措く能はず深く謹慎の赤誠を表はさざるものはなかった。同年9月13日御大葬行はせらるるに至り、当地在住民はこれが遥拝所選定につき最も清浄にして而も尊厳を保つべき地域を選ぶ必要上官民一同苦心考慮の結果、老松古柏鬱蒼として自ら森厳の気に満つる邑内北端に当る一丘陵を相し尚且之を数百年来の歴史に徴するに、古来東山と称し絶頂に壇を設け等の時に在っては県監此所に祈雨の祭典を行ひたる霊地と伝へられるの外聊も不浄の地と認むべきものがないのみならず、神域として他に殆んど観る事の出来ない山相であるため直に此所に決定し、内鮮人を問はず官民競ふて応分の醵金を為し又

第6章　居留民創建神社の変容と地域社会

	賦役に服し表参道及裏参道を開き山嶺の岩石を開鑿する等日成らずして数百坪の祭場を設けて茲に壮厳なる遥拝式を挙行するに至った。保存の議が起り、永久に明治天皇の御聖徳を仰ぎ奉らんが為め忽ちにして東山保存会の組織を見ると共に都内官民一同の醵金を以て遥拝所跡に将来明治天皇を御祭神とする神社の創建を決議するに至った。先づ神殿を建設してこれを明治天皇遥拝殿と称し、大正2年7月には有志の奉納寄進に係はる花崗岩の石段及一対の石灯籠其他悉く竣工を告げ一方祭式に要する調度を調へて同月30日明治天皇第一年祭に当り、壮厳なる大祭を執行するに至り、爾来引き続き毎年祭典の盛儀を行ったのであった。然るに一般居住民は一年一回の遥拝祭典のみにては充たされなく、大正5年2月都内官民相図り、崇敬者組織及維持方法を講じて神霊を鎮祭し明治天皇昭憲皇太后の御聖徳を長へに仰ぎ奉らんが為に正式に神社として奉祀すべく公式の手続を採る事になり……その後拝殿を建設し境内を整備し更に数百本の桜を植え込む等一段の風致を添え明治天皇奉祀の鮮内に於ける異色ある神社として神域の容成全く成って今日に至る（文献A・361～362頁）。
城津神社 (1917.6.8)	①咸鏡北道城津郡鶴城面城津本町　②天照大神　③高濱清吉外29名 ④城津公立小学校に寄附。兵庫県平民（『朝鮮総督府官報』第817号、1915年4月27日）
大田神社 (1917.6.11)	①忠清南道大田郡外南面蘇堤里　②天照大神　③磯邉益太郎外42名 ④大田居留民会評議員、1912年大田学校組合初代議員。1915年忠清南道地方土地調査委員会臨時委員（文献C）。 ⑤朝鮮総督府の社寺令発布に依り其の組織資格を改むる事となり。曩に大田有志者より大田神社として天照皇太神宮を祀る可く其の筋に請願する所あり。既に認可を得たれば茲に一両年中に社殿の改築及び敷地を改め遷座する計画なり。斯くて社寺教会所は建設及び維持の費用は大部分市民の喜捨する所なれば…（文献H・45頁）。
義州神社 (1917.6.11)	①平安北道義州郡義州面南門洞義州公園東　②天照大神 ③宮崎壽八外29名 ④不詳 ⑤大正元年8月時の平安北道長官内地旅行を機とし、伊勢神宮に参拝天照大神の御璽を拝戴し神殿を建設して奉斎後大正4年8月拝殿を新設し境内を拡張、大正6年6月11日神社創立を許可せられて今日に至る（文献A・415頁）。
江景神社 (1917.6.12)	①忠清南道論山郡江景面北町　②天照大神　③坂上富蔵外33名 ④山口県出身。明治大学・中央大学を卒業した後、1905年に朝鮮に渡る。1907年に江景日本人会評議員となり、1908年に江景小学校校舎建築に尽力する。1912年の日本人会の解散後は、学校組合議員となる。1913年から学校組合管理者として長年勤める。後に、江景面長・邑長（文献D・542頁、文献F・963頁）。『最近江景案内』（1911年）の著者。 ⑤大正8年7月伊勢山田市より神官御用木匠聘し神明造の御神殿を建立、大正12年10月氏子及篤志者の寄進により拝殿の新築、社務所の改築境内の整理参道の改修を行ふ（文献A・340頁）。
三浪津神社 (1917.6.12)	①慶尚南道密陽郡下東面松旨里　②天照大神　③亀田門次郎外32名 ④1909年三浪津会長（『統監府文書』第9巻、57番）。

龍頭山神社 (1917.7.10)	①慶尚南道釜山府弁天町二丁目1番地　②天照大神、大物主神、住吉大神（底筒男命・中筒男命・表筒男命）、應神天皇、神功皇后、菅原道真公、豊臣秀吉公、宗義智公、倉稲魂神、猿田彦神、大宮女神、市杵島姫尊、武内大神、加藤清正公、朝比奈三郎義秀公（文献P・102〜103頁）　③印束衛助外64名 ④不詳 ⑤明治41年度よりは理事庁承認の下に釜山居留民団規則第12号神社氏子総代規則同第13号神社経費供進規則並氏子総代服務規程及訓第5号神職金品収支に関する件等の規定に基き氏子総代18名を各区より選出し……41年度は居留民団より900円の供進金を受け42年度以降大正2年度迄は毎年金壱千円宛の供進を受け大正3年度民団撤廃後は毎年度700円を府庁より供進せられ現今にては社入の金崇敬者醵出金並に府よりの供進金を加算したる3800餘円の経費を以て維持するもの也。境内末社（稲荷社）、境外末社（宮島神社）、境外摂社（龍尾山神社）（文献P・96〜104頁）
北青神社 (1917.10.8)	①咸鏡南道北青郡老徳面西里霊徳山　②天照大神　③坪倉二三外40名 ④山口県出身。「氏は日常人に語りて曰く冀くは北鮮の開拓が徹底的き行はれ繁栄の実況を視て生を終りたし」。1909年北青に移住し、貿易・雑貨商を営む。主に咸鏡南道産の大豆を転売し、富を蓄積する。学校組合議員・消防組頭を歴任し、1915年に朝鮮消防教会総裁より表彰される。1917年北青学校組合管理者となる（文献D・213頁、文献F・1159〜1160頁）。
裡里神社 (1917.10.29)	①全羅北道益山郡益山面銅山里　②天照大神　③枝吉富士若外37名 ④不詳 ⑤裡里の東方五町餘の銅山里に鎮座し、大正二年の秋に建立したのである。建立費は総て市民の寄進であって、約六百円を要した丈けに殿堂等荘厳を極めて居る。例年五月十月の四五両日に春秋の祭典を行ふことになって居るが、裡里年中行事の一つであって当日は非常に殷賑を極むるが例である（文献I・52〜53頁）。大正2年に至っては優に300名以上を見るに至り、住民一般神社の建設を熱望する餘り発起人協議の上、京都より木工を招き銅山町丘陵に神祠拝殿社務所を造営し、同年10月5日竣功、皇大神宮より御霊代を拝受し爾来春秋2回祭典を挙行一般内鮮人に敬神の念を涵養し且つ遥拝等の儀は此の地を以て行ったが、大正5年2月20日30餘名の連署を以て神社の創立出願、大正6年10月29日許可せらる（文献A・349頁）。
大場神社 (1917.10.29)	①全羅北道益山郡春浦面大場村里　②天照大神　③細川隆恒外35名 ④1910〜1926年全羅北道大場村郵便所長（文献C、文献I・159頁）。 ⑤明治45年1月有志の間に神社創立の議起り、直ちに寄附金募集に着手して同年9月1日工を起し、同12月1日竣工、同月15日鎮座祭を執行、後朝鮮に於ける神社規則の発布に依り正式に神社創立を許可せられ今日に至る（文献A・354頁）。大場村は朝鮮に於ける内地人の模範農村として……内地人77戸、273人、朝鮮人1128戸、5250人を有し、憲兵出張所、郵便所、面事務所、軽鉄停車場、尋常小学校、神社、細川農場、今村農場、水利組合等があって至って便利且つ繁華の地である（文献I・158頁）。
春川神社 (1918.3.11)	①江原道春川郡春川面要仙堂里　②天照大神・明治天皇（文献A・89頁、文献J）　③稲垣清三郎外103名 ④神戸市出身。1907年に朝鮮の春川に渡り、穀物商を営む。果樹栽培に従事しながら、春川学校組合管理者を務める（文献B・29頁）。江原道地方土地調査委員会臨時委員（文献C）。 ⑤大正2年以降、春川在住敬神家に依り春川邑鳳儀山麓に一小祠を建て大神

第6章　居留民創建神社の変容と地域社会

	宮と称へ年々春季に於いて祭典を行ふ例とせしが、大正4年8月16日神社寺院規則発布の結果、従来の儘にては廃祠の外途なきを以て茲に有志相議り同規則に依り出願し、大正7年3月11日附を以て創立許可せられ春川神社と称へ森厳を保ち一般住民の敬神思想涵養上遺憾なからむことを期し、大正7年8月17日地鎮祭を執行直ちに起工し大正8年6月30日竣工、同年7月7日地鎮祭を執行せり（文献A・422頁、文献O）。
海州神社 (1918.6.11)	①黄海道海州郡海州面龍首峰　②天照大神　③鈴木平四郎外41名 ④海州電気株式会社発起人（『毎日申報』1916年5月27日）。 ⑤始め天照大神一柱を奉祀していたが、後明治天皇・国魂大神・素盞鳴大神を追祀して今日に至っている（文献A・404頁）。
金刀比羅神社 (1918.6.18)	①全羅南道麗水府麗水面東町949の46　②金刀比羅神 ③今木武一郎外84名 ④麗水水産監査役（文献K・112頁）。
馬山神社 (1919.6.23)	①慶尚南道馬山府桜町4番地　②天照大神　③友田松二郎外32名 ④不詳 ⑤境内は従来馬山公園として桜ヶ岡の名と共に風光明媚なる馬山港を一眸に纏め、春は花、秋は月に真帆片帆の展望絶勝の神域として神慮又畏き極みである（文献A・397頁）。
会寧神社 (1919.6.5)	①咸鏡北道会寧郡会寧面二洞51番地　②天照大神・明治天皇 ③渋谷義二郎外33名 ④新潟県出身。日清戦役の時に陸軍用達。日露戦争後、会寧に国境守備隊が置かれたのをきっかけに定住し、陸軍相手の営業や国境貿易に従事する。会寧日本人会の会長として務める（文献D・329頁）。

出典　神社の出願年月日・所在地・出願主体に関しては、『朝鮮総督府官報』の彙報欄による。祭神と創立前後の状況に関しては主に文献Aによる。文献A：岩下伝四郎編『大陸神社大観』大陸神道連盟、1941年、29～51・87～98・319～437頁。この他の参考文献は次の通りである。文献B：朝鮮公論社編『在朝鮮内地人紳士名鑑』、1917年。文献C：『朝鮮総督府職員録』(http://db.history.go.krのデータベースを利用）。文献D：阿部薫編『朝鮮功労者銘鑑』民衆時論社・朝鮮功労者銘鑑刊行会、1935年。文献E：畑本逸平編『咸鏡南道事業と人物名鑑』咸南新報社、1927年。文献F：朝鮮総督府編『朝鮮総督府始政二十五周年記念表彰者名鑑』、1935年。文献G：朝鮮中央経済会編『京城市民名鑑』、1922年。文献H：田中市之助編『大田発展誌』、1917年。文献I：山下英爾編『湖南寶庫裡里案内——附近接地事情』恵美須屋書店（益山）、1915年。文献J：江原道編『江原道々勢要覧』江原道（春川）、1926年。文献K：中村資良編『朝鮮銀行会社要録』東洋経済時報社、1921年。文献L：酒井政之助『水原』酒井出版部、1923年。文献M：小田幹治郎『小田幹治郎遺稿』小田梢（神戸）、1931年。文献N：JACAR（アジア歴史資料センター）Ref. A 03010213400、公文類聚・第六十八編・昭和十九年・第八十二巻・社寺・神社・陵墓（国立公文書館）。文献O：JACAR（アジア歴史資料センター）Ref. B 02031402700、帝国議会関係雑件／説明資料関係　第三十四巻（外務省外交史料館）。文献P：大曲美太郎編『龍頭山神社史料』龍頭山神社社務所、1936年。文献Q：『全国神職会会報』第152号、1911年6月、「新義州の産土神」。文献R：大邱府編『大邱民団史』秀英舎、1915年。文献S：保高正記・村松祐之『群山開港史』、1925年。文献T：国井天波『大清津港』元山毎日新聞社、1916年。

代が総督府に出頭し、霊代を受領した。この他に、明治天皇は清津・春川・東山・会寧神社で祀られた。これは、「韓国併合」を成し遂げ、帝国日本の領土を広げた功績を称える意味があった。同様の意味から、明治天皇と昭憲皇太后を奉祀していた東山神社には、鎮座に際し境内に数百本の桜が植えられた。

なお、創建を出願した代表の面々をみると、地域の有力人物・名望家が創建を主導したことがわかる。その職業をみると、有力商人・実業家(水原・平壤・鎮海・咸興・密陽・全州・鎮南浦・群山・清津・北青・春川・海州・金刀比羅・会寧神社)がもっとも多く、府尹などの総督府官吏(仁川・松島・龍川・光州・平安・大場神社)があとに続いた。

朝鮮人の出願代表も確認される。開城神社を出願した朴宇鉉は開城郡守を歴任した人物である。代表を務めるようになった経緯は不詳であるものの、朝鮮人が優勢であった開城において朝鮮人社会の協力は欠かせないものであったと考えられる。他方、神職が創立代表を務めた例は京城神社が唯一であり、ほとんどの場合専門職よりは一般人によって神社創建が計画・主導されていたことがわかる。

第3節　神社の創建過程——水原神社の事例

第1項　水原神社の創建

「神社寺院規則」の制定後に最初に認可を受けたのは水原神社であった。前述した類型によると、水原神社は日本人の流入によって形成された集団居住地に新しく創建された類型に該当する。総督府資料の「大正四年寺刹関係書類」には、水原神社創建の申請書と、これに対する京畿道の調査報告書及び総督府の許可辞令が収められている[*52]。管見の限り、史料上確認できる唯一の申請書類である。

水原神社は、1915年の大正天皇の即位を記念して計画されたものであった。創建の事由部分をみると、「我日本国民タルモノ元是レ神国ノ民ニシテ敬神ノ念浅カラス。殊ニ我カ神祖天照皇大神ヲ奉祀スルハ我祖宗ノ遺訓ヲ無窮ニ拝戴

---

*52　以下、水原神社の申請書類は、朝鮮総督府「大正四年寺刹関係書類」(韓国国家記録院所蔵、管理番号:CJA0004747)、「神社創立願ニ関スル件」に拠る。

し奉リ是ヲ子孫ニ伝ヘ益国威ヲ発揚スルハ国民ノ責務ニ最モ重大ノ関係」あると創建の趣旨が述べられている。また、皇祖神を祀る「国民の責務」は、「植民地ニ於テ尚且ツ然ル必要」があると、創建の理由が加えられていた。

申請書によると、水原神社の神殿は間口約4.6m、奥行約2.7mであり、

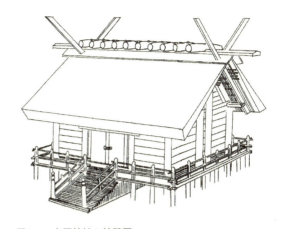

図6-1　水原神社の神殿図
出典　朝鮮総督府「大正四年寺刹関係書」(韓国国家記録院所蔵、管理番号：CJA0004747)、「神社創立願ニ関スル件」。

比較的に小規模であった。伊勢神宮と同様に総檜白木造の唯一神明造での築造が計画された(【図6-1】)。境内地の周囲は、「東ハ境内ニ接続セル固有林ヲ隔テテ孔子廟ニ隣接シ西又国有林ヲ隔テテ水原公立尋常高等小学校ノ敷地ニ隣接ス。而シテ北一帯ハ総テ国有林ナリ。単リ南方ノ一角水原城内ヨリ停車場ニ通スル二等道路ヨリ境内道路ヲ開鑿ス入口ノ左右ニ民家アリ神殿ヲ距ハコト約一町半境内ノ周囲ハ殆ント八達山国有林ノ一部ニ属ス」という状況であった。この記述からは、鎮座地の背後地が国有林に囲まれていた様子が読み取れる。

なお、創立費用に「敷地地均切取土盛其他」の費用として200円が計上されていることから、国有林の一角を切り開いて敷地が設けられたことがわかる。この点は、京畿道の報告書における国有地無料使用の項目からもうかがわれる。京畿道庁の調査書によると、境内地の「地積ハ国有ニシテ其ノ払下ヲ受クルコト能ハサル事情アリテ別ニ申請ヲ為シ無料使用ノ許可ヲ乞フ手続中」であった。創建を主導した日本人社会では予定地の払下げを試みたがかなわず、京畿道庁を経由し、総督府側に無償使用を申し出ていたのである。

水原神社のように、国有地を鎮座地と選定した例はほかにもあった。平壌神

社と鎮南浦神社の鎮座地は国有地の貸下を受け、造営された*53。鎮座地の選定と敷地の確保過程については不詳の場合が多いが、国有地の貸下・無償使用の例は少なくなかったとみられる。これは総督府が日本人社会に与えた特権の一つでもあったといえよう。

なお、総督府が重視していた神社の維持方法に関しては、崇敬者1300戸から1戸当り毎月2銭の醵出が決められた。当時の居留民団体の財政状況からみて、醵出は現実的な選択肢であった。だが、総督府はこの計画に対し懸念を表明した。主務部署の内務部は、創建を許可した通牒において、「神社ノ維持費ヲ崇敬者毎月ノ醵出金ニノミ恃ミ幸不フシテ年々ノ経費ヲ充足スル様ニテハ自然神社ノ尊厳ヲ保チ一般ノ尊敬ヲ敦カラシムルニ遺憾」であると指摘し、醵出金のみならず、基本財産の確保を勧告していた。

醵出と関連して目を引くのは、朝鮮人社会の協力に関する記述である。創建が公表されると、「当地在住ノ鮮人ニ於テモ大イニ此好記念事業ニ賛成シ進ンテ崇敬者ノ一員ニ加名申込」あり、その数680余戸に及んだと記されている。これは、全体崇敬者数の戸数1300戸の52％に及ぶ数値である。この文面通り、朝鮮人が自ら進んで神社創建に賛同したとは考え難いものの、朝鮮人出願者が存在したのは事実であり、この点は醵出金名簿からも確認できる。名簿には、「坪里及梅山里内地人醵金協定額」又は「水原郡庁職員醵金協定額」のように、団体による醵出金の協定が確認できる。そのうち、「北水里新豊里南昌里南水里山桜里梅山里朝鮮人ノ内六百八十人醵金協定額」という記録からは、朝鮮人住民の参加が確認される。また、朝鮮人住民680人が醵出を約束した金額は350円であった。これは、全体創建費805円の44％に及ぶ金額であり、「内地人朝鮮人同心協力シテ経営」するとの申請書の内容と表面的に符合するものであった。

その後、水原神社は創建の認可から約2年が経過した1917年10月頃に造営された*54。新しく創建された神社の場合、創建の申請　→　総督府の認可　→　造営という過程を経たが、認可の時点ですべての施設が完成したわけではなかった。前述の条文から確認したように、2年間の猶予期間が与えられており、

＊53　前掲書、『平壌発展史』、190～191頁。前掲書、『大陸神社大観』、411頁。
＊54　『毎日申報』、1917年10月20日、4面。

第6章　居留民創建神社の変容と地域社会

新しく創建した神社の場合は創建時期と神社の造営時期が必ずしも一致しなかった。

第2項　出願者の構成

水原神社の「神社創立願」からは、出願者48名が確認できる[*55]。全員の経歴を明らかにすることは難しいが、日本人出願者14人の履歴は確認できる（【表6-4】）。まず、出願者の面々をみると、水原地域の有力商人が中心であった。出願者代表の近藤虎之助は岡山県出身であり、漢城銀行水原支店が設置される際に招聘され、朝鮮に渡った人物であった。近藤は当時水原学校組合の管理者であったが、このほかにも学校組合議員の履歴が確認される。この点からは、学校組合議員＝地域の有力人物＝氏子総代の図式が成立することがわかる。

加えて、注目に値するのは出願者の多様な出身地である。他の地域と同様に、中国・九州地方の出身者が多かったが、このほかに関東・北陸地方の出身者がいるなど、様々なバックグラウンドを有する人物で構成されていた。このように新しく形成された集団居住地において、神社創建を計画する場合、天照大神を祭神として迎えるのは容易に想像できる。また、「国家神道」が植民地朝鮮に移植される過程において、皇祖神を優先する傾向もあったのであろう。

他方、朝鮮人は全体49名の出願者のうち23名（47％）であり、ほぼ半数を占めていた。朝鮮人比率の高さは、京畿道観察府が置かれた在来都市であった

[*55] 下線を引いているのは朝鮮人である。京畿道水原郡水原面南昌里近藤虎之助（以下、道郡は省略する）、水原面山桜里金禧景、水原面新豊里宮永幾太郎、水原面南昌里加茂嘉七、水原面山桜里香山弘、水原面梅山里坂手重三郎、水原面梅山里森本俊之助、水原面山桜里野中末吉、水原面南昌里桜井亀吉、水原面南昌里車轂、水原面山桜里車徳弘、水原面梅山里金永萬、水原面北水里李圭昇、水原面新豊里李秉奏、水原面梅山里湯澤佐太郎、水原面梅山里佐々木助吉、水原面梅山里杉本太一郎、水原面梅山里猪原平次郎、水原面山桜里宮崎南八、水原面山桜里神崎国平、水原面山桜里今村卯太郎、水原面山桜里吉岡若市、水原面南水里中嶋定吉、水原面南昌里田代平吉、水原面南昌里小野要、水原面南昌里鶴飼善太郎、安龍面坪里寺澤捨三郎、安龍面坪里伊藤早太、水原面南昌里木野村元之進、水原面南昌里酒井政之助、水原面南昌里新豊里飯嶋俊治、日荊面迎華里佐藤文右エ門、水原面南水里金peer東、水原面南水里金桂根、水原面南水里李相殷、水原面南昌里池公□（瑊）、水原面南昌里金松島、水原面南昌里金俏俊、水原面山桜里李鳳九、水原面山桜里申駿熙、水原面山桜里崔翼煥、水原面梅山里李源百、水原面北水里李鳳来、水原面北水里李聖僙、水原面北水里金奎煥、水原面新豊里金顯模、水原面新豊里李敬儀、水原面新豊里車明煥、水原面南水里洪敏燮。朝鮮総督府「大正四年寺利関係書類」（韓国国家記録院所蔵、CJA0004747）、「神社創立願」。

301

表6-4 水原神社の日本人出願者の経歴

氏名	人物情報
近藤虎之助	岡山県人。新聞記者を経て、1897年に東京に移り、税務属となる。日露戦争の際に海軍軍属吏として旅順鎮守府に転ずる。その後横浜市吏員を経て、1906年に漢城銀行水原支店設置に際し相談役として招聘され、朝鮮に渡る。1917年頃に水原電気株式会社取締役、漢城銀行水原支店支配人代理、水原学校組合管理者（文献C・407頁）。水原神社氏子総代、「水原の経済的発展に尽粋せられし……高徳の人格者あるに由来する」（文献B・115〜116頁）。
加茂嘉七	福井県人。1902年に朝鮮に渡り、写真館を経営する。水原学校組合議員・町総代を務める（文献B・107頁）。
香山弘	岡山県人。1907年に朝鮮に渡り、土木請負業・農具商・果樹園経営などを営む。水原学校組合議員。1914年5月に水原電気株式会社の専務取締役。水原神社創立の際は氏子総代として活動した（文献B・106頁）。
坂手重三郎	岡山県人。農具販売商（文献A）。1906年に郵便所長として朝鮮に渡る。日本人会議員、学校組合議員、水原電気株式会社の重役を務める（文献B・116頁）。1915年当時京畿道水原停車場前郵便所長（文献D）。
森本俊之助	広島県人。1906年に臨時軍用鉄道監部付として朝鮮に渡り、農商工部で勤務する。1910年退官後に農業を営みながら、町総代・水原神社氏子総代を務める（文献B・119〜120頁）。
野中末吉	福岡県人。1902年に水原に移住し、菓子商を営む。日本人会を組織し会長となり、小学校設立に携わる。町総代・水原学校組合議員を務める（文献B・114頁）。銃砲火薬商（文献A）。
湯澤佐太郎	静岡県人。運輸組店主（文献A）。1903年に朝鮮に渡り、鉄道運送業を営む（文献B・118〜119頁）。
宮崎南八	長崎県人。薪炭・無煙炭商（文献A）。
今村卯太郎	熊本県人。1903年に朝鮮に渡り、雑貨商を営む。1917年に水原学校組合議員に当選し、同年11月水原面協議員となる（文献B・103〜104頁）。
吉岡若市	吉岡精米所を経営（文献E）。
田代平吉	岡山県人。山陽旅館主（文献A）。
鶴飼善太郎	鶴飼松盛堂主と推定。薬種商・化粧品販売商（文献A）。
寺澤捨三郎	愛知県人。寺澤果樹園経営・荏油製造販売（文献A）。米穀商・倉庫業。日露戦争時に徴兵され、朝鮮に渡る。退役後に水原に移住し、果樹園・米穀商を営む（文献B・116頁）。
木野村元之進	岐阜県人。呉服雑貨商・保険代理店（文献A）。
酒井政之助	新潟県人。1908年に中央大学を卒業し、1910年9月に朝鮮に渡る。訴訟代理業、朝鮮新聞水原支局長、水原学校組合議員（文献B・116頁）。『発展せる水原』の著者。

出典　文献A：酒井政之助『発展せる水原』1914年の広告欄。文献B：酒井政之助『水原』酒井出版部、1923年の附録。文献C：朝鮮公論社編『在朝鮮内地人紳士名鑑』、1917年。文献D：『朝鮮総督府職員録』（http://db.history.go.krのデータベースを利用）。文献E：『大正元年朝鮮総督府京畿道統計年報』、1912年。

という水原の地域性に起因する。水原は。1915年末の水原郡水原の人口統計をみると、日本人1261人と朝鮮人7744人の構成であった[*56]。日本人の大多数は、駅周辺の市街地に偏在していたとみられる[*57]。日本人中心の府部に比し、水原は確実に朝鮮人中心の都市であった。したがって、大多数の朝鮮人の協力を得ることによって、神社創建が計画されたとみられる。さらに、朝鮮人を暫定的な崇敬者と見做し、費用を負担させることで神社運営が図られる側面もあった。神社創建の過程で被支配民の朝鮮人を包摂することは、総督府が掲げていた「同化」という建前のスローガンに適することでもあった。

しかし、醵出を通しての経営維持は早々問題に逢着する。水原在住の日本人によると、「神社の維持費とか、或は公共事業の寄附金とかいふことに対しては朝鮮人は昨年〔1919年〕、一昨年〔1918年〕辺りより、漸次出し渋るやうになりまして、神社の維持費の如きは殆んど出さない」状況だったという[*58]。創建の認可から3〜4年が経過した時点で、朝鮮人は神社費の醵出を拒み始めたのである。すなわち、朝鮮人から自発的な賛同を得たとの申請書の内容は、事実からは程遠かったことがわかる。

このように朝鮮人が神社費の醵出を拒んだ例は、他にもみられる。前述の「京城神社御由緒記」には、氏子総代の組織に際し、「鮮人側ヨリモ氏子総代ヲ送出セシメ応分ノ醵出金ヲモ差出サシメタリシガ大正八年事件以来中絶シ更ニ大正十五年三月之ヲ復活セシメ……」との記録がある[*59]。京城でも朝鮮人の氏子総代が選出されるなど、朝鮮人社会を包摂する形で神社経営が図られたが、3・1運動を機に朝鮮人からの醵出金は途絶えていたのである。

それでは、朝鮮人は神社創建と氏子についてどのように認識していたのであろうか。これに関しては、知識人の尹致昊の認識が参考になる。尹は1919年の日記において、「日本が朝鮮でやっていることの中でもっともおかしなことは、日本風の忠誠心と神道を朝鮮人に植えようとする試みである」と述べ、神道は日本の風土と環境から生まれたものであり、朝鮮のそれとは合わないと指

[*56] 朝鮮総督府編『朝鮮総督府統計年報』1915年度版、68頁。
[*57] 1912年末の統計によると、日本人人口の約79％は南部面と北部面に居住していた。酒井政之助『発展せる水原』、1914年、5〜7頁。
[*58] 永留信孝編『全鮮内地人実業家有志懇話会速記録』懇話会事務所、1920年、36頁。
[*59] 「国幣社関係綴」（韓国国家記録院所蔵、管理番号：CJA0003582）、「京城神社御由緒記」。

摘していた*60。また、京城神社費の徴収については、「神道は日本色がとても強く日本以外の地域では何の意味をもたない」と評し、全く関心をもたない宗教のために朝鮮人は金銭を強要されていると批判した*61。

尹致昊はアメリカと日本留学の経験を有する知識人であり、キリスト教信者でもあった。引用した日記も宗教的観点からの批判も含まれていると思われる。ただ、このような認識から読み取れるのは、多数の朝鮮人が神社創建の意味、すなわち神道を理解していなかった点である。このことから、神社創建と費用の醵出が民族間の軋轢を引き起こす原因にもなっていたといえよう。

第4節　既存神社の再編――仁川神社の事例

ここでは、水原神社の例とは異なり、開港期に建てられた既存の居留民神社が「神社寺院規則」の制定後に再編される例を取り上げる。

開港後に仁川港では、早い時期から神社創建をめぐる議論があった。1890年に伊勢神宮から大麻と神宝を受け、創建された仁川大神宮は、「皇大神宮の神霊を公式の手続を以て朝鮮半島に奉斎した嚆矢」であった。他地域と同様に創建当時は小規模の祠であった。

その後、開港25周年を迎えた1908年に大神宮神輿の渡御式が行われた*62。開港記念事業として行われた渡御式の実行に際し、神官の海老原松夫は東京の宮内省へ出向き、許可を申し出た*63。渡御式にかかる資金は、居留民からの寄附金をもって調達された*64。渡御式を控えて、仁川の街路では、「各楼芸妓馬鹿囃、坂口組の二輪加、手踊、岡田組の出し屋台、長崎人同志会の蛇踊」など

---

*60　尹致昊の1919年10月30日付の日記である。大韓民国文教部国史編纂委員会編『尹致昊日記』第7巻、1986年、405〜406頁。金相泰訳『尹致昊日記　1916〜1943――한 지식인의 내면세계를 통해 본 식민지 시기』歴史批評社、2001年、151頁。同年2月20日の日記にも同様の記述がみられる。

*61　1919年12月17日の日記である。同上、『尹致昊日記』、431〜432頁。同上、『尹致昊日記　1916〜1943――한 지식인의 내면세계를 통해 본 식민지 시기』、160頁。

*62　加瀬和三郎『仁川開港二十五年史』玉鳴館（大阪）、1908年。仁川開港二十五年記念会編『仁川開港二十五年史』、1908年。

*63　『朝鮮新報』、1908年3月24日、2面、「太神宮神輿渡御式許可」。

*64　『朝鮮新報』、1908年4月29日、5月1日・3日の公告欄。

の催しが行われた*65。仁川の街路は、各地域の風習・慣習が交差する空間であった。神輿が移動する沿道には見物人で溢れ、「数十名の憲兵巡査は声をからして拝観者の雑沓を制止」する光景がみられた。見物人の中には、日本人のみではなく、「白衣の韓人三々五々」も混じっていた。こうして始まった仁川大神宮の渡御式は、仁川祭として称され、以来定期的に行われるようになる。

　なお、1915年1月には、神社経営の善後策が議論されていた。居留民団の解散後に誰が、どのように神社を運営するかが課題となった。この議論を通して、神殿の改築と氏子組織による神社経営が議決された*66。同時期、他の府部でも同様の議論があった。京城神社の場合、1914年の府制の施行と同時に、「内地氏神制度を準用」する形で、京城府一円に氏子制度が導入された*67。新しい地方制度の施行に伴い、府一円を範囲とする氏子制度が施行されたのである。

　京城神社の範囲は京城府一帯と定められ、1916年に初めて氏子総代が選出された。この過程で、日本の制度を準用した「京城神社氏子規約」が定められた*68。前述の釜山の例を除くと、氏子制度が本格的に導入された時期である。規約の内容をみると、氏子組織は法人格を持たない組合的な組織であった。

　一方、氏子の組織を決議した仁川の有力人物は、1915年2月に「大神宮氏子制組織ニ付許可願」を仁川府に提出した*69。これに添付された「仁川大神宮経営ニ関スル規程」の第1条には、「仁川府宮町公園ニ奉斎スル大神宮ハ仁川府内ニ在住スル氏子ニ於テ維持経営スルモノトス」と定められていた。選出された7名の氏子総代は神社の維持経営に関する一切の責任を負っていた。また、四つの区域から選ばれた委員は氏子総代を補佐し、神社費の撤収や祭典の執行に関する諸般の業務を担当した*70。また、「大神宮ノ基礎ヲ鞏固」にするため

＊65　渡御式の様子に関しては、『朝鮮新報』、1908年5月12日、3面、「昨日の渡御式——全市湧くが如し未曾有の盛況」。
＊66　『朝鮮新聞』、1915年1月17日、2面、「仁川太神宮」。
＊67　「国幣社関係綴」（韓国国家記録院所蔵、管理番号：CJA0003582）、「京城神社御由緒記」。
＊68　京城神社氏子規約の全文は以下の新聞記事で確認できる。『朝鮮新聞』、1915年6月10日、2面、「京城神社氏子規約」。同年6月11日、1面、「京城神社氏子規約」。
＊69　以下、「大神宮氏子制組織ニ付許可願」については、「府県関係」（韓国国家記録院所蔵、管理番号：CJA0019721）、「大神宮氏子総代ノ指令案」を参照。
＊70　四つの区域は、第1組（宮町・浜町・新町・京町通・龍岡町）、第2組（寺町・花町・敷島町・桃山町・柳町）、第3組（仲町・本町・海岸町・山手町・山根町）、第4組（支那町・港町・花房町・松坂町・萬石町）であった。同上。

の財政に関しては、毎年若干の金額を積み立て基本財産を造成することが定められた。

なお、許可願には、「氏子ニ於テ自治的組織ノ下ニ独立経営」という経営方法が記されていた。しかし、実質において当局の干渉がない独立経営とは言い難かった。ここでいう「自治」とは、居留民団の解散後に暫定的に府庁に移管されていた神社関連の業務が再び居留民に返還されたという意味であった。また、仁川府庁は氏子組織案に対し認可を与えながらも、神社経営に関して府尹の指揮を受けること、氏子総代の変更や毎年の予算について府庁に報告することを命じた。神社の維持費は日本人社会が負担していたが、依然として府庁の管理・監督を受けていたのである。

同書類に添付されている「神社並付属建物目録」からは仁川大神宮の規模もうかがわれる[*71]。まず、大神宮社殿は木造檜皮葺平家造（2坪）の建物であり、拝殿は木造瓦葺平家造（11坪）であった。その他に、絵馬堂（18坪）、仮便殿（12坪）、神輿倉庫（6坪）、社務所（30坪）、社務所付属納家（8坪）の建物があった。かくして、小規模であった神社施設は氏子制度の導入に際し、改築が決定された。三重県伊勢の製作所に依頼していた神殿が仁川に運ばれ、組み立てられた。

1916年に仁川府尹の久水三郎及び41名の出願者は、神社創建を申し出、認可を受けた。これにより、仁川大神宮の社号は仁川神社へ改められた。この過程で、開港期から存在した金刀比羅宮、稲荷社、天満宮、愛宕社は仁川神社の末社・摂社へと整理・統合された[*72]。

このような大神宮の再編過程を通しては、「神社寺院規則」の制定後に天照大神奉斎神社を中心とする神社体系が成立したことがうかがわれる。伊勢神宮を頂点として、全国の神社が国家機関となり、社格によって神社の格式が定められた日本の状況と類似していた。しかし、神社創建の歴史が何十年に過ぎず、由緒のある神社がなかった朝鮮では、皇祖神奉斎神社を頂点とするヒエラルキーが明確化した。この過程で、既存の世俗的祈願の空間は、仁川神社の末社・摂社へと再編された。公的信仰の神を秩序の最上位に置き、下位に私的信

[*71] 同上の資料に収められている「神社並付属建物目録」。
[*72] 前掲書、『大陸神社大観』、326頁。

仰を位置づける序列化が進められたのである。皇祖神奉斎神社を中核とする神社体系は、「国家神道」が移植された植民地朝鮮において、一層明確に具現されたといえよう。

小結

　開港期の居留地には小規模の金比羅宮・稲荷神社が建てられた。海運安全や商売繁盛を祈願する世俗的な祈願の場所であった。日清戦争と日露戦争を経て、居留民が増加すると、植民者社会の統合が意識されるようになった。多様な出身者で構成される居留民社会を統合する象徴的な存在として、天照大神を祀る神社が各地に建てられた。これらの神社は、伊勢神宮を遥拝するという意味で大神宮と名づけられ、信仰の空間でありながらも、休息と慰安を提供する公園の機能も果たしていた。このように開港期から「韓国併合」までの居留民創建神社は、私的な信仰と公的な国民意識が共存する空間であった。

　その後、「韓国併合」を経て、天照大神を祀る神社を中核とする「国家神道」体制が植民地朝鮮に移植される。1915年に「神社寺院規則」が制定され、神社・神祠を管理・監督する制度的装置が整えられた。総督府では神社の尊厳維持のための財政確保を重要視しており、この影響で地域の朝鮮人社会が神社費の負担を強要される場合もあった。とりわけ、朝鮮人人口が圧倒的に多い内陸部では朝鮮人社会を包摂し、醵出金を負担させる形で氏子が組織された。

　なお、「神社寺院規則」後に創建された神社は、大きく二つの類型に分類できる。開港場・開市場に建てられた既存の居留民神社が再編された類型と、日本人集団居住地に神社が新しく創建された類型がそれである。

　まず、新しく創建された水原神社の例からは、国有地の無償使用による鎮座地の確保と、神社費徴収をめぐる民族間の葛藤が確認された。朝鮮人社会を包摂する形で維持費の確保が図られたが、根本的理解を伴わない強要は結局反発を呼んだ。雑居地では「同化」という美名の下で、朝鮮人社会を巻き込む形で進められたが、これはむしろ民族の間に軋轢を引き起こす要因になったのである。

　他方、既存の居留民神社が再編された仁川神社の例からは、「神社寺院規則」

の制定後に、神社組織の再編成が確認された。仁川では開港記念行事の一環として渡御式が企画された。「韓国併合」を経て、神社に国家的機能が求められるようになると、社殿は改築され、仁川神社へ改められた。

　このように、居留民創建神社の変容過程は天照大神奉斎神社を中心とする「国家神道」体制が植民地朝鮮に移植される過程でもあった。ここで注目に値するのは神社に与えられた機能の変化である。以前、私的信仰と慰安の空間という機能に加えて、居留民社会の統合という機能が新しい役割に追加された。さらに、「韓国併合」を経て、朝鮮人社会を教化する施設として神社を規定する観点が加えられた。居留民創建神社は本国日本の「国家神道」体制に応じながら、それと同時に異民族に対する包摂と「同化」の空間という機能設定に応える形で、変容を余儀なくされていたのである。

第7章
【補論】
在朝日本人の「発展史」刊行と「植民者意識」

写真7-1　平壌の初期居留民
出典　平壌民団役所編『平壌発展史』民友社、1914年。

はじめに

　補論では、これまでの「植民者意識」への検討をまとめる議論として、日本人社会の形成史を題材にした朝鮮地誌を取り上げ、在朝日本人の「植民者意識」の根柢にあったものを考察する。

　明治末から大正期にかけて数多く出版された朝鮮地誌は、当時日本社会の朝鮮へ関心を反映するものであった。その性格は朝鮮事情、移住案内、地域要覧、地域史など多岐にわたっており、植民地期の朝鮮の地域状況を知る上で重要な歴史・民俗的資料となっている。朝鮮地誌は、植民地期研究の進展とともに注目されはじめ、1980年代後半から復刻版が多数刊行されている[*1]。さらに、近年、韓国における地域史・都市史への関心とともに朝鮮地誌への関心が高まっている。

　これまで朝鮮地誌は日本人の朝鮮・朝鮮人観を示す資料として活用される傾向が強く、書物としての性格や位置づけに関する議論は十分なされてこなかった。日本人の手による朝鮮地誌の刊行という記述主体の問題に加え、その記述にみられる植民者の視点がしばしば指摘された。朝鮮・朝鮮人に対する日本人の差別意識・蔑視観は、植民者のまなざしを象徴するものであった。この点は、とりわけ韓国学界において強く意識され、朝鮮地誌の資料としての価値を低くする要因にもなっていた。要するに朝鮮地誌をめぐっては、資料としての位置づけより、資料批判が先行する傾向があったのである。

　朝鮮地誌の多くは朝鮮事情又は地域案内の書類であり、朝鮮の地域情報を提供する実用的な書物としてのイメージがある。これまで朝鮮地誌に関する研究も、この点と関わる分析が主であった。日本人の朝鮮・朝鮮人観を探る観点、または満韓移住論や朝鮮農業論への分析がなされた[*2]。ところが、同じく朝鮮

[*1] 「韓国地理歴史風俗誌叢書」景仁文化社、1989～2005年。「韓国併合史研究資料」龍渓書舍、1995～2015年。

[*2] 咸東珠「1900년대 초 일본의 조선관련 서적 출판과 식민지 조선상」『근현대 일본의 한국인식』東北亜歴史財団、2009年。崔惠珠「개항 이후 일본인의 조선사정 조서와 안내서 간행」『韓国民族運動史研究』73、2012年。同「1900년대 일본인의 조선이주 안내서 간행과 조선인식」『韓国民族運

地誌といっても刊行目的や内容をみると、書物によってかなりの違いがみられる。まず、日本で刊行されたものと朝鮮で刊行されたもの、そして日本居住の日本人が執筆したものと朝鮮居住の日本人が執筆したものの間には、一括りできない相違点がみられる。そこで、本章では朝鮮地誌の中でも、朝鮮半島に居住していた日本人が刊行したものに焦点を絞り、その刊行目的や記述内容を考察する。

一般的に在朝日本人刊行の朝鮮地誌の性格をめぐっては、総督府の方針に協調する目的で日本人が編纂したものとみる観点がある。例えば、日本人刊行の地域史資料について、「朝鮮支配を正当化し、植民統治に協調する目的で、在朝日本人が刊行した地方史」といった位置づけである[*3]。このような評価は一部の朝鮮地誌、とりわけ昭和期に刊行された「府史」類[*4]には当てはまるものの、本章で取り上げる「発展史」とはかけ離れた評価である。後述するように、「発展史」は在朝日本人社会の反官意識に支えられ、刊行に至ったものである。「発展史」は、官庁の公的刊行物とは異なり、民間の日本人が刊行したものであり、在朝日本人社会の形成史を考察する上で重要な手がかりとなる。その名称は「発展史」「発展誌」「発達史」「開港記念誌」「開港史」など多様であるが、本章では一つの資料群として「発展史」と通称する（以下、括弧は省略す）。

以上のような観点から、これまで朝鮮地誌に対する評価をめぐり、地域案内・朝鮮移住の資料と位置づけられ、十分考察されてこなかった発展史を取り上げる。本章で取り上げる発展史を、朝鮮地誌と一括りせず、独立した資料群として分類し、発展史の刊行目的・背景、執筆者、記述内容を検討する。なお、日本における同類の郷土史資料に照らし合わせつつ、発展史の性格を検討する。在朝日本人刊行の発展史がどのように刊行され、記述内容にはどのような特色があるのか、また同時代の日本における郷土史資料に比すると、どのように解釈できるのかを考察する。さらに、発展史にみられる日本人の他者認識と自己認識への考察を通して、在朝日本人の「植民者意識」の根源にある意識構造を

　　動史研究』75、2013年。同「1900년대 일본인의 조선사정 안내서 간행과 조선인식」『韓国民族運動史研究』81、2014年。
[*3]　崔惠珠「일제강점기 재조일본인의 지방사 편찬활동과 조선인식」『史学研究』103、2011年、163頁。
[*4]　例えば、木浦府編『木浦府史』、1930年。仁川府庁編『仁川府史』、1933年。京城府編『京城府史』第1・2巻、1934・1936年。大邱府編『大邱府史』、1943年。

考察する。

第1節　郷土史研究と朝鮮地誌

第1項　郷土史研究の歴史

　郷土史[*5]の前史は、奈良時代の風土記にさかのぼる。風土記は大和朝廷からの命により、各国の国司が責任をもって編集した国情の報告書である[*6]。それには、地名の由来、地域の産物、土地の肥沃状態、地域の伝承資料などが記載されている。その後、近世に至り、幕藩体制が確立するとその支配領域に関する関心が強まり、藩や幕府によって地誌が編纂されるようになる。これらの地誌は儒学思想の影響を強く受けており、藩の支配体制を強化する政治的機能を果たしていた。このような性格から、江戸時代までの地誌刊行は官府によるものが主流をなしていた[*7]。

　その後、風土記と地誌の歴史は、明治期以降の郷土史へ受け継がれる。西垣晴次によると、郷土史編纂は1886年以前の道府県の沿革史編纂、1901年から大正期の市史・郡史の編纂、大正末から昭和の町村誌編纂の三期に区分できるという[*8]。本章で取り上げる発展史の刊行時期は、ここでいう二期と重なる。二期は町村合併や郡制廃止の影響によって郷土史の編纂が盛んになっていた時期である。青年会や小学校教員の主導で行われた地方改良運動では、郷土が称揚されるようになっていた。そのなかで、1913年の柳田国男らによる『郷土

[*5] 日本の地域史研究は郷土史から地方史へ、また地方史から地域史へと変容してきた。戦前の郷土史研究に対し、国自慢的で非科学的であるという批判から、1950年前後に成立したのが地方史である。これは1950年11月の地方史研究協議会の設立や翌年3月における会誌『地方史研究』の発刊に象徴される。その後、中央に対する地方の従属性という語感が強すぎるという点が批判され、1970年前後に成立したのが地域史である。本章では、明治・大正期に刊行された朝鮮地誌を対象としており、その用語として郷土史を用いる場合がある。木村礎「郷土史・地方史・地域史研究の歴史と課題」（朝尾直弘ほか編『岩波講座日本通史』別巻2、岩波書店、1994年）。

[*6] 風土記に関しては、同上及び植垣節也・橋本雅之編『風土記を学ぶ人のために』世界思想社、2001年、第1章。

[*7] 郷土史を含む自治体史編纂の歴史に関しては、西垣晴次「自治体史編纂の現状と問題点」（朝尾直弘ほか編『岩波講座日本通史』別巻2、岩波書店、1994年）。

[*8] 同上、43〜50頁。

『研究』の刊行は、郷土研究の成立を象徴するものであった。柳田は、口碑・伝説を文献より重視し、行政より実際の民衆生活の現象を研究対象としたことで、以前とは異なる郷土研究の道を開いた。

なお郷土研究の成立には、文部省の主導によって全国に普及された郷土教育の影響もあった。官製の郷土研究により、小学校ごとに郷土史（誌）が作成され、これにより多くの教員が郷土研究に関心を持つようになった。このように盛んになった郷土研究の特徴は、官学アカデミズムとは関係ない民間人によって行われたという在野性にあった。

郷土研究の成立には、その前提として地域住民の具体的な歴史認識、地域史への関心が必要である。だが、日露戦争当時はまだ地方での史学の普及は不十分であった[*9]。このような状況が一変したのは日露戦争後のことであり、1910年代初頭に地方での歴史研究や社会一般の歴史趣味が高揚していた。これに加え、1915年11月に行われた大正天皇の大典と、この記念事業としての町村誌編纂も重要なきっかけとなっていた[*10]。この時期の町村誌が明らかにしようとしたのは、町村合併によって成立した新行政町村の歴史であり、その背景には地方改良運動以来の新町村を単位とする共同体の強化策という意図があった。町村誌の編纂は、村民の意識レベルに踏み込んだ運動としての側面を持ち、新町村に対する村民の帰属意識を高めることを目的としていたのである[*11]。町村誌の編纂も、郷土研究と同様に教員層が中心的な役割を果たしていた。

以上のように、明治以降の日本における地域史研究、とりわけ、郷土研究は在野性を特徴としていた。この点は、在朝日本人による朝鮮地誌の刊行にもみられる点であり、発展史の性格を検討する際に重要な手がかりとなる。

第2項　朝鮮地誌の性格

ここでは日本における郷土研究の歴史に照らし合わせながら、書物として朝鮮地誌の性格について考えてみよう。【表7-1】は、明治期から大正期にかけ

[*9] 若井敏明「皇国史観と郷土史研究」（『ヒストリア』第181号、2002年）、110～111頁。
[*10] 小森丈広「大正大典期の地域社会と町村誌編纂事業」（『京都市歴史資料館紀要』第10号、1992年）。
[*11] 同上、594頁。

表7-1　在朝日本人による朝鮮地誌の刊行状況（明治期～大正期）

刊行期	書名	著者又は編者	性格	執筆者の経歴・刊行元
1892年	仁川事情	青山好恵	案内記	朝鮮新報（仁川）記者。
1898年	新選仁川事情	薬師寺知朧・小川雄三	案内記	朝鮮新報（仁川）記者。
1901年	韓半島	信夫淳平	案内記	元仁川領事。
1903年	仁川繁昌記	小川雄三	繁昌記・案内記	朝鮮新報（仁川）記者。
1905年	韓国釜山港勢一斑	相沢仁助	案内記	朝鮮日報（釜山）記者。
1905年	韓国二大港実勢	相沢仁助	案内記	朝鮮日報（釜山）記者。
1905年	済州島案内——朝鮮の宝庫	青柳綱太郎	案内記	元関門新聞・大阪毎日新聞通信員。朝鮮研究会を設立。著述業。
1905年	鎮南浦案内	広谷卯太郎・植田乙吉	案内記	鎮南浦案内発行所。
1906年	平壌案内記	増谷安治	案内記	北韓実業興振社。
1907年	富之群山	三輪規・松岡琢磨	案内記	群山新報社。
1908年	仁川開港二十五年史	加瀬和三郎	発展史・案内記	朝鮮新報（仁川）記者。
1908年	京城案内記	上邨正巳	案内記	日韓書房。
1908年	馬山繁昌記——慶南志稿	諏方武骨	案内記	著述業。
1909年	平壌要覧	平壌実業新報	案内記	平壌実業新報社。
1909年	清津港	古江香夢	案内記	咸北日報社（羅南）。
1909年	北韓案内	浅岡重喜	案内記	北韓新報社（清津）。
1909年	最近韓国要覧	朝鮮雑誌社	案内記	日韓書房。
1910年	慶北要覧	大邱新聞社	案内記	大邱新聞社。
1910年	東朝鮮一名元山案内	元山毎日新聞	案内記	元山毎日新聞社。
1910年	京城と内地人	川端源太郎	発展史	著述業。
1910年	鎮南浦案内記	鎮南浦新報社	案内記	鎮南浦新報社。
1910年	湖南鉄道と群山	群山南韓鉄道期成同盟会	案内記	群山南韓鉄道期成同盟会。
1911年	開城案内記	岡本嘉一	案内記	開城新報社。
1911年	朝鮮大邱一斑	三輪如鉄	案内記	農業。元大邱居留民会議員。
1911年	併合後の仁川	桑原秀雄	案内記	朝鮮新聞社（仁川）。
1911年	馬山と鎮海湾	平井斌夫・九貫政二	案内記	濱田新聞店（馬山）。
1911年	最新朝鮮一斑	田口春二郎	案内記	朝鮮総督府警務総監部員。日韓書房。
1911年	新義州史	和田孝志	発展史	満州新報通信記者。
1911年	最近江景案内	坂上富蔵	案内記	江景日本人会評議員。
1912年	京城発達史	釈尾春芿→青柳綱太郎	発展史	釈尾春芿：元京城居留民団役員・言人。青柳綱太郎：朝鮮研究会を設立、著述業。

第7章 【補論】在朝日本人の「発展史」刊行と「植民者意識」

1912年	釜山要覧	森田福太郎	案内記	釜山商業会議所。
1912年	鎮海	杉山萬太	案内記	－
1912年	鮮南要覧——慶北之部	大邱新聞社	案内記	大邱新聞社。
1912年	南鮮宝窟済州島	大野仁夫	案内記	吉田博文堂（釜山）。
1912年	京仁通覧	福崎毅一	案内記	－
1913年	鮮南発展史	尾西要太郎	案内記	朝鮮新聞社（仁川）。
1913年	宝庫の全南	片岡議	案内記	元光州新報社長。
1913年	全北忠南之主腦地——附活動ノ人	群山日報	案内記	群山日報編輯局。
1913年	新撰京城案内	青柳綱太郎	案内記	朝鮮研究会。
1914年	木浦誌	木浦史編纂会	発展史	谷垣嘉市。「滞在歴が長い人物」。
1914年	平壌発展史	平壌民団役所	発展史	平壌居留民団民会議員・編纂委員。
1914年	忠南論山発展史	富村六郎・木原準一郎	発展史	
1914年	晋州案内	伊作友八	案内記	伊作友八（藍溪）。
1914年	元山案内	石井彦三	案内記	元山商業会議所。
1914年	発展せる水原	酒井政之助	案内記	朝鮮新聞水原支局長。
1914年	全羅北道案内	守永新三	案内記	全北日日新聞社（全州）記者。全羅北道物産共進会を機に出版。
1915年	大邱民団史	三浦庄一郎	発展史	「多年此地に在留し而も事情に精通せる」。
1915年	平壌之現在及将来	平壌名勝旧跡保存会	発展史	平壌名勝旧跡保存会。
1915年	京城繁昌記	岡良助	案内記	博文社（京城）。
1915年	最近京城案内記	青柳綱太郎	案内記	朝鮮研究会を設立、著述業。元京城居留民団議員。共進会記念。
1915年	忠清南道案内	忠清南道庁	案内記	湖南日報社（大田）。
1915年	湖南寶庫裡里案内——附近接地事情	山下英爾	案内記	－
1915年	鳥致院発展誌	酒井俊三郎	発展史	朝鮮新聞忠清総支社。朝鮮物産共進会の配布用。
1915年	京城案内	石原留吉	案内記	京城協賛会。朝鮮物産共進会の配布用。
1915年	群山案内	群山協賛会	案内記	朝鮮物産共進会の配布用。
1915年	仁川郷土資料調査事項	今井猪之助	発展史	仁川公立普通学校校長。朝鮮物産共進会提出資料。
1916年	元山発展史	高尾新右衛門	発展史	元山居留民団嘱託。
1916年	日鮮交通史——附釜山史	川本準作	発展史	釜山甲寅会（元居留民団議員で構成）。
1916年	忠州発展誌	金谷雅城	発展史	金谷商会（忠州）。
1916年	大清津港——附羅南鏡城	国井天波	案内記	元山毎日新聞社記者。

1917年	大田発展誌	田中市之助	発展史	-
1917年	蔚山案内	長岡源次兵衛	案内記	-
1918年	金泉発展誌	逵捨蔵	発展史	逵捨蔵（無門）。『朝鮮時報』金泉支局。
1918年	大陸之京城	阿部辰之助	案内記	京城調査会。銃砲修理業。
1920年	慶北産業誌	朝鮮民報社	案内記	朝鮮民報社編輯局。
1920年	最近大邱要覧——附商工人名録	佐瀬直衛	案内記	大邱商業会議所。
1920年	平壌案内 Guide of Heijo	間城益次	案内記	平壌商業会議所書記長。
1921年	忠南産業誌	田中市之助	案内記	大田実業協会。
1922年	大陸発展策より見たる元山港	高尾新右衛門	案内記	高尾新右衛門（白浦）。元元山居留民団嘱託。
1923年	水原	酒井政之助	案内記	-
1923年	大邱案内——附商工人名録	吉田由巳	案内記	大邱商業会議所。
1925年	群山開港史	保高正記・村松祐之	発展史	-
1926年	馬山港誌	諏方史郎	発展史	朝鮮史談会。
1926年	鎮南浦府史	前田力	発展史	朝鮮毎日新聞社。

注　不詳の場合は、「-」を以って表記した。

て刊行された朝鮮地誌を整理したものである。書物の性格を区分すると、繁昌記、案内記、発展史に分類できる。ちなみに、両方の性格が重なり、明確に区分できない場合は併記した。また居留地の歴史や「自治」団体の事業に関する記述が比較的多い場合は、発展史と分類した。書物の性格を分類するための大まかな分類とみてよかろう。なお、総督府編纂の要覧類や小冊子の案内記は除外した。

　一点目は、繁昌記である。繁昌記の起原は、江戸時代の天保年間に刊行された寺門静軒の『江戸繁昌記』に遡る。繁昌記は、正統な地誌に描かれない各土地の卑近な世態風俗を記した書物であり、幕末から明治にかけて流行した漢文戯作の一ジャンルと位置づけられる[12]。明治維新後の一変した東京の様子を描写した服部撫松の『東京新繁昌記』が代表的な例である[13]。その後、これを模

---

[12] 明治期の繁昌記ものは地理関係ではなく、小説の部に収められている。新稲法子「繁昌記物の研究序説」（『兵庫大学短期大学部研究集録』32号、1999年）。

[13] 服部誠一（撫松）『東京新繁昌記』山城屋政吉、1874年。熊倉功夫「解説」（『日本近代思想大系

倣した書物が各地で刊行されたが[*14]、19世紀末になると、繁昌記の性格は戯作的繁昌記から案内記へと変貌した。この時期に刊行された繁昌記は世態風俗の小説ではなく、地誌の性格が強くなっていた[*15]。繁昌記の流行は、明治30年代後半に終わりを告げるが、その流行期である1887年から1907年まで20年の間に日本で出版された繁昌記は少なくとも44点確認される[*16]。

在朝日本人刊行の朝鮮地誌のうち、題目に繁昌記を含む書物は三点確認される[*17]。三点とも1900年代以降に刊行されたものであり、上記の日本で刊行された繁昌記のリストには入っていない[*18]。三点のうち、『仁川繁昌記』は居留民社会の世態風俗をユーモラスに描写している点から本来の繁昌記に近い内容になっている。他方の『馬山繁昌記』『京城繁昌記』は案内記へ変容した時期のものであり、その体裁や記述内容からも案内記に分類できる。

二点目は、案内記である。案内記は、地域や移住情報を提供する目的で出版された実用書である。日露戦争を前後して朝鮮に対する関心が高まると、東京・大阪の書店を中心に携帯用のコンパクトなサイズで数多くの朝鮮案内記が製作された。居留地において日本人経営の印刷所ができた後には、朝鮮でも案内記が出版された。その多くは、地域事情を日本に紹介するために地域の新聞社が出版するケースが多かった。例えば、鎮南浦新報社刊行の『鎮南浦案内記』には、「鎮南浦に関する、有らゆる事項を網羅し、一読して鎮南浦を知るの便に供せんことを期せり」と、その刊行目的が記されていた[*19]。他の案内記においても、「弘く社会に紹介し、其有望なる事実を汎く知悉せしめむ」[*20]、

風俗性』岩波書店、1990年）、490頁。
[*14] 高見沢茂『東京開化繁昌誌』天籟書屋、1874年。萩原乙彦『東京開化繁昌誌』万青堂、1874年。石田魚門『方今大阪繁昌記』、1877年。奥沢信行『大阪繁昌雑記』、1877年。小沢重三郎『富山繁昌記』、1883年。高須墨浦『函館繁昌記』、1884年。
[*15] 熊倉功夫「解説」（『日本近代思想大系23　風俗・性』岩波書店、1990年）、490頁。
[*16] 網島聖「明治後期地方都市における商工名鑑的「繁昌記」の出版──山内實太郎編『松本繁昌記』を事例に」（『史林』第93巻第6号、2010年）。
[*17] 小川雄三編『仁川繁昌記』朝鮮新報社、1903年。諏方武骨『馬山繁昌記──慶南志稿』耕浦堂（馬山）、1908年。岡良助『京城繁昌記』博文社（京城）、1915年。
[*18] 同上。及び新稲法子「繁昌記物の研究序説」（『兵庫大学短期大学部研究集録』32号、1999年）、135〜136頁の繁昌記もの一覧を参照。
[*19] 鎮南浦新報編輯部編『鎮南浦案内記』鎮南浦新報社、1910年、例言。
[*20] 山下英爾編『湖南寶庫裡里案内──附近接地事情』惠美須屋書店（益山）、1915年、緒言。

「我同胞多数の移住を奨励し……群山を紹介して普く其真価を内外に知らしむるに在り」*21、「内地移住民ヲ招致シテ北鮮ノ開拓ヲ策スルハ洵ニ焦眉ノ急ニ属ス」と*22、その刊行目的が綴られている。要するに、地元の現状を日本に紹介することで、究極的に日本人の移住を促すことに案内記刊行の目的があった。なお、第4章で紹介したように、始政五年記念朝鮮物産共進会の開催に際し、地域を宣伝する書物が数多く製作された*23。地域の沿革や名勝旧跡を紹介するなど観光パンフレット的な性格を備えていたものの、地域情報を提供して日本人の移住を促す目的で刊行されたものであった。

　三点目は、本章で取り上げる発展史である。発展史は、居留民社会の沿革と「自治」団体の事業展開を記録した刊行物である。地域現況の紹介に紙面が割かれているなど、その性格が案内記と重なる場合もある。

　発展史の特徴については、同時期に日本で刊行された発展史に照らし合わせながら、考えてみよう。明治末から大正期にかけて、日本において刊行された発展史類を挙げると、『横浜発達史』『北海道発達史』『夕張発達史』『布哇日本人発展史』などがある*24。その多くは北海道への移住開拓、海外における日本人社会の形成史を題材としている。とりわけ、北海道の発展史には集団移住史と新しい村の形成史が綴られている。例えば、『夕張発達史』は、炭鉱開発以来の町の形成史が主な内容である。『東川村発達史』の序文には、「村開発の当初より現在に於ける概況」を述べるのが刊行主旨であることが記されており、

---

*21　群山理事官の天野喜之助の序文である。三輪規・松岡琢磨編『富之群山』群山新報社、1907年、序文。
*22　国井天波『大清津港』元山毎日新聞社、1916年、序。
*23　岡庸一編『馬山案内』馬山商業会議所馬山協賛会、1915年。酒井政之助編『華城の影』酒井出版部、1915年。始政五年記念共進会開城協賛会偏『開城案内記』、1915年。始政五年記念朝鮮物産共進会慶尚南道協賛会編『慶尚南道案内』秀英舎（東京）、1915年。始政五年記念朝鮮物産共進会群山協賛会編『群山案内』、1915年。忠清南道庁編『忠清南道案内』湖南日報社（大田）、1915年。始政五年記念朝鮮物産共進会全羅北道協賛会編『実業手引草』全北日々新聞社（全州）、1915年など。
*24　堤葦狭穂『横浜発達史──開港五十年記念』横浜発達史発行所、1909年。北島似水(栄助)編『佐世保発達史 上巻』谷口書店、1910年。二宮惟一『深川村発達史』、1910年。藤崎常治郎『東川村発達史』、1910年。及川徳兵衛『北海道発達史』、1911年。大泉真泉・荒川荊城『士別発達史』士別発達史編纂事務所、1914年。小国梧桐『夕張発達史』小林近江堂、1915年。稲葉君山『満洲発達史』大阪屋号出版部、1915年。森田栄『布哇日本人発展史』、1915年。冨本岩雄『在米和歌山県人発展史』、1915年。木野清一郎『南北満洲露領邦人発展史』北満洲社、1917年など。

開拓に努めた「有志元老諸士の略歴」が紹介されている*25。ここで注目できるのは、朝鮮と北海道における発展史刊行の共通性とその意味である。北海道の発展史は、移住地における開拓精神を記念し、後世に記録を残そうとする目的で刊行されたものである。この点からすると、題目における「発展」は、言うまでもなく、開拓地への移住と移住民社会の発展を意味するものであった。北海道と朝鮮における発展史の刊行は、開拓精神を称揚する点において共通点があったのである。

以上のように、朝鮮地誌の性格は繁昌記・案内記・発展史の3種類に分類できる。数的には、営利を目的とする実用書の案内記が最も多かった。

なお、朝鮮地誌の性格は、執筆者の履歴からも読み取れる。繁昌記・案内記の執筆者は、新聞・雑誌のジャーナリスト、著述業の人物が多数を占めていた。発展史の場合は同様のジャーナリストに加え、居留民団体関係者、又は滞在歴が長く居留地の歴史に詳しい人物が執筆に携っていた。例えば、『京城発達史』と『平壤発展史』の執筆者は、居留民団体に勤めた経歴を有する人物であり、『木浦誌』と『大邱民史』の執筆者は滞在歴が長い人物であった。

団体による発展史編纂もみられる。『木浦誌』を編纂した木浦史編纂会は、木浦居留民団の民長・会計役、木浦商業会議所の書記長、木浦新報主筆で構成されていた。後述するが、居留民団体の歴史に直接携った人物、居留地の歴史に詳しい人物、ジャーナリストが加わっていた。例えば、『日鮮交通史』を編集した釜山甲寅会は、元釜山居留民団議員で構成される団体であった。その序文には、「此重要なる歴史を有する釜山民団は、時勢の推移に由り一片制令の為に俟ち其自治力を奪はれたり……釜山甲寅会は、之れが遺志を継承し、該補助金の全部を投して釜山史の編纂を企て」たという刊行経緯が記されている*26。居留民団の解散後に、居留民団体の歴史を後世に残す趣旨の下で、居留民団議員が執筆に係わっていたのである。

以上のように、朝鮮地誌の執筆者はジャーナリストをはじめとする民間人が中心であった。郷土研究の主な担い手が教員層であった日本とは異なり、朝鮮では『仁川郷土資料調査事項』の例を除くと、教員層の関与は見られなかった。

＊25 藤崎常治郎『東川村発達史』上條虎之甫、1910年、自序。
＊26 釜山甲寅会『日鮮通交史—附釜山史』古代記、1915年、序。

極端な事例ではあるものの、「元来無学にして文章などに縁」がない人物による出版もみられた*27。特に発展史の執筆者の面々をみると、官学アカデミズムとは関係ない一般民衆が執筆に携るという在野性を有していた。著述経験がなく、専門家とは言い難い一般の居留民又は居留民団の関係者が発展史の主な書き手であったのである。

第2節　発展史刊行の背景と記述内容

第1項　発展史刊行の背景

　ここでは、発展史を中心に刊行背景について考察する。発展史刊行の背景は、大きく三点が挙げられる。一点目に、開港記念事業としての刊行である。開港場から成長した地域では、開港記念の一環として発展史の編纂が企画された。代表的なものとして、仁川・木浦港の発展史が挙げられる*28。仁川では「韓国併合」以前から、開港20周年や25周年を記念する行事が行われ、刊行物が出版された。なお、『木浦誌』の序文には、「半島に於ける我帝国の地歩愈々確実と為る」につれ、「開港以来市民十数年間に於ける苦戦奮闘の事暦」を編纂しようとした経緯が綴られている*29。このことから、開港場型の植民地都市では、開港が歴史の基点として強く意識されていたことがうかがわれる。

　二点目は、「韓国併合」がきっかけとなった刊行である。日本人社会では「韓国併合」が「朝鮮第一の維新」として高く評価されており*30、記念事業として刊行が計画された。例えば、『京城と内地人』には、「朝鮮併合の事既に成り彼我の往来今方さに頻り也。此時に当り吾等在留内地人の過去及現在の状勢

＊27　三輪如鉄『朝鮮大邱一斑』杉本梁江堂（大阪）、1911年、大邱一斑発行之理由・4頁。
＊28　前掲書、『仁川繁昌記』。加瀬和三郎『仁川開港二十五年史』玉鳴館（大坂）、1908年。仁川開港二十五年記念会編『仁川開港二十五年史』、1908年。木浦誌編纂会編『木浦誌』、1914年。
＊29　「日露戦役の後、半島に於ける我帝国の地歩愈々確実と為るや、爾来市民の経営も亦た漸く整頓の域に移り、其土着的決心を発揮して永久的画策を進むると共に本港発展の歴史を尊重し、明治四十年の開港第十周年に当りては朝鮮各地に未だ曽て見ざる所の公会堂を建設し以て之を記念とせり。而して大正元年其十五周年に達するや、時流に投ぜず最も真面目なる記念事業を択ばんとの議起り。遂に本会を公設して開港以来市民十数年間に於ける苦戦奮闘の事暦を編述することと為れり」。前掲書、『木浦誌』、「木浦誌刊行の由来」。
＊30　平壌居留民団民長の陳述である。平壌民団役所編『平壌発展史』民友社、1914年、71頁。

を紹介するに足るべき編書なきは大に之を遺憾とし突差の企画に因リ本書を編せり」と、その刊行経緯が述べられている*31。また『併合後の仁川』の新聞広告には、「仁川の現在を知り過去を知り及び其の未来を知らんと欲するものは本書に拠るの外他に策なし」と、宣伝されていた*32。かくして、「韓国併合」のような時代の節目は、地誌刊行を促す要因になっており、とりわけ地域の沿革と現況を紹介し、移住の情報を提供する案内記の出版が増えていた*33。

　三点目は、居留民団の解散がきっかけとなった刊行である。例えば、『元山発展史』の序文には、「民団法廃せられて新制度を実施せられむか従来の自治は消滅するを以て其施設経営の事蹟を永遠に伝へ且つ我日本人の半島に於ける奮闘史の湮滅せむことを憂ひ…」との記述がみられる*34。居留民団の解散、そしてこれまで営んできた居留民「自治」の消滅が刊行を促した要因であった。また、『平壌発展史』には、「民団制撤廃の期も愈切迫したるを以て、此際沿革発展の史実を編纂著述するにあらざれば、平壌も、遂に知らず認らず湮滅に帰して再び之を拾収し得べからずとの建議出て、直ちに満場一致を以て之を可決」したと、刊行の経緯が記述されている*35。居留民団の解散に控え、居留民移住の歴史を残そうとする動きが出たのである。

　居留民社会の「自治」の歴史を記録として残そうとする刊行目的は、他にもみられる。『大邱民団史』は、大邱居留民団が打ち上げた刊行事業を大邱府が受け継いだ珍しい例であった。その序文において、大邱府尹の竹崎六次郎は、「〔居留民団法の〕廃止前ニ於ケル邦人必死ノ努力ハ永ク之ヲ記憶セサルヘカラス」との刊行趣旨を寄せていた*36。他方、前述した『日鮮交通史』も居留民団の解散がきっかけとなった刊行であった。

---

*31　川端源太郎『京城と内地人』日韓書房、1910年、例言。
*32　『朝鮮新聞』、1911年3月3日、1面、広告欄。
*33　例えば、川端源太郎、同上。元山毎日新聞社編『東朝鮮一名元山案内』元山毎日新聞社、1910年。鎮南浦新報編輯部編『鎮南浦案内記』鎮南浦新報社、1910年。岡本嘉一『開城案内記』開城新報社（開城）、1911年。桑原秀雄『併合後の仁川』朝鮮新聞社、1911年。田口春二郎『最新朝鮮一班』日韓書房、1911年。三輪如鉄『朝鮮大邱一斑』杉本梁江堂（大阪）、1911年。平井斌夫・九貫政二『馬山と鎮海湾』濱田新聞店（馬山）、1911年など。山道襄一『朝鮮半島』日韓書房、1911年など。
*34　高尾新右衛門編『元山発展史』啓文社（大阪）、1916年、序文。
*35　前掲書、『平壌発展史』、例言。
*36　前掲書、『大邱民団史』、大邱府尹竹崎六次郎の序文。

なお、このような発展史の刊行経緯は、日本における町村史・郡史の刊行と通じることがある。明治期における自然村の合併と行政村の成立過程において、町村史刊行ブームが起きていた。また、1921年の郡制廃止の時も同様に郡史・郡誌刊行のブームがあった。合併される村、廃止される郡の歴史を歴史として残そうとする意識があり、町村史・郡史刊行ブームの裏には、政府の合併方針に対する一般民衆の反発があったのである。同様に、在朝日本人の発展史刊行を支えていたのも、総督府に対する半官意識であり、居留民団の解散を機に企画された発展史には、総督府政治に対する日本人社会の異議申し立てがあらわになっていたのである。

　以上の考察からわかるように、朝鮮地誌刊行の背景には開港記念、「韓国併合」、居留民団の解散という要因があった[*37]。なかんずく、居留民団の解散は在朝日本人社会にとって長年蓄積されてきた「自治」の終焉を意味するものであり、その歴史を後世に残そうという意識が発展史刊行を後押ししていた。このような刊行趣旨の下で、発展史は非売品で刊行される例が多かった。このような発展史の非営利性は、他の朝鮮地誌と区分できる発展史の特徴であり、独立した一つの資料群と分類できる理由にもなっている。

第2項　発展史の構成・内容

　発展史の記述方式は、時期順と項目別の記述方式がみられる。時期順の方式は、『京城発達史』や『元山発展史』が代表的な例であり、居留地における出来事や居留民団体の事業を年ごとに記述する方式である。この例を除くと、ほとんどの発展史は項目別の記述方式を採用している。自治・教育・衛生・産業などの項目に沿って、その現況を記述する形式である。

　一般的に発展史の構成は地域の沿革や居留民団の歴史に加えて、地域の現況が紹介される場合が多かった。そのため、発展史の性格は案内記と重なる部分が多かった。【表7-2】から、『金泉発展誌』の事例を挙げると、その構成は「金泉に於ける内地人発展の経路」から始まり、金泉の教育・宗教・産業の紹介へ続いた。言うまでもなく、金泉郡の沿革と名称地部分を除くと、金泉の日

[*37] この他、市区改正の竣工を記念として刊行された『忠州発展誌』の例がある。

表7-2 『金泉発展誌』の構成

章立て	内容
第1章　金泉に於ける内地人発展の経路	・草創時代の大略　・日本人会の組織 ・大邱理事庁設置以降の金泉　・日韓併合後の金泉
第2章　金泉郡の沿革	
第3章　金泉郡の行政区域と地勢及気象	
第4章　金泉郡の土地	・金泉郡の土地価格
第5章　教育	・公立尋常高等小学校沿革　・金泉公立普通学校沿革
第6章　神社及宗教	・神社　・内地仏教　・西本願寺布教所 ・真言宗布教所
第7章　衛生及消防	・衛生組合　・消防組合
第8章　司法及警察	・大邱地方法院金泉支庁　・金泉憲兵分隊
第9章　産業	・農業、林業、蚕業
第10章　交通及運輸	・金泉より各地に至る里程　・金泉駅
第11章　商業	・穀物集散状況　・金泉の経済的位置
第12章　財政	・地方費　・学校組合費
第13章　官衛公署	
第14章　雑	・愛国婦人会員　・金泉に於ける新聞界
第15章　金融	・組合及会社　・朝鮮殖産銀行金泉支店沿革 ・金泉地方の金貸業　・金泉地方金融組合沿革
第16章　通信	・郵便電信電話
第17章　面積及人口	・居住内地人本籍別　・内地人職業別
第18章　工業	・工場　・織物　・鉱業
第19章　金泉の諸組合	・金泉郡地主組合　・金泉郡縄叺生産組合
第20章　金泉の大商店と農園牧場	・松前商会金泉出張所　・池田果樹園
第21章　名勝地	・金烏山及採微亭　・金陵泉と夏過酒
附録	・金泉著名営業者案内　・金泉の人物

本人社会が中心であり、朝鮮人社会についての記述は少ないのも一つの特徴であった。

なお、植民地都市の類型によって、発展史の記述内容が微妙に異なることが指摘できる。以下では、類型別に代表的な発展史を取り上げ、その内容を検討しよう。

まず、開港場型の植民地都市の中で、仁川の事例を取り上げる。開港場での発展史刊行は時期が早く、開港記念がきっかけとなった出版が特徴であった。1892年刊行の『仁川事情』は、在朝日本人によって刊行された最初の朝鮮地

誌である*38。著者の青山好恵は、「海外ニ於ケル最初ノ日本書籍」と自負を示しながら、執筆に臨んでいた。当初、日本の家族や友人に配ることを想定しての出版であったが、後に配布対象が広げられ、公刊に至った経緯が綴られている。また朝鮮新報社の編纂による『新撰仁川事情』や『仁川繁昌記』は、仁川港の紹介を刊行趣旨とした案内記であった*39。仁川での新聞社の設立が早かった分、案内記類の刊行も早かった。その後、開港25周年を迎えて刊行された『仁川開港二十五年史』は、案内記の性格に加えて発展史の性格を有する最初の刊行物であった。前述したように、開港場型の植民地都市では開港が重要な基点であった。その後、1915年の「始政五年記念朝鮮物産共進会」の開催に際し、提出された『仁川郷土資料調査事項』は本格的な発展史に属する刊行物であった。仁川公立普通学校校長ら教員による郷土研究の成果であり、日本の郷土史研究の動向と通じるところがあった。居留地の歴史が長かった仁川では、本国日本並みに郷土研究が進展していたといえよう。

次に、雑居地形の植民地都市で刊行された発展史である。まず雑居地という環境から、朝鮮人との接触を描いた記述が比較的に多いという特徴がみられる*40。『京城発達史』には、東学農民運動時に朝鮮人「暴徒」が京城に攻め入るとの噂を聞きうけて、守備兵を結成し、夜中には朝鮮人の泥峴出入りを禁じた逸話や、領事の許可無しに朝鮮人を日本人の家屋に泊めることを禁じたことなどが紹介されている*41。

『平壌発展史』には、「他居留地と異り数万の韓人間に老幼婦女を合せて僅に二百に過ぎざる同胞が任意の所に散在雑居」していた居留初期の状況が述べられ、居留民総代が「他居留地と比較して困難する事実は多言を要せず」と主張し、林権助公使に警官増派を要請した逸話が綴られている*42。さらに、「日本

---

*38　青山好恵『仁川事情』朝鮮新報社、1892年。
*39　薬師寺知朧・小川雄三編『新撰仁川事情』朝鮮新報社、1898年。小川雄三編『仁川繁昌記』朝鮮新報社（仁川）、1903年。
*40　大邱が他地域と異なる点が次のように記述されている。①旧王都および開港地ではない点、②韓国人と雑居し頻繁に接触している点、③政治的・貿易的関係がなく日本人が居住してきた点、④居留民の構成が商人中心ではない点、⑤農業経営者が多い点、⑥背面に広大なる郡部を控えており、都市発展の可能性が高く期待されている点。前掲書、『大邱民団史』、24頁。
*41　京城居留民団役所編『京城発達史』、1912年、98・109頁。
*42　以下、平壌については、前掲書、『平壌発展史』、38頁。

人と韓人との小衝突は日毎に絶へざる有様にて、殺気街に満つるの形勢」であったとの記述もみられ、雑居地という環境が発展史の内容に影響をもたらしたことがうかがわれる。

　次に、新市街地型の植民地都市で刊行された発展史には、日本人による市街地の「開拓」の歴史が強調されていた。例えば、『大田発展誌』には、京釜鉄道の敷設と軍隊駐屯に加え、湖南線の鉄道工事を機に形成された大田の歴史が綴られている。移住から十数年も経たないうちに人口が約5000人に達したことや、日本人人口の比率が高い大田の特徴が記述されている[*43]。また、短期間に市街地が形成された影響から粗末なバラックの建物が並んでいた大田の様子がうかがわれる。

　『新義州史』には中国との国境地帯に位置する新義州の形成史が綴られている。新義州の形成以前は、「荒涼茫漠の原頭、寒煙縷々、人戸稀少」の地であったこと[*44]、日露戦争時に臨時軍用鉄道班とともに商人・労働者の移住が始まったことが記述されている。さらに、京義線の終着駅と安奉線の改築に加えて、鴨緑江鉄橋が建設されることによって、新義州がさらに成長した様子が記録されている。新義州史の発展史には、整然と市街地が区画される様子や、経済・行政の中心が義州から新義州に移ったことで、在来都市の義州が小都市へ後退する様子もうかがえる。

　なお、新市街地型の植民地都市の歴史を描いた発展史には共通する記述がある。それは朝鮮半島における日本人の開拓史というべきものである。例えば、『大田発展誌』には「寂寞たる一寒村」にすぎなかった大田が日本人の手によって一変した様子が綴られている[*45]。『新義州史』にも「日本人独力を以て草蒙の地を開拓し、拮据経営遂に都市を形成」した歴史が記されている[*46]。要するに、新市街地型の地域を題材にした発展史は、居留民の「開拓」を顕彰する意味が他の発展史より一層強かったといえよう。

[*43] 田中市之助（麗水）『大田発展誌』、1917年、8頁。
[*44] 和田孝志『新義州史――附人物月旦』島田叢文館（新義州）、1911年、深川府尹の序文。
[*45] 前掲書、『大田発展誌』、4頁。
[*46] 前掲書、『新義州史――附人物月旦』、5頁。

第3節　発展史にみられる特徴

第1項　朝鮮・朝鮮人の不在

　発展史の記述と関連して、まず注目したいのは「韓国併合」に対する認識である。韓国の植民地化に対する日本人社会の共通認識がみられる箇所である。例えば、『群山開港史』には「日露講和条約の結果に依て、彼の神功皇后の御征韓以来約二千年の懸案であった朝鮮半島に対する日本宗主権の問題が解決」を告げたと記述されている[*47]。いわゆる「三韓征伐」、神功皇后の新羅征伐説話にさかのぼり、「韓国併合」を朝鮮半島における日本の宗主権の回復と見なす認識である。この他にも「韓国併合」を歴史の当然たる結果と見なし、植民地化を正当性する史観は散見される。その一つである『元山発展史』の記述を紹介しよう。

> 　韓国併合は赫々たる皇威に頼り時運の好機を招致し得て成就したる曠古の鴻業偉蹟にして又た昭代の盛事なり。之を日韓関係の過去に温ぬれば大古以来の史実に大結論を告げたるものにして之を現在に問へば東洋平和の禍根を断ち斯民を塗炭の苦より救ひ以て其の語源因習を同ふする民族をして相携へ相率ひて大陸経営の永き将来に手を着けしめたるなり……韓国併合は自然の大勢なり、必然の運命なり、当然の結果なり。是れ実に両国民の福利を増進すべき唯一の道にして彼の国際法と云ひ外交と云ふが如き人為的形式の関する所にあらず[*48]。

　引用文における「大古以来の史実」は、『群山開港史』と同様に神功皇后の「三韓征伐」を指すものと思われる。そこで、韓国は「東洋平和の禍根」と位置づけられ、「韓国併合」を日韓関係の「大結論」とみる論理が展開されている。また、「語源因習を同ふする民族」という表現からは、「韓国併合」を前後して活発に議論されていた「日鮮同祖論」の影響が垣間見られる。『群山開港

[*47] 保高正記・村松祐之『群山開港史』、1925年、114〜115頁。
[*48] 前掲書、『元山発展史』、625〜626頁。

史』と同様に、「韓国併合」を歴史的に必然の結果として捉えることにより、植民化を正当化する議論である。このような「韓国併合」観は、発展史に共通する認識であった。

なお、発展史の記述からは朝鮮・朝鮮人に対する日本人の他者認識が読み取れる。他者認識の特徴は、朝鮮・朝鮮人に対する差別意識である。その中でも、よく知られている差別語「ヨボ」の使用は、日本人の差別意識を象徴するものであった。日本人社会において「ヨボ」がある種の流行語として広く使用されるようになるのは、日本人人口が急増する日露戦争期であるとみられる。日本人は朝鮮人の間で頻繁に使用されていた話しかけの言葉を、朝鮮人を指す差別語として使用し、言葉遊びを楽しんでいた。日本語におけるそれらしき言葉と結合され、「ヨボ」は「ヨボ君」「ヨボ化」「ヨボ臭い」「ヨボヨボしい」など多様な形で派生していた。

このほかに、発展史において朝鮮人を描写する際に頻繁に使用される言葉は、「頑迷」「幼稚」「怠惰」「不潔」などの表現であった。例えば、朝鮮の「風俗、旧慣極めて野鄙にして、且つ粗笨(そほん)」であるという記述や、「素頑迷にして資力に乏しく空理空論を喜び且つ殺伐の気風」であるとの評価が一般的であった[*49]。さらには、「一般鮮人ハ今尚幼稚ナル思想を有スルモノ多ク、鮮人ハ到底内地人ト競争スル実力ヲ具備セサル」という評価など、朝鮮人に対する優越意識も散見される[*50]。加えて、日本人に接する朝鮮人の態度については、「猜疑」「軽侮」という言葉がよく使用されている。朝鮮人の振る舞いは、「猜疑軽侮反抗の態度歴々たるもの」と描写された[*51]。

朝鮮人の思想については、事大主義を朝鮮人の根本たる思想とみる記述がみられる。このような事大思想に基づき、日本人を「倭奴」と呼び、石を投げる朝鮮人の行動に関する記述もみられる[*52]。そして、朝鮮時代における苛斂誅求

[*49] 三輪規・松岡琢磨編『富之群山』群山新報社、1907年、71頁。酒井俊三郎『鳥致院発展誌』朝鮮新聞忠清総支社、1915年、10頁。

[*50] 平壌名勝旧跡保存会編『平壌之現在及将来』、1915年、36頁。

[*51] 前掲書、『鳥致院発展誌』、10頁。

[*52] 「韓国上下一般に支那なる大国の在るを知って自国を独立国と認め之を指導開発せんとする日本の在るを知らざるなり。是を以て其支那を大国とする事大思想は旋て日本人を倭奴と蔑視す。故に居留民の足一歩を居留地外に出づれば倭奴来を叫び罵り動もすれば石を投ずること敢て珍らしからざりしなり」。前掲書、『元山発展史』、16〜17頁。

の状態と、総督府の善政を対比させる記述も散見される。朝鮮王朝時代を奴隷社会と位置づけるとともに*53、総督府統治による民衆生活の改善を称える記述も発展史に共通している。

　以上のような発展史の記述から読み取れるのは、日本人の朝鮮人に対する差別意識・優越意識であるが、このような意識に基づいて生まれた発展史特有の記述形態がある。それは、朝鮮の歴史を無視した日本人中心の歴史認識である。『京城と内地人』を著した川端源太郎は、「在留内地人」に限って記述する理由について、「京城の今日あるは吾が内地人の努力の結果にして、即ち其繁栄は吾等内地人の発達」であるからだと明言していた*54。さらに、「京城発達史は日本居留民の発達史にして、日本居留民を離れて京城の存在なしと言ふも決して過言」ではないと述べている*55。朝鮮王朝の都である漢城の一角に居留地を構え、大多数朝鮮人に囲まれ生活しながらも、京城の発達は日本人の手によるものであると明言していたのである。

　同じく雑居地であった平壌の発展史にも同様の記述がみられる。『平壌発展史』には、「平壌の今日あるは、全く我在住自治の賜なり」との記述に続き、日本人が「私心を去りて公益に尽くし、新領土開拓の衝に当りたるの結果」であるとの、自負に満ちた記述がみられる*56。このような日本人中心の歴史認識は、さらにエスカレートし、「内鮮人共同生活ヲ営ムトキハ、鮮人ハ生存競争ノ劣敗者」となり、「山間僻地ニ駆逐」されるだろうとの予測もなされていた*57。朝鮮在来の都市から朝鮮人は駆逐され、大半日本人が暮らす都市になるだろうという未来像が描かれるほどであった。

　以上のように、発展史の記述から浮き彫りになるのは、朝鮮・朝鮮人の不在であった。朝鮮の歴史と、その地域に暮らす朝鮮人の歴史は消され、日本人の

---

*53 「一般韓国の種族には両班、常漢、奴隷の三種別ありて、両班は文武両班といふを意味し、即ち我国の士族なり。常漢は通常の民即ち平民にして、貴族主義の韓国には平民は何等の権力なく、官命唯之れ従ひ、僅に棲息するに過ぎず。奴隷に至りては、殆んど人間仲間を外れ、牛馬視さるる程のものなり。纔かに他人の為めに使役せられ、其日其日を糊口して露命を存するに過ぎざる。真に憐れむべきものなり」。前掲書、『富之群山』、71頁。
*54 川端源太郎『京城と内地人』日韓書房、1910年、例言。
*55 同上、19～20頁。
*56 前掲書、『平壌発展史』、「平壌発展史に題す」。
*57 平壌名勝旧跡保存会編『平壌之現在及将来』、1915年、36頁。

移住によって地域の歴史は塗りつぶされていた。その結果として、発展史は朝鮮地誌でありながら、朝鮮・朝鮮人の不在現象という矛盾を有する刊行物になっていたのである。

第2項 「苦難」・「奮闘」の移住史

　発展史からは、朝鮮人に対する他者認識に加えて、日本人の自己認識も読み取れる。まず、注目したいのは「朝鮮開拓の先駆者」という認識である[*58]。例えば、朝鮮に「率先」して渡航し、「有ゆる辛酸を嘗め尽して困難と危険とに打克ち得たる堅忍なる、熱誠なる努力が盤石の如き基礎を築き…」云々の記述のように、初期移住者の功労を顕彰することから発展史は始まっていた。『木浦誌』の序文にも同様の記述がみられる。

　　　茲に新進の文明的一都市を南鮮の一角に樹立し、将来尚ほ益々発展に発展を加へて理想の大木浦を形成するの日近きに在らんとせり。飜て之を明治三十年の開港当時、一帯の沼澤草原茫乎として木浦鎮頭五十に満たざる鮮人部落の茅屋哀れ気に点在せし寂寞たる光景に回顧すれば、転た隔世の感に堪えざるなり。而して其今日に於ける本港の発展は是れ即ち我市民の努力奮闘の結晶にして之を史筆に物語らん乎。我市民拾数年間の奮闘史たり苦戦史たらずんばあらざるなり[*59]。

　ここでいう「我市民」は言うまでもなく、木浦開港以降の日本人居留民を指すものであった。序文には、日本人の居留から始まった木浦の歴史は発展を重ね、大木浦へ成長しているとの現状が述べられている。注目に値するのは、木浦の歴史を「開港以来市民十数年間に於ける苦戦奮闘の事暦」と描写した部分

[*58] 「吾人の快心に堪えざるは吾人居留民が常に朝鮮開拓の先駆者となり、前導者となり。国旗は常に之れに従ふて掲げられたるの一事也。事後よりして之を見れば半島の今日或は政事の賜多きにあるが如きも、雲表に聳ゆる彼の楼閣も畢竟基礎石を得て始めて全きが如く率先して此半島に商旗を飜へし有ゆる辛酸を嘗め尽して困難と危険とに打克ち得たる堅忍なる、熱誠なる努力が盤石の如き基礎を築き据へたるに依るものなるは茲に呶々を要せずして昭らかなり。左れば二千五百年来の国是を実現して其今日の隆運を致せる。又実に吾人居留民の功績与って大なりしを見る」。前掲書、『京城発達史』、序文。

[*59] 前掲書、『木浦誌』、「木浦誌刊行の由来」。

である。初期居留民の努力を称え、木浦の発展は居留民の「苦戦苦戦」の歴史であるという認識が見られるが、これは発展史に共通する特徴であった。

同様に、『元山発展史』には、「我日本人の半嶋に於ける奮闘史」という記述や、「明治維新の宏謨、開国進取の国是に依る我国民の奮闘史」であったとの記述がみられる[*60]。さらに、「我国権を伸張し我皇威の益々光輝を発せられたる余沢に頼り居留民は其全力を竭し」てきたとの自己評価もなされていた[*61]。開港場のみならず、雑居地の発展史も同様の歴史認識から始まっている。『平壌発展史』の序文には、「市民が二十年来、辛苦経営以て今日の平壌を開拓したる事歴を編述する事」が刊行趣旨であったと説明されている[*62]。

以上のように、居留民の移住史を「苦難」「奮闘」の歴史と捉えるのが一般的な歴史認識であった。このような歴史認識の根源を辿ると、開港期や形成期に居留民が受けた被害の記憶と関連していた。発展史には、壬午軍乱・甲申政変時に被った被害、防穀令による損害、東学農民運動時に受けた被害、義兵による被害などが詳細に綴られている。このような被害の経験は、「日本の勢力が甚しく微弱で、在留日本人は、支那人と、朝鮮人とから受ける、圧迫と、侮辱に堪へられなかった」という記述によく表れている[*63]。朝鮮人から被った被害の経験は、居留民社会で「苦難」「奮闘」と記憶され、また共有されており、発展史の刊行事業を通して、その歴史を後世に残すことが企画された。一般的に日本における郷土史研究の刊行物は、地域の偉人や名勝史跡への顕彰から始まるが、在朝日本人の発展史は移住史における「苦難」「奮闘」の経験を顕彰することから始まっていたのである。

第3項　創造された「郷土」

日本における郷土史研究は、日露戦争後の地方改良運動の過程で成立したものであり、一般的に「地方出身者ないし地方在住者が、自らが郷土と考える地域に展開する歴史事象を研究し記述しようとした営為」と定義される[*64]。この

[*60] 前掲書、『元山発展史』、序文。
[*61] 同上、775〜776頁。
[*62] 前掲書、『平壌発展史』、「平壌発展史例言」。
[*63] 藤村徳一編『居留民之昔物語』朝鮮二昔会事務所、1927年、43頁。
[*64] 由谷裕哉「草莽の学の再構築に向けて」(由谷裕哉・時枝務編『郷土史と近代日本』角川学芸出

定義によると、郷土史研究にはその前提として、「自らが郷土と考える地域」と所属意識が必要である。また、郷土史研究の成立にはもう一つの前提となるものがあるが、それは地域住民の具体的な歴史認識、歴史への関心である。この観点からすると、発展史の刊行を可能にしたのは、居留民の郷土認識に加えて、地域の沿革への関心があったからだと考えられる。

一般的に、日本における郷土史には地域の沿革、名勝史跡、偉人が紹介される。発展史にも同様の記述がみられる。『平壌発展史』の第一篇は「平壌の由来」から始まり、古代の箕子朝鮮や衛満朝鮮、楽浪郡や高句麗の歴史が綴られている[65]。そして、文禄の役における平壌戦、日清・日露戦争時に戦場となった平壌の様子が綴られている[66]。平壌の古跡に関連しては、その調査にあたった関野貞の講演録が掲載され、逸話として平壌遷都論が紹介されている。ここでいう平壌遷都論とは、朝鮮を旅行した赤木格堂がその感想を雑誌『日本及日本人』に寄せて話題を呼んだものである。赤木は平壌を遷都の候補地と挙げているが、発展史ではそれを平壌の地理的価値を強調する素材として活用していた。これらの記述傾向から確認できるのは、日本人の地域の歴史への関心というものは、あくまで日本と関連する史実に向けられたという点である。

『大邱民団史』にも同様の歴史認識がうかがわれる。なかんずく、新羅中心に地域の沿革が紹介されているのが注目される。大邱は「慶尚北道の首府にして、而して慶州は新羅の古都」という風に関連付けられ、新羅の歴史は「大邱民団最古の前者」であると位置づけられた[67]。また、地域の蚕業の歴史を紹介するところでは、「新羅最も発達し之を日本に伝へたり」と記述され、牛耕の項目では新羅の「智証王は人民を奨励して大に牛耕の法を用いしめたり」と説明される具合であった。朝鮮や高麗時代でもなく、三国時代にさかのぼり、大邱の歴史が記述されており、日本と関わりのある新羅や慶州の歴史に紙面の多くが割かれていた。

『群山開港史』にも同様の歴史認識がみられる。群山の歴史は「百済の錦江

　　　版、2010年)、7頁。
[65]　前掲書、『平壌発展史』、1〜14頁。
[66]　同上、435〜524頁。
[67]　前掲書、『大邱民団史』、70頁。

経営」から始まり、百済と倭国との関係、倭寇の歴史が綴られていた。そして新羅の土地制度、高麗の科田制度、李朝の貢米制度、朝鮮の貨幣制度に関する記述がみられるが、これには米穀貿易が盛んであった群山の土地柄が反映されていた。そのなかでも注目に値するのは、「日本の半島宗主権と錦江」と題された部分である。

> 日本の半島宗主権が国際条約上名実共に確立したのは、明治三十八年米国ポーツマス軍港に於ける日露講和条約締結後であるが、実際日本が宗主権を朝鮮に施行した起源は、神功皇后の三韓御征服の後、任那に日本府と云ふ厳然たる政府を樹立して、百済新羅を統轄せられたるは、日露戦争後に於ける日本の統監政治と何の異なる所もなく、実際に於て宗主権が朝鮮に行はれていたのである。新羅は其の後北方の勢力に迎合して時々日本の命を奉じなかつた事があるけれども、百済は終始一貫日本の宗主権を奉じて、忠誠を挺でて其の保護に甘じて居たことは歴史上否定の出来ない事実である[*68]。

引用文からわかるように、群山の発展史には百済と新羅にまつわる記述が紹介されている。神功皇后の「三韓征伐」と「任那日本府」にさかのぼり、朝鮮半島における日本の宗主権が正当化される内容であった。要するに、発展史刊行事業は地域の沿革への関心を促したが、それは結局『古事記』や『日本書紀』における関連記録への関心につながっていた。この過程で強く求められていたのは、古代史における日本の朝鮮半島支配と「韓国併合」を歴史的につなぐ接点を探すことであった。

なお、日本における郷土史研究の歴史を辿ると、その前提として地域住民の郷土概念が必要である。その意味からすると、朝鮮において発展史編纂が可能であったのは、朝鮮の地が再認識され、日本人の「郷土」として創造されていたことを意味する。この過程を経てからこそ、郷土史研究が可能であり、発展史の刊行事業が成立するからである。朝鮮の地を「郷土」と認識するには、そ

[*68] 前掲書、『群山開港史』、17頁。

の目的意識に沿った歴史解釈を経なければならないが、発展史刊行はその産物でもあったのである。

小結

　本章では、在朝日本人刊行の朝鮮地誌、とりわけ発展史刊行事業を取り上げ、「植民者意識」の根柢にあるものへ射程を延ばした。発展史は居留民社会の形成史を主な内容とする刊行物であり、その記述内容には他者認識や自己認識が表れていた。日本人社会の発展史刊行事業は、開港記念、「韓国併合」、居留民団の解散をきっかけに行われたが、開港期からの移住史を歴史として残そうとする意識に加え、反官意識が刊行を後押ししていた。発展史で繰り返し強調されているのは、開港期・形成期における「苦難」「奮闘」の経験であり、被害者としての経験が共有されていた。このように培養された被害者としての自己認識は、発展史刊行を支える思想的基盤になっていた。

　なお、朝鮮の発展史刊行は、日本における郷土史研究の動向と無縁ではなかった。発展史刊行をきっかけに、地域の沿革に関心が向けられ、地域史に対する研究調査が行われた。地域の歴史といっても日本列島とのつながりがもっとも重要視された。つまるところ、発展史の刊行事業は朝鮮半島における日本人の居住を歴史的に裏付ける意義を兼ねており、日本人の居住を正当化する役割を果たしていた。その結果、発展史は朝鮮地誌でありながらも、朝鮮人と朝鮮の歴史が不在するという奇妙な形態で刊行されていたのである。

　また、発展史の記述からは日本人社会の「郷土」意識の芽生えが読み取れる。短い居住期間ではあるものの、居留地から発展した地元に対する「愛着」が日本人社会に芽生えていた。その意味において、発展史の刊行事業は日本人社会にとって朝鮮の地を「郷土」として認識し、創造する過程でもあった。このような意識の蓄積を経て、朝鮮の地は在朝日本人の「郷土」として内面化されていったとみられる。

終章

　一般民衆の入植が植民地統治権力の樹立に先行した朝鮮では、植民者社会の特質は社会形成の過程に起因して生まれた。このことを踏まえ本書では、在朝日本人の歴史を社会様態に沿って時期区分し、そのうち開港期から二世が社会に登場する成長期以前までの時期を研究対象とした。これまで在朝日本人という用語が無批判のまま用語として定着している点、その定義がまちまちである点からも推察できるように、在朝日本人に関する研究は必ずしも体系的で総合的な観点から行われてきたとは言いがたい。また、これまでの研究は比較的に資料が現存する1920年代以降に集中するきらいがあった。それに、商工業者と商業会議所が主な研究対象であったことも否めない。植民地統治権力と朝鮮人エリート層との間における中間者的な存在として、利益を追求する在朝日本人のイメージが定着しているのもこの所以であろう。このような研究状況を踏まえて、本書では研究対象の幅を広げ、多様な角度から在朝日本人社会を鳥瞰することを試みた。在朝日本人の歴史について、社会様態、植民地空間の変容、「植民者意識」という視点から、植民者社会の形成過程を考察した。

　まず、在朝日本人社会の形成史において注目できるのは、一般民衆にとって朝鮮への渡航は比較的容易だったという点である。西洋諸国の植民地が、アジア・アフリカなど遠隔地に位置したことから、官吏・軍人といったエリートを中心とした入植が行われたのに対し、朝鮮は日本に近接しており、早くから一般民衆の大量入植が可能であった。そのため、世界史的にも稀と言っていいほど大規模な植民者社会が形成された。かくして、一般民衆の渡航が植民地統治権力に先行し、短期間に大規模な植民者集団が形成された例は、帝国日本の植民地および勢力圏内でも異例であった。領有後に日本人の移住が始まった台湾、租借権の獲得後に日本人の流入が始まった関東州とは異なる植民者社会の特質

は、この点から生まれた。植民地統治権力と民間の日本人社会の間に統治政策をめぐる反目・対立が存在したのも、日本人社会が植民地都市の形成過程に影響力を及ぼしたのも、被害者としての「植民者意識」が育まれ、共有されたのも、このような植民者社会の形成史が背景にあったのである。

では、序章で提示した研究視角に戻り、本論の実証分析が提起した諸論点を大きく四点に取りまとめ、改めて検討しつつ、多様な観点から在朝日本人社会の形成を考察してきた意義について述べることにしたい。

第一に、民衆社会としての在朝日本人社会の独自性に注目した。朝鮮に渡った日本人は宗主国出身の支配民族でありながらも、植民地統治権力との関係においては朝鮮人社会と同様に被支配民であった。植民地化より先行して居留民社会が形成された背景から、「韓国併合」後に植民地権力と日本人社会との間には反目、葛藤が生じていた。統治方針に対し、在朝日本人社会は独自の秩序意識に基づいて意思表明していたのであるが、その中でも日本人社会の意識がよく表れているのが「自治」論であった。

在外における居留民団体の運営を「自治」と表現したのには、日本人社会の意識構造が縮約的に込められていた。日本人社会は「韓国併合」という時代転換に対応しながらも、絶え間なく「自治」を主張しつづけた。「併合」とともに居留民団はその存在理由を否定され、解散への道をたどったが、これに対し日本人社会では「自治」の存続、さらには完全なる「自治」の施行を請願し、反対運動を展開した。開港期以来の「自治」の歴史を強調しながら、朝鮮人との混合に対して強く反発したのであるが、この点からは在朝日本人社会が独自の秩序意識をもって植民地権力に対抗していたことがわかる。

なお、居留民団の解散と「自治」をめぐる議論からは、植民地統治権力と日本人社会が同様の植民地統治観を有していなかったことが読みとれる。朝鮮総督府の統治方針は常に日本人社会に浸透したわけではなく、むしろ在朝日本人の陳情・請願活動が支配政策のあり方を規定する場面もみられた。さらに統治方針をめぐっては、総督府が掲げていた「同化」「一視同仁」といった統治方針に対し、日本人社会は疑念を抱くようになっていた。被支配民としての経験を通して、日本人社会は総督府の方針が表面的であり、虚構に満ちていることを看破していたのである。

日本人社会の「自治」への執念は、「文化政治」期以降における朝鮮議会設置運動へ脈々と受け継がれることになる。この過程で日本人社会は朝鮮人エリート層との協力を通して、人口的に少数でありながらも、発言力を有する集団であり続けた。日本人社会はあくまで植民地権力とは異なる、民衆社会の独自の思想に基づいて行動していたのである。このような観点から、植民地統治権力と日本人社会が植民地朝鮮ではたした役割は互いに峻別されるべきであると考えられる。

　第二に、本書ではナショナル・ヒストリー、すなわち一国史を越える視点から宗主国と植民地にまたがる在朝日本人社会を捉えなおした。日露戦後から大正期にかけての時期は、日本において国家のための共同体強化策が行われ、都市と農村において新しい国造りが試みられていた時期である。このような本国日本の動向は、在朝日本人社会と無縁ではなかった。本国日本における各種の制度は、現地の事情に応じる形で適用され、植民地朝鮮にも導入されたのである。

　本論で述べたように、「始政五年記念朝鮮物産共進会」は博覧会と共進会を繋ぎ合わせた形態の催しであったが、これは日本化された博覧会と共進会が植民地朝鮮に導入される過程に起きた変形ともいえるものであった。また本国日本における郷土史研究の潮流は、植民地朝鮮に影響を及ぼしており、本国日本の郷土史研究と在朝日本人刊行の発展史刊行には同時代性がみられた。そして、居留民創建神社の例においても、本国日本の影響は確認される。皇祖皇宗思想を中核とする居留民創建神社の整理は、日本における神社合祀と類似していた。

　第三に、本書全体を通して注目したのは在朝日本人社会の「植民者意識」であった。「植民者意識」は植民者社会の形成過程で育まれ、成員の間で共有されていた意識構造といえる。居留民団体の「自治」をめぐる議論からは、朝鮮人社会に対する分離・排除論が読み取れた。日本人社会では朝鮮人に対する教育策及び同化策が頻繁に議論されていたが、日本人独自の既得権の喪失につながるような「一視同仁」には反対していた。日本人社会は朝鮮人社会との混合に対し一貫して反対を表明し、朝鮮人社会との分離を主張していたのである。この分離・排除論は、朝鮮人社会に対する優越感や差別意識を基盤としており、

「民度ノ差」の論理に支えられていた。当初日本人社会が掲げていた「自治」は、日本の市町村制に倣った地方自治を意味していたが、次第に朝鮮人社会の分離・排除を意味する「自治」へと変容していた。この時期に盛んに叫ばれていた「自治」は多義性を有する言葉であり、こうした「自治」論の変容には「植民者意識」の形成過程が集約的に表れていた。

なお、児童教育をめぐる議論からは、被害者としての「植民者意識」が垣間見られた。朝鮮における児童教育は本国日本と同様の教育を施すという目標の下で展開していたが、それと同時に植民地という環境に由来する制約を受けていた。本国と同様の教育を施すという目標設定は、朝鮮人との関係性のなかで、実現しがたいものであったが、日本人社会ではこの状況を「犠牲」と認識していた。

このような「自治」や児童教育をめぐる議論をまとめると、在朝日本人社会が追究していた基準が本国日本にあったことがわかる。本国日本と同様の地方行政、本国同様の小学校教育の無償化などが、到達すべき基準となっていた。在朝日本人は生活の場を植民地朝鮮に置きながらも、理想の基準を本国に求めていたのである。本国日本を規範とする認識は、「韓国併合」後にもかえりみられることなく続いた。だが、このような目標設定は実現不可能なものであり、軌道修正を要するものであった。

第7章の補論では、在朝日本人刊行の発展史を通して「植民者意識」の根柢を支える意識構造を考察した。在朝日本人社会の移住史が綴られている発展史において反復・強調されているのは、「苦難」「奮闘」の経験であった。被害者としての経験が繰り返し記述されており、発展史の刊行によって共有されていた。発展史の記述内容からは、地域の沿革に対する日本人社会の関心に加えて、地元に対する日本人のまなざしの変化が読み取れる。韓国の植民地化は歴史の必然的な結果として受け止められ、朝鮮の地は在朝日本人の「郷土」として創造されていった。

なお、在朝日本人社会においても、西洋の植民地にみられる「白人の責務」（White man's burden）と類似する意識、すなわち「文明化の使命」が議論されていた。ところが、日本人社会は「同化」という統治政策に対して理解を示しつつも、総督府が想定していた「内地人」の役割については冷淡であった。

「同化」「一視同仁」といった政治的スローガンよりは、現実的な利益・利権を重視する傾向があった。一つの事例は、朝鮮物産共進会の開催に際し展開された日本人社会の協賛活動である。日本人社会の協賛活動を促したのは、朝鮮半島における「同化」「一視同仁」といった名分ではなく、景気改善への期待であった。景気改善と日本資本の流入のために、日本人社会は地元地域を本国日本に宣伝する活動を展開していたのである。

　第四に、植民地空間の変容と在朝日本人の関わりについて着目した。共進会の開催、港湾「開発」、神社創建を取り上げ、在朝日本人社会が植民地空間にどのような影響を及ぼしたのかを考察した。まず、第4章では「始政五年記念朝鮮物産共進会」を取り上げ、「武断政治」期の植民地空間を考察した。朝鮮物産共進会は施政五年間の「進歩改善」を可視化し、植民地支配の正当性を帝国内外に宣伝する催しであった。日本人と朝鮮人の有力者が参加する形で協賛会が組織され、官民共同の催しで行われた。

　共進会に対する日本人社会の協賛活動は、共進会を梃子とした景気改善への期待感がその背景にあった。協賛会の活動は、必ずしも総督府の統治方針に対する日本人社会の賛同を意味するものではなく、実利を重視した選択であった。共進会は、朝鮮人と同様に被支配民である日本人にとっても包摂の装置として働いており、共進会の会場は抑圧と包摂という「武断政治」の二重構造が露呈する植民地空間であった。

　第5章では、1910年代における仁川の築港工事を事例に、港湾「開発」と日本人社会の関わりを考察した。一般的に植民地都市の建設は、宗主国または植民地統治権力の方針をもって説明される。しかし、仁川の事例からは植民者社会が港湾「開発」に密接に係わり、その意向が反映される過程がうかがわれる。仁川の事例から明らかになるのは、植民者社会の港湾「開発」論が先行し、植民地統治権力の支配政策に一定の影響を及ぼしたという点である。

　第6章では、居留民神社の創建と「韓国併合」後の変容過程を考察した。初期の居留地神社では私的な信仰と公的な国民意識が共存していた。居留民社会が成長するにつれて、天照大神を奉斎する遙拝所が各地の居留地に創建された。居留民社会は、当初より構成員の多様性から起因する社会統合の課題を抱えていた。この課題に対処すべく、活用された居留民統合の装置は神社であった。

多様な出身者で構成される居留民社会を取りまとめる空間として、各地の居留地には天照大神奉斎神社が建てられた。

　居留民創建神社に対し、総督府は神社制度を整備し、監督・管理権を強化していった。この過程で、皇祖皇宗思想を中核とする神社は居留民社会で揺らぎない地位を獲得した。また居留民社会の統合が意識されるなかで渡御式や祭りが企画され、神社経営のために日本の制度に準じて氏子が組織された。とりわけ、内陸部では地域の朝鮮人社会を巻き込む形で神社創建が推進され、国有林がその鎮座地として利用された。神社の尊厳維持を重要視する総督府の方針に従い、朝鮮人を氏子と参加させることで経営維持が図られた。

　このように植民地空間に及ぼした日本人社会の影響力は相当なものであった。とりわけ、第二部の考察を通して、日本人社会の活動が政治・経済のみならず、社会・文化に至るまで波及力を持っており、歴史的要因として作用していたことがうかがえた。彼らの活動は植民地権力だけではなく、朝鮮人社会との間にも軋轢を生み、植民地統治において葛藤要因にもなっていた。かくして、日本人社会は植民地朝鮮において重要なファクターとして機能していた。つまるところ、在朝日本人社会の形成過程を多様な角度から追う作業は、さまざまな形で表出されていた「植民者意識」に射程を当てることであり、日本人社会が植民地朝鮮において影響力を発揮するるようになった歴史的起源を探る作業でもあったのである。

　以上、幅広い観点から在朝日本人社会の形成を検討することを課題としたが、触れていない点も少なくない。本論では踏み込んで論じることは出来なかったが、三・一運動に対する在朝日本人社会の議論を通して、「文化政治」以降の日本人社会の変容について述べ、終章をまとめることにしたい。

　序章においては、三・一運動に対する「内地」と植民地朝鮮で受け止め方の温度差について触れたが、独立運動に対する在朝日本人社会の善後策は、大きく朝鮮人社会に対する強硬策と、日本人移民の奨励にまとめられる。ここで注目されるのは、在朝日本人社会の世論が「内地」における「武断政治」批判と「文化政治」へ移行を評価する世論とは異なっていた点である。このような認識のズレは、本論で論じた「植民者意識」と関連して説明することが可能である。

終章

　在朝日本人の意識構造は、被支配民との関係性から生まれるものであり、植民地で遭遇する朝鮮人との接触からその意識は構築され育まれるものであった。例えば発展史の記述から確認できるように、居留初期における「苦難」「奮闘」の経験は共有され、移住史として記録された。被害者としての自己認識に加え、優越感や差別意識に基づく他者認識は在朝日本人の意識構造の根柢をなすものであった。かくして形成された在朝日本人の「植民者意識」は、朝鮮人社会の分離・排除を意味する「自治」論へ、そして三・一運動を経ては「不逞鮮人」に対する強硬論へ受け継がれていく。

　なお、「文化政治」期における在朝日本人社会の変容も同様の脈絡から解釈できる。従来、「文化政治」期における在朝日本人社会の朝鮮人エリート層への接近は、日本人社会が朝鮮人社会に対する認識や態度を変え、朝鮮人との協力を模索したと論じられてきた。だが、果してそのように捉えてよいのであろうか。本論で考察してきたように、朝鮮人社会に対する在朝日本人の認識は、開港期から長い歴史を経て構築されたものであった。「文化政治」への施政転換があったとはいえ、日本人社会が朝鮮人社会に対する認識を一挙に変えたとは考えがたい。朝鮮人エリート層との協力は、日本人社会に共有されていた「植民者意識」の枠組みをもって解釈できるのではないだろうか。

　たとえば、当初日本人社会では三・一運動に対し、国際情勢に関する朝鮮人の無知を批判したが、時間の経過とともに、この騒擾を「武断政治」の廃止を促す材料として利用しようとする動きをみせていた。これは朝鮮人に対する認識の変更というよりは、政治的な発想転換といえるものであり、民族間における協力模索といった評価に値するものではなく、「朝鮮騒擾」に対する活用策に近い性格のものであった。朝鮮人社会に対する認識の変化を伴わない、対外的な姿勢の変更のみであり、「文化政治」期以降も在朝日本人社会の意識構造の根柢をなすものには、大きな変化はなかったと考えられる。この点については、今後検討を重ねていきたいと思う。

別添資料

【別添資料1】 京城協賛会の名誉・特別有功会員

区分	寄付金	会社名・氏名	会社・支店の所在地、寄付者の経歴
名誉会員	3,000	東洋拓殖株式会社	京城黄金町に本社。
	3,000	株式会社朝鮮銀行	京城南大門通りに本社。
	3,000	三井合名会社	東京に本社。
	3,000	合名会社大倉組	東京に本社、京城に出張所。
	3,000	久原鉱業株式会社	大阪に本社、鎮南浦に製錬所。
	3,000	合名会社高田商会	東京に本社。
	3,000	吉川合名会社	日本に本社。
	3,000	三菱合資会社	東京に本社。
	1,600	日韓瓦斯電気株式会社	東京に本社、京城本町に京城支店。
	1,000	東亜煙草株式会社	東京に本社、京城府仁義洞に製造所。
	1,000	明治鉱業株式会社	福岡に本社。
名誉会員	700	朝鮮郵船株式会社	京城南大門通りに本社。
	500	日本郵船株式会社	東京に本社。
	500	大阪商船株式会社	大阪に本社、仁川に支店。
	500	株式会社漢城銀行	朝鮮人資本の銀行。京城南大門通りに本社。
	500	株式会社第一銀行	東京に本社、京城に支店。
	500	南満洲鉄道株式会社鉱業課出張所	大連に本社。
	600	中村再造	京城民団議員、京城商業会議所会頭を歴任。京城銀行頭取。京城十友合資会社理事。
	500	市原盛宏	朝鮮銀行総裁。
	500	吉原三郎	東洋拓殖株式会社総裁。京城協賛会会長。
	500	山県伊三郎	朝鮮総督府政務総監。
	500	森勝次	京城民団議員・京城商業会議所議員。
	700	李完用	朝鮮総督府中枢院副議長。朝鮮貴族令により伯爵。
	600	閔泳徽	漢城府判尹を歴任。朝鮮総督府中枢院議長。朝鮮貴族令により子爵。天一銀行設立。1906年徽文学校を設立。
	500	朴寅浩	東学運動の指導者。1908年から天道教の大道主。
特別有功会員	350	株式会社共益社	京城南大門通りに本社。布木商組合が母体となり、朴承稷らが1914年設立。
	300	新町遊郭	京城日本人居留民団によって新町に設置された遊郭。
	300	株式会社十八銀行	長崎に本社、京城に支店。
	300	株式会社三越呉服店	東京に本社。京城府本町に出張所。
	300	株式会社朝鮮商業銀行	朝鮮人資本の銀行。京城南大門通りに本社。
	250	合名会社高島屋 出張所　林宸次郎	日本に本社、京城に出張所。
	250	原田金之祐	朝鮮郵船会社の社長。京城日本人商業会議所会頭。
	250	野田卯太郎	東洋拓殖株式会社副総裁。
特別有功会員	250	高瀬政太郎	高瀬合名会社。
	250	清水満之助	合資会社清水組代表。
	300	趙重応	朝鮮総督府中枢院顧問。朝鮮貴族令により子爵。
	300	宋秉畯	朝鮮総督府中枢院顧問。朝鮮貴族令により子爵。

250	李載完		興宣大院君の甥。元宮内府大臣。漢城銀行設立に携わる。朝鮮貴族令により侯爵。
250	朴泳孝		哲宗の壻。朝鮮貴族令により侯爵。朝鮮貴族会会長。
250	趙東潤		一進会に参加、朝鮮貴族令により男爵。
250	趙命九		−
250	李鐘奭		−
250	高永喜		朝鮮貴族令により子爵。朝鮮総督府中枢院顧問。
250	閔丙奭		李王職長官。朝鮮貴族令により子爵。朝鮮総督府中枢院議官。
250	尹沢栄		純宗の舅。朝鮮貴族令により侯爵。
250	朴齊純		朝鮮貴族令により子爵。朝鮮総督府中枢院顧問。
250	全命基		−
250	尹德栄		李王職賛待。朝鮮貴族令により子爵。
250	李鳳来		元漢城府判尹。
250	韓亮鎬		韓圭卨の息子。

出典　京城協賛会残務取扱所『始政五年記念朝鮮物産共進会京城協賛会報告』東京印刷株式会社、1916年3月、19〜21頁。田内竹葉・清野秋光編『新朝鮮成業銘鑑』朝鮮研究会、1917年。朝鮮公論社編『在朝鮮内地人紳士名鑑』、1917年。朝鮮人は、韓国史データベース韓国近現代人物資料（http：//db.history.go.kr）、歴代人物情報システム（http：//people.aks.ac.kr）、『韓国民族文化大百科』（http：//encykorea.aks.ac.kr）より整理。
注　不明あるいは確定できない場合は「−」をもって表記した。

【別添資料2】　京城協賛会役員の経歴

区分	氏名	経歴・当時の肩書	本籍地	来朝時期
会長	吉原三郎	東京帝国大学法科大学卒業。香川県・富山県知事、内務省地方局長等を歴任。1906年に内務次官を経て、東洋拓殖株式会社副総裁に任命される。	千葉	1908年
副会長	金谷充	警視庁出身。青森県・福井県の郡長を経て、1908年に韓国政府の招聘により咸鏡南道書記官に任命される。咸鏡南道内務部長を経て、1912年に京城府尹に任命される。	東京	1908年
副会長	原勝一	小学校訓導出身。山口県郡長・市長を経て、1907年に大韓勧農株式会社（1915年当時は朝鮮勧農株式会社）を設立（専務取締役）。1911年に京城居留民団議員。1913年に京城日本人商業会議所会頭に当選。大倉組京城出張所相談役。	山口	1907年
副会長	原田金之祐	日本郵船大阪支店支配人、本社調度課長を経て、1911年に取締役。大阪商業会議所議員。1912年に朝鮮郵船会社の設立時に、寺内総督の推薦により朝鮮郵船会社の社長となる。京城日本人商業会議所会頭。	滋賀	1912年
副会長	趙重応	1860年生まれ。1895年に外部交渉局長。1896年に金弘集内閣が崩壊すると、日本に亡命。1906年に帰国、統監府嘱託（農事調査員）。1907年に法部大臣を経て、農商工部大臣を歴任。1910年に朝鮮貴族令により子爵。朝鮮総督府中枢院顧問。	−	−
副会長	白完爀	1856年生まれ。武官出身。東洋拓殖株式会社の設立委員・特別委員。伊藤博文追悼会、一進会の合邦請願運動に係る。朝鮮商業銀行理事。京城商業会議所（朝鮮人）議員・会頭。漢湖農工銀行代表。	−	−

別添資料

役職	氏名	経歴	出身	年
長理事	井上孝哉	1897年に東京帝大法科大学卒業。内務省入省。熊本県参事官、滋賀県警部長、佐賀県知事を歴任。1908年に東洋拓殖株式会社理事。	岐阜	1908年
理事	石原留吉	1896年中央大学卒業。1904年文官高等試験に合格、1906年に千葉県君津郡長。1908年に岡山県事務官（学務課長）。1909年に韓国政府に招聘され、内部警務局に勤務。1912年に慶尚南道事務官を経て、1914年に京城府事務官。	香川	1909年
	大村友之丞	1896年に大阪朝日新聞社に入社。日露戦争時に従軍記者として韓国に渡る。1907年に門司支局長、1907年10月～1909年4月まで京城特派員。1909年退社後、再び京城に渡り、著述出版に携わる。1912年に朝鮮新聞社に入社。1913年京城民団議員に当選、同年京城日本人商業会議所書記長。	島根	1904年・1907年
	中村与資平	東京帝国大学建築科卒業。1908年に朝鮮に渡り、第一銀行韓国支店建設に従事する。1912年に建築事務所を新設、朝鮮銀行嘱託建築技師を兼任。	静岡	1908年
	釘本藤次郎	1895年仁川に渡り、金物商を営む。京城に入り、永登浦に支店を設置し、南大門通りに鉄工所を置く。十友合資会社、京城競売株式会社を設立。京城繁栄会長、京龍金物商組合長、京城衛生組合聯合会長。釘本藤次郎商店経営。1911年に京城日本人商業会議所議員。	佐賀	1895年
	馬詰次男	東京高等商業学校卒業。大蔵省専売局に勤務。欧米の煙草販売制度を視察。1912年に大蔵省専売局事務官から東亜煙草株式会社の理事・総販売所長に転ずる。	高知	1912年
	郡山智	1911年に東京帝国大学法科大学卒業。朝鮮に渡り、朝鮮総督府試補となる。1913年に朝鮮総督府官房総務局会計課長。	宮城	1911年
	安淳煥	大韓帝国期に宮内府の典膳司長として宮中料理を担当。1909年に明月館（料理屋）を開店。	-	-
	崔相敦	1869年生まれ。1895年に日本に官費留学。大韓帝国期に、農商工部鉄道局長を歴任。朝鮮総督府中枢院参議。	-	-
	金鎔濟	1868年生まれ。1895年に慶應義塾に留学。早稲田専門学校卒業。私立学校教師を経て、宮内府内事課長を歴任。1914年京畿道参事。	-	-
	芮宗錫	1872年生まれ。1906年に東洋用達会社を設立。漢城府民会委員。伊藤博文追悼会の実行委員。京城商業会議所（朝鮮人）議員。京城神社氏子総代、赤十字社朝鮮本部議員を歴任。	-	-
委員	北内浅吉	1904年に韓国視察を経て、京城に入る。1908年に印刷工場を設立。官庁用達。北内商店を経営。紙商・印刷業。	東京	1904年
	高木徳彌	1895年に朝鮮に渡り、朝鮮人向けの洋雑貨・柳行李の販売店を営む。官営煙草の元売捌店を兼ねる。朝鮮製綿株式会社取締役。京城商業会議所評議員。洋雑貨商の高木商店を経営。	岐阜	1895年
	山下新太郎	1887年に朝鮮に渡る。1892年に仁川日韓貿易支店支配人。1896年に仁川商業会議所議員。1898年に朝鮮貿易商会支配人。山口呉服店主任。	鹿児島	1887年
	藤富国太郎	1895年に京城に入る。1899年スタンダード石油の特約販売を始める。1901年に事業を拡張し、貿易部・雑貨部を設ける。牛乳部を新設し、京龍牛乳の販売に携わる。京城商業会議所議員。藤富国商店（貿易・食用雑貨商）を経営。京城十友合資会社監事。	大分	1895年
	古賀岩助	1880年に朝鮮に渡る。1883年に仁川に移り、領事館の給仕となる。兵役後、京城に入り、売薬行商を営む。日清戦争時に召集され、第5師団電信架設隊通訳。1900年に京城で質屋を始める。義兵討伐の功で賞金の下賜を受ける。	長崎	1880年

345

氏名	経歴	出身	渡鮮年
村田源次郎	1883年釜山に渡る。大草商店回漕部。1894年に仁川支店に転じ、海軍用達部主任。1896年に京城に入り、村田商店を開く。村田商店（酒醤油・味噌販売）を経営。	山口	1883年
小林源六	1867年に三重県津町で丁子屋を創立。1904年に朝鮮に渡る。店舗は三重県津市、和歌山県新宮市、釜山、京城、平壌などにあり、東京と大阪に出張所を置く。総督府駐箚軍・鉄道局・通信局・李王職の被服器具類の納入を行う。丁子屋（毛織物・洋服商）を経営。	三重	1904年
鍋島宇吉	1906〜1907年頃に朝鮮に渡る。家具雑貨商を営む。1913年京城居留民団議員に当選。京城商業会議所議員。鍋島商店（雑貨商・土木請負業）を経営。	福井	1906〜1907年頃
廣江澤次郎	慶應大学商業部卒業。1906年に京城に入る。拓殖博覧会に出品し、金牌賞を受賞。紙捲煙草製造業（廣江商会）の代表。東亜煙草株式会社と競争関係にあったが、1916年に製造工場を東亜煙草株式会社に売却。	岐阜	1906年
浅海金六	1892年に慶應義塾を卒業。1894年に三井銀行入社、1904年三井物産、1907年南満洲鉄道株式会社に勤める。1912年に朝鮮に渡る。山林業。	山口	1912年
待井三郎	本店は福岡市にある待井商店。日露戦争時に第5師団経理部に附随し軍用米供給に従事する。戦争後に朝鮮に渡り、西大門外に仮工場を設けて精米業を営む。1906年に精米所を移転する。精米高は年間万を超える石高である。1911年に京城居留民団議員。待井精米所（精米業）を経営。	福岡	1904年
末森富良	1877年生まれ。1896年大阪高等商業学校卒業。日露戦争時に従軍。1910年京城に入り、文房具商を営む。1912年に文房具商をやめる。貸家業。	佐賀	1904年
小川亀太郎	大分県立獣医学校卒業。大分県庁、獣医学校で勤める。1892年に輸入病牛から牛疫を発見、その全滅に専念する。1906年に韓国政府の招聘を受け、警務顧問部で働く。1907年に辞職し獣医・売薬業の店を営む。1913年に永登浦に牧場を設け、牛乳を生産・販売する。獣医・売薬業。	大分	1906年
唐川立造	岡山県で洋服裁縫店を開業。1898年に広島市の木綿問屋桑原商店の支配人となる。1906年に京城に入り、唐川商店を開店。呉服太物商。京城商業会議所議員。	広島	1906年
江川文吉	幼時から菓子製造業を学ぶ。1871年馬具商江川文吉の養子となり、家業を継ぐ。1895年に京城に入り、雑貨商・菓子商を営む。1901年に菓子店組合を組織し、組合長になる。江川菓子店を経営。	東京	1895年
佐藤磯次郎	郷里では染物業に従事。1897年に朝鮮に渡り、中村再造の用達部に勤める。1900年に辞職し、若草町で質屋を営む。1907年に佐藤商店を開店。陶器小売商。	山口	1897年
菊田真	東京で写真を学ぶ。1899年に京城に入り、1904年から1906年まで居留民会議員。1904年に菊田写真館を開業。写真業。	宮城	1899年
村上彌生	1903年に熊本県立中学卒業。1911年に京城に入り、村上質店を営む。	熊本	1911年
海浦篤彌	東京英吉利法律学校卒業。1890年に朝野新聞・報知新聞通信員として朝鮮に渡る。1896年に外務省編纂課に入り、法規の編纂に従事。1897年に鶏林奨励園京城支部理事となり再び朝鮮に渡る。1909年に京城居留民団会計役。	青森	1890年・1897年

氏名	経歴	出身	渡韓年
堀尾潔	家代々町庄屋を務めながら、酒造業を営む。学校で漢学を学ぶ。1885年郷里の戸長役場で勤める。1894年に土木請負業を始め、北海道・朝鮮・満洲の諸工事に従事。1907年に再び朝鮮に渡り、1908年三巴商会（酒・醬油・米販売）を開店する。1910年酒造組合長、1911年商業会議書議員。	鳥取	1894年・1907年
首藤定	1897年明善中学卒業。家業を継ぎ、清酒の販売に従事。日露戦争時に陸軍用達を納入。販路拡張のため満韓地方を視察。1906年に釜山に渡り、支店を開設する。1909年京城支店を増設し、キリンビール、清涼飲料を取り扱う。酒類販売業。	福岡	1906年
内藤利一	日本大学卒業。1905年に朝鮮に渡り、京城において質屋を営む。質屋をやめ、農業を経営。	名古屋	1905年
野中健蔵	1892年に大倉土木組に入る。1903年に朝鮮に渡り、同組の京城出張所で勤務。徳寿宮の洋館建築工事に従事。1915年に辞職し、貸家業を営む。	熊本	1903年
橋邊豊蔵	家は代々対馬藩宗家の代官にして釜山に長く滞在。明治維新後、穀物・海産物貿易商となる。1878年に釜山に渡り、父の店舗で働く。1894年に陸軍通訳。京城に入り、独立門附近に果樹園を開く。農業。	長崎	1878年
肥塚正太	山口中学卒業後、東京獣医学校卒業。東京で練乳製造業を開始。1898年に神戸で畜産会社を設立し常務取締役となる。1902年に株式会社家畜市場・神戸屠畜会社を設立し、専務取締役を兼ねる。1908年に朝鮮畜産会社を設立して社長となる。1910年に同社長を辞職し、東亜牧場を設立して牧畜業を営む。1912年に京龍牛乳販売所を設け、専務理事となる。	山口	1908年頃
大村百蔵	1905年京城に入り、大東新聞主筆。同新聞の廃刊後、京城商業会議所書記長となる。龍山居留民団民長。京城居留民団議員。	福井	1905年
林弾三	薬学を学ぶ。日清戦争の際に、日本赤十字社救護員となり、傷病兵の運搬救護を行う。1900年に朝鮮に渡り、龍山の元町に滞在しながら、薬種売を営む。林薬房を経営。薬種売薬営業。	佐賀	1900年
石原磯次郎	興農会会頭。1910年に朝鮮に渡り、新龍山に居住。実業親和会、信用組合、幼稚園を設立。京城府協議会員。農業。	京都	1910年
川崎永一	1896年に佐賀県農工銀行書記を経て、1901年に営業課主任となる。1906年に辞職し、朝鮮に渡る。京城の寿町に雑貨店を開く。川崎商店を経営。雑貨商。	佐賀	1906年
渡邊五郎	1903年に朝鮮に渡る。1904年に久留米漁猟団を組織。1907年に龍山で日の出新聞社を設立。同年龍山居留民団議員。1915年に龍山幼稚園園長。漁業・運送業。	福岡	1903年
金完俊	1871年生まれ。旧韓国軍出身。1911年まで商業を営む。京城神社氏子総代。	－	－
方啓榮	1856年生まれ。1885年の科挙試験に合格。大韓帝国期に宮内府太医院書記郎。	－	－
劉秉珌	1873年生まれ。医学校卒業。大韓医院教官、医学校教官。	－	－
金敎商	1870年生まれ。宮内府主事、日本赤十字社正社員。全羅北道長水郡天川面面長。	－	－
呉東贊	1861年生まれ。京城北部長。	－	－
南宮憶	1863年生まれ。1896年徐載弼とともに独立協会を創立。皇城新聞を創刊。大韓協会を創立し、愛国啓蒙運動を展開。培花学堂教師。（原資料の表記は南宮億）	－	－
韓錫振	1853年生まれ。国民新聞社長。京城商業会議所（朝鮮人）特別議員。	－	－
康永均	1867年生まれ。陸軍3等軍医長。一進会評議員。（原資料の表記は康永匀）	－	－

	魚瑢善	1868年（又は1869年）生まれ。1895年に官費留学生として慶應義塾・東京専門学校で修学。日本銀行にて見修後、1898年帰国。私立学校教師、官立漢城日語学校教官。大韓帝国の内閣書記官。	－	－
	徐起淳	1868年生まれ。管理署主事。	－	－
	徐相八	1877年（又は1878年）生まれ。武官学校出身。陸軍参尉。官立漢城日語学校体操教官。	－	－
	呉斗泳	1859年生まれ。警部を経て、宮内府主殿院警衛局に勤務。	－	－
	原田金之祐	→副会長	－	－
常議員	山口太兵衛	1884年に大阪の新原商店で朝鮮貿易業に従事する。新原商店の釜山支店・仁川出張所に数回往来する。1885年に朝鮮に渡る。1886年に徴兵検査のため一時帰国。1887年に再び朝鮮に渡る。貿易業・呉服・雑貨商を営む。京城居留民会・京城商業会議所議員。大阪商船・第一銀行・第58銀行の朝鮮支店開設を請願。京釜鉄道敷設権獲得のため活動。1889年に京城の居留民小学校の設立に携る。山口呉服店を経営。日韓瓦斯電気株式会社取締役。京城銀行取締役。日の丸水産株式会社社長。	鹿児島	1885年
	馬詰次男	→理事	－	－
	古城管堂	1880年に東京帝国大学医学大学別科卒業。1882年に静岡県立下田病院長。1884年に郷里に帰り、開業。1887年に仁川公立病院長として招聘され、朝鮮に渡る（1893年まで在職）。その後郷里に戻る。1903年に賛化病院長として京城に入る。1905～1909年、京城医会長。1906年に京城居留民団議員に当選。1909年に京城居留民団民長。京城起業株式会社社長。牧山耕蔵・中山湊と青陽鉱山を経営。	大分	1887年・1903年
	阿部充家	1862年生まれ。1886年に東京の民友社に入り『国民の友』の編集に従事。保安条例により退京を命じられ、熊本新聞の経営に委嘱さる。1891年に再び東京に出て、国民新聞社に入り、政治部記者となる。1905年に日比谷焼打事件の際、襲撃した群衆に抜刀して対応し、2年・執行猶予が言い渡される。後に赦免を受ける。1911年に国民新聞社副社長に推薦。1914年に京城日報・毎日申報社長として朝鮮に渡る。	熊本	1914年
	白寅基	1882年生まれ。度支部を経て陸軍参尉。韓一銀行専務理事、日韓瓦斯電気株式会社理事、漢湖農工銀行理事、朝鮮勧農株式会社理事を歴任。	－	－
	韓相龍	1880年生まれ。官立英語学校で学ぶ。東京成城学校に留学。漢城銀行取締役。漢城農工銀行・韓国銀行設立委員。京城商業会議所（朝鮮人）議員・会頭。京城博覧会評議員。東洋拓殖株式会社理事。漢城銀行代表。	－	－
	趙鎮泰	1853年生まれ。1875年に武科に合格。1905年に漢城商業会議所の設立に関わる。漢城手形組合を組織。1906年に大韓天一銀行取締役、漢湖農工銀行創立委員。善隣商業学校評議員、漢城銀行監査を歴任。朝鮮商業銀行代表。	－	－
	金容鎮	1878年生まれ。書画家。水原郡守を経て、内部の地方局長を歴任。退任後は書画に専念。	－	－
	金漢奎	1877年生まれ。1895年に官立日語学校入学。1906年に官立漢城日語学校教官・校長を歴任。朝鮮商業銀行監査。韓一銀行専務取締役。京城府協議会委員。金銭貸付業。（原資料における表記は金韓奎）	－	－
	市原盛宏	熊本洋学校卒業。1876年に京都同志社神学部入学。渡米し、エール大学で博士号を取得。朝鮮銀行総裁。	東京	－
	石原磯次郎	→委員	－	－

別添資料

商議	原勝一	→副会長	－	－
	原田金之祐	→副会長	－	－
	西村道彦	1899年に東京帝国大学法科大学卒業。第一銀行入社。京都・大阪・平壌・名古屋等の支店長。1913年に京城支店長として朝鮮に渡る。京城商業会議所副会頭。	東京	1913年
	大村百蔵	→委員	－	－
	岡正矣	1887年鉄道局に入り、1896年技師、1897年事務官となる。1902年に日本鉄道株式会社に転じ、1906年統監府鉄道管理局事務官高等官四等運輸部長に任じられる。1911年休職し、日韓瓦斯電気会社の支配人となる。1912年同会社専務取締役。ガス・電気供給業（京城電気株式会社代表）	東京	1906年
	岡本桂次郎	朝鮮総督府逓技師。通信局工務課長・電気課長。	－	－
	和田常市	1879年に商業見修のため長崎に出る。1881年に釜山に渡る。同年に元山に移り薬種商を営む。1883年に仁川に移り、貿易商。1886年に京城に移り、木綿・金巾・紡績糸・石油・マッチ等を取り扱う輸入貿易店を開く。1894年に商業会議所会頭に推薦され、京釜鉄道敷設権獲得のために活動する。1902年に京城商人同志会貨幣交換所を設置し、その理事長となる。京城居留民会総代、京城商業会議所会頭を歴任。1908年に平澤駅附近で農業経営。1909年に日本煙草を試作。和田商店（貿易商）を経営。株式会社温陽温泉社長。宇恵喜醤油株式会社社長。日の丸水産会社取締役。株式会社京城銀行取締役。	大分	1881年
	金谷充	→副会長	－	－
	吉原三郎	→会長	－	－
	中村再造	1882年に大阪の丸三銀行入社。1884年に支店員として朝鮮に渡る。同支店の閉鎖により帰国。1886年に辞職し、京城に入り雑貨商を営む。1890年に質業を兼営。日清戦争時に土地家屋を買収し巨利を得る。陸軍用達。貿易業を営む。1889年に京城商業会議所の設立を主張し、初代副会頭となる。京城居留民会の民代・議員。京城商業会議所会頭。京城銀行頭取。京城十友合資会社理事。	福岡	1884年
	山形閑	1869年生まれ。1889年に志願兵。1891年に陸軍少尉。1907年に憲兵少佐として名古屋第3憲兵隊長より韓国駐箚第14憲兵隊高級副官に転じる。1910年に朝鮮駐箚憲兵隊副官。中佐に進級し、憲兵隊司令部附。警務総監部高等警察課長を兼ねる。	福井	1907年
	山口太兵衛	→常議員	－	－
	大和与次郎	1871年生まれ。1901年に朝鮮・シベリアを視察。1904年に朝鮮に渡り、忠清北道屯浦で農業を営む傍ら雑貨商を経営。1908年龍山に移り、運送業を営む。京城に出張所を設置。農事部を設け、米穀・野菜類を試作。農業・運送業。京城商業会議所議員。	石川	1904年
	馬詰次男	東京高等商業学校卒業。大蔵省に入り、専売局に勤める。煙草販売制度視察のため欧米を視察。1912年に大蔵省専売局事務官を辞職し、東亜煙草株式会社理事・総販売所長となる。	高知	1912年
	牧山耕蔵	1882年生まれ。1906年に早稲田大学文学部政治経済科卒業。同年朝鮮に渡り、京城日報社の創立に携わる。1909年に日本電報通信支局に転じ、内外各新聞の電報通信に従事する傍ら、電報通信の販路を拡張する。1913年に朝鮮公論社を設立し、社長兼編集者となる。京城太平町に3階の社屋を新築。1913年に京城居留民団議員に当選。1914年に京城学校組合会議員。1915年に古城管堂・中山湊らと忠清北道赤谷面所在のタングステン鉱山（青陽鉱山）を経営する。	長崎	1906年
	国分象太郎	1862年生まれ。統監府書記官・統監秘書官を兼任した。1910年に李王職事務官。	長崎	1906年頃

氏名	略歴	出身	渡鮮年
小城斉	1865年生まれ。1892年に東京帝国大学工科大学卒業後に、鉄道局に入る。1907年に朝鮮に渡る。朝鮮総督府鉄道局技師。	鹿児島	1907年
古城管堂	→常議員	－	－
小松緑	1865年生まれ。慶應義塾卒業後にアメリカに留学。帰国後、外務省入省。朝鮮総督府外務局長。	福島	1906年
阿部充家	→常議員	－	－
有賀光豊	1873年生まれ。1894年に東京法学院英語法律学科卒業。1897年に文官高等試験に合格。大蔵省入省。1899年に函館税務署、函館税関に勤務。1906年に在官のまま韓国政府に招聘され、鎮南浦税関長となる。後に統監府財政監査官、同書記官。1910年に関税局監督部長、併合後は朝鮮総督府関税課長となる。1911年に京畿道内務部長。	長崎	1906年
木村雄次	1874年生まれ。1899年東京帝国大学法科大学卒業後、第一銀行入社。1904年に朝鮮に渡り、釜山支店支配人、京城支店副支配人。1909年に韓国銀行理事・営業局長。	東京	1904年
執行猪太郎	1870年生まれ。第一高等中学を経て慶應義塾に入学、理財科で学ぶ。1893年に関西鉄道に入社。1900年に四日市銀行に転じ、大阪支店長となる。1903年に辞職し、京釜鉄道株式会社に入社。1905年に辞職し、龍山で精米所を始める。龍山居留民団議員。1913年に京城商業会議所議副会頭。1912年に 精米所を京城南米倉町に移転。京城府協議会議員。	佐賀	1903年
森勝次	1857年生まれ。1883年に仁川に渡り、土木請負に従事。1885年に京城に移り、雑貨商を営む。1889年に質屋を開店し、日清戦争時の地価暴騰により巨利を得る。京城居留民団議員。京城商業会議所議員。不動産業。	福岡	1883年
関屋貞三郎	1875年生まれ。1899年に東京帝国大学法科大学卒業。文官高等試験に合格した後に、台湾総督府参事官、大蔵省参事官兼内務大臣秘書官、関東都督府民政署事務官兼台湾総督府参事官、関東都督府事務官兼民政署長を歴任する。佐賀県内務部長を経て、1908年に鹿児島県事務官。1910年に朝鮮総督府学務局長。	栃木	1910年
関繁太郎	1856年生まれ。家は代々穀物商。1887年仁川に渡る。1889年に京城に入り、貿易業に従事。1892年に質屋を営む傍ら、人参取引を行う。日清戦争の際に陸軍用達を命じられ、石油やマッチ類の輸入貿易に従事。京城居留民会議員。商業会議所議員。関商店を経営。日の丸水産・京城銀行・温陽温泉・朝鮮製綿・宇恵喜醤油の取締役。	佐賀	1887年
鈴木穆	1874年生まれ。1899年に東京帝国大学法科大学卒業後、司税官税関事務官、大蔵省書記官等を歴任する。1905年在官のまま韓国政府に招聘される。財務顧問部第一部長、司税局長、財源調査局長、関税局長などを歴任。併合後、総督府司税局長となる。1912年に欧米視察後に朝鮮に戻る。総督府臨時土地調査局長。	東京	1905年
白完爀	→副会長	－	－
白寅基	→常議員	－	－
朴齊斌	1858年生まれ。弘文館、承政院に勤める。宮内府特進官。朝鮮貴族令により男爵。朝鮮総督府中枢院参議。経学院副提学。		
朴承稷	1864年生まれ。行商を経て商店経営。1905年に合名会社公益社を設立。漢城商業会議所委員。1914年に公益社を株式会社へ改編。		
朴勝彬	1880年生まれ。1907年に中央大学法科卒業。1908年に平壤地方法院検事を経て、1909年に弁護士開業。（原資料の表記は朴承彬）		
張斗鉉	1874年生まれ。農商工部官吏を辞職。実業家。		

別添資料

	氏名	略歴		
	李完用	1858年生まれ。駐米公使、外務大臣、学部大臣を経て、平安南道及び全羅北道観察使を歴任。1905年に学部大臣。1907年に内閣総理大臣。朝鮮貴族令により伯爵。朝鮮総督府中枢院副議長。	－	－
	韓昌洙	1862年生まれ。中枢院議官を経て、議政府外事局長。1907に年内閣書記官。朝鮮貴族令により男爵。朝鮮総督府中枢院顧問。李王職長官。	－	－
	韓相龍	→常議員	－	－
	宋秉畯	1858年生まれ。1871年武科に合格。地方の郡守。1895年に日本に渡る。1904年の日露戦争時に通訳として戦地に赴く。李容九と共に一進会を創立。1907年に李完用内閣組閣時に農商工部大臣。1908年に内部大臣。1910年の朝鮮貴族令により子爵。朝鮮総督府中枢院顧問。	－	－
	趙重応	→副会長	－	－
	鄭丙朝	1863年生まれ。皇后殺害事件を事前に知っていたとされ、済州島へ終身流罪に処される。1907年に京城に戻り、宮内府・中枢院で勤める。1910年に朝鮮総督府取調局委員。1913年に朝鮮総督府中枢院副参議。	－	－
	趙鎮泰	→常議員	－	－
	趙秉澤	1859年生まれ。韓一銀行取締役。京城商業会議所（朝鮮人）議員・会頭。朝鮮殖産銀行相談役。	－	－
	金漢奎	→常議員	－	－
	金容鎮	→常議員	－	－
	朱性根	1865年生まれ。漢城で雑貨商を営む。1906年に韓一銀行発起人。1913年に朝鮮商業銀行監査。1914年に京城神社の大祭に携わる。	－	－
	徐相勉	1867年生まれ。1890年に成均館進士。農商工部主事。1907年に京畿道加平郡守を経て、1911年から1917年まで京畿道高陽郡守。	－	－
	芮宗錫	→理事	－	－
相談役	山県五十雄	1869年生まれ。第一高等学校卒業後、東京帝国大学で英文学を学ぶ。中途退学し、萬朝報の記者となる。1909年に朝鮮に渡り、京城でソウルプレス社を経営。ソウルプレス社社長。	東京	1909年
	鮎貝房之進	1867年生まれ。1894年に朝鮮に渡り、東洋協会植民専門学校京城分校講師。	宮城	1894年

出典

日本人に関しては、京城協賛会残務取扱所『始政五年記念朝鮮物産共進会京城協賛会報告』、1916年。川端源太郎『(朝鮮在住内地人)実業家人名辞典』第1編、朝鮮実業新聞社、1913年。朝鮮公論社編『在朝鮮内地人紳士名鑑』、1917年。『朝鮮公論』通巻第23号、1915年2月号、57頁「共進会と協賛会」より整理。なお、1915年12月現在の京城商業会議所の議員名簿は、JACAR（アジア歴史資料センター）Ref.B10074325600（第44〜47画像目）、「朝鮮国仁川港居留日本商法会議所設立一件」（外務省外交史料館）。朝鮮人の経歴は、大村友之丞編『朝鮮貴族列伝』朝鮮研究会、1910年。細井肇『現代漢城の風雲と名士』日韓書房、1910年。韓国史データベース韓国近現代人物資料（http://db.history.go.kr）。歴代人物情報システム（http://people.aks.ac.kr）。『韓国民族文化大百科』（http://encykorea.aks.ac.kr/）。『親日人名事典』民族問題研究所、2009年より整理。

注　名前が類似しても人物が確定できない場合は省略した。

参考資料及び文献

Ⅰ．参考資料

1. 未公刊資料

(1) 外務省外交史料館所蔵の「外務省記録」（分類番号順　門 - 類 - 項 - 号）

「統監府ニ於テ施行又ハ計画シタル主要事務ノ概要調書」（分類番号　1-1-2-55）
「新聞雑誌操縦関係雑纂／朝鮮新報」（分類番号 1-3-1-1）
「統監府政況報告並雑報」（分類番号 1-5-3-11）
「韓国各港駐在帝国領事官管轄内情況取調一件（分類番号　1-6-1-17）
「韓国各地開港関係雑件」（分類番号　3-1-1-15）
「朝鮮国仁川港居留日本商法会議所設立一件」（分類番号　3-3-5-2）
「兵役義務ヲ避クルノ目的ヲ以テ海外ニ渡航スルモノノ取締ニ関スル法律制定一件」（分類番号　3-8-1-9）
「清韓両国渡航取扱方ニ関スル訓令並伺雑件」（分類番号　3-8-2-115）
「在清韓各国居留地会関係雑件」（分類番号　3-8-2-121）
「居留民団法並同施行規則制定一件」（分類番号　3-8-2-193）
「居留民団法並ニ同施行規則制定資料雑纂」（分類番号　3-8-2-201）
「居留民団設立一件」（分類番号　3-8-2-211）
「居留民団法並同施行規則関係雑件」（分類番号 3-8-2-236）
「朝鮮国京城帝国居留民規則設立一件」（分類番号 3-8-2-359）
「朝鮮国居留日本人同国内地旅行取締規則設立一件」（分類番号　3-8-6-4）
「在朝鮮国麻浦清国稽査局設置並城外日本人居留一件」（分類番号　3-8-6-7）
「朝鮮国内地ニ於テ本邦人営業雑件」（分類番号　3-8-6-9）
「在外国各日本居留地共立学校関係雑件」（分類番号　3-10-2-2）
「朝鮮国釜山公立小学校生徒ニシテ本邦小学校ヘ転校等ノ節ハ一般小学校生徒同様便宜供与一件」（分類番号　3-10-2-7）
「韓国ニ於ケル日本小学校令雑纂」（分類番号 3-10-2-9）
「韓国各居留地小学校教育費国費補助雑件」（分類番号　3-10-2-15）
「韓国並上海居留地日本人小学校ニ関シ取調一件」（分類番号　3-10-2-24）
「在外日本人学校ヲ指定学校ニ稟申雑件」（分類番号　3-10-2-26）
「在外日本人小学校ニ関スル取調方文部省ヨリ依頼一件」（分類番号　3-10-2-29）
「在外日本人小学校ニ国庫補助金下付方ニ関シ土地ノ状況取調一件」（分類番号　3-10-2-31）
「各国殖民地教育制度及状況調査一件」（分類番号　3-10-2-43）
「韓国各居留地小学校教育費国庫補助雑件」（分類番号　3-10-2-55）
「英韓条約ニ均霑シテ本邦人民カ居留地外十韓里以内ニ於テ朝鮮人土地家屋買入関係雑件」

（分類番号　3-12-1-103）
「朝鮮国仁川港日本人居留地規則設立並改正一件」（分類番号　3-12-2-16）
「朝鮮国仁川港済物浦各国居留地約書取極並実施一件」（分類番号　3-12-2-17）
「仁川日本居留地地先埋立一件（居留地取拡之件）」（分類番号　3-12-2-24）
「朝鮮国日本人居留地規則改正一件」（分類番号　3-12-2-25）
「韓国各港居留地関係雑件」（分類番号　3-12-2-27）
「朝鮮国居留帝国臣民ニ対シ法律命令施行規則同細則並訓令案朝鮮帝国居留地規則及同施行細則制定一件　附朝鮮居留帝国臣民ニ対シ法律命令施行規則公布一件」（分類番号　3-12-2-31）
「韓国各地各国居留地規則制定一件」（分類番号　3-12-2-36）
「清韓両国ニ於ケル居留地制ニ関スル法律並日本専管居留地経営中租税ノ徴収ニ関スル法律制定一件」（分類番号　3-12-2-43）
「仁川各国居留地先埋築一件」（分類番号　3-12-2-54）
「朝鮮ニ於ケル各国及清国居留地整理一件」（分類番号　3-12-2-58）
「在朝鮮国日本人墓地並埋葬関係雑件」（分類番号　3-12-3-8）
「朝鮮国釜山元山両港居留地地租改正一件」（分類番号　3-14-2-41）
「朝鮮国在留日本人ニ関スル諸規則」（京城之部、仁川之部、木浦鎮南浦之部）（分類番号　4-2-1-7）
「韓国在留本邦人引揚雑件」（分類番号　5-2-1-12）
「海外在留本邦人職業別人口調査一件」（分類番号　7-1-5-4）
「韓国居留本邦人戸口月表」（分類番号　7-1-5-22）

(2)　韓国国家記録院所蔵（管理番号順）
朝鮮総督府「庶務例規綴」（管理番号　BA0089370）
朝鮮総督府外事局「居留地関係書類（明治四一～四三年　九括）」（管理番号　CJA0002262）
朝鮮総督府外事局「居留地関係書類」（管理番号　CJA0002263）
朝鮮総督府外事局「外国人課税関係（三括）」（管理番号　CJA0002264）
朝鮮総督府外事局「在鮮外国居留地整理ニ関スル下協議会議事概要参考書類」（管理番号　CJA0002269）
朝鮮総督府外事局「各国居留地関係取極書（附近地図）」（管理番号　CJA0002271）
朝鮮総督府外事局「居留地関係書類」（管理番号　CJA0002272）
朝鮮総督府外事局「居留地関係書類（民団関係調査ノ分）」（管理番号　CJA0002273）
朝鮮総督府外事局「各国居留地ニ関スル取調ノ件」（管理番号　CJA0002274）
朝鮮総督府外事局「各国居留地関係書」（管理番号　CJA0002282）
朝鮮総督府外事局「各国居留地関係書」（管理番号　CJA0002289）
朝鮮総督府外事局「各国居留地関係書」（管理番号　CJA0002293）
朝鮮総督府外事局「各国居留地関係書類」（管理番号　CJA0002299）
朝鮮総督府「府制案関係書類」（管理番号　CJA0002541）

朝鮮総督府「行政区画関係書類」（管理番号　CJA0002565）
朝鮮総督府「木浦大邱釜山馬山各府条例」（管理番号　CJA0002877）
朝鮮総督府「国幣社関係綴」（管理番号　CJA0003582）
朝鮮総督府学務局学務課「法令関係書類」（管理番号　CJA0004671）
朝鮮総督府内務部学務局「（大正三年）例規」（管理番号 CJA0004677）
朝鮮総督府内務部学務局「（大正四年）例規」（管理番号　CJA0004678）
朝鮮総督府「中等学校学則変更」（管理番号　CJA0004681）
朝鮮総督府「学校組合歳入歳出予算」「学校設置関係書類」（管理番号　CJA0004692）
統監府地方部「宗教ニ関スル雑件綴」（明治三九年二月以降至明治四二年）（管理番号　CJA0004731）
朝鮮総督府「社寺宗教（明治四十四年）」（管理番号　CJA0004741）
朝鮮総督府「大正四年寺刹関係書類」（管理番号　CJA0004747）
朝鮮総督府「国有林野譲与許可書類」（管理番号　CJA0010267）
朝鮮総督府「府制関係書類」（管理番号　CJA0019720）
朝鮮総督府京畿道仁川「府制関係」（管理番号　CJA0019721）
朝鮮総督府京畿道庁「府制関係書類（京畿道仁川府）」（管理番号　CJA0019722）
朝鮮総督府京畿道庁「府制例規（第一輯）」（管理番号：CJA0019727）
朝鮮総督府慶尚南道庁「寺刹郷校文廟其ノ他」（管理番号：CJA0027590）
朝鮮総督府慶尚北道大邱府「学事例規綴」（管理番号：CJA0027605）

（3）アジア歴史資料センター（Ref番号順）
a. 国立公文書館
Ref.A01000061300、太政類典・第四編・明治十三年・第十三巻・外国交際・公使領事差遣、「在朝鮮国領事官訓令」
Ref.A01100202700、公文録・明治十三年・第百九十五巻・明治十三年三月～四月・外務省、「同国釜山浦警察費ノ件」
Ref.A01100204100、公文録・明治十三年・第百九十六巻・明治十三年五月～六月・外務省、「在朝鮮領事官訓令ノ件」
Ref.A01100248500、公文録・明治十六年・第十六巻・明治十六年十月～十二月・外務省、「朝鮮国ニ於テ本邦人間行里程約結ノ件」
Ref.A01100248600、公文録・明治十六年・第十六巻・明治十六年十月～十二月・外務省、「同国仁川港居留地借入ノ儀締結ノ件」
Ref.A01200026200、公文類聚・第三十一編・明治四十年・第十八巻・警察・行政警察、社寺・教規・神社、賞恤・褒賞・恩給・賑恤、「韓国ニ在勤スル居留民団立在外指定学校職員ノ退隠料及遺族扶助料法ヲ定ム」
Ref.A01200731900、公文類聚・第六十編・昭和十一年・第五十八巻・社寺・神社、衛生・人類衛生・獣畜衛生
Ref.A01200752000、公文類聚・第十二編・明治二十一年・第十巻・外交・条約・外交官発差・

航洋及駐在諸則・外人雑事・雑載、「清国並朝鮮国駐在領事裁判規則ヲ定ム」
Ref.A03010213400、公文類聚・第六十八編・昭和十九年・第八十二巻・社寺・神社・陵墓
Ref.A03020376500、御署名原本・明治三十二年・法律第七十号・領事官ノ職務ニ関スル件制定清国並朝鮮国駐在領事裁判規則廃止
Ref.A0302367710、公文別録・韓国併合ニ関スル書類・明治四十二年〜明治四十三年・第一巻・明治四十二年〜明治四十三年
Ref.A04010058500、公文雑纂・明治三十三年・第十巻・外務省三・外務省三、「清韓両国ニ於テ日本臣民ノ居留スル地区ヲ法人ト為スノ法律案・在外国帝国専管居留地経営中租税徴収ニ関スル法律案」
Ref.A04017267200、単行書・韓国併合ニ関スル書類・発電
Ref.A04017267400、単行書・韓国併合ニ関スル書類・着電
Ref.A05032420800、内務大臣決裁書類・明治35年
Ref.A05032426100、内務大臣決裁書類・明治37年
Ref.A09050058800、目賀田家文書第10号
Ref.A14080246400、議院回付建議書類原議（五）、「仁川築港拡張に関する建議」
Ref.A15113563800、公文類聚・第二十九編・明治三十八年・第十九巻・地理・土地・観象、警察、社寺、賞恤一・褒賞・恩給、「在外指定学校職員退隠料及遺族扶助料法ヲ定ム」

b. 外務省外交史料館
Ref.B02031402700、帝国議会関係雑件／説明資料関係 第三十四巻
Ref.B10070466800、（倉知鉄吉氏述）韓国併合ノ経緯／1939年
Ref.B13091010200、朝鮮国仁川港に於て居留地借入約定

2. 新聞・雑誌
(1) 新聞
a. 在朝日本人刊行の民間新聞（刊行地別・時期順、史料の現存時期）
『大東新報』【刊行地：京城】（東京大学大学院法学政治学研究科附属近代日本法政史料センター明治新聞雑誌文庫）（1906年2月16日）
『京城新報』【刊行地：京城】（日本国会図書館所蔵）（1907年11月3日〜1908年6月24日）
『京城新聞』【刊行地：京城】（日本国会図書館所蔵）（1908年7月5日〜1908年12月23日）
『京城新報』【刊行地：京城】（日本国会図書館所蔵）（1909年1月1日〜1912年2月29日）
『朝鮮』【刊行地：大邱】（日本国会図書館所蔵）（1905年1月25日〜1905年10月2日）
『平安日報』【刊行地：新義州】（日本国会図書館所蔵）（1907年8月16日〜1907年10月31日）
『朝鮮新報』【刊行地：仁川】（日本国会図書館所蔵）（1906年9月10日〜1908年11月20日）
『朝鮮新聞』【刊行地：仁川・京城】（日本国会図書館・韓国中央図書館所蔵）（1908年12月1日〜1942年2月28日）
『平壌新報』【刊行地：平壌】（東京大学大学院法学政治学研究科附属近代日本法政史料センター明治新聞雑誌文庫）（1906年2月17日）

『平壌日日新聞』【刊行地：平壌】（東京大学大学院法学政治学研究科附属近代日本法政史料センター明治新聞雑誌文庫）（1912年9月15日）
『朝鮮新報』【刊行地：釜山（釜山商法会議所）】（日本国会図書館所蔵）（1882年3月5日～5月15日）
『朝鮮日報』【刊行地：釜山】（韓国釜山市民図書館所蔵）（1905年1月15日～1905年4月19日）
『朝鮮時報』【刊行地：釜山】（韓国釜山市民図書館所蔵）（1914年11月2日～1918年9月30日、1920年3月1日～1940年8月31日）
『釜山日報』【刊行地：釜山】（韓国釜山市民図書館所蔵）（1914年12月1日～1918年12月29日、1925年2月1日～1944年3月31日）

b. その他
『京城日報』
『大阪朝日新聞』
『萬朝報』
『中外商業新報』
『大韓毎日新報』
『毎日申報』
『東亜日報』

(2) 雑誌
a. 在朝日本人刊行（→：改題）
『韓半島』
『朝鮮』→『朝鮮及満洲』
『朝鮮公論』
『朝鮮之実業』→『満韓之実業』
『朝鮮評論』
『朝鮮教育会雑誌』→『朝鮮教育研究会雑誌』→『朝鮮教育』
『朝鮮協会会報』（韓国檀国大学校東洋学研究所編『開化期日本民間人의 朝鮮調査報告資料集』第3券、2002年）（1902年7月～1905年4月）
『富之朝鮮』→『新半島』
『仁川商業会議所月報』

b. その他
『日本及日本人』
『太陽』
『全國神職会会報』
『神社協会雑誌』
『開闢』

3. 在朝日本人の各種団体・組合資料（時期順）

京城居留民団『居留民団写真帖』、発行年度不明。（東京経済大学図書館所蔵、1907年頃）
仁川居留民団『仁川勝景写真帖（上下）』、発行年度不明。（宮内公文書館所蔵、1907年頃）
仁川日本人商業会議所編『明治四十年仁川日本人商業会議所報告』、1908年。
仁川日本人商業会議所編『仁川港外国貿易年報』、1909年。
仁川経済研究会『仁川港ノ築港ヲ要スル理由書』、1909年。
京城居留民団役所編『現行京城居留民団規則類集』、1911年。
釜山居留民団役所『釜山居留民団例規集』、1909年。
京城日報社編『府及学校組合法規提要』、1914年。（韓国大邱広域市立中央図書館所蔵）
京城協賛会残務取扱所『始政五年記念朝鮮物産共進会京城協賛会報告』、1916年。
仁川商業会議所編『仁川商工案内―付商工人名録』仁川商業会議所、1916年
永留信孝編『全鮮内地人実業家有志懇話会速記録』懇話会事務所、1920年。
秋山満夫『株式会社仁川米豆取引所沿革』仁川米豆取引所、1922年。
港湾協会仁川協賛会『仁川』、1925年。（韓国仁川花島鎮図書館所蔵）
山本精一編『（開港満三十五年記念）木浦写真帖』木浦新報社、1932年。
岡本保誠編『仁川商工会議所五十年史』仁川商工会議所、1934年。
阿部薫『朝鮮取引所史』民衆時論社、1935年。
大曲美太郎編『龍頭山神社史料』龍頭山神社社務所、1936年。
岩下伝四郎編『大陸神社大観』大陸神道連盟、1941年。（復刻版：ゆまに書房、2005年）

4. 渡韓・朝鮮移住案内書（時期順）

林武一編『朝鮮案内』東京築地活版製造所、1891年。
青柳綱太郎『韓国殖民策――一名韓国殖民案内』輝文館・日韓書房、1908年。
朝鮮日々新聞社編『百円小資本の渡韓成功法』、1910年。
東洋拓殖株式会社編『朝鮮移住手引草』、1911年。
東洋拓殖株式会社編『改正朝鮮移住手引草』、1915年。

5. 人物記録・朝鮮紳士録（時期順）

中田孝之介編『在韓人士名鑑』木浦新報社、1905年。
鈴木庸之助編『日韓商工人名録』実業興信所、1908年。
高橋刀川『在韓成功之九州人』虎與号書店、1908年。
京城新報社『朝鮮紳士録』日韓印刷株式会社、1909年。
大村友之丞編『朝鮮貴族列伝』朝鮮研究会、1910年。
川端源太郎『朝鮮在住内地人実業家人名辞典』第1編、朝鮮実業新聞社、1913年。
田内竹葉・清野秋光編『新朝鮮成業名鑑』朝鮮研究会、1917年。
朝鮮公論社編『在朝鮮内地人紳士名鑑』、1917年。
朝鮮中央経済会編『京城市民名鑑』、1922年。

西村緑也編『朝鮮満洲南支四国人発展史』四国人発展史編纂社、1924 年。
中村資良『京城仁川職業名鑑』東亜経済時報社、1926 年。
畑本逸平編『咸鏡南道事業と人物名鑑』咸南新報社、1927 年。
校友調査会編『帝国大學出身名鑑』、1932 年。
淵上福之助『朝鮮と三州人』鹿児島新聞社京城支局、1933 年。
阿部薫編『朝鮮功労者銘鑑』民衆時論社・朝鮮功労者銘鑑刊行会、1935 年。
朝鮮総督府編『朝鮮総督府始政二十五周年記念表彰者名鑑』、1935 年。
朝鮮新聞社内朝鮮人事興信録編纂部編『朝鮮人事興信録』、1935 年。
笠田敏二『(朝鮮及満州に) 活躍する岡山県人』第一巻、1936 年。

6. 朝鮮地誌・地域史資料（時期順）

青山好惠『仁川事情』朝鮮新報社、1892 年。
小川雄三（薬師寺知朧）編『新撰仁川事情』朝鮮新報社、1898 年。
信夫淳平『韓半島』東京堂書店、1901 年。
小川雄三編『(開港二十年記念出版) 仁川繁昌記』朝鮮新報社、1903 年。
山本庫太郎『最新朝鮮移住案内』民友社、1904 年。
相沢仁助『韓国二大港実勢』日韓昌文社（釜山）、1905 年。
相沢仁助『韓国釜山港勢一斑』日韓昌文社（釜山）、1905 年。
増谷安治『平壌案内記』北韓実業興振社、1906 年。
三輪規・松岡琢磨編『富之群山』群山新報社、1907 年。
諏方武骨『馬山繁昌記―慶南志稿』耕浦堂（馬山）、1908 年。
加瀬和三郎『仁川開港二十五年史』玉鳴館（大阪）、1908 年。
仁川開港二十五年記念会編『仁川開港二十五年史』、1908 年。
上邨正巳『京城案内記』日韓書房、1908 年。
朝鮮雑誌社編『最近韓国要覧』日韓書房、1909 年。
古江香夢『清津港』咸北日報社（羅南）、1909 年。
浅岡重喜『北韓案内』北韓新報社（清津）、1909 年。
川端源太郎『京城と内地人』日韓書房、1910 年。
群山南韓鉄道期成同盟会編『湖南鉄道と群山』、1910 年。
元山毎日新聞社編『東朝鮮一名元山案内』元山毎日新聞社、1910 年。
鎮南浦新報編輯部編『鎮南浦案内記』鎮南浦新報社、1910 年。
岡本嘉一『開城案内記』開城新報社（開城）、1911 年。
桑原秀雄『併合後の仁川』朝鮮新聞社、1911 年。
田口春二郎『最新朝鮮一班』日韓書房、1911 年。
朝鮮総督府慶州郡庁編『朝鮮慶尚北道慶州郡政一班』、1911 年。
三輪如鉄『朝鮮大邱一斑』杉本梁江堂（大阪）、1911 年。
平井斌夫・九貫政二『馬山と鎮海湾』濱田新聞店（馬山）、1911 年。
山道襄一『朝鮮半島』日韓書房、1911 年。

和田孝志『新義州史——附人物月旦』島田叢文館（新義州）、1911年。
木村静雄『（新羅旧都）慶州誌』、1912年。
京城居留民団役所編『京城発達史』、1912年。
杉山萬太『鎮海』鎮海印刷社、1912年。
大邱新聞社編『鮮南要覧——慶北之部』大邱新聞社、1912年。
森田福太郎『釜山要覧』釜山商業会議所、1912年。
三輪如鉄『大邱一斑』（訂正増補）、玉村書店、1912年。
大野仁夫（秋月）『南鮮宝窟済州島』吉田博文堂（釜山）、1912年。
福崎毅一編『京仁通覧』中村三一郎（大阪）、1912年。
青柳綱太郎（南冥）『新朝鮮及新満洲』朝鮮雑誌社、1913年。
青柳綱太郎『新撰京城案内』朝鮮研究会、1913年。
尾西要太郎編『鮮南発展史』朝鮮新聞社、1913年。
片岡議『宝庫の全南』片岡商店（光州）、1913年。
群山日報編輯局編『全北忠南之主脳地——附活動ノ人』、1913年。
伊作友八（藍溪）『晋州案内』（改訂増補）、1914年。
石井彦三編『元山案内』元山商業会議所、1914年。
酒井政之助『発展せる水源』、1914年。
朝鮮雑誌社編『新朝鮮及新満洲』朝鮮雑誌社、1914年。
富村六郎・木原準一郎（孤城）編『忠南論山発展史』、1914年。
平壌民団役所編『平壌発展史』民友社（東京）、1914年。
守永新三『全羅北道案内』全北日日新聞社（全州）、1914年。
木浦誌編纂会編『木浦誌』、1914年。
青柳綱太郎『最近京城案内記』朝鮮研究会、1915年。
石原留吉『京城案内』京城協賛会、1915年。
岡良助『京城繁昌記』博文社（京城）、1915年。
岡庸一編『馬山案内』馬山商業会議所馬山協賛会、1915年。
酒井俊三郎『鳥致院発展誌』朝鮮新聞忠清総支社、1915年。
酒井政之助編『華城の影』酒井出版部、1915年。
大邱府編『大邱民団史』秀英舎（東京）、1915年。
始政五年記念共進会開城協賛会編『開城案内記』、1915年。
始政五年記念朝鮮物産共進会編『朝鮮案内』、1915年。
始政五年記念朝鮮物産共進会慶尚南道協賛会『慶尚南道案内』秀英舎（東京）、1915年。
始政五年記念朝鮮物産共進会群山協賛会編『群山案内』、1915年。
始政五年記念朝鮮物産共進会全羅北道協賛会『実業手引草』全北日々新聞社（全州）、1915年。
忠清南道庁編『忠清南道案内』湖南日報社（大田）、1915年。
平壌名勝旧跡保存会編『平壌之現在及将来』、1915年。
山下英爾編『湖南寶庫裡里案内——附近接地事情』惠美須屋書店（益山）、1915年。
金谷雅城『忠州発展誌』金谷商会（忠州）、1916年。

国井天波『大清津港』元山毎日新聞社、1916 年。
高尾新右衛門編『元山発展史』啓文社（大阪）、1916 年。
朝鮮新聞社編『始政五年記念朝鮮産業界』朝鮮新聞社（仁川）、1916 年。
釜山甲寅会『日鮮通交史――附釜山史』古代記・近代記、1915・1916 年。
北村友一郎編『光州地方事情』龍野書店、1917 年。
田中市之助（麗水）『大田発展誌』、1917 年。
長岡源次兵衞『蔚山案内』蔚山郡、1917 年。
阿部辰之助『京城案内記』京城調査会、1918 年。
阿部辰之助『大陸之京城』京城調査会、1918 年。
逵捨藏（無門）『金泉発展誌』、1918 年。
朝鮮民報社編輯局編『慶北産業誌』朝鮮民報社（大邱）、1920 年。
佐瀬直衞編『最近大邱要覧』大邱商業会議所、1920 年。
間城益次『平壌案内：Guide of Heijo』平壌商業会議所、1920 年。
田中市之助編『忠南産業誌』大田実業協会、1921 年。
高尾新右衛門（白浦）『大陸発展策より見たる元山港』東書店、1922 年。
酒井政之助『水源』酒井出版部、1923 年。
吉田由巳『大邱案内――附商工人名録』大邱商業会議所、1923 年。
菊池謙譲『朝鮮諸国記』大陸通信社（京城）、1925 年。
保高正記・村松祐之『群山開港史』、1925 年。
諏方史郎『馬山港誌』朝鮮史談会、1926 年。
前田力編『鎮南浦府史』鎮南浦府史発行所、1926 年。
江原道編『江原道々勢要覧』江原道（春川）、1926 年。
萩森茂編『京城と仁川』大陸情報社、1929 年。
木浦府編『木浦府史』、1930 年。
萩森茂編『朝鮮の都市――京城と仁川』大陸情報社、1931 年。
仁川府庁編『仁川府史』、1933 年。
京城府編『京城府史』第一巻、1934 年。
京城府編『京城府史』第二巻、1936 年。
京城府編『京城府史』第三巻、1941 年。
大邱府編『大邱府史』、1943 年。
亀田正編『全州府史』、1943 年。

6. 官庁出版資料

(1) 公使館・領事館刊行資料
二口美久（元山領事館二等領事）編『在朝鮮国元山港領事館制定諸規則便覧』、1896 年。
釜山領事館編『釜山領事館制定諸規則』、発行年度不明。（釜山市民図書館所蔵、1905 年頃）
釜山理事庁編『（明治四十二年六月三十日現行）釜山理事庁法規類集』、1909 年。

大韓民国文教部国史編纂委員會編『駐韓日本公使館記録』第5巻、1988年。
大韓民国文教部国史編纂委員會編『駐韓日本公使館記録』第7巻、1989年。
国史編纂委員会編『駐韓日本公使館記録』第26巻、1998年。

(2) 韓国統監府・理事庁（時期順）
統監府『統監府公報』、各年度版。
統監府『韓国ニ関スル条約及法令』、1906年。
吉野勝・吉田英三郎『居留民団法要義』、1906年。
統監府総務部『韓国事情要覧』第2輯、1907年。
統監府総務部内事課『在韓本邦人状況一覧表』、1907年。
統監府『統監府施政一班』、1907年。
統監官房文書課『第一次統監府統計年報』、1907年。
統監府『第二次統監府統計年報』、1908年。
統監府『韓国最近事情一覧』、1908年。
統監府『第三次統監府統計年報』、1909年。
統監府編『韓国条約類纂―附各国関税対照表』、1908年。
統監官房『韓国施政年報　明治三十九年・明治四十年』、1908年。
統監府地方部『民団制度実例』、1908年。
統監府『統監府法規提要』、1908年・1910年。
統監府地方部『居留民団事情要覧』、1909年。
統監府『在韓国本邦人学事概況（明治四三年四月調）』、1910年。
統監府『第二次韓国施政年報　明治四十一年』、1910年。
統監府編『日韓併合記念大日本帝国朝鮮写真帖』、1910年。
群山理事庁『群山理事庁管内状況』、1910年。（「外務省記録」1-5-3-11「統監府政況報告並雑報」に所収）

(3) 朝鮮総督府（時期順）
朝鮮総督府『朝鮮総督府官報』、各年度版。
朝鮮総督府『朝鮮総督府統計年報』、各年度版。
朝鮮総督府『朝鮮総督府月報』→『朝鮮彙報』
朝鮮総督府『居留民団』、発行年度不明。（韓国国立中央図書館所蔵、1911年頃）
朝鮮総督府『第四次朝鮮総督府統計年報』、1911年。
朝鮮総督府『在朝鮮各国居留地平面図』、1911年。（韓国釜山市民図書館所蔵）
朝鮮総督府内務部地方局地方課編『地方行政例規』、1911年。
朝鮮総督府総務部外事局編『外国居留地統計』、1911年。
朝鮮総督府『第三次施政年報　明治四十二年』、1912年。
朝鮮総督府『臨時恩賜金授産事業写真帖』、1913年。
朝鮮総督府内務部学務局『朝鮮教育要覧』、1915年。

朝鮮総督府『朝鮮施政ノ方針及実績』、1915年。
朝鮮総督府『朝鮮法令輯覧』巌松堂書店、1915年。
朝鮮総督府『始政五年記念朝鮮物産共進会報告書』第1・2・3巻、1916年。
朝鮮総督府『総督訓示集』第2輯、1916年。
朝鮮総督府『朝鮮ノ保護及併合』、1918年。
発行者不明『仁川築港工事概要』、刊行年度不明（1918年頃と推定）。（東京大学総合図書館所蔵）
朝鮮総督官房土木局仁川出張所『仁川築港工事図譜』、1919年。
朝鮮総督官房土木局仁川出張所『仁川築港工事図譜解説』、1919年。
朝鮮総督府『朝鮮教育要覧』、1919年。
朝鮮総督府学務局『内地人教育の状況』、1921年。
朝鮮総督府庶務部調査課『朝鮮に於ける内地人』、1923年。
朝鮮総督府『朝鮮の人口現象』、1927年。
朝鮮総督府『昭和十九年五月一日―人口調査結果報告其の一』、1944年。
発行者不明『朝鮮に於ける地方制度の沿革』、発行年度不明。

(4) 外務省・その他
外務省『大日本国・大朝鮮国条約便覧：附・韓英条約』、1895年。
尾崎敬義『人口問題と朝鮮移民（朝鮮に於ける内地移住民の過去現在及将来）』、刊行年度不明（1924年と推定）。
外務省編『日本外交文書』第10～45巻、1949～1963年。
外務省編『日本外交年表並主要文書』上巻、原書房、1965年。
厚生省援護局庶務課記録係『引揚援護の記録』続々編、1963年。

7. 自伝・伝記・回顧録・日記類（時期順）
宇都宮高三郎（京城通信社）編『新天地』日韓書房、1910年。
大日本実業協会『韓国併合記念史』第4版、1912年。
中井錦城『朝鮮回顧録』糖業研究会出版部、1915年。
鮮于日『共進会実録』博文社（京城）、1916年。
幣原坦『朝鮮教育論』六盟館、1919年。
小松緑『朝鮮併合之裏面』中外新論社、1920年。
黒田甲子郎編『元帥寺内伯爵伝』元帥寺内伯爵伝記編纂所、1920年。
大村友之丞『京城回顧録』朝鮮研究会、1922年。
弓削幸太郎『朝鮮の教育』自由討究社、1923年。
権藤四郎介『李王宮秘史』朝鮮新聞社、1926年。
釈尾春芿『朝鮮併合史』朝鮮及満洲社、1926年。
小松緑編『伊藤公全集』第2巻、伊藤公全集刊行会（東京）、1927年。
藤村徳一編『居留民之昔物語』朝鮮二昔会事務所、1927年。

青柳綱太郎（南冥）『朝鮮政治史論』京城新聞社、1928 年。
橋本豊太郎『おもひ出草』、1928 年。
徳富猪一郎『素空山縣公伝』山縣公爵伝記編纂会、1929 年。
阪井清『京城医師会二五周年誌』、1932 年。
北川吉昭編『山口太兵衛翁』山口太兵衛翁表彰会、1934 年。
朝鮮新聞社編『朝鮮統治の回顧と批判』、1936 年。
小原新三『草をむしる』、1942 年。
故宇佐美勝夫氏記念会編『宇佐美勝夫氏之追憶録』故宇佐美勝夫氏記念会、1943 年。
和田八千穂・藤原喜蔵編『朝鮮の回顧』近澤書店、1945 年。
松井茂先生自伝刊行会編『松井茂自伝』、1952 年。
中村健太郎『朝鮮生活五十年』青潮社、1969 年。
村松武司『朝鮮植民者――ある明治人の生涯』三省堂、1972 年。
猪又正一『私の東拓回顧録』竜渓書舎、1978 年。
碓井隆次『京城四十年』生活史、1980 年。
山本四郎編『寺内正毅日記：1900 〜 1918』京都女子大学、1980 年。
大韓民国国史編纂委員会編『尹致昊日記』第 7 〜 11 巻、1986 〜 1989 年。
「未公開資料　朝鮮総督府関係者　録音記録（9）」『東洋文化研究』第 10 号、学習院大学東洋文化研究所、2008 年。
尚友倶楽部児玉秀雄関係文書編集委員会『児玉秀雄関係文書』同成社、2010 年。.
「未公開資料　朝鮮総督府関係者　録音記録（16）―― 1910 年代の朝鮮総督府」『東洋文化研究』第 17 号、学習院大学東洋文化研究所、2015 年。

8. 資料集・文献目録（時期順）

高橋梵仙編『日本地方誌目録・索引』大東文化大学東洋研究所、1969 年。
末松保和編『朝鮮研究文献目録　論文・記事編（Ⅱ）』東洋学文献センター、1972 年。
大韓民国国会図書館『統監府法令史料集 上・中・下』、1972 〜 1973 年。
琴秉洞『史料雑誌に見える近代日本の朝鮮認識――韓国併合前後』緑蔭書房、1977 年。
市川正明編『韓国併合資料』1 〜 3 巻、原書房、1978 年。
渡部学・阿部洋編『日本植民地教育政策史料集成』（朝鮮編）、龍渓書舎、1988 〜 1991 年。
外務省外交史料館編『外交史料館所蔵　外務省記録総目録〔戦前記〕』第 1 巻（明治大正篇）、原書房、1992 年。
朝鮮史研究会編『戦後日本における朝鮮史文献目録―― 1945 〜 1991』緑蔭書房 1994 年。
「韓国地理歴史風俗誌叢書」景仁文化社、1995 年。
「韓国併合史研究資料」龍渓書舎、1995 〜 2011 年。
園部裕之編『日本人の朝鮮認識に関する研究文献目録』緑蔭書房、1996 年。
海野福寿編『韓国併合始末関係資料、不二出版、1998 年。
近代アジア教育史研究会編『近代日本のアジア教育認識』（資料編韓国の部）、龍渓書舎、1999 年。

行政自治部政府記録保存所編『政府記録保存所　日帝文書解題――外事編』、2001年。
水野直樹編『朝鮮総督府諭告・訓示集成』第1巻、緑蔭書房、2001年。
芳賀登・杉本つとむ・森睦彦編『日本人物情報大系』（朝鮮編）、皓星社、2001年。
檀国大学校東洋学研究所編『開化期日本民間人의　朝鮮調査報告資料集』第1～4券、東洋学叢書第15輯、2001年～2002年。
『社史で見る日本経済史』植民地編、ゆまに書房、2001年～2004年。
『『全國神職會會報』総目次』神社本庁教学研究所、2007年。
韓日比較文化研究センター『朝鮮公論　別巻索引（記事・人名）』オークラ情報サービス、2007年。
任城模編『朝鮮及満州別巻（記事・人名）』オークラ情報サービス、2007年。
国史編纂委員会編『日本　中国所在　韓国史資料　調査報告』海外資料叢書22巻、国史編纂委員会、2010年。

9. その他の資料（写真帖など）（時期順）

朝日新聞写真班撮影『ろせった丸満韓巡遊紀念写真帖』東京朝日新聞社、1906年。
堤葦狭穂『横浜発達史――開港五十年記念』横浜発達史発行所、1909年。
東京水産学会編『韓国漁業法規集』水産書院、1909年。
藤崎常治郎『東川村発達史』上条虎之甫、1910年。
杉市郎平編『併合記念朝鮮写真帖』新半島社（京城）、1910年。
朝鮮総督府鉄道局編『釜山鴨緑江間写真帖』、1911年。
森田栄『布哇日本人発展史』、1915年。
小国梧城『夕張発達史』小林近江堂、1915年。
朝鮮写真通信社『朝鮮写真画報』共進会記念号（第7号）、1915年。（学習院大学友邦文庫所蔵）
東洋拓殖株式会社編『東拓十年史』、1918年。
東洋拓殖株式会社編『東洋拓殖株式会社二十年誌』、1928年。
中村資良編『朝鮮銀行会社要録』東洋経済時報社、1921・1929・1933年。
廣井勇『築港』後編（改訂増補第3版）、丸善、1921年。
南満洲鐵道株式會社京城管理局編『朝鮮之風光 trip in Chosen』、1922年。
廣井勇『築港』後編（改訂増補第4版）、丸善、1925年。
廣井勇『日本築港史』丸善、1927年。
出版者不明『仁川写真帖』、1941年。（韓国仁川花島鎮図書館所蔵）
仁川直轄史編纂委員会編『仁川開港100年史』、1983年。
『日本近代思想大系23　風俗・性』岩波書店、1990年。
『韓国仁川写真帖（乾・坤）』、発行年度不明。（学習院大学友邦文庫所蔵）

10. 西洋人の記録

Bourdaret, Emile. "En Corée" Plon—Nourrit, 1904.（정진국訳『대한제국 최후의 숨결』글항아리、2009年。）

Hulbert, B. Homer. "The passing of Korea" Page & Company, 1906.（申福龍訳『대한제국 멸망사』한말외국인기록 1、集文堂、1999.）
Zabel, Rudolf. "Meine Hochzeitsreise durch Korea während des Russisch—japanischen Krieges（Altenburg, S.A.: Stephan Geibel Verlag, 1906.（이상희訳『독일 부부의 한국 신혼여행 1904』도서출판살림、2009.）

Ⅱ．参考文献

1．日本語文献（五十音順）
（1）研究書
青井哲人『植民地神社と帝国日本』吉川弘文館、2005 年。
青野正明『帝国神道の形成――植民地朝鮮と国家神道の論理』岩波書店、2015 年。
蘭信三編『日本帝国をめぐる人口移動の国際社会学』不二出版、2008 年。
有馬学『国際化の中の帝国日本』中央公論社、1999 年。
アルベール・メンミ（渡辺淳訳）『植民地――その心理的風土』三一書房、1959 年。
石井寛治『日本の産業革命――日清・日露戦争から考える』朝日新聞社、1997 年。
石川亮太『近代アジア市場と朝鮮――開港・華商・帝国』名古屋大学出版会、2016 年。
板垣竜太『朝鮮近代の歴史民族誌――慶北尚州の植民地経験』明石書店、2008 年。
伊藤幸司・永島広紀・日比野利信編『寺内正毅と帝国日本――桜圃寺内文庫が語る新たな歴史像』勉誠出版、2015 年。
伊藤之雄『明治天皇――むら雲を吹く秋風にはれそめて』ミネルヴァ書房、2006 年。
―――『伊藤博文――近代日本を創った男』講談社、2009 年。
―――『山県有朋――愚直な権力者の生涯』文藝春秋、2009 年。
―――『伊藤博文をめぐる日韓関係』ミネルヴァ書房、2011 年。
伊藤之雄・李盛煥編『伊藤博文と韓国統治――初代韓国統監をめぐる百年目の検証』ミネルヴァ書房、2009 年。
磯前順一・尹海東編『植民地朝鮮と宗教――帝国史・国家神道・固有信仰』三元社、2013 年。
稲葉継雄『旧韓国――朝鮮の日本人教員』九州大学出版会、2001 年。
稲葉継雄『旧韓国――朝鮮の「内地人」教育』九州大学出版会、2005 年。
井上寿一『第一次世界大戦と日本』講談社、2014 年。
今井清一編『成金天下』筑摩書房、2008 年。
今泉裕美子・柳沢遊・木村健二編『日本帝国崩壊期「引揚げ」の比較研究』日本経済評論社、2016 年。
李炯植『朝鮮総督府官僚の統治構想』吉川弘文館、2013 年。
色川大吉『明治精神史』上下巻、岩波書店、2008 年（初出は、黄河書房、1964 年）。
―――『明治の文化』岩波書店、2007 年（初出は、1970 年）。
―――『民衆史――その一〇〇年』講談社、1991 年。
生方敏郎『明治大正見聞史』中央公論社、1978 年（初出は、春秋社、1926 年）。

内海愛子・梶村秀樹・鈴木啓介編『朝鮮人差別とことば』明石書店、1986年。
海野福寿『韓国併合史の研究』岩波書店、2000年。
遠藤正敬『近代日本の植民地統治における国籍と戸籍——満洲・朝鮮・台湾』明石書店、2010年。
大石嘉一郎『近代日本の地方自治』東京大学出版会、1990年。
大江志乃夫ほか編『岩波講座　近代日本と植民地』第3巻、岩波書店、1993年。
大江志乃夫ほか編『岩波講座　近代日本と植民地』第5巻、岩波書店、1993年。
大門正克『戦争と戦後を生きる』全集日本の歴史第15巻、小学館、2009年。
岡部牧夫『海を渡った日本人』山川出版社、2002年。
岡義武『山県有朋——明治日本の象徴』岩波書店、1958年。
小川原広幸『伊藤博文の韓国併合構想と朝鮮社会』吉川弘文館、2009年。
笠間賢二『地方改良運動期における小学校と地域社会——「教化ノ中心」としての小学校』日本図書センター、2003年。
梶村秀樹著作集刊行委員会・編集委員会編『梶村秀樹著作集』第1巻、明石書店、1992年。
片山慶隆『小村寿太郎——近代日本外交の体現者』中央公論新社、2011年。
加藤圭木『植民地期朝鮮の地域変容——日本の大陸進出と咸鏡北道』吉川弘文館、2017年。
加藤陽子『戦争の日本近現代史』講談社、2002年。
鹿野政直『資本主義形成期の秩序意識』筑摩書房、1969年。
川田稔『柳田国男——知と社会構想の全貌』ちくま新書、2016年。
姜東鎮『日本の朝鮮支配政策史研究——1920年代を中心に』東京大学出版会、1979年。
———『日本言論界と朝鮮——1910〜1945』法政大学出版局、1984年。
北岡伸一『日本陸軍と大陸政策——1906-1918』東京大学出版会、1978年。
木畑洋一『支配の代償——英帝国の崩壊と「帝国意識」』東京大学出版会、1987年。
———『イギリス帝国と帝国主義——比較と関係の視座』有志舎、2008年。
金富子『植民地期朝鮮の教育とジェンダー——就学・不就学をめぐる権力関係』世織書房、2005年。
木村健二『在朝日本人の社会史』未來社、1989年。
木村健二・柳沢遊編『戦時下アジアの日本経済団体』日本経済評論社、2004年。
木村健二・坂本悠一編『近代植民地都市釜山』桜井書店、2007年。
九州大学韓国センター編『九州大学韓国研究センター10年のあゆみ＜植民地研究論集＞』、2010年。
國雄行『博覧会の時代——明治政府の博覧会政策』岩田書院、2005年。
———『博覧会と明治の日本』吉川弘文館、2010年。
黒瀬郁二『東洋拓殖会社——日本帝国主義とアジア太平洋』日本経済評論社、2003年。
高吉嬉『「在朝日本人二世」のアイデンティティ形成——旗田巍と朝鮮・日本』桐書房、2001年。
国立歴史民俗博物館編『「韓国併合」100年を問う——2010年国際シンポジウム』岩波書店、2011年。
駒込武『植民地帝国日本の文化統合』岩波書店、1996年。
小林英夫編『植民地への企業進出——朝鮮会社令の分析』柏書房、1994年。

小林英夫編『帝国という幻想』青木書店、1998年。
小峰和夫『満洲紳士録の研究』吉川弘文館、2010年。
今野真二『百年前の日本語——書きことばが揺れた時代』岩波書店、2012年。
齋藤純一『公共性』岩波書店、2000年。
坂本紀子『明治前期の小学校と地域社会』梓出版社、2003年。
佐藤由美『植民地教育政策の研究——朝鮮・1905～1911』龍渓書舎、2000年。
島薗進『国家神道と日本人』岩波書店、2010年。
新城道彦『天皇の韓国併合——王公族の創設と帝国の葛藤』法政大学出版局、2011年。
―――『朝鮮王公族——帝国日本の準皇族』中央公論社、2015年。
菅浩二『日本統治下の海外神社——朝鮮神宮・台湾神社と祭神』弘文堂、2004年。
須田努『イコンの崩壊まで』青木書店、2008年。
高崎宗司『植民地朝鮮の日本人』岩波新書、2002年。
高橋実『自治体史編纂と史料保存』岩田書院、1997年。
滝井一博『文明史のなかの明治憲法——この国のかたちと西洋体験』講談社、2003年。
―――『伊藤博文——知の政治家』中央公論新社、2010年
武田幸男編『朝鮮史』山川出版社、2000年。
千葉功『桂太郎——外には帝国主義、内には立憲主義』中央公論新社、2012年。
趙景達『近代朝鮮と日本』岩波書店、2012年。
―――『植民地朝鮮と日本』岩波書店、2013年。
朝鮮史研究会編『朝鮮史研究入門』名古屋大学出版会、2011年。
塚瀬進『満州の日本人』吉川弘文館、2004年。
外村大『在日朝鮮人社会の歴史学的研究——形成・構造・変容』緑蔭書房、2004年。
中内二郎『居留民団の研究』三通書局、1941年。
中川文雄・山田睦男編『植民地都市の研究』JCAS連携研究成果報告8、国立民族学博物館地域研究企画交流センター、2005年。
中塚明『近代日本の朝鮮認識』研文出版、1993年。
中村均『韓国巨文島にっぽん村』中公新書、1994年。
永原慶二『20世紀日本の歴史学』吉川弘文館、2003年。
波形昭一編『近代アジアの日本人経済団体』同文舘、1997年。
成田龍一『大正デモクラシー』岩波書店、2007年。
―――『近現代日本史と歴史学』中央公論新社、2012年。
西尾達雄『日本植民地下朝鮮における学校体育政策』明石書店、2003年。
日本植民地研究会編『日本植民地研究の現状と課題』アテネ社、2008年。
植垣節也・橋本雅之編『風土記を学ぶ人のために』世界思想社、2001年。
橋谷弘『帝国日本と植民地都市』吉川弘文館、2004年。
旗田巍編『シンポジウム・日本と朝鮮』勁草書房、1969年。
旗田巍『日本人の朝鮮観』勁草書房、1969年。
―――『朝鮮と日本人』勁草書房、1983年。

原武史『大正天皇』朝日新聞社、2000年。
林廣茂『幻の三中井百貨店――朝鮮を席巻した近江商人・百貨店王の興亡』晩聲社、2004年。
朴慶植『日本帝国主義の朝鮮支配（上）』青木書店、1973年。
土方苑子『東京の近代小学校』東京大学出版会、2002年。
ひろたまさき『差別からみる日本の歴史』解放出版社、2008年。
――――――『日本帝国と民衆意識』有志舎、2012年。
藤村道生『日清戦争前後のアジア政策』岩波書店、1995年。
布野修司編『近代世界システムと植民都市』京都大学学術出版会、2005年。
古屋哲夫編『近代日本のアジア認識』緑蔭書房、1996年。（初出は、京都大学人文科学研究所、1994年。）
本間千景『韓国「併合」前後の教育政策と日本』思文閣出版、2010年。
前田愛『都市空間のなかの文学』前田愛著作集第5巻、筑摩書房、1989年。
牧原憲夫『客分と国民のあいだ――近代民衆の政治意識』吉川弘文館、1998年。
松尾尊兊『大正デモクラシー』岩波書店、2001年。（初出は、1974年。）
松田利彦『日本の朝鮮植民地支配と警察――一九〇五～一九四五年』校倉書房、2009年。
松田利彦編『植民地帝国日本における支配と地域社会』国際研究集会報告書第40集、国際日本文化センター、2013年。
松田利彦・陳姃湲編『地域社会から見る帝国日本と植民地――朝鮮・台湾・満洲』思文閣出版、2013年。
松原孝俊編『緊急調査―― 20世紀を日本統治期朝鮮半島で生活した民衆のライフストリー調査』科学研究費助成金研究報告書、九州大学、2006年。
松本武祝『朝鮮農民の〈植民地近代〉経験』社会評論社、2005年。
水野直樹編『生活の中の植民地主義』人文書院、2004年。
水本邦彦『村――百姓たちの近世』岩波書店、2015年。
宮嶋博史・金容徳編『近代交流史と相互認識Ⅱ』慶應義塾大学出版会、2005年。
宮地正人『日露戦後政治史の研究――帝国主義形成期の都市と農村』東京大学出版会、1973年。
森田芳夫『朝鮮終戦の記録――米ソ両軍の進駐と日本人の引揚』巌南堂書店、1964年。
――――『朝鮮渡航と引揚の記録』、1980年。
森山茂徳『近代日韓関係史研究――朝鮮植民地化と国際関係』東京大学出版会、1987年。
――――『日韓併合』吉川弘文館、1992年。
森山茂徳・原田環編『大韓帝国の保護と併合』東京大学出版会、2013年。
安丸良夫『日本の近代化と民衆思想』平凡社ライブラリー、1999年（初出は、青木書店、1974年）。
――――『神々の明治維新――神仏分離と廃仏毀釈』岩波書店、1979年。
柳沢遊『日本人の植民地経験――大連日本人商工業者の歴史』青木書店、1999年。
柳田国男『明治大正史 世相編』新装版、講談社、1993年（初出は、朝日新聞、1931年）。
山下達也『植民地朝鮮の学校教員――初等教育集団と植民地支配』九州大学出版会、2011年。
山路勝彦『近代日本の植民地博覧会』風響社、2008年。
山室信一『日露戦争の世紀――連鎖視点から見る日本と世界』岩波書店、2005年。

尹健次『孤絶の歴史意識――日本国家と日本人』岩波書店、1990年。
横山源之助『日本の下層社会』岩波書店、1949年（初出は、教文館、1899年）。
由谷裕哉・時枝務編『郷土史と近代日本』角川学芸出版、2010年。
吉見俊哉『博覧会の政治学――まなざしの近代』中央公論社、1992年。
米谷匡史『アジア／日本』岩波書店、2006年。
歴史学研究会編『「韓国併合」100年と日本の歴史学――「植民地責任」論の視座から』青木書店、2011年。
和田春樹ほか編『岩波講座　東アジア近現代通史』第3巻、2010年。

(2) 研究論文

青井哲人「朝鮮の居留民奉斎神社と朝鮮総督府の神社政策」（『朝鮮学報』172輯、1999年）。
網島聖「明治後期地方都市における商工名鑑的「繁昌記」の出版――山内實太郎編『松本繁昌記』を事例に」（『史林』第93巻第6号、2010年）。
李圭洙「植民地期朝鮮における集団農業移民の展開過程」（『朝鮮史研究会論文集』第33集、1995年）。
井口和起「「韓国併合」と日本近代史研究」（『東アジア近代史研究』第14号、ゆまに書房、2011年）。
石川捷治編「植民地朝鮮における日本人生活誌の再構成――木浦とその周辺地域を事例として」科学研究費助成研究の成果報告書、2006年。
板垣竜太「＜植民地近代＞をめぐって――朝鮮史研究における現状と課題」（『歴史評論』第654号、2004年）。
李泰文「1915年「朝鮮物産共進会」の構成と内容」（『慶應義塾大学日吉紀要　言語・文化・コミュニケーション』30号、2003年）。
李昇燁「全鮮公職者大会――1924～1930」（『二十世紀研究』第4号、2003年）。
―――「3・1運動期における朝鮮在住日本人社会の対応と動向」（『人文学報』第92号、京都大学人文科学研究所、2005年）。
―――「植民地の「政治空間」と朝鮮在住日本人社会」京都大学大学院博士論文、2007年。
―――「顔が変わる――朝鮮植民地支配と民族識別」（竹沢泰子編『人種の表象と社会的リアリティ』岩波書店、2009年）。
―――「植民地・勢力圏における「帝国臣民」の在留禁止処分――清国及朝鮮国在留帝国臣民取締法」を中心に」（『人文学報』第106号、京都大学人文科学研究所、2015年）。
李淵植「朝鮮における日本人引揚げのダイナミズム――逃亡／引揚げ、送還／抑留、追放／懲罰の変奏曲」（蘭信三編『帝国崩壊とひとの再移動――引揚げ、送還、そして残留』勉誠出版、2011年）。
―――「朝鮮半島における日本人送還政策と実態――南北朝鮮の地域差を中心に」（蘭信三編『帝国以後の人の移動――ポストコロニアリズムとグローバリズムの交錯点』勉誠出版、2013年）。
稲葉継雄「大邱中学校について――在朝鮮「内地人」学校の事例研究」（『大学院教育学研究

紀要』第10号、九州大学、2007年)。

井上和枝「植民地朝鮮に行った鹿児島県出身者に対する基礎的考察」(九州大学朝鮮学研究会編『年報朝鮮学』第12号、2009年)。

今泉裕美子「近年の「引揚げ」研究の視点と本書の課題」(今泉裕美子・柳沢遊・木村健二編『日本帝国崩壊期「引揚げ」の比較研究』日本経済評論社、2016年)。

イ・ジョンミン「在朝鮮領事館警察の「軽犯罪」取締り——「違警罪目」を中心に」(『人文学報』第106号、2015年)。

内田じゅん「植民地期朝鮮における同化政策と在朝日本人——同民会を事例として」(『朝鮮史研究会論文集』第41集、2003年)。

汪輝「上海居留民団における会社派と土着派の相克——中等教育機関の設置・運営をめぐって」(『日本の教育史学』第43集、2000年)。

大江志乃夫「山縣系と植民地武断統治」(大江志乃夫ほか編『岩波講座 近代日本と植民地』第4巻、岩波書店、1993年)。

大島美津子「明治末期における地方行政の展開——地方改良運動」(『東洋文化研究所紀要』第19冊、東京大学東洋文化研究所、1959年)。

小川原宏幸「韓国併合と朝鮮への憲法適用問題——朝鮮における植民地法制度の形成過程」(『日本植民地研究』第17号、2005年)。

————「武断政治と3・1独立運動」(和田春樹ほか編『岩波講座 東アジア近現代通史』第3巻、2010年)。

柏木敦「日本近代初等教育史研究の課題と展望——初等教育就学に関わる研究を中心として」(『日本教育史研究』第25号、2006年)。

梶村秀樹「植民地と日本人」(『日本生活史8——生活の中の国家』河出書房新社、1974年)。

————「植民地での日本人」(金原左門編『地方文化の日本史9 地方デモクラシーと戦争』文一総合出版、1978年)。

————「植民地支配者の朝鮮観」(『季刊三千里』通巻25号、1981年)。

糟谷憲一「日清戦争と朝鮮民衆」(『歴史評論』第532号、校倉書房、1994年)。

————「「韓国併合」一〇〇年と朝鮮近代史」『朝鮮学報』219輯、2011年)。

————「朝鮮の植民地化と東アジア」(『歴史評論』第733号、校倉書房、2011年)。

加藤圭木「1930年代朝鮮における港湾都市羅津の「開発」と地域有力者」(『朝鮮史研究會論文集』第49集、緑蔭書房、2011年)。

河田敦子「市制町村制の成立過程における教育事務の国家化——学務委員規定に関する条項の消滅過程」(『日本の教育史学』第47集、2004年。

顔杏如「植民地都市台北における日本人の生活文化——「空間」と「時間」における移植、変容」東京大学大学院総合文化研究科地域文化研究専攻、2009年。

木畑洋一「イギリスの帝国意識——日本との比較の視点から」(木畑洋一編『大英帝国と帝国意識——支配の深層を探る』ミネルヴァ書房、1998年)。

木村健二「明治期の日本居留民団」(『季刊三千里』通巻47号、1986年)。

————「近代日本の移民・植民活動と中間層」(『歴史学研究』613号、1990年)。

―――「近代日本の移植民研究における諸論点」(『歴史評論』第513号、1993年)。
―――「在外居留民の社会活動」(大江志乃夫ほか編『岩波講座近代日本と植民地』第5巻、岩波書店、1993年)。
―――「朝鮮居留地における日本人の生活態様」(『一橋論叢』第115-2号、1996年)。
―――「朝鮮における商業会議所連合会の決議事項――清津商工会議所を中心として」(波形昭一編『近代アジアの日本人経済団体』同文舘、1997年)。
―――「明治期における朝鮮への人口移動――山口県熊毛郡旧別府村の場合」(『人間と社会』第9号、東京農工大学、1998年)。
―――「朝鮮進出日本人の営業ネットワーク――亀谷愛介商店を事例として」(杉山伸也・リンダ・グローブ編『近代アジアの流通ネットワーク』創文社、1999年)。
―――「朝鮮総督府経済官僚の人事と政策」(波形昭一・堀越芳昭編『近代日本の経済官僚』日本経済評論社、2000年)。
―――「植民地下新義州在住日本人の異文化接触」(戸上宗賢編『交錯する国家・民族・宗教』不二出版、2001年)。
―――「明治期日本の調査報告書にみる朝鮮認識」(宮嶋博史・金容徳編『近代交流史と相互認識Ⅰ』慶應義塾大学出版会、2001年)。
―――「朝鮮編――解題」(『日本人物情報大系』第71巻、皓星社、2001年)。
―――「東拓移民の送出過程――山口県吉敷郡旧仁保村を事例として」(『経済史研究』第6号、大阪経済大学日本経済史研究所、2002年)。
―――「在朝鮮日本人植民者の「サクセス・ストーリー」(『歴史評論』第625号、校倉書房、2002年)。
―――「朝鮮における経済統制の進行と経済団体」(木村健二・柳沢遊編『戦時下アジアの日本経済団体』日本経済評論社、2004年)。
―――「釜山への日本人の進出と経済団体」(木村健二・坂本悠一『近代植民地都市釜山』九州大学社会文化研究所叢書 第5号、桜井書店、2007年)。
―――「在朝日本人史研究の現状と課題――在朝日本人実業家の伝記から読み取り得るもの」(東国大学校文化学術院日本学研究所『日本学』35、2012年)。
―――「日本人の引揚げに関する近年の研究動向」(今泉裕美子・柳沢遊・木村健二編『日本帝国崩壊期「引揚げ」の比較研究』日本経済評論社、2016年)。
木村礎「郷土史・地方史・地域史研究の歴史と課題」(朝尾直弘ほか編『岩波講座日本通史』別巻2 地域史研究の現状と課題、岩波書店、1994年)。
槇松かほる「近現代教育史の研究動向」(『日本の教育史学』第47集、2004年)。
駒込武「植民地教育史研究の課題と展望」(『日本教育史研究』第10号、1991年)。
―――「「帝国史」研究の射程」(『日本史研究』第452号、2000年)。
小森丈広「大正大典期の地域社会と町村誌編纂事業」(『京都市歴史資料館紀要』第10号、1992年)。
小島勝「外国と植民地における日本人児童生徒の教育――その連続性と非連続性」(『植民地教育史研究年報』第1号、1998年)。

酒井裕美「甲申政変以前における朝清商民水陸貿易章程の運用実態――関連諸章程と楊花津入港問題を中心に」(『朝鮮史研究会論文集』朝鮮史研究会、第43集、2005年)。

――――「最恵国待遇をめぐる朝鮮外交の展開過程――朝清商民水陸貿易章程成立以降を中心に」(『大阪大学世界言語研究センター論集』第6号、2011年)。

――――「朝米修好通商条約(1882年)における最恵国待遇をめぐる一考察」(『朝鮮学報』第229輯、2013年)。

坂口満宏「在外居留地・居留民研究の現在」(京都女子大学東洋史研究室編『東アジア海洋域圏の史的研究』京都女子大学研究叢刊39、2003年)。

咲本和子「「皇民化」政策期の在朝日本人――京城女子師範学校を中心に」(『国際関係学研究〈津田塾大〉』25号、1999年)。

佐藤由美「韓国近代教育制度の成立と日本――日本人学務官僚による「普通学校令」の制定をめぐって」(『日本の教育史学』第39集、1996年)。

――――「朝鮮半島に渡った教師たち――近代化と植民地化の狭間で」(『教育』685、国土社、2003年)。

塩出浩之「明治立憲制の形成と「植民地」北海道」(『史学雑誌』第11巻3号、2002年)。

新城道彦「王公族の創設と日本の対韓政策――「合意的国際条約」としての韓国併合」(『東アジア近代史研究』第14号、ゆまに書房、2011年)。

菅浩二「併合以前の「韓国の神社」創建論――御祭神論を中心に」(『神道宗教』第167、神道宗教学会、1997年)

鈴木文「在朝日本人の世界」(趙景達編『植民地朝鮮――その現実と解放への道』東京堂出版、2011年。

園部裕之「在朝日本人の参加した共産主義運動―― 1930年代における」(『朝鮮史研究会論文集』第26集、1989年)。

高木博志「「郷土愛」と「愛国心」をつなぐもの」(『歴史評論』659、校倉書房、2005年)。

高崎宗司「ある「朝鮮通」の生きた道――細井肇の朝鮮論について」(『季刊三千里』通巻30号、1982年)。

――――「在朝日本人と日清戦争」(大江志乃夫ほか編『岩波講座 近代日本と植民地』第5巻、岩波書店、1993年)。

高橋進「帝国主義の政治理論」(大江志乃夫ほか編『岩波講座 近代日本と植民地』第1巻、岩波書店、1993年)。

高林直樹「朝鮮における千葉村」(千葉県企画部広報県民課編『千葉県の歴史』30、1985年)。

田中則広「在朝日本人の映画製作研究――剣戟俳優遠山満の活動をめぐって」(『メディア史研究』第17号、2004年)。

田村貞雄「内国植民地としての北海道」(大江志乃夫ほか編『岩波講座 近代日本と植民地』第1巻、岩波書店、1993年)。

池秀傑「日帝時期の在朝鮮「邑単位」日本人社会と朝鮮の「地方自治」――忠清南道公州・大田・鳥致院の事例を中心に」(宮嶋博史・金容徳編『近代交流史と相互認識Ⅱ』日韓共同研究叢書12、慶応義塾大学出版会、2005年)。

趙景達「武断政治と朝鮮民衆」(『思想』第1029号、岩波書店、2010年)。
─── 「「韓国併合」の論理とその帰結──アジア主義と同化主義の行方」(『朝鮮史研究会論文集』第49集、緑蔭書房、2011年)。
鄭然泰「日帝の地域支配・開発と植民地的近代性」(宮嶋博史・金容徳編『近代交流史と相互認識Ⅱ』日韓共同研究叢書12、慶應義塾大学出版会、2005年)。
月脚達彦「保護条約以後の「実力養成運動」の論理と活動──兪吉濬と漢城府民会を中心に」(『朝鮮学報』165輯、1997年)。
─── 「近代朝鮮の改革と自己認識・他者認識」(『歴史評論』第614号、校倉書房、2001年)。
─── 「近代朝鮮の条約における「平等」と「不平等」──日朝修好条規と朝米修好通商条約を中心に」(『東アジア近代史』第13号、ゆまに書房、2010年)。
外村大「植民地朝鮮に暮らした日本人」(原尻英樹・六反田豊・外村大編『日本と朝鮮比較・交流史入門──近世、近代そして現代』明石書店、2011年)。
戸邉秀明「ポストコロニアリズムと帝国史研究」(日本植民地研究会編『日本植民地研究の現状と課題』アテネ社、2008年)。
轟博志「朝鮮における日本人農業移住の空間展開」(蘭信三編『日本帝国をめぐる人口移動の国際社会学』)不二出版、2008年。
中川文雄「ヨーロッパ諸国の植民地主義、植民地都市建設と独立新国家の文化状況」(中川文雄・山田睦男編『植民地都市の研究』JCAS連携研究成果報告8、国立民族学博物館地域研究企画交流センター、2005年)。
中島三千男「「海外神社」研究序説」(歴史科学協議会『歴史評論』第602号、校倉書房、2000年)。
永島広紀「日本統治期の朝鮮における＜史学＞と＜史料＞の位相」(『歴史学研究』795号、2004年)。
─── 「朝鮮総督府学務局による歴史教科書編纂と「国史／朝鮮史」教育──小田省吾から中村栄孝、そして申奭鎬へ」(日韓歴史共同研究委員会編『第二期日韓歴史共同研究報告書(教科書小グループ編)』、2010年)。
─── 「韓国統監府・朝鮮総督府における＜旧慣＞の保存と継承」(『東アジア近代史研究』第14号、ゆまに書房、2011年)。
─── 「朝鮮半島からの引揚と「日本人世話会」の救護活動」(増田弘編『大日本帝国の崩壊と引揚・復員』慶應義塾大学出版会、2012年)。
─── 「保護国期の大韓帝国における「お雇い日本人」」(森山茂徳・原田環編『大韓帝国の保護と併合』東京大学出版会、2013年)。
─── 「朝鮮編」(『植民地帝国人物叢書 解題』植民地帝国人物叢書別巻、ゆまに書房、2014年)。
─── 「朝鮮総督・寺内正毅」(伊藤幸司・永島広紀・日比野利信編『寺内正毅と帝国日本──桜圃寺内文庫が語る新たな歴史像』勉誠出版、2015年)。
並木真人「植民地期朝鮮人の政治参加について──解放後史との関連において」(『朝鮮史研究会論文集』第31集、1993年)。
─── 「朝鮮における「植民地近代性」・「植民地公共性」・「対日協力」」(フェリス女学院

国際交流学部編『国際交流研究』第5号、2003年)。
——「植民地朝鮮における「公共性」の検討」(三谷博編『東アジアの公論形成』東京大学出版会、2004年)。
奈良岡聡智「イギリスからみた伊藤博文統監と韓国統治」(伊藤之雄ほか編『伊藤博文と韓国統治』ミネルヴァ書房、2009年)。
成田龍一「引揚げに関する序章」(『思想』、2003年11月号)。
——「引揚げと抑留」(『岩波講座　アジア・太平洋戦争』第4巻、2006年)。
新稲法子「繁昌記物の研究序説」(『兵庫大学短期大学部研究集録』32号、1999年)。
西垣晴次「自治体史編纂の現状と問題点」(朝尾直弘ほか編『岩波講座日本通史』別巻2、岩波書店、1994年)。
西野玄「開港期初期、外務省の居留地設置政策——釜山居留地の設置から仁川開港まで」(『韓国言語文化研究』九州大学韓国言語文化研究会、2001年)。
——「仁川居留地に関する一考察——仁川日本居留地埋立問題を中心に」(『朝鮮学報』194輯、2005年)。
朴俊炯「清国租界と「韓国併合」——植民地朝鮮という雑居空間の成立」(『朝鮮史研究会論文集』第49集、緑蔭書房、2011年)。
橋谷弘「1930・40年代朝鮮社会の性格をめぐって」(『朝鮮史研究会論文集』第27集、1990年)。
——「戦争と都市——植民地都市としてのソウル」(『歴史学研究』614号、1990年)。
——「NIES都市ソウルの形成」(『朝鮮史研究会論文集』第30集、1992年)。
——「釜山・仁川の形成」(大江志乃夫ほか編『岩波講座　近代日本と植民地』第3巻、岩波書店、1993年)。
——「植民地都市」(成田龍一編『近代日本の軌跡9　都市と民衆』、吉川弘文館、1993年)。
春山明哲「近代日本の植民地統治と原敬」(春山明哲・若林正丈編『日本植民地主義の政治的展開——その統治体制と台湾の民族運動1895〜1934』アジア政経学会、1980年)。
日比野利信「陸軍長州閥と寺内正毅」(伊藤幸司・永島広紀・日比野利信編『寺内正毅と帝国日本——桜圃寺内文庫が語る新たな歴史像』、勉誠出版、2015年)。
広瀬玲子「植民地朝鮮における愛国婦人会—— 1930年代を中心に」(『北海道情報大学紀要』第22巻第2号、2011年)。
——「植民地支配とジェンダー——朝鮮における女性植民者」(『ジェンダー史学』第10号、2014年)。
藤村道生「朝鮮における日本特別居留地の起源」(『名古屋大学文学部研究論集』35 (史学12)、1965年)。
古屋哲夫「アジア主義とその周辺」(古屋哲夫編『近代日本のアジア認識』緑蔭書房、1996年)。
本間千景「韓国「併合」前後の普通学校日本人教員聘用」(『朝鮮史研究会論文集』第43集、2005年)。
マーク・カプリオ「朝鮮半島からの帰還——アメリカの政策と日本人の引揚げ」(小林英夫ほか編『戦後アジアにおける日本人団体』)ゆまに書房、2008年。
松田利彦「朝鮮における植民地官僚——研究の現状と課題」(松田利彦・やまだあつし編『日

本の朝鮮・台湾支配と植民地官僚』思文閣出版、2009年)。
────「植民地支配と地域社会──朝鮮史研究における成果と課題」(松田利彦・陳姃湲編『地域社会から見る帝国日本と植民地──朝鮮・台湾・満洲』思文閣出版、2013年)。
────「【解説】朝鮮総督府初期の日本人官吏──形成過程・構造・心性」(『東洋文化研究』第17号、学習院大学東洋文化研究所、2015年)。
松本武祝「「植民地的近代」をめぐる近年の朝鮮史研究──論点の整理と再構成の試み」(宮島博史・李成市ほか編『植民地近代の視座──朝鮮と日本』岩波書店、2004年)。
────「植民地朝鮮における衛生・医療制度の改編と朝鮮人の反応」(『歴史学研究』834号、2007年)。
────「解説──植民地朝鮮農村に生きた日本人」(『東洋文化研究』第10号、学習院大学東洋文化研究所、2008年)。
水内俊雄「植民地都市大連の都市形成── 1899〜1945年」(『人文地理』第37・5号、人文地理学会、1985年)。
水野直樹「伊藤博文の「メモ」は「韓国統治構想」といえるものか──伊藤之雄氏の所説への疑問」(『日本史研究』第602号、2012年)。
三ツ井崇「近代アカデミズム史学のなかの「日鮮同祖論」──韓国併合前後を中心に」(『朝鮮史研究会論文集』第42集、2004年)。
────「地域の視点から──朝鮮」(日本植民地研究会編『日本植民地研究の現状と課題』アテネ社、2008年)。
三原芳一「明治公学校体制の成立過程に関する研究──日清戦争後経営と就学督励」(『私学研修』第105号、1987年)。
村松武司「朝鮮に生きた日本人──わたしの「京城中学」」(『季刊三千里』通巻21号、1980年)。
────「作戦要務令の悪夢」(『季刊三千里』通巻31号、1982年)。
森山茂徳「日本の朝鮮植民地統治政策(1910〜1945年)の政治史的研究」(『法政理論』第23巻第3・4号、新潟大学、1991年)。
────「現地新聞と総督政治──『京城日報』について」(大江志乃夫ほか編『岩波講座近代日本と植民地』第7巻、岩波書店、1993年)。
────「明治期日本指導者の韓国認識」(宮嶋博史・金容徳編『近代交流史と相互認識』慶應義塾大学出版会、2001年)。
────「植民地期日本人の韓国観──選択肢の消長」(宮嶋博史・金容徳編『近代交流史と相互認識Ⅱ』慶應義塾大学出版会、2005年)。
────「併合と自治の間──伊藤博文の国際・韓国認識と「保護政治」」(『東アジア近代史研究』第14号、ゆまに書房、2011年)。
────「「保護」から「併合」へ──日本の韓国「保護政治」の官僚制化」(森山茂徳・原田環編『大韓帝国の保護と併合』東京大学出版会、2013年)。
柳沢遊「「満洲」商工移民の具体像」(『歴史評論』第513号、1993年)。
────「「満洲」における商業会議所連合会の活動」(波形昭一編『近代アジアの日本人経済団体』同文館、1997年)。

─── 「日本人の居留民社会」（和田春樹ほか編『岩波講座　東アジア近現代通史』第3巻、2010年）。
─── 「「鮮満一体化」構想と寺内正毅・山県伊三郎」（国立歴史民俗博物館編『「韓国併合」100年を問う─2010年国際シンポジウム』岩波書店、2011年。
山口公一「植民地期朝鮮における神社政策と宗教管理統制秩序──「文化政治」期を中心に」『朝鮮史研究会論文集』第43集、2005年。
─── 「「韓国併合」以前における在朝日本人創建神社の性格について」（『日韓相互認識』第2号、2009年）。
─── 「植民地朝鮮における「国家祭祀」の整備過程」（君島和彦編『近代の日本と朝鮮──「された側」からの視座』本郷書房、2014年）。
山田寛人「朝鮮語学習・辞書から見た日本人と朝鮮語── 1880年〜1945年」（『朝鮮学報』第169輯、1998年）。
─── 「普通学校の日本人教員に対する朝鮮語教育」（『歴史学研究』748号、2001年）。
山室信一「アジア認識の基軸」（古屋哲夫編『近代日本のアジア認識』緑蔭書房、1996年）。
由谷裕哉「草莽の学の再構築に向けて」（由谷裕哉・時枝務編『郷土史と近代日本』角川学芸出版、2010年）。
尹正淑「仁川における民族別居住地分離に関する研究」（『人文地理』第39‐3、人文地理学会、1987年）。
若井敏明「皇国史観と郷土史研究」（『ヒストリア』第181号、2002年）。
渡部宗助「在外指定学校一覧（1906〜1945）」在外指定学校関係資料1、国立教育研究所、1982年。
─── 「在外指定学校40年の歴史について」（『研究集録』第4号、国立教育研究所、1982年）。
─── 「在外指定学校に関する法制度と諸調査」在外指定学校関係資料2、国立教育研究所、1983年。
渡辺千尋「居留民団法の制定過程と中国の日本居留地──天津日本専管居留地を中心に」（『史学雑誌』122（3）、公益財団法人史学会、2013年）。

2. 韓国語文献（가나다順）

(1) 研究書

孔堤郁・鄭根埴編『식민지의 일상 지배와 균열』문화과학사、2006年
權보드래『1910년대 풍문의 시대를 읽다』동국대학출판부、2008年
權泰檍『일제의 한국 식민지화와 문명화（1904〜1919）』서울대학교출판문화원、2014年
金義煥『釜山近代 都市形成史研究──日人居留地가 미친 影響을 中心으로』研文出版社、1973年
金圭煥『日帝의 對韓言論・宣傳政策』二友出版社、1978年
金東明『지배와 저항 그리고 협력──식민지 조선에서의 일본제국주의와 조선인의 정치운동』景仁文化社、2006年
金東魯編『일제 식민지 시기의 통치체제 형성』혜안、2006年

金白永『지배와 공간 : 식민지도시 경성과 제국 일본』문학과지성사、2009 年
金相泰編訳『尹致昊日記　1916〜1943 ——한 지식인의 내면세계를 통해 본 식민지 시기』歷史批評社、2001 年
河元鎬・羅恵心外『개항기의 재한 외국공관 연구』東北亜歷史財団、2009 年
朴成鎮・李昇一『조선총독부 공문서——일제시기 기록관리와 식민지배』歷史批評社、2007 年
朴枝香『제국주의——신화와 현실』서울대학교출판부、2000 年
朴贊勝『민족주의의 시대』景仁文化社、2007 年
徐榮姫『대한제국 정치사 연구』서울대학교출판부、2003 年
孫禎睦『朝鮮時代都市社會研究』一志社、1977 年
―――『韓国 開港期 都市変化過程研究——開港場・開市場・租界・居留地』一志社、1982 年
―――『韓国 開港期 都市社會経済史研究』一志社、1982 年
―――『日帝強占期　都市計画研究』一志社、1992 年
―――『韓国地方制度・自治史研究（上）』一志社、1992 年
―――『日帝強占期　都市社會相研究』一志社、1996 年
―――『日帝強占期　都市計画化過程研究』一志社、1996 年
수요역사연구회編『식민지 조선과 매일신보 1910 년대』신서원、2003 年
수요역사연구회編『일제의 식민지 지배정책과 매일신보 1910 년대』두리미디어、2005 年
연세대학교국학연구원『일제의 식민지배와 일상생활』혜안、2004 年
呉成哲『식민지 초등 교육의 형성』교육과학사、2000 年
李圭洙『식민지 조선과 일본・일본인』다할미디어、2007 年
李相錄・李優戴編『日常史로 보는 韓国近現代史』책과함께、2006 年
李昇一外『일본의 식민지 지배와 식민지적 근대』東北亜歷史財団研究叢書 39、東北亜歷史財団、2009 年
李淵植『조선을 떠나며—— 1945 년 패전을 맞은 일본인들의 최후』歷史批評社、2012 年
李鉉淙『韓国開港場研究』一潮閣、1975 年
李炯植編『제국과 식민지의 주변인——재조일본인의 역사적 전개』보고사、2013 年
尹海東外編『近代를 다시 읽는다』第 1・2 巻、歷史批評社、2006 年
林志弦・李成市編『국사의 신화를 넘어서』휴머니스트、2003 年
全盛賢『일제시기 조선 상업회의소 연구』선인、2011 年
鄭在貞『일제침략과 한국철도（1892〜1945）』서울대학교출판부、1999 年
崔惠珠『근대 재조선 일본인의 한국사 왜곡과 식민지통치론』景仁文化社、2010 年
韓相一『아시아연대와 일본제국주의——대륙낭인과 대륙팽창』도서출판오름、2002 年
韓日関係史研究論集編纂委員会『일본의 한국침략과 주권 침탈』景仁文化社、2005 年
韓日関係史研究論集編纂委員会『일제 식민지지배의 구조와 성격』景仁文化社、2005 年
洪淳權編『일제시기 재부산일본인사회 사회단체 조사보고』선인、2005 年
洪淳權編『일제시기 재부산일본인사회 주요인물 조사보고』선인、2006 年

洪淳權 外『부산의 도시형성과 일본인』선인、2008 年
洪淳權『근대도시와 지방권력』선인、2010 年

(2) 研究論文
강재순「1910 년대 부산학교조합의 형성과 성격」(洪淳權 외『부산의 도시형성과 일본인』선인、2008 年)
강명숙「한일합병 이전의 일본인의 평양침투」(『国史館論叢』107、2005 年)
姜秉植「日帝의 土地調査와 土地実態에 對한 研究―― 1910 年代 서울(京城府)를 中心으로」(『漢城史学』4、1986 年)
―――「日帝下 서울(京城府)의 土地所有実態와 社会相에 對한 研究―― 1920 年代를 中心으로」(『実学思想研究』3、1992 年)
姜昌一「일진회의 합방운동과 흑룡회」(『歷史批評』52、2000 年가을호)
權肅寅「도한(渡韓)의 권유―― 1900 년대 초두 한국이민론 속의 한국과 일본」(한국사회사학회『사회와 역사』69、2006 年)
―――「식민지배기 조선 내 일본인 학교――회고록을 통해 본 소・중학교 경험을 중심으로」(『사회와 역사』77、2008 年)
―――「식민지조선의 일본인――피식민 조선인과의 만남과 식민의식의 형성」(『사회와 역사』80、2008 年)
權泰檍「1904~1910 년 일제의 한국침략 구상과 '시정개선'」(『韓国史論』31、1994 年)
―――「동화정책론」(『歷史学報』172、2001 年)
―――「1910 년대 일제 식민지 통치의 기조」(權泰檍 외『한국 근대사회와 문화Ⅱ』서울대학교출판부、2005 年)
木村健二「植民地下 朝鮮在留 日本人의 特徵――比較史的 視点에서」(『지역과역사』第 15 号、2004 年)
金基虎「일제시대 초기의 도시계획에 대한 연구――경성부 시구개정을 중심으로」(『서울학연구』6、1995 年)
金慶南「1894-1930 년 '전통도시' 전주의 식민지적 도시개발과 사회경제 구조 변용」(『한일관계사연구』51、2015 年)
金大鎬「1910 ~ 1930 년대 초 경성신사와 지역사회와의 관계――경성신사의 운영과 한국인과의 관계를 중심으로」(李昇一 외『일본의 식민지 지배와 식민지적 근대』東北亜歴史財団 研究叢書 39、東北亜歷史財団、2009 年)
金白永「일제하 서울에서의 식민권력의 지배전략과 도시공간의 정치학」서울대학교 대학원 박사논문、2005 年
―――「식민지 도시성에 대한 이론적 탐색――공간사회학적 문제설정」(『사회와 역사』72、2006 年)
―――「일제하 식민지도시 수원의 시기별 성격 변화」(『도시연구』8、2012 年)
김 승「개항 이후 부산의 일본거류지 사회와 일본인 자치기구의 활동」(『지방사와 지방문화』15-1、역사문화학회、2012 年)

金英根「일제하 일상생활의 변화와 그 성격에 관한 연구──경성의 도시공간을 중심으로」연세대학교사회학과 박사논문、1999 年

金鐘根「서울 中心部의 日本人 市街地 拡散──開化期에서 日帝強占 前半期까지（1885 년～1929 년）」(『서울학연구』20、2003 年)

金泰雄「1915 년 京城府 物産共進會와 日帝의 政治宣傳」(『서울학연구』18、2002 年)

並木真人「식민지 시기 조선인의 정치 참여──해방 후사와 관련해서」(朴枝香 외 『해방 전후사의 재인식』 제 1 권、2006 年)

松田利彦「일본 육군의 중국대륙침략정책과 조선（1910～1915）」(權泰檍 외 『한국 근대사회와 문화 Ⅱ』 서울대학교출판부、2005 年)

────『주막담총（酒幕談叢）』을 통해 본 1910 년대 조선의 사회상황과 민중」(金東魯編 『일제 식민지 시기의 통치체제 형성』 연세국학총서 72、혜안、2006 年)

문영주「20 세기 전반기 인천 지역경제와 식민지근대성──인천상업회의소 (1916～1929) 와 在朝日本人」(『仁川学研究』10、2009 年)

水野直樹「식민지기 조선의 일본어신문」(『역사문제연구』18、2007 年)

박성진「일제 초기 '朝鮮物産共進会' 연구」(수요역사연구회編 『식민지 조선과 매일신보 1910 년대』 신서원、2003 年)

朴羊信「통감정치와 재한 일본인」(歴史教育学会 『歴史教育』90、2004 年)

────「19 세기말 일본인의 조선여행기에 나타난 조선상」(『歴史学報』177、2003 年)

────「재한일본인 거류민단의 성립과 해체 ── 러일전쟁 이후 일본인 거류지의 발전과 식민지 통치기반의 형성」(『아시아문화연구』26、가천대학교 아시아문화연구소、2012 年)

박용규「일제하 지방신문의 현실과 역할」(『韓国言論学報』50 卷 6 号、2006 年)

朴俊炯「駐韓外国人問題関連主要史料解題」(国史編纂委員会編 『日本中国所在韓国史資料調査報告』 海外資料叢書 22 卷、国史編纂委員会、2010 年)

────「재한일본 '거류지' · '거류민' 규칙의 계보와 「居留民団法」의 제정」(『法史学研究』50、2014 年)

박진한「식민지시기 '인천대신궁'의 공간 변용과 재인천 일본인 : 유락과 기념의 장소에서 식민지배의 동원장으로」(『東方学誌』162、2013 年)

────「개항기 인천의 해안매립사업과 시가지 확장」(『도시연구』12、도시사학회、2014 年)

────「1900 년대 인천 해안매립사업의 전개와 의의」(『도시연구』15、도시사학회、2016 年)

────「인천의 일본인 묘지 부지 이전과 일본인 시가지 확장 과정」(『仁川学研究』24、2016 年)

朴賛勝「러일전쟁 이후 서울의 일본인 거류지 확장 과정」(『지방사와 지방문화』 제 5 卷 제 2 号、2002 年)

────「서울의 일본인 거류지 형성 과정── 1880 년대～ 1903 년을 중심으로」(『사회와 역사』62、2002 年)

배병욱「일제시기 부산일보사장（釜山日報社長）아쿠타가와 타다시（芥川正）의 생애와 언론활동」(『석당논총』52 卷、2012 年)

송규진「일제강점 초기 '식민도시' 대전의 형성과정에 관한 연구──일본인의 활동을 중심으로」(『亜細亜研究』 고려대학교 아세아문제연구소、第 45 卷 2 号、2002 年)

─── 「일제강점기 '식민도시' 청진 발전의 실상」(『사학연구』第110号、2013年)
송지영「일제시기 부산부의 학교비와 학교조합의 재정」(『역사와 경계』55、2005年)
스가와라유리(菅原ユリ)「일본인 여성 야스다 야스코(安田靖子)의 대조선인식」(『여성과 역사』12、2010年)
안태윤「식민지에 온 제국의 여성──재조선 여성 쯔다 세츠코를 통해서 본 식민주의와 젠더」(『한국여성학』第24巻4号、2008年)
山中麻衣「서울 거주 日本人 自治機構 硏究」가톨릭대학교대학원 국사학과 석사논문、2001年
양정필「近現代地域史硏究의 現況과 展望」(『歷史問題硏究』第17号、2007年)
우치다쥰(内田じゅん)「총력전 시기 재조선 일본인의 '내선일체' 정책에 대한 협력」(『亜細亜硏究』第51巻1号、고려대학교 아세아문제연구소、2008年)
尹素英「일본어잡지『朝鮮及満州』에 나타난 1910년대 경성」(『지방사와 지방문화』第9巻1号、2006年)
李圭洙「개항장 인천(1883~1910)──재조일본인과 도시의 식민지화」(『仁川学硏究』6、2007年)
이송희「일제하 부산지역 일본인사회의 교육 (1) ──일본인 학교 설립을 중심으로」(『韓日関係史硏究』23、2005年)
─── 「일제시기 부산지역 일본인의 초등교육」(『지역과 역사』19、2006年)
李昇燁「'문화정치' 초기 권력의 動學과 재조일본인사회」(『日本学』35、東国大学校文化学術院日本学研究所、2012年)
─── 「'문화정치' 초기 권력의 動學과 재조일본인사회」(李炯植編『제국과 식민지의 주변인 - 재조일본인의 역사적 전개』보고사、2013年)
李俊植「일제강점기 군산에서의 유력자집단의 추이와 활동」(『東方学志』131、2005年)
─── 「日帝下 群山의 '有力者'集団과 地域政治」(洪性讚ほか編『日帝下萬頃江流域社会史』、2006年)
李哲雨「일제 지배의 법적 구조」(金東魯編『일제 식민지 시기의 통치체제 형성』연세국학총서72、혜안、2006年)
李炯植「재조일본인 연구의 현황과 과제」東国大学校文化学術院日本学研究所(『日本学』37、2013年)
─── 「재조일본인 연구의 현황과 과제」(李炯植編『제국과 식민지의 주변인──재조일본인의 역사적 전개』보고사、2013年)
李恵恩「京城府의 民族別 居住地 分離에 관한 硏究── 1935년을 중심으로」(『大韓地理学誌』29、1984年)
張信「한말・일제초 재인천 일본인의 신문발행과 조선신문」(『仁川学硏究』6、2007年)
─── 「1910년대 재조선 일본인의 출판활동 연구」(『日本学』東国大学校文化学術院日本学研究所、35、2012年)
全盛賢『日帝下 朝鮮商業会議所聯合会의 生産開発戦略과 政治活動』東亜大学校大学院史学科博士論文、2006年

──「일제하 조선상업회의소의 철도부설운동 (1910～1923)」(『石堂論叢』 40、2008 年)
全遇容「종로 (種路) 와 본정 (本町) ──식민지 경성 (京城) 의 두 얼굴」(『역사와 현실』 40、2001 年)
──「근대이행기 (1894～1919) 서울 시전 상업의 변화」(『서울학연구』 22、2004 年)
──「식민지 도시의 이미지와 문화현상」(日韓歷史共同研究委員会編『日韓歷史共同研究報告書』第 5 卷、2005 年)
鄭丙郁「해방직후 일본인 잔류자들──식민지배의 연속과 단절」(『歷史批評』 2003 年 가을호)
鄭然泰「朝鮮末 日帝下 資産家型 地方有志의 成長追求와 利害関係의 重層性──浦口商業都市江景地域事例」(『韓国文化研究』第 31 号、2003 年)
──「조선총독 데라우치 (寺内正毅) 의 한국관과 식민통치」(權泰檍외『한국 근대사회와 문화 II』서울대학교출판부、2005 年)
鄭英熹「한성부민회의 조직과 활동에 관한 연구」(『역사와 실학』 15·16、2000 年)
鄭晉錫「總督府 기관지 京城日報 연구」(『京城日報』第一巻、韓国統計書籍、2003 年)
──「解題──日本의 言論侵略史料 復元」(『朝鮮日報 京城新聞 (新報) 京城日々新聞 京城薬報』韓国教会史文献研究院、2003 年)
──「日本人発行新聞의 嚆矢 朝鮮新報-朝鮮新聞」(『朝鮮新報·朝鮮新聞』第一巻、韓国教会史文献研究院、2008 年)
鄭惠瓊「『매일신보』에 비친 1910 년대 재조일본인」(수요역사연구회편『식민지 조선과 매일신보 1910 년대』신서원、2003 年)
趙美恩「일제강점기 일본인 학교조합 설립규모」(『史林』 22、2004 年)
──「일제강점기 재조선 일본인학교와 학교조합 연구」成均館大学校大学院史学科博士論文、2010 年
池秀傑「한국 근현대 지역사 서술체계와 활용자료──충남 지역 사례를 중심으로」(『韓国史論』 32、国史編纂委員会、2001 年)
崔惠珠「시데하라 (幣原坦) 의 植民地朝鮮 経営論에 관한 研究」(『歷史学報』 160、1998 年)
──「아오야기쓰나타로 (青柳綱太郎) 의 내한활동과 식민통치론」(『国史館論叢』第 94 輯、2000 年)
──「일제강점기 조선연구회의 활동과 조선인식」(『韓国民族運動史研究』 42、2005 年)
──「한말 일제하 샤쿠오 (釈尾旭邦) 의 내한활동과 조선인식」(『韓国民族運動史研究』 45、2005 年)
──「일본 東洋協会의 식민활동과 조선인식」(『韓国民族運動史研究』 51、2007 年)
──「잡지『朝鮮』(1908～1911) 에 나타난 일본 지식인의 조선인식」(『韓国近現代史研究』 45、2008 年)
──「한말 일제하 재조일본인의 조선고서 간행사업」(『大東文化研究』 66、2009 年)
──「잡지『朝鮮及満洲』에 나타난 조선통치론과 만주의식── 1910 년대 기사를 중심으로」(『韓国民族運動史研究』 62、2010 年)
──「일본 東京地学協会의 조사활동과 조선인식」(『韓国史研究』 151、2010 年)
──「일제강점기 재조일본인의 지방사 편찬활동과 조선인식」(『史学研究』第 103 号、2011 年)

―――「개항 이후 일본인의 조선사정 조서와 안내서 간행」(『韓国民族運動史研究』73、2012 年)
―――「1900 년대 일본인의 조선이주 안내서 간행과 조선인식」(『韓国民族運動史研究』75、2013 年)
―――「1900 년대 일본인의 조선사정 안내서 간행과 조선인식」(『韓国民族運動史研究』81、2014 年)
추교찬「제 2 기 (1908.10-1910.12) 인천 일본인 거류민단의 운영과 활동」(『한국학연구』37、인하대학교 한국학연구소、2015 年)
河元鎬「개항기 재조선 일본공관 연구」(河元鎬ほか編『개항기 재한 외국공관 연구』東北亜歴史財団研究叢書 38、2009 年)
하지연「韓末・日帝강점기 菊池謙譲의 문화적 식민활동과 조선관」(『東北亜歴史論争』第 21 号、2008 年)
咸東珠「1900 년대 초 일본의 조선관련 서적 출판과 식민지 조선상」(『근현대 일본의 한국인식』東北亜歴史財団、2009)
洪淳權「일제시기 부산지역 일본인사회의 인구와 사회계층구조」(『역사와 경계』51、2004 年)
―――「일제시기 '부제' 의 실시와 지방제도 개정의 추이――부산부 일본인사회의 자치제 실시 논의를 중심으로」(『지역과 역사』14、2004 年)
―――「1910 ~ 20 년대「부산부협의회」의 구성과 지방정치――협의원의 임명과 선거 실태 분석을 중심으로」(『역사와 경계』60、2006 年)
Helen J.S Lee「제국의 딸로서 죽는다는 것」(『亜細亜研究』第 51 巻 2 号、고려대학교 아세아문제연구소、2008 年)

3. 英文文献

Elkins, Caroline and Susan Pedersen. "Introduction," Elkins, Caroline and Susan Pedersen eds., *Settler Colonialism in the Twentieth Century: Projects, Practices, Legacies*, New York: Routledge, 2005.

King, D. Anthony. "Colonial cities: global pivots of change," Robert J. Ross and Gerald Telkamp eds., *Colonial cities: Essays on Urbanism in a Colonial Context*, Dordrecht: Martinus nijhoff, 1985.

Duus, Peter. *The abacus and the sword: the Japanese penetration of Korea, 1895 ~ 1910*. University of California Press, 1995.

Shin, Gi-Wook and Michael Robinson eds., *Colonial modernity in Korea*. Harvard University Asia Center, 1999.;도면회 옮김『한국의 식민지 근대성』삼인、2006 年.

Uchida, Jun. *Brokers of Empire: Japanese Settler Colonialism in Korea, 1876-1945*. Harvard University Asia Center, 2011.

Ⅲ. その他の資料

1. 事典・地図類

韓国精神文化研究研究員院『韓国民族文化大百科事典』、1991 年。

國學院大學日本文化研究所編『(縮刷版)神道事典』、弘文堂、1999年。
国史大辞典編集委員会『国史大辞典』吉川弘文館、1985年。
地方史研究協議会編『地方史事典』弘文堂、1997年。
서울特別市史編纂委員會『서울지명사전』、2009年。
서울歷史博物館編遺物管理課『서울 지도』、2006年。
歴史学会編『郷土史大辞典』朝倉書店、2005年。

2. ウェブサイト資料

アジア歴史資料センター　http://www.jacar.go.jp
神奈川大学海外神社に関するデータベース　http://www.himoji.jp/database/db04/index.html
韓国仁川花島鎮図書館　https://hto.ihl.kr
韓国大邱広域市立中央図書館日帝時期資料　http://daegulib.koreanhistory.or.kr/
韓国国立中央図書館　http://www.nl.go.kr
韓国釜山市民図書館　http://www.siminlib.go.kr
韓国歴史情報統合システム　http://www.history.go.kr
韓国歴代人物総合情報システム　http://people.aks.ac.kr
学習院大学東洋文化研究所友邦文庫　http://glim-els.glim.gakushuin.ac.jp/webopac/catsrr.do
国際日本文化研究センター朝鮮写真絵はがきデータベース　http://www.gakushuin.ac.jp/univ/rioc/index.html
朝鮮総督府官報活用システム　http://gb.nl.go.kr/
帝国議会会議録　http://teikokugikai-i.ndl.go.jp
日本外交文書デジタルアーカイブ　http://www.mofa.go.jp/mofaj/annai/honsho/shiryo/archives/index.html
日本法令索引　http://hourei.ndl.go.jp/SearchSys/index.jsp

あとがき

　本書は、2017年6月に東京大学大学院総合文化研究科に提出した博士学位請求論文を原型としている（同年9月に博士号を取得）。各章は、博士論文を基に日本と韓国で発表した論文をベースとしているが、その初出は以下の通りである。

　第Ⅰ部
　第1章
　　「「韓国併合」前後の在朝日本人社会──雑居地「京城」を中心に」（『年報地域文化研究』第14号、東京大学大学院総合文化研究科地域文化研究専攻、2010年）。
　　「'재조일본인' 사회의 형성에 관한 고찰──인구 통계 분석과 시기 구분을 통해」（『일본연구』29、글로벌일본연구원、2018년）
　第2章
　　「在朝日本人社会の「自治」と「韓国併合」──京城居留民団の設立と解体を中心に」（『朝鮮史研究会論文集』第49集、緑蔭書房、2011年）。
　第3章
　　「경성의 일본인사회와 자녀교육──통감부 시기와 1910년대를 중심으로」（『서울학연구』45、서울학연구소、2011년）
　　「'한국병합' 전후 재조일본인 교육 사업의 전개──거류민 단체에서 학교조합으로」（『한림일본학』32、일본학연구소、2018년）
　第Ⅱ部
　第4章
　　「「始政五年記念朝鮮物産共進会」と植民者社会──「武断政治」下にお

ける官民共同の催し」(『東アジア近代史』第18号、ゆまに書房、2015年)。
第5章
「1910년대 인천항 축항 사업과 식민자 사회──'동양유일' 이중갑문식 독의 준공」(『인천학연구』 28, 인천학연구원, 2018년)
第6章
「재조일본인 건립 신사 (神社) 에 관한 기초적 연구──'한국병합' 전후 변화 양상을 중심으로」(『한일관계사연구』 62, 한일관계사학회, 2018년)
第7章　書き下ろし。

　私が大学院進学のために日本に渡ったのは2007年のことであった。当時の文部科学省国費研究留学生に合格し、渡日の機会を得たからである。今振り返ってみると、当時提出した研究計画書はとても漠然としたもので、恥ずかしい限りである。社会人としての生活に将来の自分を見出せず戸惑っていた私にとって、日本留学は新たなチャンスであったが、危ない道はあまり選ばない私のそれまでの経歴からすれば、人生における大きな賭けでもあった。
　私が卒業した日本語科を含め韓国の日語日本文学科の大半は、語学と文学が中心であった。文学と語学にそれほど深い関心をもっていなかった私は、日本の歴史や文化に関して勉強したいと思っていた。このような浅薄な計画を持ったまま、私は2007年4月から一橋大学社会学研究科の所属となり、吉田裕先生の下で研究生生活をスタートした。私を受け入れて下さった吉田先生は近現代軍事史の第一人者であり、とても多忙な先生であった。先生は、できるだけ早く学位を取得し国へ帰ることを考えていた私の様子をみて、朝鮮史の糟谷憲一先生を紹介してくださった。日本人大学院生であれば博士課程が終わろうとする30歳で研究生を始めた私への配慮であったと思う。
　こうしてお世話になることになった糟谷先生のゼミで、多くの植民地期の朝鮮史を研究する先輩方々や仲間たちに出会えた。研究生課程を終えて、東京大学大学院の方に入学してからも約5年間、糟谷ゼミに参加させていただいた。日本の大学院生活にあまり馴染めず、糟谷先生をはじめゼミメンバーにご迷惑をかけることもあったが、みなさんには終始暖かく接していただいた。糟谷ゼミを離れてからも私のことを忘れず、先生の定年退職記念式にも招待してくだ

さったことはとても嬉しかった。また、ゼミ合宿で福島県いわき市の炭鉱施設を巡り、ハワイアンズに宿泊したこともよい思い出になっている。この場を借りて糟谷先生をはじめ、当時のゼミメンバーのみなさんに感謝の言葉を伝えたい。糟谷ゼミでの経験があって、研究者として成長する夢をもつことができたと思う。ご恩は決して忘れることができない。

　2008年に東京大学大学院総合文化研究科の修士課程に入学してからは、外村大先生にお世話になった。ぼんやりとではあるが、在朝日本人を研究テーマと決めていた私にとって、在日朝鮮人研究者である外村先生は、指導教官として望みうる最高の方であった。初めて先生の研究室にうかがった際、赴任2年目だった先生は、指導教官としてはまだ新米ですが構いませんかと私の意向を確かめられた。その姿がとても印象深かった。多くの研究業績を持つ先生の言葉としては、あまりに謙虚なものだったからである。その後、修士と博士課程を通して、そばで接した先生の研究・指導スタイルも同様であった。生徒が自分で問題意識を深め、結論を見出す時までじっくりと見守ってくださる先生の姿から多くを学んだ。また、外村先生のお陰で研究助成金を得ることができた。大学院での人間関係から疲れを覚え、ゼミから離れる時もあったが、最後まで面倒をみてくださった。この場を借りて、御礼の言葉を申し上げたい。

　駒場では朝鮮近代史専門の月脚達彦先生にお世話になった。博士課程に進学した時に、月脚先生は朝鮮史研究会関東部会に報告できるよう紹介してくださった。論文投稿に際しては、何回か原稿をじっくりと読んでいただいた。月脚先生は、研究室を訪ねる度に厳しい言葉で指導にあたって下さった。生徒への愛情があっての厳しい指導であり、先生の学者としての姿にはいつも頭が下がる思いである。

　学外では在朝日本人研究者の木村健二先生より様々なご教示やご示唆を得た。いつも研究熱心である先生の姿からも、学ぶところが多かった。博士課程に進学した頃、外村先生の紹介を通じて、先生の勤め先である下関を訪れた際にも、先生はとても暖かく迎えてくださった。先生には市内の観光地を紹介して頂き、韓国料理をご馳走になったこともよい思い出になっている。博士論文審査の際にも、多忙にもかかわらず参加していただき、的確な意見を述べてくださった。

この他、博士論文の審査に際し、駒場の先生方に加わっていただいた。三ツ井崇先生は時には厳しい口調で批判をされたが、そこからは学者としての厳しさを感じ取ることができた。論文審査の時は、論文の隅々まで読み、ご意見を述べてくださった。いま振り返ると、とても役になるコメントばかりであった。先生の指摘を受けいれ修正したつもりであるが、本書を読み、先生がどのような感想を覚えるか若干不安である。

　また、私が卒業する少し前に赴任した山口輝臣先生にも論文審査に加わっていただいた。先生は拙い文書の論文を細かいところまで読んでくださった。ゼミに参加し、研究に関するアドバイスを受けられなかったことが今でも悔やまれることである。審査が終わったあとのランチでは、暖かい励ましの言葉をいただいたことを覚えている。

　なお、2007年の研究生時代から博士学位の授与を受けた2017年まで、10年を越える留学生活を可能にしたのは様々な財政支援があったからである。まず、外国人国費研究留学生として、日本留学の機会を与えてくれた文部科学省の支援制度に負うところが大きい。また、財団法人から研究助成金を受ける機会を得た。松下幸之助記念財団（2011年）、富士ゼロックス小林節太郎記念基金（外国人留学生研究助成、2013年）、りそなアジア・オセアニア財団（2014年）、東京大学韓国学研究者育成事業団海外韓国学中核大学育成事業の研究助成（2015年）を受けた。これらの助成金のお陰で、九州・関西地方への資料調査もできたし、研究を続けることができたと思う。

　また、本書の刊行にあたっては、東京大学グローバル地域研究機構韓国学研究センターを通じて、韓国学中央研究院・海外韓国学中核大学育成事業の出版助成を受けたことを記し、感謝の言葉に代えたい。また、本書の出版をこころよく引き受けて下さった明石書店と編集担当の関正則さんに厚く御礼を申し上げる。編集作業で大変お世話になった閏月社の徳宮峻さんにも感謝の言葉を伝えたい。

　この他、日本滞在中には実に多くの人々の恩恵を被っている。論文執筆中には、友人や知人から応援の言葉をいただいた。とくに、韓国語を教える機会を与えてくれた現代語学塾のみなさんには励ましの言葉をいただいた。お名前を

一々挙げることはしないが、感謝の気持ちを伝えておきたい。そして、私的なことではあるが、いままで育ててくれた父および母、傍で見守ってくれた家族にも感謝したい。日本での留学生活が長引くなかで、色々と心配をかけたと思う。時には厳しい言葉を聞いたこともあったが、すべて愛情があっての励ましの言葉であったと思う。今になってから振り返ると、それは全部研究を続ける原動力となった。これからも、前向きな姿勢で研究を続けていきたいと思う。

主要人名索引

＊朝鮮人名の読みは（　）内にカナ表記し、五十音順に並べた。

あ行

青井哲人　269
青木周蔵　53, 80, 94, 99, 125
青柳綱太郎　22, 158, 229, 314, 315
芥川正　225
阿部浩　230
阿部充家　230, 348, 350
荒井賢太郎　252
有賀光豊　350
安商浩（アン・サンホ）　167
安淳煥（アン・スンファン）　221, 345
芮宗錫（イェ・ジョンソク）　167, 221, 345, 351
石井菊次郎　102, 136
李載完（イ・ジェワン）　344
石塚英蔵　147, 209, 243
石原留吉　223, 315, 345
伊集院彦吉　56, 99, 122, 125, 128, 277
李昇燁（イ・スンヨプ）　25
市原盛宏　343, 348
伊藤博文　148, 170, 183, 185, 220, 251, 344, 345
井上孝哉　345
李容翊（イ・ヨンイク）　274, 280
岩下伝四郎　268, 282, 297
李完用（イ・ワニョン）　220, 343, 351
宇佐美勝夫　165, 193, 256
内田定槌　96, 97
内田じゅん（Jun Uchida）　24
穎原修一郎　243
大内暢三　147
大垣丈夫　197
大久保大将（大久保春野）　255
大久保雅彦　166, 167
大村友之丞　157, 159, 162, 345, 351
小川雄三　51, 89, 314
奥田貞次郎　243, 259, 261, 262
小原新三　154, 155, 198

か行

加来栄太郎　242, 243, 259, 261
梶村秀樹　18
加藤清正　277, 281, 296
加藤本四郎　180
金谷充　231, 344, 349
兼古礼三（礼蔵）　159, 167, 197
川端源太郎　39, 142, 314, 328, 351
康永均（カン・ヨンギュン）　347
菊池謙譲　49, 146, 148, 149
北白川宮能久親王　276
木畑洋一　29
金漢奎（キム・ハンギュ）　348, 351
金鎔済（キム・ヨンジェ）　167, 345
木村健二　18, 23, 81, 89, 90
肝付兼行　247
釘本藤次郎　142, 146, 221, 345
久邇宮朝彦親王　278, 283
熊谷頼太郎　183
国分象太郎　349
古城管堂（海溪）　142, 146, 148, 153, 158, 163, 167, 348, 349, 350
児玉秀雄　148, 170, 211, 230
小林源六　346
小林英夫　233
小松緑　102, 155, 160, 192, 350
小峰和夫　89
小村寿太郎　51, 59, 85, 98, 100, 130, 180
高永喜（コ・ヨンヒ）　344
近藤真鋤　277

さ行

酒井政之助　297, 302, 315, 316
迫間房太郎　226
幣原喜重郎　181
信夫淳平　54, 94, 98, 126, 143, 243, 250, 262, 314
島薗進　283
昭憲皇太后　294, 295, 298

主要人名索引

神功皇后　272, 277, 284, 296, 326, 332
菅浩二　268
菅原道真　276, 296
杉村濬　44
鈴木穆　350
関屋貞三郎　188, 350
宗義真　271, 277
曽我勉　142, 146, 152, 168, 197
徐相勉（ソ・サンミョン）　351
曽祢荒助　51, 249
孫禎睦（ソン・ジョンモク）　19
宋秉畯（ソン・ビョンジュン）　343, 351

た行

大院君　212, 213, 344
大正天皇　269, 289, 291, 292, 294, 298, 313
高崎宗司　23
高橋章之助　152, 158
田中市之助　88, 105, 282, 297, 316
田中半四郎　158, 169, 197
丹羽清次郎　93
崔応三（チェ・ウンサム）　259, 261
崔相敦（チェ・サンドン）　345
崔惠珠（チェ・ヘジュ）　22
朱性根（チュ・ソングン）　351
趙重応（チョ・ジュンウン）　220, 343, 344, 351
趙鎮泰（チョ・ジンテ）　348, 351
趙東潤（チョ・ドンユン）　344
趙秉澤（チョ・ビョンテク）　351
鄭丙朝（チョン・ビョンジョ）　351
珍田捨巳　127
寺内正毅　105, 155, 159-161, 188, 207, 251, 255
ドゥス、ピーター（Peter Duus）　24
釈尾春芿　22, 145, 314
徳富猪一郎（蘇峰）　151, 170, 215, 217, 230
富田耕司　179
豊臣秀吉　296

な行

中井喜太郎（錦城）　62, 135, 143
中川清右衛門（清栄門）　292, 293
中村再造　141, 142, 146, 152, 158, 167, 343, 346, 349
新勢原五郎　131
能勢辰五郎　51, 56

は行

萩原守一　61, 82, 98, 133
朴寅浩（パク・インホ）　220, 343
朴宇鉉（パク・ウヒョン）　289, 298
朴齊純（パク・ジェスン）　344
朴齊斌（パク・ジェビン）　167, 350
朴重陽（パク・ジュンヤン）　280
朴承稷（パク・スンジク）　343, 350
朴勝彬（パク・スンビン）　350
朴泳孝（パク・ヨンヒョ）　344
橋谷弘　47, 236
橋本豊太郎　60, 290
長谷川好道　183, 256, 288, 291, 294
旗田巍　18, 22
林董　85
林権助　46, 51, 53, 134, 241, 273, 278, 283, 324
林駿介　93
原勝一　152, 167, 344, 349
原敬　82, 97, 262
原田金之祐　343, 344, 348, 349
韓相龍（ハン・サンリョン）　167, 348, 351
韓昌洙（ハン・チャンス）　351
久水三郎　53, 83, 85, 97, 289, 306
廣江澤次郎　346
ひろたまさき　30
深水清　158
淵上貞助　142
白寅基（ペク・インギ）　348, 350
白完爀（ペク・ワンヒョク）　220, 344, 350
穂積真六郎　18

ま行

牧野伸顕　153-156, 160, 161
牧山耕蔵　158, 169, 195, 232, 348, 349
松岡琢磨　101
三浦弥五郎　183
三増久米吉　51, 59, 100
閔丙奭（ミン・ビョンソク）　344
閔泳徽（ミン・ヨンフィ）　220, 343
村松武司　15, 74
村松祐之　282, 297, 316
室田義文　53, 80, 85, 94
明治天皇　256, 269, 288, 290, 292, 294-298
目賀田種太郎　42, 247

391

森勝次　141, 142, 146, 343, 350
森田芳夫　18, 49

や行

柳田国男　312
山県有朋　170
山県伊三郎　156, 209, 287, 343
山県五十雄　351
山口太兵衛　141, 142, 146, 152, 167, 169, 279, 348, 349

俞吉濬（ユ・キルジュン）　167
尹健次（ユン・コンチャ）　29
尹致昊（ユン・チホ）　112, 115, 303, 304
尹沢栄（ユン・テクヨン）　344
尹徳栄（ユン・トクヨン）　344
吉田英三郎　169
吉原三郎　220, 343, 344, 349

わ行

和田常市　141, 142, 146, 148, 152, 167, 349

事項索引

＊朝鮮の地名は日本の音読に従って並べた。

あ行

愛国婦人会　20, 224, 323
天照大神　268, 269, 271-273, 275-284, 286, 288-297, 301, 306-308
案内記　223, 224, 314-319, 321, 322, 324
違警罪目　121
移住漁村　64, 71, 108, 109, 110
伊勢神宮　272, 273, 279, 283, 290-293, 295, 299, 304, 306, 307
一視同仁　156, 159, 162-164, 166, 170, 194, 195, 201, 336, 337, 339
稲荷神社　271, 276-278, 282, 283, 285, 286, 307
移入税　259, 262
移民　19, 31, 52, 54-57, 89, 99, 106-109, 154, 157, 220, 340
――保護法　54-57, 99
氏子　270, 274, 275, 287, 289, 293, 295, 296, 301-303, 305-307, 293, 294
鬱陵島　67, 95, 109, 110
埋立　129, 240, 241-244, 252, 253, 255
永住　46, 53, 111, 163, 178, 255, 256
衛生　93, 122-124, 130, 136, 140, 143, 146, 155, 168, 185, 190, 215, 223, 291, 322, 323
永登浦　50, 58, 59, 63, 64, 72, 73, 99, 138, 139, 152, 190

か行

開港場　13, 17, 19, 21, 29, 40, 42, 45, 47, 48, 60, 62, 84, 97, 98, 115, 118, 237, 239-241, 268, 273, 275, 276, 288, 307, 320, 323, 324, 294
外事局（総督府）　34, 151, 152, 155, 159, 160, 161, 192, 194
開市場　20, 29, 41, 47, 288, 307
会社令　208, 231, 233
開城　46-48, 50, 58, 59, 63-65, 72, 94, 99, 137, 138, 161, 190, 260, 289, 298, 314
回漕業　94-96, 106
外務省　34, 40, 41, 42, 45, 46, 50-53, 55, 56, 59, 61, 80, 81, 82, 83, 85, 94, 97-100, 102, 111, 118, 119, 124-127, 131-136, 140, 142, 153-157, 159-161, 169, 176-178, 180, 181, 239, 241, 243, 278, 282, 283, 289, 290, 297
学務局（総督府）　188
学齢児童　110, 172, 175, 177, 178, 189, 191, 193, 198, 200
学歴　32, 90, 92, 93
鹿児島県　80, 82, 83, 88, 90, 91, 95, 109, 169, 260
学校組合　32, 92, 93, 120, 155, 165, 167-169, 173, 174, 184, 188-201, 259, 260, 289, 291, 292, 294-296, 301, 302
――令　168, 189, 191, 192, 195
歌舞伎座（通り）　242, 249
咸興　31, 63, 69, 71, 73, 161, 291, 298
間行里程　42-45
（韓国）国家記録院　34, 151, 155, 159, 160, 166, 271, 282, 299
韓国併合　11-13, 24, 32, 33, 62, 87, 88, 92, 103, 116, 118-120, 150, 170, 173, 174, 184, 188, 190, 192, 200, 207-209, 234, 237, 239, 244, 250-252, 261, 265, 268, 269, 270, 271, 274-277, 282-284, 286, 287, 298, 307, 308, 320-322, 326, 327, 332, 333, 336, 338-340
官選（化）　144-149, 165, 166, 249
妓生　221, 223
義兵　330
客主　259-261, 263
教員　17, 22, 27, 92, 93, 98, 102, 104, 130, 172, 173, 175, 176, 179-181, 184, 185, 188, 197, 199, 200, 220, 312, 313, 319, 324
協賛会　208, 214, 219-224, 226, 229, 234, 315, 339
行商　42, 43, 45, 46, 54, 58, 96, 97, 98
『京城新聞』　34, 146, 231
『京城新報』　34, 35, 142, 146, 150-153, 155
『京城日報』　34, 35, 157, 158, 196, 198, 210, 217, 230
郷土　311-313, 315, 319, 324, 330, 331, 332, 333, 337, 338

——史　311-313, 324, 330, 331, 332, 333, 337
共立小学校　175
漁業　53, 85, 94, 101, 102, 104, 106, 107, 108, 112, 113, 115, 276, 280
居留
　——地　11-13, 19-21, 29, 32, 33, 34, 40-49, 51, 52, 54, 60, 62, 70, 74, 84, 86, 89, 97-99, 101, 110, 111, 115, 116, 118,-136, 138, 139-141, 143, 144, 147, 151-157, 159-161, 168-170, 172, 174-178, 180-182, 184, 186, 187, 200, 238, 240-244, 246, 250, 263, 268, 269, 272-277, 281, 282, 285, 288, 292, 307, 316, 317, 319, 322, 324, 328, 333, 339, 340
　——地規則　41, 119, 120, 122-128, 131, 141, 153, 154, 156, 157, 168, 169
　——民規則　124-128, 133, 134, 141
　——民団　18, 32, 50, 51, 62, 87, 88, 92, 95, 100, 110, 111, 117-120, 125-163, 165-170, 172-174, 176-178, 181-186, 190-198, 201, 208, 242-244, 248, 249, 253, 258-260, 272-275, 278, 279, 282, 287, 290, 291, 293, 296, 300, 305, 306, 314-316, 319, 320, 321, 322, 333, 336, 292
　——民団法　100, 118, 119, 127, 130, 133, 134, 136, 137, 140, 141, 143, 144, 151, 169, 174, 181, 182, 321
百済　331, 332
群山　41, 48, 51, 54, 55, 61-64, 66, 70, 72, 87, 93, 95, 101, 102, 104, 135, 139, 144, 159, 161, 166, 176, 177, 223, 247, 253, 257, 275, 279, 280, 282, 285, 297, 298, 318, 326, 327, 331, 292, 293
軍人　14-16, 19, 20, 23, 52, 92, 100, 105, 198, 228, 292, 335
京城　18, 21, 30, 33-36, 39, 44, 48, 50-65, 70, 72, 84-89, 93-100, 102-104, 106, 110, 111, 113, 120, 121, 123, 124, 126, 127, 129, 130, 135, 138-142, 144-146, 148-159, 161-163, 165-171, 175-177, 180, 182-184, 186, 187, 190, 192-198, 206, 210, 212, 217, 218-224, 226, 228-231, 237, 239, 247, 248, 260, 269, 270, 273, 276, 278, 279, 282, 283, 285, 289-291, 297, 298, 303-305, 314-317, 319, 320, 322, 324, 328, 161
京釜鉄道（京釜線）　48, 58, 64, 71, 99, 105, 223, 247, 261, 273, 291
芸妓　96-106, 129, 130, 221, 347, 255, 304

警察　16, 22, 55, 103, 105, 122, 140, 142, 151, 158, 226, 228, 278, 293
継子（根性）　217, 229, 231
景福宮　207, 212-214
元山　11, 40, 41, 47, 48, 51, 53-55, 60, 61, 63, 69, 70, 73, 84, 85, 93, 102, 121, 123, 127, 135, 138, 139, 148, 159, 161, 166, 174, 176, 239, 272, 275, 278, 282, 285, 289, 291, 293, 297, 314-316, 321, 322, 326, 330
県人会　20, 86, 87, 152, 157
憲兵　228, 296, 305, 323
憲法　132, 133, 135
公園　140, 255, 267, 273, 274, 278-282, 285, 289, 293-295, 297, 305, 307
公使館　45, 95, 124, 126, 134, 241, 278
高等女学校　110, 111, 140, 182, 183
高麗人参　94, 215
国有林　299, 340
国家神道　270, 271, 283, 286, 301, 307, 308
国庫補助（法）　111, 176-178, 180, 182, 200
金比羅宮（金比羅神社）　282, 283, 307

さ行

在外指定学校　137, 184, 185, 186
在郷軍人会　20, 292
済州島　67, 72-74, 314, 315
在朝日本人　11, 12, 14-34, 36, 49, 51, 52, 74, 76-78, 90, 94, 102, 110-112, 115, 116, 118-120, 172-174, 200, 201, 206, 224, 233, 238, 239, 309, 310, 311, 313, 314, 317, 322, 323, 330, 333, 335-340, 341
雑貨商　20, 94-101, 104-106, 141, 142, 146, 158, 246, 259, 260, 263, 296, 302
雑居（地）　13, 40, 45, 47-49, 96, 99, 115, 119, 121, 126, 133, 135, 140, 143, 273, 274, 276, 307, 324, 325, 328, 330
三・一運動　11, 340, 341
三韓征伐　326, 332
産婆　98, 101, 102, 104, 106
始政五年記念朝鮮物産共進会（朝鮮物産共進会）　33, 205-211, 213, 225, 229, 233, 315, 318, 324, 337, 339
自治　21, 25, 26, 32, 118-120, 122, 123, 125, 126, 129, 131, 132, 140, 141, 144, 147, 153-157, 160-162, 164, 165, 170, 172, 174, 178, 183, 189,

394

事項索引

194, 195, 200, 275, 306, 316, 318, 319, 321, 322, 328, 336-338, 341
質屋　94, 97-101, 106, 141, 146, 158, 197, 259
就学率　175, 176
巡査　121, 132, 305
小学校　27, 51, 62, 93, 110, 111, 130, 140, 142, 171, 175-189, 191, 197-199, 272, 273, 278, 282, 291, 295, 296, 299, 302, 312, 313, 323, 338
　──規則　186, 187
　──令　176, 181, 186, 189
商業会議所　18, 20, 21, 23, 51, 56, 87, 92, 93, 95, 113, 158, 167, 198, 220, 223, 224, 225, 227, 246, 248, 258-263, 291, 315, 316, 319, 292
城津　41, 51-55, 61, 70, 73, 102, 135, 139, 159, 281, 285, 290, 295
消防組　95, 140, 296, 323
職業　22, 32, 43, 51-53, 55, 59, 61, 79, 80, 82, 83, 85, 94-107, 112, 113, 115, 142, 146, 152, 157, 158, 167-169, 176, 197, 221, 246, 261, 263, 298, 323
植民
　──者意識　15, 29, 30, 32-34, 116, 120, 309-311, 333, 335-338, 340, 341
　──地空間　28, 32, 33, 206, 239, 253, 262, 264, 335, 339, 340
　──地都市（植民都市）　21, 22, 33, 47-49, 115, 116, 235-237, 239, 264, 265, 269, 275, 320, 323-325, 336, 339
新羅　225, 326, 331, 332
仁川　11, 12, 21, 22, 33, 34, 40-43, 47, 48, 51-58, 60, 61, 63, 65, 70, 72, 79, 81, 82, 84, 85, 89, 93-96, 98, 99, 101, 102, 110, 111, 113, 121-129, 131-135, 138-140, 143, 154, 159, 161, 166, 167, 175, 176, 177, 179, 180, 182, 185, 190, 197, 198, 235-265, 267, 270, 272, 273, 275, 276, 278, 279, 282, 283, 285, 286, 289-292, 298, 304-308, 314, 315, 317, 319, 320, 321, 323, 324, 339
新義州　22, 48, 61, 63, 64, 68, 70, 73, 102, 104, 105, 139, 148, 161, 166, 257, 325, 293, 297
人口ピラミッド　74, 75
清国居留地　134, 143, 151, 155, 159-161, 170, 240, 246
神社寺院規則　287-289, 297, 298, 304, 306, 307
神職　86, 224, 269, 273-275, 277-280, 282, 285, 288-290, 296-298

紳士録　23, 36, 89, 90, 142, 146
水原　33, 58, 59, 63-65, 71, 72, 138, 190, 289, 297-304, 307, 315, 316
税関　105, 242, 255, 261, 281, 294
清津　41, 42, 48, 60, 61, 63, 70, 73, 102, 161, 166, 275, 276, 280, 281, 285, 290, 294, 297, 298, 314, 294
精米所　152, 260, 263, 302
専管居留地　11, 40, 41, 42, 100, 121, 125, 126, 130, 131, 133-135, 138, 143, 178, 240, 241
全国新聞記者大会　224, 225
全州　54, 55, 63, 64, 66, 71, 72, 93, 161, 292, 298, 315
宗主国　15, 21, 23, 27, 47, 236, 237, 265, 336, 337, 339
総代　20, 55, 118, 120, 122, 123, 125, 127, 128, 129, 137, 138, 149, 168, 174, 190, 197, 272-275, 277-279, 288, 289, 294, 296, 298, 301-303, 305, 306, 324
　──役場　120, 123, 125, 127, 129, 137-139, 149, 168, 174, 190, 272, 273
族籍　43, 81, 82, 83, 169

た行

第一銀行　242, 272
第一次世界大戦　257
大韓帝国　11, 12, 13, 215, 247
大邱　31, 46, 47, 48, 58, 60, 61, 63, 64, 67, 70, 72, 99, 100, 102, 117, 138-140, 148, 154, 155, 161, 164, 166, 167, 223, 273, 274, 280, 282, 283, 285, 289, 297, 314-316, 319, 321, 323, 331
大正天皇　269, 289, 291, 294, 298, 292
大神宮　140, 255, 267, 272, 273, 278-283, 285, 289, 291-294, 296, 304-308
大田　22, 48, 50, 63-65, 71, 72, 87, 88, 105, 139, 155, 280-282, 295, 297, 315, 316, 325
治外法権　44, 160, 169
築港　22, 33, 154, 235, 238, 239, 246-258, 262-265
中学校　90, 93, 111, 182-184, 186, 187, 290
忠君愛国　178, 188, 200, 278, 283
『朝鮮』　35, 145, 153, 171
朝鮮生まれ　11, 14, 74, 76, 78, 79, 88, 115, 188, 200
朝鮮貴族令　167, 220
朝鮮銀行　110, 219, 220, 297

395

朝鮮軍　52, 71
『朝鮮公論』　35, 36, 87, 89, 161, 162, 164, 165, 167, 169, 195, 213, 215, 232
『朝鮮時報』　35, 316
朝鮮商業会議所令　258
朝鮮神宮　268, 269
『朝鮮新聞』　34, 35, 154-157, 159, 164, 198, 250
『朝鮮新報』　34, 113, 142
朝鮮地誌　33, 50, 51, 271, 310-314, 316, 317, 319, 322, 323, 329, 333
朝鮮駐剳軍　183
『朝鮮及満洲』　169, 230-232
朝鮮米　244, 262
町村組合　189, 191
町村制　124-126, 136, 140, 153, 154, 168, 169, 172, 189, 338
鳥致院　48-50, 58, 71, 72, 86, 88, 89, 138, 281, 282, 315
鎮海　51, 63, 64, 71, 73, 87, 102, 103, 105, 276, 280, 291, 298, 314, 315
鎮座（地）　269, 272-274, 277-279, 282, 283, 289-294, 296, 298, 299, 300, 307, 293
鎮南浦　40, 41, 45, 48, 51, 54, 55, 61, 63, 68, 73, 102, 109, 135, 138, 139, 159, 161, 166, 176, 220, 249, 257, 279, 285, 290, 292, 298, 300, 314, 316, 317
対馬　12, 17, 78, 80, 86, 87, 271, 276, 277, 282
帝国議会　14, 127, 131, 146-148, 178, 209, 252, 264, 282, 297
定住　11-13, 15, 17, 25, 47, 60, 62, 111, 183, 256, 297
出稼ぎ（根性）　13, 17, 54, 57, 74, 102, 149
鉄道　48, 58, 64, 71, 99, 100, 104, 105, 140, 149, 152, 158, 167, 169, 197, 210, 215, 223, 224, 242, 247, 252, 255, 259-261, 273, 302, 314, 325, 291
寺子屋　174
電話　112, 114, 140, 323
東亜煙草株式会社　169, 216, 219
統営　54, 55, 63, 67, 71, 109, 110, 138, 290
同化　21, 89, 153, 154, 162-164, 170, 172, 194, 195, 201, 207, 208, 227, 233, 234, 303, 307, 308, 336-339
統監府　11-13, 32, 35, 41, 42, 50, 60-62, 76-78, 88, 101, 103-105, 108, 110, 111, 115, 118, 136, 137, 139, 141, 143, -152, 158, 167, 168, 170, 172, 181-189, 197, 200, 228, 230, 239, 242-244, 247-252, 270, 274, 275, 280, 283, 291, 295
東洋拓殖株式会社（東拓）　106-109, 220
東洋唯一　256, 257, 264
渡御式　290, 304, 305, 308, 340
問屋　94, 97, 259, 261, 263

な行

内国勧業博覧会　206, 209, 210, 233
内地　14, 24, 31, 33, 35, 39, 42, 46, 49, 51, 55, 64, 89, 92, 93, 97, 98, 106, 108, 109, 126, 133, 142, 143, 146, 152, 155, 159, 161-167, 169, 170, 173, 187, 188, 191, 198, 199, 200, 207, 208, 210, 211, 213, 215, 219, 223-227, 229-234, 251, 252, 278, 280, 281, 282, 284, 287, 288, 292-297, 299, 300, 302, 305, 314, 318, 320, 322, 323, 327, 328, 338
――人　14, 31, 39, 49, 51, 64, 89, 92, 93, 106, 109, 142, 146, 152, 155, 159, 161-167, 169, 188, 191, 198, 200, 207, 208, 211, 229, 230, 232, 234, 251, 252, 280-282, 284, 292-294, 296, 297, 300, 302, 314, 320, 322, 323, 327, 328, 338
長崎県　12, 78-83, 88, 90, 91, 93-96, 109, 282, 302
二重開門　253, 256, 257, 264
二世　11, 12, 14, 15, 18, 22, 74, 78, 88, 115, 335
日露戦争　11-13, 27, 46, 51, 52, 57, 58, 60, 78, 95, 99, 102, 141, 152, 159, 200, 246, 247, 268, 270, 273, 286, 292, 297, 302, 307, 313, 317, 325, 327, 330-332
日清戦争　12, 19, 40, 45-47, 54, 95, 96, 141, 158, 197, 259, 260, 292, 307
日朝修好条規　11, 40, 44, 239
日本人会　137-139, 154, 155, 168, 174, 190, 191, 281, 295, 297, 302, 314, 323
農業　29, 93, 94, 97, 98, 100-102, 104-107, 112, 113, 142, 146, 215, 224, 291, 302, 310, 314, 323
――移民　106

は行

白人の責務　208, 338
博覧会　206, 207, 209, 210, 211, 218, 233, 234, 337
バッテン語　89
発展史　33, 96, 104, 154, 161, 282, 309, 311-316, 318-333, 337, 338, 33
繁昌記　89, 103, 314-317, 319, 324

396

東本願寺　174
引揚　11, 12, 14-18, 21, 22, 23, 25, 49, 51
平壌　41, 43, 45, 46, 48, 51, 54, 55, 58, 61, 63, 64, 68, 70, 73, 94, 96, 102, 104, 135, 138, 139, 154, 161, 166, 176, 286, 290, 291, 298, 299, 309, 314-316, 321, 328, 330, 331
府協議会　93, 120, 165-167, 169, 197, 259, 260, 292
福岡県　80, 82, 83, 88, 90, 91, 93, 109, 253, 259, 290, 292, 302
釜山　11, 12, 17, 21, 23, 35, 40-42, 47, 48, 50-56, 59, 61, 63, 64, 67, 70, 72, 78, 80, 84, 85, 86, 93-95, 100-102, 109-111, 121, 122, 124, 127-129, 133, 135, 138, 139, 144, 159, 161, 166, 174-178, 181, 182, 194, 212, 217, 225, 226, 232, 233, 237, 239, 249, 252, 257, 260, 270-272, 274-277, 282, 285, 286, 296, 305, 314, 315, 319, 321
『釜山日報』　35, 212, 217, 232, 233
府制　119, 155, 160, 161, 163-166, 192, 287, 293, 305
武断政治　30, 33, 196, 206, 208, 224, 228, 229, 231, 234, 271, 339, 340, 341
不逞鮮人　30, 341
文化政治　25-27, 31, 198, 201, 337, 340, 341
文明化　181, 214, 216, 218, 228, 338
『平安日報』　104
方魚津　63, 64, 72, 74, 109, 110
保護国　11-13, 60, 136, 141, 169, 247, 248
北海道　82, 83, 92, 109, 110, 169, 180, 269, 318, 319
本籍（地）　52, 87, 88, 90, 91, 323
本町　39, 48, 49, 95, 96, 157, 222, 263, 277, 285, 295

ま行

祭り　206, 227, 255, 340
馬山　18, 41, 48, 51, 54, 55, 59, 61, 63, 67, 72, 100, 102, 103, 135, 138, 139, 159, 161, 166, 176, 223, 281, 282, 285, 297, 314, 316, 317
満洲　14, 27, 32, 35, 89, 169, 214, 224, 230, 231, 232, 237, 252, 265, 268

民長　62, 92, 127, 135, 140-151, 153, 154, 163, 167, 179, 180, 181, 183, 193, 249, 255, 275, 277, 282, 286, 319
民度　156, 159, 164, 165, 170, 338
明月館　221
木浦　31, 40, 41, 48, 51, 54, 55, 61, 63, 66, 70, 72, 81, 83, 84, 85, 97, 98, 102, 127, 135, 138, 139, 142, 144, 146, 159, 161, 166, 176, 177, 226, 239, 260, 275, 282, 285, 289, 290, 315, 319, 320, 329, 330
文部省　178, 180, 181, 182, 184-187, 200, 313

や行

山口県　78-83, 87, 88, 90, 91, 93-96, 109, 169, 197, 198, 259, 292, 295, 296
遊廓　193
郵便貯金　112, 114

よ行

ヨボ　149, 327

ら行

羅南　60, 63, 64, 66, 70, 71-73, 93, 107, 109, 215, 276, 281, 282, 285, 290, 293, 294, 297, 314, 315
理事官　141, 143-145, 148-150, 183, 243, 250, 280, 281, 282, 289
理事庁　61, 102, 105, 138, 141, 143, 144, 150, 151, 243, 281, 282, 289, 290, 296, 323
領事館　34, 43-45, 50, 52-56, 58-60, 78, 82, 83, 85, 95, 97-101, 120-124, 126, 128, 132-134, 141, 159, 160, 168, 177, 180, 181, 240, 241, 244, 278, 279, 289, 290
旅券　55-57, 81
臨時恩賜金事業　215
労働賃金　112, 113

わ行

倭館　17, 61, 78, 79, 271, 272, 277, 282

アルファベット

colonial city　47

［著者プロフィール］
李東勲（イー・ドンフン）
1976年、韓国大邱生まれ。2003年、韓国外国語大学日本語科卒業。2007年、文部科学省国費研究留学生として渡日。一橋大学社会学研究科研究生課程を経て、2008年東京大学大学院に入学。2016年、東京大学大学院総合文化研究科地域文化研究専攻博士課程満期退学。2017年、博士（学術）。現在、韓国啓明大学非常勤講師。

在朝日本人社会の形成
植民地空間の変容と意識構造

2019年6月30日 初版第1刷発行

著　者	李　東　勲
発行者	大　江　道　雅
発行所	株式会社　明石書店

〒101-0021 東京都千代田区外神田6-9-5
電　話　03（5818）1171
ＦＡＸ　03（5818）1174
振　替　00100-7-24505
http://www.akashi.co.jp

装幀	明石書店デザイン室
編集／組版	有限会社閏月社
印刷／製本	モリモト印刷株式会社

（定価はカバーに表示してあります）

ISBN978-4-7503-4856-8

JCOPY 〈出版者著作権管理機構　委託出版物〉
本書の無断複製は著作権法上での例外を除き禁じられています。複製される場合は、そのつど事前に、出版者著作権管理機構（電話 03-5244-5088、FAX 03-5244-5089、e-mail: info@jcopy.or.jp）の許諾を得てください。

在日コリアン辞典

国際高麗学会日本支部『在日コリアン辞典』編集委員会【編】
朴 一（大阪市立大学大学院経済学研究科教授）【編集委員会代表】

◆ 定価:本体3,800円+税
◆ 体裁:四六判／上製／456頁
ISBN978-4-7503-3300-7

本書は、在日コリアンの歴史、政治と経済、社会と文化などについて、できるだけ客観的な情報を提供し、日本人の最も身近な隣人である在日コリアンについて理解を深めてもらいたいという目的で編集されたものである。またこの辞典には、在日コリアン100年の歩みを、ジャンルを超え、網羅的に記録しておきたいという思いが込められている。韓国併合100年を迎え、改めて日韓・日朝関係を再検証してみる必要性が問われているが、この辞典は日本と朝鮮半島の狭間で生きてきた在日コリアンの歩みから、日韓・日朝関係の100年を検証する試みでもある。

（本書「はじめに」より抜粋）

アリラン／慰安婦問題／猪飼野／大山倍達／過去の清算／「韓国併合」条約／金日成／キムチ／金大中事件／強制連行と在日コリアン／金嬉老事件／嫌韓流／皇民化政策／在日コリアンの職業／サッカー・ワールドカップ日韓共催／参政権獲得運動／指紋押捺拒否運動／創氏改名／宋神道／孫正義／第三国人／済州島四・三事件／チマ・チョゴリ引き裂き事件／朝鮮人被爆者／日朝平壌宣言／日本人拉致問題／『パッチギ!』／張本勲／阪神教育闘争／ホルモン論争／松田優作／万景峰号／民族学校／村山談話／よど号ハイジャック事件／ワンコリア・フェスティバルほか歴史、政治、経済、社会、文化等ジャンルを超えて網羅、100名を超える執筆陣による、全850項目!

（価格は本体価格です）